Eisenbahn-Fahrzeug-Archiv
Band 6.1

Wagner/Wagner/Deppmeyer
Reisezugwagen deutscher Eisenbahnen
Länderbahnen und
Deutsche Reichsbahn-Gesellschaft

Eisenbahn-Fahrzeug-Archiv

Wagner/Wagner/Deppmeyer

Reisezugwagen deutscher Eisenbahnen

Länderbahnen und Deutsche Reichsbahn-Gesellschaft

alba

Durchgesehene Lizenzausgabe der
Alba Publikation Alf Teloeken
GmbH + Co KG, Düsseldorf,
für die Bundesrepublik Deutschland,
Berlin (West), Österreich und
die Schweiz

VEB Verlag für Verkehrswesen,
DDR-1086 Berlin,
Französische Straße 13/14
Printed in the German Democratic
Republic
ISBN 3–87094–097–2

Vorwort

Reisezugwagen sind Eisenbahnwagen zur Beförderung von Reisenden, Gepäck, Expreßgut und Postgut. Nimmt man noch die Unterteilung der Reisezüge in die Gattungen Expreß-, Schnell-, Eil- und Personenzüge hinzu, so ergibt sich schon aus dieser groben Gliederung eine Vielfalt von spezifischen Anforderungen an die Wagenart und ihre Konstruktion. Jedoch muß man weiter unterscheiden in Sitzwagen, Liegewagen, Speise-, Büfett-, Schlaf- und Sonderreisezugwagen, in Gepäck- und Postwagen sowie in Kombinationen aus den genannten Fahrzeugen, schließlich in Wagen mit normalem (2. Klasse) oder erhöhtem (1. Klasse) Komfort, außerdem Salons, in Großraum- oder Einzelabteilwagen, in Einetagen- oder Doppelstockwagen, in Einzelwagen oder Gliederzugwagen, in zwei-, drei- oder vierachsige Wagen, und das fast alles für jede Wagengattung sowie für die verschiedenen Bahnverwaltungen, die es im Laufe der bisherigen Eisenbahngeschichte gegeben hat.
Um Übersicht in diese Vielfalt zu bringen, sind die Reisezugwagen der deutschen Eisenbahnen auf drei Bände aufgeteilt worden, und zwar werden die Wagen der Privat- und Länderbahnen von 1835 bis 1920 sowie die Wagen der Deutschen Reichsbahn-Gesellschaft (DRG) von 1920 bis 1945 im Band 6.1 behandelt, die Wagen der Deutschen Bundesbahn (DB) von 1945 bis zur Gegenwart und die Wagen der Deutschen Reichsbahn (DR), ebenfalls von 1945 bis zur Gegenwart, im Band 6.2, die Speise-, Schlaf- und Salonwagen schließlich im Band 6.3.
Jeder Band ist in zwei Teile gegliedert. Im ersten wird die Entwicklung der Reisezugwagen allgemein beschrieben, wie sie sich in dem jeweiligen Zeitabschnitt vollzog. Dabei wurde für die Zeit von 1920 bis 1945 generell die Bezeichnung Deutsche Reichsbahn-Gesellschaft verwendet.
Der zweite Teil enthält kurze Beschreibungen ausgewählter Fahrzeuge, verbunden mit einer bildlichen Darstellung. Die beiden Teile sind nach den verschiedenen Gattungen gegliedert, wie Sitzwagen, Büfettwagen, Liegewagen, Sonderreisezugwagen, Gepäckwagen und Bahnpostwagen; Schmalspurwagen sind nicht berücksichtigt. Innerhalb dieser Gruppen erscheinen die Wagen in chronologischer Reihenfolge.
Die Entwicklung einiger allgemeiner Baugruppen ist bei den Sitzwagen erwähnt. Sie gilt in gewissen Grenzen gleichzeitig für die übrigen Wagengattungen. Dabei konnte in einigen Fällen die Entwicklung sehr ausführlich beschrieben werden, während in anderen Fällen die Erwähnung, ein Bild oder eine Zeichnung bereits einen Glücksumstand oder einen Erfolg darstellen. Den Beschreibungen sind einige Nummernpläne und andere Kennzeichnungen der Wagen vorangestellt, um die Fahrzeuge auch in anderer Literatur besser identifizieren zu können. Technische Daten aller beschriebenen Wagen befinden sich am Schluß jedes Bandes in einer mehrseitigen Tabelle.
Dank gebührt allen den Firmen, Institutionen und Privatpersonen, die uns mit sachlichen Hinweisen und Bildmaterial unterstützten.
Es bleibt zu hoffen, daß auch die vorliegende Ausgabe dieses Buches eine freundliche Aufnahme finden wird. Vorschläge zur weiteren Verbesserung des Werkes nehmen wir gern entgegen.

Verfasser und Verlag

Inhaltsverzeichnis

Reisezugwagen bei den Privat- und Länderbahnen sowie Postverwaltungen

Reisezugwagen bei der Deutschen Reichsbahn-Gesellschaft, bei Privatbahnen und bei der Deutschen Reichspost

Register der DRG-Reisezugwagen

Reisezugwagen bei den Privat- und Länderbahnen sowie Postverwaltungen

Bezeichnungs-systeme und Nummernpläne

Kennzeichnung der Reisezugwagen

Mit zunehmender Vielfalt der Reisezugwagen und ihrer technischen Ausrüstungen kamen Kurzbezeichnungen auf, die die wichtigsten Merkmale des betreffenden Wagens auswiesen.
Wesentliche Abkürzungen aus den ersten Entwicklungsepochen der deutschen Eisenbahnen bis hin zur Gründung der DRG wurden nachfolgend zusammengestellt.

Serienbezeichnungen der K. Bay. Sts. B.

BP	Bahnpostwagen
J	Gepäckwagen
P	Personenwagen (allgemein)
P^{I}	Personenwagen 1. Klasse
$P^{I\&II}$	Personenwagen 1. und 2. Klasse
P^{III}	Personenwagen 3. Klasse

Die Serienbezeichnungen galten nicht für Privat- und Schmalspurwagen. Die Klassen der Sitzwagen fügte man den Serienzeichen in römischen Ziffern als Hochzahl hinzu. Abgelöst wurden sie 1894 durch die preußischen Gattungszeichen.

Gattungszeichen der K. Wü. St. Eb.

A	Salonwagen des Herrscherhauses Salonwagen allgemein Arztwagen und Krankenwagen Revisionswagen Durchgangswagen I. sowie I./II. Klasse Coupéwagen I. sowie I./II. Klasse
AB	Durchgangswagen I./II. Klasse
ABBi	Durchgangswagen I./II. Klasse
ABBü	Durchgangswagen I./II. Klasse
ABCCü	Durchgangswagen I./II./III. Klasse
B	Durchgangswagen II. Klasse
D	Durchgangs- und Coupéwagen II. Klasse
Bi + Bi	Kurzgekuppelte Wagen II. Klasse
A^{c}	Durchgangswagen II./III. Klasse
BC	Durchgangswagen II./III. Klasse
BCz	Durchgangswagen II./III. Klasse mit Bremszahnrad
D^{a}	Durchgangswagen II./III. Klasse
BCCi	Durchgangswagen II./III. Klasse
BCCü	Durchgangswagen II./III. Klasse
C	Durchgangswagen III. Klasse
C^{3}	Coupéwagen III. Klasse
E	Durchgangswagen III. Klasse
CCi	Durchgangswagen III. Klasse
CCü	Durchgangswagen III. Klasse
Ci + Ci	Kurzgekuppelte Wagen III. Klasse
C^{4}	Durchgangswagen 4. Klasse
E^{4}	Durchgangswagen 4. Klasse
Di + Di	Kurzgekuppelte Wagen 4. Klasse
Gep	Gepäckwagen
GepP	Gepäckwagen mit Postabteil
—	Hilfsgepäckwagen
P	Postwagen
—	Hilfspostwagen

Die verschiedenen Klassen der Sitzwagen kennzeichnete man mit römischen Ziffern (I—III). Die Wagen der 4. Klasse waren von Anfang an (seit 1906) mit arabischen Ziffern gekennzeichnet, während die Neubauwagen der übrigen Wagenklassen erst ab 1919 arabische Ziffern erhielten.

Bauartbezeichnungen der KPEV

Dieses Bezeichnungssystem (um 1902) ordnete den vorhandenen D-Zug-Wagen der verschiedenen Gattungen große lateinische Buchstaben zu.

Bauart	Wagengattung
A	vierachsiger kombinierter Gepäck- und Postwagen
B	vierachsiger Sitzwagen 1. und 2. Klasse mit Gepäckraum; Umbau aus vierachsigem Sitzwagen 1. und 2. Klasse
D	vierachsiger Sitzwagen 1. und 2. Klasse mit Speiseraum; Umbau aus vierachsigem Sitzwagen 1. und 2. Klasse
E	vierachsiger Sitzwagen 1. und 2. Klasse mit Küche; Umbau aus vierachsigem Sitzwagen 1. und 2. Klasse
G	vierachsiger Sitzwagen 1. und 2. Klasse (2 Abteile 1. Klasse)
I	vierachsiger Sitzwagen 1. und 2. Klasse (2 Abteile 1. Klasse)
K	vierachsiger Sitzwagen 1. und 2. Klasse (2 Abteile 1. Klasse)
L	vierachsiger Sitzwagen 1. und 2. Klasse (Dienst-Halbabteil)
M	vierachsiger Sitzwagen 1. und 2. Klasse mit halbem, offenem Seitengang
N	vierachsiger Sitzwagen 1. und 2. Klasse: 1. Klasse mit Seitengang; 2. Klasse mit Mittelgang
P	vierachsiger Sitzwagen 2. Klasse mit halbem, offenem Seitengang
Q	vierachsiger Sitzwagen 2. Klasse mit Mittelgang
R	vierachsiger Sitzwagen 1., 2. und 3. Klasse mit geschlossenem Seitengang
S	vierachsiger Sitzwagen 3. Klasse mit geschlossenem Seitengang
T	vierachsiger Sitzwagen 3. Klasse mit offenem Seitengang

Die Buchstaben der Bauartbezeichnungen erhielten später teilweise noch Ziffern, um Unterschiede zu kennzeichnen: z. B. L2, L3; R2, R3, R4; S2, S3, S4; T2.

Gattungszeichen der K. P. u. G. H. St. E.

1. Hauptgattungszeichen

A	zwei- und dreiachsige Personenwagen 1. Klasse
B	zwei- und dreiachsige Personenwagen 2. Klasse
C	zwei- und dreiachsige Personenwagen 3. Klasse
D	zwei- und dreiachsige Personenwagen 4. Klasse
P	zwei- und dreiachsige Gepäckwagen
Post	Bahnpostwagen
AA	vier- und sechsachsige Personenwagen 1. Klasse
BB	vier- und sechsachsige Personenwagen 2. Klasse
CC	vier- und sechsachsige Personenwagen 3. Klasse
PP	vier- und sechsachsige Gepäckwagen
Salon	Salonwagen
Schlaf	Schlafwagen
Speise	Speisewagen

Anmerkung
„Gemischte Wagen werden durch Zusammenstellung der betreffenden Buchstaben bezeichnet"

2. Zusätze zu den Hauptgattungszeichen

p	für Personenwagen mit Gepäckraum
post	für Personen- und Gepäckwagen mit Postabteil
speise	für Personenwagen mit Speiseraum
ü	für vier- und sechsachsige Personen-, Post- und Gepäckwagen mit Durchgang, Übergang und Faltenbälgen
i	für Personenwagen mit Durchgang und offenen Übergangsbrücken
e	für Personenwagen mit zwei Böden

3. Zusammenstellung der Zeichen

ABC	zwei- und dreiachsige Personenwagen 1., 2. und 3. Klasse
D post	zwei- und dreiachsige Personenwagen 4. Klasse mit Postabteilung
BCp	zwei- und dreiachsige Personenwagen 2. und 3. Klasse und einem Gepäckraum
Ce	zwei- und dreiachsige Personenwagen 3. Klasse mit zwei Böden (Etagenwagen)
P post	Gepäckwagen mit Postabteil
ABi	zwei- und dreiachsige Personenwagen 1. und 2. Klasse mit Durchgang und offenen Übergangsbrücken
BCi	zwei- und dreiachsige Personenwagen 2. und 3. Klasse mit Durchgang und offenen Übergangsbrücken
Ci	zwei- und dreiachsige Personenwagen 3. Klasse mit Durchgang und offenen Übergangsbrücken
Di	zwei- und dreiachsige Personenwagen 4. Klasse mit Durchgang und offenen Übergangsbrücken
ABBü	vier- und sechsachsige Personenwagen 1. und 2. Klasse mit Durchgang, Übergangsbrükken und Faltenbälgen
ABCCü	vier- und sechsachsige Personenwagen 1., 2. und 3. Klasse mit Durchgang, Übergangsbrücken und Faltenbälgen
BCCü	vier- und sechsachsige Personenwagen 2. und 3. Klasse mit Durchgang, Übergangsbrükken und Faltenbälgen
CCü	vier- und sechsachsige Personenwagen 3. Klasse mit Durchgang, Übergangsbrücken und Faltenbälgen
ABBü speise	vier- und sechsachsige Personenwagen 1. und 2. Klasse mit Speiseraum, Durchgang, Übergangsbrücken und Faltenbälgen
Schlaf ü	vier- und sechsachsige Schlafwagen mit Durchgang, Übergangsbrücken und Faltbälgen
Ni	gedeckter Güterwagen mit Luftdruckbremse oder -leitung, für den Personenverkehr geeignet, mit Plattformen an den Stirnwänden

Nummerung der Reisezugwagen der K. P. u. G. H. St. E.

01 bis 0700	Schlafwagen
0701 bis 01200	Privatspeisewagen
01201 bis 04900	Sitzwagen der D-Züge
04901 bis 05900	Gepäckwagen der D-Züge
001 bis unbegrenzt	Arztwagen

Für die Nummern der übrigen Wagen in den einzelnen Direktionsbezirken waren folgende Bereiche vorgesehen:

1 bis 3000	(1 bis 4000)[1] Personenwagen
3 001 bis 4000	(4001 bis 5000)[1] Gepäckwagen

Anmerkungen:
Die in Klammern angegebenen Nummern durften in den Direktionsbezirken verwendet werden, in denen die vorgegebenen für Personenwagen nicht ausreichten.

[1] Im Direktionsbezirk Berlin erhielten die Stadtbahnwagen Nummern aus der Reihe 4001 bis 5000 und die Gepäckwagen Nummern von 5001 bis 6000. Im Direktionsbezirk Cöln (heute: Köln) erhielten die Gepäckwagen Nummern über 5000 hinaus.

Gruppeneinteilung der Reisezugwagen der G. Bad. St. Eb.

Diese Gruppeneinteilung wurde in Verbindung mit einer Übersicht des Bestands an Reisezugwagen am 1. Oktober 1903 genannt [24].

Gruppe	Wagengattung	Baujahre
1	Hofwagen (Sachs.)	1894
2	Hofwagen (Sachs.)	1888
3	Salonwagen I. Kl. (Abteilwagen)	1874
4	Salonwagen I. Kl. (Abteilwagen)	1874
5	Salonwagen I. Kl. (Abteilwagen)	1874
6	Salonwagen I. Kl. (Abteilwagen)	1874
7	Salonwagen I. Kl. (Abteilwagen)	1874
8	Salonwagen I. Kl. (Abteilwagen)	1895/96
9	Salonwagen I./II. Kl. (Abteilwagen)	1863
10	Salonwagen I./II. Kl. (Abteilwagen)	1874
11	Salonwagen I./II. Kl. (Abteilwagen)	1869
12	Abteilwagen AB[3]	1856
13	Abteilwagen AB	1862–74
14	Abteilwagen AB	1861–73
15	Abteilwagen AB	1861
16	Abteilwagen AB	1864–73
17	Abteilwagen AB	1862–67
18	Abteilwagen AB	1889/90
19	Abteilwagen AB	1891
20	Abteilwagen AB	1885/86
21	Abteilwagen AB	1895–97
21a	Abteilwagen AB[3]	1902
22	Abteilwagen ABB	1883
23	Abteilwagen ABB	1893
24	Abteilwagen ABC	1860
25	Abteilwagen B	1860
26	Abteilwagen B	1861
27	Abteilwagen B	1863
28	Abteilwagen B	1863–69
29	Abteilwagen B	1866
30	Abteilwagen B	1861–72
31	Abteilwagen BC	1859
32	Abteilwagen BC	1859–62
33	Abteilwagen BC	1861
34	Abteilwagen BC	1863
35	Abteilwagen BC	1860
36	frei	
37	Abteilwagen C	1860–69
38	Abteilwagen C	1860–74
39	Abteilwagen C	1871–74
40	Abteilwagen C	1860/61
41	Abteilwagen C	1860/61
42	Abteilwagen C	1860–69
43	Abteilwagen C	1863–72
44	Abteilwagen C	1862–73
45	Abteilwagen C	1867
46	Abteilwagen C	1860–73
47	Abteilwagen C	1867–71
48	Abteilwagen C	1863
49	Abteilwagen C	1861–74
50	Abteilwagen C	1878
51	Abteilwagen C	1862–73
52	Abteilwagen C	1863–75
53	Abteilwagen C	1869
54	Abteilwagen C	1891
55	Abteilwagen C	1895–97
55a	Abteilwagen C[3]	1902
56	Abteilwagen CC	1893
57	Abteilwagen CC	1898
58	Abteilwagen CPost	1862–65
59	Wagen für Gefangene GF	1859
60	Wagen für Gefangene GF	1871
61	Wagen für Gefangene und Geisteskranke	1865
62	Salonwagen I. Kl. AAü	1902
63	Durchgangswagen ABi	1879
64	Durchgangswagen ABi	1878
65	Durchgangswagen ABi	1876
66	Durchgangswagen ABi	1881–83
67	Durchgangswagen ABi	1879
68	Durchgangswagen ABi	1892

Gruppe	Wagengattung	Baujahre
69	Durchgangswagen ABi	1885–89
70	frei	
71	Durchgangswagen ABi	1893
72	Durchgangswagen ABi	1898
73	Durchgangswagen ABBi	1896
74	Durchgangswagen ABBi	1899/1900
74a	Durchgangswagen ABBi	1903
75	Durchgangswagen für D-Züge ABBü	1894
76	frei	
77	Durchgangswagen für D-Züge ABBü	1896–98
78	Durchgangswagen für D-Züge ABBü	1899/1900
79	Durchgangswagen für D-Züge ABBü	1901
79a	Durchgangswagen ABCCi	1902
79b	Speisewagen	(1903)
80	Aussichtswagen A	1887
81	Durchgangswagen Bi	1887
82	Durchgangswagen Bi	1888
83	Durchgangswagen Bi	1873/74
84	Durchgangswagen Bi	1876
85	Durchgangswagen Bi	1881–83
85a	Durchgangswagen Bi	1902
85b	Durchgangswagen Bi (Sommerwagen)	1876
86	Durchgangswagen BCi	1887
87	Durchgangswagen BCi	1889/90
88	Durchgangswagen BCi	1880
89	Durchgangswagen BCi	1880
90	Durchgangswagen BCi	1881
91	Durchgangswagen BCi	1895
92	Durchgangswagen BCi	1892
93	Durchgangswagen BCCi	1866
94	Durchgangswagen Ci	1887
95	Durchgangswagen Ci	1888
96	Durchgangswagen Ci	1888
97	Durchgangswagen Ci	1886–90
98	Durchgangswagen Ci	1881–83
99	Durchgangswagen Ci	1881
100	Durchgangswagen Ci	1873
101	Durchgangswagen Ci	1878–90
102	Durchgangswagen Ci	1878
103	Durchgangswagen Ci	1875–79

Gruppe	Wagengattung	Baujahre
104	Durchgangswagen C	1879
105	Durchgangswagen C	1893–99
106	Durchgangswagen C	1893
107	Durchgangswagen C	1898
108	Durchgangswagen C	1901
109	Durchgangswagen CCi	1897
110	Durchgangswagen CCi	1899/1900
110a	Durchgangswagen CCi	1902/03
111	Durchgangswagen für D-Züge CCü	1899
111a	Durchgangswagen für D-Züge CCü	1903
112	Durchgangswagen für Lokalzüge Ci	1886–89
113	Durchgangswagen für Lokalzüge Ci	1893–96
114	Durchgangswagen für Lokalzüge Cp Post	1880
115	Durchgangswagen für Lokalzüge CP	1880
116	Durchgangswagen für Lokalzüge CP (mit Zollabt.)	1880
117	Durchgangswagen für Lokalzüge CP	1886
118	Durchgangswagen für Lokalzüge CP	1887
119	Durchgangswagen für Lokalzüge CP	1896
120	Durchgangswagen für Lokalzüge CP	1893
121	frei	
122	Versuchswagen	1893
123	Gepäckwagen (gewöhnliche) P	1863–83
124	Gepäckwagen (gewöhnliche) P	1864–68
125	Gepäckwagen (mit Dampfkessel)	1872/73
126	Gepäckwagen P Post	1863–73
127	Gepäckwagen Pi	1887/88
128	Gepäckwagen Pi Post	1863–65
129	Gepäckwagen Pi	1863
130	Gepäckwagen (große) P	1887–90
131	Gepäckwagen (große) P	1891
132	Gepäckwagen (große) P	1894–96
133	Gepäckwagen (große) P	1897–02
133a	Gepäckwagen Pü	1902
133b	Gepäckwagen Pü	1903
133c	Motorwagen Serpollet	1902
133d	Elektr. Speicherwagen	1903
134	Fürstl. Fürstenbergscher Salonwagen (sechsachs.)	1900

Abkürzungen des VDEV

Diese Abkürzungen für Personen- und Gepäckwagen galten für den europäischen Personenwagen-Durchgangsverkehr. Der VDEV legte sie im Rahmen seiner Technischen Vereinbarungen (TV) fest.

A Personenwagen I. Klasse
B Personenwagen II. Klasse
C Personenwagen III. Klasse
P Gepäckwagen
AB Personenwagen I. und II. Klasse
BC Personenwagen II. und III. Klasse
ABC Personenwagen I., II. und III. Klasse
Post Bahnpostwagen

Die Bezeichnungen der Sitzwagen galten für zwei- oder dreiachsige Fahrzeuge. Die vier- oder mehrachsigen kennzeichnete man durch Verdoppelung des letzten Buchstaben, z.B.:

ABB vierachsiger Abteilwagen I. und II. Klasse
CCü vierachsiger Durchgangswagen III. Klasse mit Übergangsbrücken für D-Züge.

Kennzeichnung der Bahnpostwagen

Waren die Eisenbahn-Postwagen bzw. Bahnpostwagen Eigentum der Bahnverwaltung, dann waren sie auch in der Kennzeichnungssystematik der Bahnverwaltung mit einbezogen.
Die preußische Postverwaltung verfügte im Jahre 1852 die fortlaufende Numerierung ihrer Fahrzeuge.
Mit der Inbetriebnahme von „Briefwagen“ mit unterschiedlicher Wagenkastenlänge im Jahre 1876 kamen erste Gattungsbezeichnungen auf:
Gattung I: Wagenkastenlänge 8 m bzw. 8,5 m
Gattung II: Wagenkastenlänge 10 m.
Sie ergänzte man im Jahre 1881 durch die kleinen Buchstaben „a“ und „b“. Es bedeuteten:
a — nur ein Briefraum,
b — ein Brief- und ein Packraum.
Die im Jahre 1883 eingeführten Bahnpostwagen mit einer Wagenkastenlänge von 12 m galten als Gattung III. Ihnen folgte im Jahre 1907 die Gattung IV, Fahrzeuge mit 17 m langen Wagenkästen. Diese entstanden in verschiedenen Ausführungen:

Gattung IV:	Wagen mit Schutzabteilen,
Gattung D IV (S):	Durchgangswagen mit Seitengang,
Gattung D IV (M):	Durchgangswagen mit Mittelgang.

Entwicklung

Bereits um das Jahr 1825 propagierten progressive Kräfte unterschiedlicher Herkunft die Bedeutung der Eisenbahn für die wirtschaftliche Entwicklung in Deutschland. Jedoch erwies sich die Zersplitterung des Landes, die Kleinstaaterei, als ein entscheidendes Hemmnis. Das verdeutlichen einige Eisenbahnprojekte jener Zeit. Man beschäftigte sich hauptsächlich mit dem Bau von Bahnen für den eigenen Bedarf.
Diese Schranken überwand als erster Friedrich List in seiner Denkschrift „Über ein sächsisches Eisenbahn-System als Grundlage eines allgemeinen deutschen Eisenbahn-Systems“, die er 1833 veröffentlichte. Es dauerte noch zwei Jahre, bis am 7. Dezember 1835 die erste regelspurige deutsche Eisenbahn für den öffentlichen Verkehr zwischen Nürnberg und Fürth eröffnet wurde.
Mit dem Bau der ersten Eisenbahn wurde auch — und blieb bis heute — die Beschaffung von Fahrzeugen aktuell.

Sitzwagen

Für den Bau der ersten deutschen Strecke dienten englische Bahnen als Vorbild. Darüber hinaus bezog man auch wesentliche Ausrüstungsteile, wie Lokomotiven und Wagenuntergestelle, aus England.
Während das Untergestell mit den Radsätzen sowie die Zug- und Stoßeinrichtung neue eisenbahntypische Baugruppen waren, lehnte sich die Gestaltung des Wagenkastens stark an die Postkutsche an.
Von Anbeginn an unterschied man drei Wagenklassen, die in ihrer Ausstattung und Ausführung wesentlich voneinander abwichen.
Am 24. April 1837 konnte die erste Teilstrecke der „Leipzig-Dresdner Eisenbahn-Compagnie“ in Betrieb genommen werden. Diese Eisenbahn war die zweite in Deutschland, jedoch die erste über eine größere Entfernung. Weiterhin bildete sie die Grundlage für die Entwicklung des Eisenbahnwesens im Königreich Sachsen. Da die Anlieferung der Wagen große Schwierigkeiten bereitete und dadurch ein Eröffnungstermin bereits nicht eingehalten worden war, erwog das Direktorium der Eisenbahn-Compagnie die Einrichtung einer eigenen Wagenbauanstalt in Leipzig. Ein Jahr nach Eröffnung der ersten Teilstrecke der Leipzig-Dresdner Eisenbahn begann in der eigenen Wagenbauanstalt in Leipzig die Produktion.
Am 1. Dezember 1838 eröffnete die erste Staatsbahn von Braunschweig nach Wolfenbüttel ihren Betrieb, am 1. September 1839 die München-Augsburger Privatbahn auf ihrer ersten Teilstrecke. Sie führte Personenwagen 4. Klasse ein.
Die Wagenbauanstalt der Leipzig-Dresdner Eisenbahn-Compagnie erhielt 1840 die Konzession, auch für andere Bahnverwaltungen Eisenbahnwagen zu bauen. In das Jahr 1840 fiel auch die Eröffnung der ersten badischen Eisenbahn (12. September: Mannheim—Heidelberg).
Während sich die meisten damaligen

Eisenbahnen in Privathand befanden, übernahm das Königreich Württemberg von Anfang an den Bau und den Betrieb der wichtigsten Bahnlinien selbst. Die Württembergischen Staatsbahnen sind in den Jahren von 1845 bis 1867 vor allem dadurch hervorgetreten, daß sie amerikanische Vorbilder benutzten, die sich von den englischen wesentlich unterschieden.

Obwohl die Spurweite mit 1435 mm bei den meisten Bahnen übereinstimmte (lediglich wichen die Ludwigsbahn Nürnberg—Fürth zunächst mit 1430 mm und die badischen Eisenbahnen mit 1600 mm ab), verhinderten vor allem die unterschiedliche Höhe der Zug- und Stoßeinrichtungen sowie der ungleiche Puffermittenabstand den Übergang der Wagen auf eine andere Bahn.

Der im Jahre 1846 gegründete Verein Deutscher Eisenbahn-Verwaltungen (VDEV) gab vier Jahre später „Grundzüge für die Gestaltung der Eisenbahnen Deutschlands" und „Einheitliche Vorschriften für den durchgehenden Verkehr auf den bestehenden Vereinsbahnen" heraus. Trotz der nunmehr festliegenden Hauptabmessungen der Fahrzeuge verlief die Entwicklung der Reisezugwagen bei den einzelnen Länderbahnen unterschiedlich.

In das Jahr 1863 fiel auch die versuchsweise Anwendung der Dampfheizung und der Gasbeleuchtung bei der Braunschweigischen Staatseisenbahn.

Zwei Jahre später folgte dann die Einführung von Schneckenfedern für Puffer und Zugapparat sowie die Anwendung der Petroleumbeleuchtung bei den Bayerischen Staatseisenbahnen. 1866 schließlich erhielten die ersten Wagen teilweise Aborte.

Während in den meisten ehemaligen deutschen Staaten am Ausbau der Streckennetze und an der Verbesserung der Betriebsmittel gearbeitet wurde, nahm das Herzogtum Oldenburg erst am 15. Januar 1867 seine erste Bahnlinie von Oldenburg nach Bremen in Betrieb.

Im Jahre 1868 ließ die Braunschweigische Staatseisenbahn als erste einen Sitzwagen völlig aus Stahl bauen.

Eigenheiten der englischen und der amerikanischen Sitzwagen vereinigte im Jahre 1870 Heusinger von Waldegg.

1871 war die Ölgasbeleuchtung der Firma Pintsch allgemein eingeführt worden und 1872 die Heberlein-Bremse (durchgehende selbsttätige Bremse mit Reibradantrieb) bei den bayerischen Bahnen.

Die Gestaltung der Reisezugwagen bei den staatlichen Eisenbahnen Preußens hing maßgeblich von den Obermaschinenmeistern und den Wagenbauanstalten ab. Die im Jahre 1878 erlassenen „Normalien" setzten dieser Verfahrensweise ein Ende.

Einige Jahre darauf folgten „Normalien für Betriebsmittel der Bahnen mit untergeordneter Bedeutung". Auch die Sächsischen Staatseisenbahnen beschafften Reisezugwagen verschiedener Gattungen für den vereinfachten Nebenbahndienst. Da bei längeren zwei und dreiachsigen Reisezugwagen Schwierigkeiten beim Bogenlauf auftraten, schrieb der Verein Deutscher Eisenbahn-Verwaltungen (VDEV) im Jahre 1886 die Anwendung von Lenkachsen vor. Die „Vereinslenkachse" war aus einer Reihe ähnlicher Konstruktionen hervorgegangen.

In diese Zeit fielen auch die Erfindung des Faltenbalges als Wagenübergangssicherung sowie die Bremskonstruktionen von Carpenter, die Preußen 1883 im Personenzugdienst einführte, die Einkammerdruckluftbremse von Westingshouse (1886 in Bayern eingeführt) sowie die 1902 in Preußen eingeführte Knorr-Schnellbremse.

Am 1. Mai 1892 verkehrte erstmals zwischen Berlin und Köln ein D-Zug als D 31/D 32, dessen Drehgestellwagen Seitengang und mit Faltenbälgen gesicherte Übergänge besaßen.

Die bayerischen, preußischen und sächsischen Bahnen beschafften auch dreiachsige Reisezugwagen mit Faltenbälgen.

Ab 1906 nahm vor allem die Preußisch-Hessische Eisenbahnverwaltung sechsachsige Sitzwagen verschiedener Gattungen in Betrieb.

Auch Baden beschaffte einige sechsachsige Sitzwagen 1./2. Klasse.

Um die Jahrhundertwende gab es bei den bayerischen, preußischen und sächsischen Bahnen Versuche mit verschiedenen Systemen elektrischer Beleuchtung.

Durch Allerhöchsten Erlaß vom 25. März 1907 wurde mit Wirkung vom 1. April 1907 das Königliche Eisenbahn-Zentralamt (KEZA) in Berlin gegründet.

Die Preußisch-Hessische Staatsbahn nahm im Jahre 1912 den ersten D-Zug-Wagen in Betrieb, der vollständig in Ganzstahlbauweise hergestellt war.

Der erste Weltkrieg unterbrach die weitere Entwicklung des Eisenbahnwagenbaus. Lediglich für das Jahr 1915 ist noch die Einführung der Dampfumlaufheizung von Pintsch zu erwähnen.

Schon während des Krieges unterbreiteten Baden und Württemberg Pläne für einen Zusammenschluß der Länderbahnen, die aber am Widerstand Preußens, Sachsens und Bayerns scheiterten. Um das als

Folge des ersten Weltkriegs entstandene große Manko an Reisezugwagen soweit wie möglich auszugleichen, vergab man zahlreiche Aufträge an Waggonfabriken. Nach der Gründung der Weimarer Republik wandte man sich erneut der Übernahme der Ländereisenbahnen durch das Reich zu. Als Termin hierfür wurde der 1. April 1920 gesetzt.
Mit dem Staatsvertrag vom 31. März 1920 über den Übergang der Staatsbahnen auf das Reich zwischen den acht deutschen Eisenbahnländern Baden, Bayern, Hessen, Mecklenburg, Oldenburg, Preußen, Sachsen und Württemberg und dem Reich fanden die vielen nebeneinander verlaufenden Entwicklungen von Reisezugwagen ihren Abschluß.

Gepäckwagen

Anfangs beförderten einige Eisenbahnen das Reisegepäck in „bedeckten Frachtenwagen", die sie als „Packwagen" verwendeten.
Um 1845 entsprachen in Württemberg nicht nur die Sitzwagen dem amerikanischen System, sondern auch die übrigen Fahrzeuge.
Ursprünglich waren sie mit einer völlig anderen Zug- und Stoßeinrichtung ausgerüstet. Nach dem Jahre 1860 mußten die mittleren Steifkupplungen gegen die vereinheitlichten Zug- und Stoßeinrichtungen ausgetauscht werden.
In den Jahren 1854 bis 1857 beschafften die Großherzoglich Badischen Staatseisenbahnen dreiachsige „Reisegepäckwagen".
Im Jahre 1862 beschaffte die Preußische Ostbahn einen bemerkenswerten Gepäckwagentyp, dessen Laderaum in der Wagenmitte ein flach gewölbtes Dach und die Diensträume an den Wagenenden ein Satteldach trugen. Die Diensträume enthielten auch Schlafstätten für das Personal, da es die Züge vom ehemaligen Eydtkuhnen bis Berlin und zurück begleitete.
Ab 1863 beschaffte die badische Eisenbahnverwaltung einen zweiachsigen, holzverkleideten Gepäckwagentyp für Personenzüge mit erhöhtem „Zugmeistersitz". Varianten dieses Typs erhielten ein Postabteil bzw. einen Dampfkessel für Heizzwecke.
Zu den ersten oldenburgischen Gepäckwagen gehörte eine Ausführung aus dem Jahre 1867. Sowohl ihre Untergestelle als auch ihre Wagenkästen bestanden gänzlich aus Holz.
Die württembergische Bahnverwaltung beschaffte ab dem Jahre 1870 einen zweiachsigen Gepäckwagentyp.
Die „Normalien für Betriebsmittel der Preussischen Staatsbahnen und unter Staats-Verwaltung stehenden Privatbahnen" von 1878 enthielten auch „Allgemeine Grundzüge für die Konstruktion der Gepäck- und Güterwagen". Nach diesen Vorschriften entstanden u. a. der zwei- und der dreiachsige Gepäckwagen von 1884. Diese beiden Grundtypen erhielten bis 1899 verschiedene Detailveränderungen.
Nach 1885 bekamen einige preußische zwei- und dreiachsige Gepäckwagentypen einen Abort für die Reisenden. Dieser Entwicklungsabschnitt dauerte bis kurz nach der Jahrhundertwende.
Ab 1887 nahmen die Badischen Staatseisenbahnen sogenannte „große Gepäckwagen" für Schnellzüge in Betrieb.
Die württembergische Bahnverwaltung beschaffte 1890 zweiachsige Gepäckwagen.
Bis zum Jahre 1892 waren in Bayern die Gepäckwagen zweiachsig.
Im Jahre 1893 nahmen die Württembergischen Staatseisenbahnen verschiedene Gattungen von Gepäckwagen in Betrieb, u. a. dreiachsige Fahrzeuge mit Bremszahnrad auf der Mittelachse.
In Bayern beschaffte man von 1898 bis 1910 dreiachsige Gepäckwagen für D-Züge.
Ab dem Jahre 1900 beschafften die Württembergischen Staatseisenbahnen eine größere Serie dreiachsiger Gepäckwagen mit gewölbtem Dachaufbau. Zwei Jahre danach, ab 1902, beschafften auch die Badischen Staatseisenbahnen ähnliche Fahrzeuge. Zur selben Zeit setzten die Preußischen Staatsbahnen bereits vierachsige Gepäckwagen für D-Züge ein. Diese trugen den Dachaufbau für den erhöhten Zugführersitz in der Wagenmitte. Die Waggonfabrik Görlitz lieferte im Jahre 1903 an die preußische Eisenbahnverwaltung neben anderen Wagen mindestens einen Gepäckwagen für D-Züge mit amerikanischer Kupplung. Die Württembergischen Staatseisenbahnen setzten von 1904 ab eine Bauart vierachsiger Gepäckwagen ein, die der preußischen jener Jahre ähnlich war.
Ein Jahr danach nahmen auch die Badischen Staatseisenbahnen die ersten vierachsigen Gepäckwagen für D-Züge in Betrieb. In Bayern dauerte es noch ein weiteres Jahr, bis ab 1906 die ersten vierachsigen Gepäckwagen mit Faltenbälgen eingesetzt wurden. Parallel dazu beschaffte die bayerische Bahnverwaltung nach wie vor dreiachsige Gepäckwagen für D-Züge.
Im Jahre 1909 wurden in Baden wiederum dreiachsige Gepäckwagen beschafft. Preußen hingegen setzte die Beschaffung der vierachsigen

Gepäckwagen für D-Züge mit und ohne Zollabteil fort.
Im Jahre 1909 beschafften die Sächsischen Staatseisenbahnen erstmalig einen Gepäckwagen mit einem Kastengerippe aus Stahl. Allerdings bezog man die Blechverkleidung nicht in die Tragkonstruktion ein. Ab demselben Jahr beschafften die Württembergischen Staatseisenbahnen verschiedene Ausführungen zweiachsiger Gepäckwagen.
Das Jahr 1910 bedeutete für die preußischen vierachsigen Gepäckwagen einen merklichen Qualitätssprung. Sie erhielten nunmehr genietete Untergestelle und Kastengerippe. Die Sächsischen Staatseisenbahnen beschafften in diesem Jahr zweiachsige Gepäckwagen sowohl für Personen- als auch für Güterzüge, die in wesentlichen Baugruppen übereinstimmten.
In Baden beschaffte die Bahnverwaltung ab 1911 zweiachsige Gepäckwagen. Diese hatten allerdings im Gegensatz zu den gleichzeitig beschafften zweiachsigen Durchgangspersonenwagen keine Stirnwandübergänge. Je eine neue Generation drei- und zweiachsiger Gepäckwagen entstand in diesem Jahr bei den preußischen Bahnen.
Eine etwas veränderte Version des zweiachsigen preußischen Gepäckwagens aus dem Jahre 1911 wurde später als Pwi Pr 13 bezeichnet.
Im Jahre 1913 beschafften die Sächsischen Staatseisenbahnen einen Gepäckwagentyp, der dem preußischen vierachsigen D-Zug-Gepäckwagen aus dem Jahre 1910 sehr nahe kam.
In diesem Jahr begann in Württemberg die Beschaffung einer weiteren Serie dreiachsiger Gepäckwagen. Eine Variante des vierachsigen preußischen Gepäckwagens in genieteter Stahlausführung wurde als Pw 4 Pr 16 bezeichnet. Sie besaß keine Stirnwandübergänge.
Als Pw Sa 17 wurde ein zweiachsiger Gepäckwagentyp bezeichnet. Ein Jahr danach nahm dieselbe Bahnverwaltung einen weiteren vierachsigen Gepäckwagentyp in Betrieb. Damit schloß die Entwicklung dieser Wagengattung bei den Länderbahnen ab.

Kombinierte Gepäck- und Postwagen

Seitdem die Eisenbahnen durch Erlasse, Gesetze oder dergleichen dazu verpflichtet wurden, Postgut zu befördern, oder durch Vereinbarungen derartige Transportleistungen übernahmen, gibt es entsprechende Fahrzeuge. Da diese Wagen bestimmte Bedingungen erfüllen mußten und wenn andererseits das Postaufkommen einen ganzen Bahnpostwagen nicht auslastete, kombinierte man verschiedene Gattungen der Reisezugwagen mit einem Postraum.
Eine Variante davon ist der kombinierte Gepäck- und Postwagen. Schon frühzeitig in der Entwicklung der Reisezugwagen kam diese Wagengattung auf. Zu den ersten bekannten Ausführungen ist ein vierachsiger Wagentyp der Leipzig-Dresdner Eisenbahn-Compagnie zu zählen.
Auch in den folgenden Jahrzehnten ist diese Wagengattung besonders bei den mittel- und norddeutschen Bahnen nachweisbar, aber auch bei den württembergischen.
So beschafften die Großherzoglichen Staatseisenbahnen in Oldenburg zur Beförderung des Postguts kombinierte Gepäck- und Postwagen mit einer bemerkenswerten Eigenart: entlang des Postabteils verlief ein Seitengang.
Ab 1878 ließen die Königlich Württembergischen Staatsbahnen einen zweiachsigen Typ bauen. Ein Jahr danach nahm die Halberstadt-Blankenburger Eisenbahn derartige Fahrzeuge in Betrieb, deren Achsstand 4,5 m betrug. Etwa zur gleichen Zeit, nämlich 1886, fertigte die Hauptwerkstätte der Großherzoglich Oldenburgischen Staatseisenbahn einen Typ des kombinierten Gepäck- und Postwagens, bei dem ein Seitengang außerhalb des Postabteils verlief. Die KPEV beschaffte zwischen 1892 und 1913 in Abständen von mehreren Jahren in geringen Stückzahlen vierachsige kombinierte Gepäck- und Postwagen für D-Züge. Parallel dazu wurde bei der KPEV auch der zweiachsige Typ von 1888 weiterentwickelt.
Die Königlich Württembergischen Staatseisenbahnen beschafften ab 1893 fünf dreiachsige „Gepäckwagen mit Postabteil“ für den Einsatz auf Gebirgsstrecken. Auf der Mittelachse der Wagen war ein Bremszahnrad befestigt. Nahezu gleichzeitig stellte diese Bahnverwaltung auch zwei Fahrzeuge eines zweiachsigen Typs in Dienst. Sie erhielten allerdings kein Bremszahnrad.
Im Jahre 1903 beschaffte Mecklenburg vierachsige „Vereinigte Post- und Gepäckwagen“ mit einer Länge über Puffer von 18000 mm. Bei ihnen befand sich das Zugführerabteil in der Mitte des Wagens. In Bayern begann in demselben Jahr die Beschaffung zweiachsiger Typen für Lokalbahnen.
Eine weitere Auflage erfuhr im Jahre 1907 in Preußen der zweiachsige Wagentyp.
Das Jahr 1908 brachte den Staatsbahnen in Mecklenburg und Preußen

weitere Fahrzeuge der hier beschriebenen Wagengattung. Hingegen wartete man bei der Eisenbahn in Preußen mit einer Weiterentwicklung auf.

Im Jahr 1911 wurden in Bayern und Preußen weitere bisherige Typen und verbesserte vier- und zweiachsige Fahrzeuge beschafft. Die Preußisch-Hessische Staatsbahn ergänzte ihren Wagenpark auf der Nebenbahn Wiesbaden—Langenschwalbach durch fünf vierachsige Fahrzeuge.

Im Jahre 1912 beschaffte die Großherzoglich Oldenburgische Staatseisenbahn einen bemerkenswerten zweiachsigen Typ, der einerseits zwar den für oldenburgische Wagen typischen Seitengang am Postabteil hatte, darüber hinaus aber einige Längen- und Höhenmaße aufwies, die teilweise nur wenig verändert bei den zweiachsigen Einheits-Personenwagen der Deutschen Reichsbahn-Gesellschaft wiederzufinden waren.

Im Jahre 1913 ist ein neuentwickelter zweiachsiger Typ der Königlich Württembergischen Staatseisenbahn zu nennen.

Bayern und Preußen nahmen schließlich im Jahr 1914 neu- bzw. weiterentwickelte Fahrzeugtypen der hier beschriebenen Gattung in Betrieb.

Von den sächsischen Bahnen ist ein zweiachsiger Typ aus dem Jahre 1917 bekannt geworden, der in seinen äußerlichen Merkmalen dem reinen Gepäckwagen desselben Baujahrs entsprach.

Mit der Inbetriebnahme eines zweiachsigen kombinierten Gepäck-/Postwagentyps durch die Mecklenburgischen Staatbahnen schloß im Prinzip die Entwicklung dieser Wagengattung bei den Länderbahnen ab.

Bahnpostwagen

Auf der ersten badischen Eisenbahnstrecke sollen um 1840 die ersten Bahnposten in Deutschland verkehrt sein.

Ab 1. November 1841 fuhren die ersten Eisenbahn-Postwagen, zunächst versuchsweise auf der Strecke Berlin—Leipzig. Diese dreiachsigen Fahrzeuge lösten die Eisenbahn-Untergestelle ab, auf denen bis dahin Landstraßen-Postwagen befördert wurden.

Ein Jahr später nahm man zweiachsige „Eisenbahn-Postwagen" in Betrieb.

Ab 1859 ließ die preußische Bahnverwaltung einheitliche Beschreibungen und Zeichnungen anfertigen, die sich allerdings nur auf den Wagenkasten bezogen.

1861 nahmen in Bayern sowohl die Staatsbahnen als auch die private Ostbahn ihre ersten Bahnpostwagen in Betrieb. Diese zweiachsigen Fahrzeuge waren im Gegensatz zu anderen Privat- und Länderbahnen Eigentum der Staatseisenbahnen. Seit 1865 erhielten die Eisenbahn-Postwagen einen zinnobergrünen Anstrich. Seit dieser Zeit bringt man über dem Briefeinwurf in der Seitenwand die Siegelseite eines Briefes an. Die preußische Bahnverwaltung versuchte im Jahre 1866, allgemeine Richtlinien für die Gestaltung der Untergestelle festzulegen. Kurz danach führte man auch wesentliche Verbesserungen der Inneneinrichtung ein.

Am 1. Januar 1868 nahm die Post- und Telegrafenverwaltung des Norddeutschen Bundes ihre Arbeit auf. Aus ihr ging nach der Gründung des damaligen Deutschen Reiches und nach Beitritt der Landespostanstalten Badens und Elsaß-Lothringens im Jahre 1871 die Deutsche Reichspost hervor. Die Länder Bayern und Württemberg behielten ihre Landes-Post- und Telegrafenanstalten.

Die Pflichten der Eisenbahnen gegenüber den Post- und Telegrafenanstalten regelte im Reichspostgebiet das Eisenbahnpostgesetz vom 20. Dezember 1875. In Bayern und in Württemberg galt dieses Gesetz nicht.

Am 5. Januar 1875 änderte man die Bezeichnung „Eisenbahn-Postbureau" in „Bahnpost". Seit dieser Zeit bezeichnet man die Eisenbahn-Postwagen als „Bahnpostwagen". Bisher vermittelten die Eisenbahndirektionen und die Eisenbahnkommissariate die Beschaffung der Bahnpostwagen. 1881 erhielt die Eisenbahndirektion Berlin den Auftrag, die benötigten Bahnpostwagen zu beschaffen.

Zwei Jahre später wurden die ersten dreiachsigen Wagen mit einer Kastenlänge von 12000 mm beschafft. Ebenfalls dreiachsige Bahnpostwagen beschafften die Württembergischen Staatsbahnen ab dem Jahre 1887.

Auf der Höllentalbahn wurden im Jahre 1887 zwei sogenannte „Zahnrad-Bahnpostwagen" eingesetzt.

Die im Binnenverkehr eingesetzten Bahnpostwagen trugen die Anschrift „Kaiserliche Post" und die im grenzüberschreitenden Verkehr eingesetzten Wagen die Anschrift „Kaiserliche Deutsche Post".

1893 erprobte man eine elektrische Beleuchtung mit Sammlern.

Den Württembergischen Staatseisenbahnen lieferte die Waggonindustrie für die Königlich Württembergische Post ab dem Jahre 1898 eine Serie von zweiachsigen Bahnpostwagen.

Drei- und vierachsige Bahnpostwagen mit einer Wagenkastenlänge von 12000 mm erhielten die Gattungsnummer III. Bis zum Ende des Jahres 1907 beschaffte die Reichspost-Verwaltung 213 derartige Fahrzeuge. Auch die Württembergischen Staatseisenbahnen folgten dieser Entwicklung mit der Beschaffung einer Serie von zehn vierachsigen Fahrzeugen.

Nachdem von 1903 an in Schnellzügen nur noch vierachsige Bahnpostwagen eingesetzt wurden, verhandelte man über Bahnpostwagen mit einer Wagenkastenlänge von 17000 mm (Gattung IV).

In Bayern stellte man 1909 erstmals Bahnpostwagen in Dienst, deren gesamter Innenraum als Briefraum ausgestaltet war.

Vom Jahre 1910 an beschaffte die Reichspost-Verwaltung Bahnpostwagen mit Schutzabteilen auch für Schnellzüge.

Im Jahre 1911 wurde beschlossen, an Stelle dieser Wagen für D-Züge Bahnpostwagen mit Schutzabteilen und Stirnwand-Übergangseinrichtungen bauen zu lassen.

Schon in demselben Jahr konnten mehrere Wagen „mit Mittelgang“ (Gattung D IV [M]) in Auftrag gegeben werden.

Versuche, Bahnpostwagen mit stählernen Wagenkästen zu versehen, unternahm man erstmals im Jahre 1913.

Die Serienproduktion lief erst sieben Jahre später an.

Zur Postbeförderung in Belgien beschaffte die Reichspost-Verwaltung im Jahre 1916 vierachsige Bahnpostwagen, die eine eigene Numerierung trugen.

Zweiachsiger Sitzwagen 1. Klasse mit zwei Abteilen

1835

Techn. Daten Seite 244

Am 7. Dezember 1835 wurde in Deutschland zwischen Nürnberg und Fürth die erste normalspurige Eisenbahn dem öffentlichen Verkehr übergeben. Der Schienenweg stellte zu dieser Zeit gegenüber der Straße eine wesentliche Verbesserung dar. Die Reisezugwagen trugen allerdings noch Merkmale der Straßenfahrzeuge, wie Kutschenform der Wagenkästen, Kutscherbock, geringe Bauhöhe, Anspanneinrichtung für Pferdebetrieb, einfache Türverschlüsse und leichte Tritte. Zu den eisenbahntypischen Bauteilen zählten u. a. das Untergestell, die Räder und ihre Lagerung, die besondere Art der Stoßeinrichtung, die Kupplung und die Bremse. Letztere diente im Prinzip noch viele Jahre als Rangierbremse.

Das Foto zeigt die naturgetreue Nachbildung des o. g. Wagens. Die Zeichnung basiert auf noch vorhandenen alten Unterlagen.

Konstruktive Merkmale

Untergestell

Rahmen: Miteinander verschraubte hölzerne Lang- und Querträger.

Zugeinrichtung: Nicht durchgehend; an einem Ende des Untergestells mittels Blattfeder gefedert und über ein Hebelsystem mit Blattfeder der Stoßeinrichtung verbunden; Kuppeln durch Kette und Bolzenverbindung.

Stoßeinrichtung: An einem Ende des Untergestells mittels Blattfeder gefedert, am anderen starr.

Laufwerk: Achshalter außen an die Langträger angeschraubt; Blatttragfedern ruhen auf den Achslagerbuchsen; Gleitachslager; Speichenräder.

Rahmen: Ursprünglich nicht vorhanden; später Hebelbremse.

Wagenkasten

Rohbau: Einzelne Abteile in Kutschenform aus Holz; nach außen aufschlagende Drehtüren; Fenster verglast; keine Übergangseinrichtung.

Inneneinrichtung: Abteile mit blauem Tuch ausgeschlagen; Beschläge aus Messing; Griffe vergoldet.

Heizung/Lüftung/Beleuchtung: Nicht vorhanden.

Zweiachsiger Sitzwagen 1. Klasse mit zwei Abteilen der Ludwigsbahn; Baujahr 1835

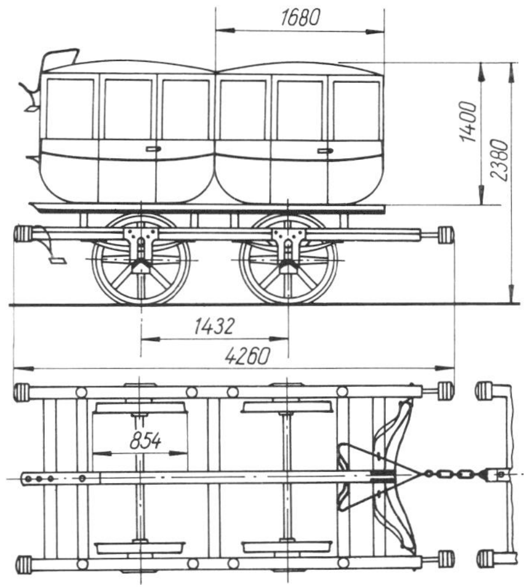

Maßskizze des zweiachsigen Sitzwagens 1. Klasse mit zwei Abteilen der Ludwigsbahn; Baujahr 1835

Zweiachsiger Sitzwagen 1. Klasse mit drei Abteilen

1835

Techn. Daten Seite 244

Außer den Sitzwagen 1. Klasse mit zwei Abteilen wurden auch solche mit drei Abteilen beschafft. Das Foto zeigt die originalgetreue Nachbildung dieses Wagentyps. Die Maßskizze wurde nach einer Zeichnung in einem Bericht über die Ludwigsbahn aus dem Jahre 1836 gestaltet.
Das Untergestell des ursprünglichen Wagens stammte aus einer deutschen Werkstatt. Die deutsche Ausführung wurde gegenüber der englischen bevorzugt, weil sie leichter und billiger war. Das Untergestell dieses Wagentyps entsprach zwar prinzipiell dem des Sitzwagens 1. Klasse mit zwei Abteilen, war jedoch 340 mm länger.
Die ersten Fahrzeuge hatten eine relativ kurze Lebensdauer.

Konstruktive Merkmale

Untergestell

Rahmen: Miteinander verschraubte hölzerne Lang- und Querträger.
Zugeinrichtung: Nicht durchgehend; an einem Ende des Untergestells mittels Blattfeder gefedert und über ein Hebelsystem mit Blattfeder der Stoßeinrichtung verbunden; Kuppeln durch Kette und Bolzenverbindung.
Stoßeinrichtung: An einem Ende des Untergestells mittels Blattfeder gefedert, am anderen starr.
Laufwerk: Achshalter ursprünglich geteilt, später aus einem Stück außen an den Langträger angeschraubt; Blatttragfedern ruhten auf den Achslagerbuchsen; Gleitachslager; Speichenräder.
Bremse: Ursprünglich nicht vorhanden; später Hebelbremse.

Wagenkasten

Rohbau: Einzelne Abteile in Kutschenform aus Holz; nach außen aufschlagende Drehtüren; Fenster in den Türen verglast; keine Übergangseinrichtung.
Inneneinrichtung: Abteile ebenfalls mit blauem Tuch ausgeschlagen; Beschläge aus Messing; Griffe vergoldet.
Heizung/Lüftung/Beleuchtung: Nicht vorhanden.

Zweiachsiger Sitzwagen 1. Klasse mit drei Abteilen der Ludwigsbahn; Baujahr 1835

Maßskizze des zweiachsigen Sitzwagens 1. Klasse mit drei Abteilen der Ludwigsbahn; Baujahr 1835

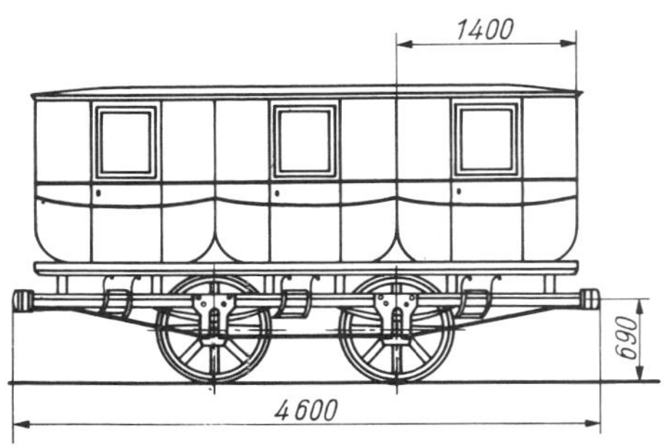

Zweiachsiger Sitzwagen 2. Klasse

1835

Techn. Daten Seite 244

Einer dieser Wagen erhielt eines der beiden englischen Untergestelle, die zur „Nachahmung“ beschafft worden waren.
Die Wagenkästen entstanden sämtlich in Nürnberger und Fürther Manufakturen, teils beim Wagnermeister Stahl in Nürnberg, teils bei Fürther Meistern, von denen Fürnbacher später mehrfach genannt wird.
Die meisten Betriebsstörungen entstanden von Anfang an dadurch, daß die gußeisernen Speichenräder häufig zerbrachen. Nach einem derartigen Unfall am 25. Dezember des Eröffnungsjahrs wies der Direktor den Maschinenmeister Cyrius an, daß künftige Räder statt der gekrümmten Speichen gerade haben sollten.
Anläßlich des 100jährigen Bestehens der deutschen Eisenbahnen wurde ein Zug der Ludwigsbahn original nachgebildet. Das Foto zeigt davon den o.g. Wagen. Die Zeichnung stammt aus einem Bericht über diese Bahn.

Konstruktive Merkmale

Untergestell

Rahmen: Miteinander verschraubte hölzerne Lang- und Querträger; deutsche Bauart hatte auch Zapfenverbindungen.
Zugeinrichtung: Nicht durchgehend; an einem Ende des Untergestells im Gegensatz zu den Wagen 1. Klasse nur über ein Hebelsystem mit der Blattfeder der Stoßeinrichtung verbunden; Kuppeln durch Kette und Bolzenverbindung.
Stoßeinrichtung: An einem Ende des Untergestells mittels Blattfeder gefedert, am anderen starr.
Laufwerk: Achshalter außen an die Langträger angeschraubt sowie untereinander und mit den Langträgern durch Achshalterverbindungsstangen verstrebt; Gleitachslager; Speichenräder.
Bremse: Ursprünglich nicht vorhanden; später Hebelbremse mit einem hölzernen Bremsklotz.

Wagenkasten

Rohbau: Einzelne Abteile in Kutschenform aus Holz; halbhohe Drehtüren; anstelle der Seitenwandfenster feste Jalousien; überdachter Sitz für den „Konducteur“ an einer Stirnwand; keine Übergangseinrichtung.
Inneneinrichtung: Abteile mit grauem Tuch ausgeschlagen; Beschläge aus Messing.
Heizung/Lüftung/Beleuchtung: Nicht vorhanden.

Zweiachsiger Sitzwagen 2. Klasse der Ludwigsbahn; Baujahr 1835

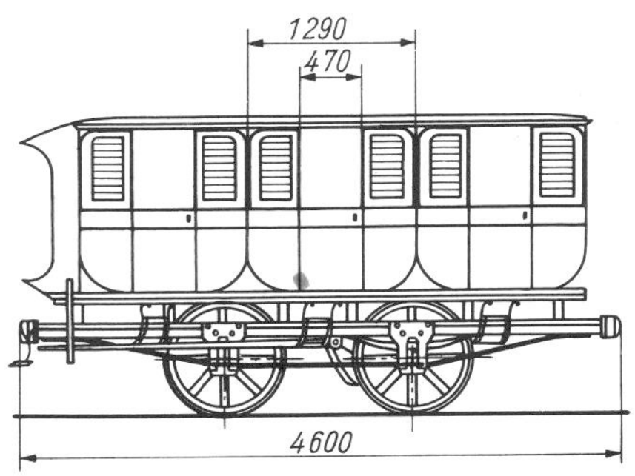

Maßskizze des zweiachsigen Sitzwagens 2. Klasse der Ludwigsbahn; Baujahr 1835

Zweiachsiger Sitzwagen 3. Klasse

1835

Techn. Daten Seite 244

Das Foto zeigt die originalgetreue Nachbildung eines solchen Wagens, während die Zeichnung dem bereits zitierten Bericht über die Ludwigsbahn entnommen wurde.
Die Instandhaltung der Personenwagen erforderte höhere Ausgaben als die der Bahnanlagen. Fast täglich machten sich kleine Reparaturen notwendig. Darüber hinaus erfuhren die Wagen auch Veränderungen zwecks Erhöhung der Sicherheit und Verbesserung des Reisekomforts. In diesem Zusammenhang erhielten auch die Wagen 3. Klasse später eine Überdachung, halbhohe Einstiegtüren und Vorhänge. Die anfangs unbequemen Sitzkästen ersetzte man durch bequemere.

Konstruktive Merkmale

Untergestell

Rahmen: Miteinander verschraubte hölzerne Lang- und Querträger; Ausführung wie für die Wagen 2. Klasse.
Zugeinrichtung: Nicht durchgehend; an einem Ende des Untergestells über ein Hebelsystem mit der Blattfeder der Stoßeinrichtung verbunden; Kuppeln durch Kette und Bolzenverbindung.
Stoßeinrichtung: An einem Ende des Untergestells mittels Blattfeder gefedert, am anderen starr.
Laufwerk: Achshalter außen an die Langträger angeschraubt sowie untereinander und mit den Langträgern durch Achshalterverbindungsstangen verstrebt; Gleitachslager; Speichenräder.
Bremse: Ursprünglich nicht vorhanden; später Hebelbremse.

Wagenkasten

Rohbau: Einzelne Abteile mit halbhohen Wänden aus Holz; ursprünglich ohne Einstiegtüren und Überdachung; keine Übergangseinrichtung.
Inneneinrichtung: Hölzerne Sitzbänke über die gesamte Wagenbreite.
Heizung/Lüftung/Beleuchtung: Nicht vorhanden.

Zweiachsiger Sitzwagen 3. Klasse der Ludwigsbahn; Baujahr 1835

Maßskizze des zweiachsigen Sitzwagens 3. Klasse der Ludwigsbahn; Baujahr 1835

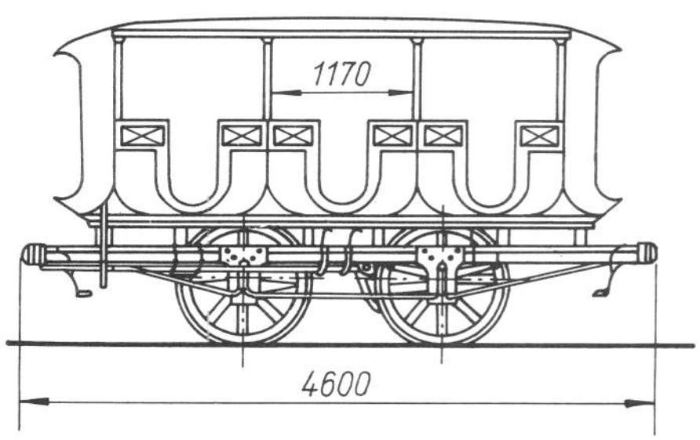

Zweiachsiger Sitzwagen 2. Klasse

1837

Techn. Daten Seite 244

Zur Eröffnung verfügte die Bahn nur über Personenwagen 2. und 3. Klasse. Das Modell eines Wagens 2. Klasse zeigt das Foto. Am Ende des Jahres zählten drei derartige Fahrzeuge zum Bestand, und ein Jahr danach waren es bereits 26.
Bei einem Vergleich mit derartigen Wagen der Ludwigsbahn aus dem Jahre 1835 sind sowohl einige Gemeinsamkeiten als auch einige markante Unterschiede feststellbar. Während sich die Ähnlichkeit hauptsächlich auf die Gestaltung des Wagenkastens beschränkte, lagen die Abweichungen vorwiegend in der prinzipiellen Ausführung des Untergestells sowie in den Hauptabmessungen. Einige von ihnen sind in der Maßskizze eingetragen.

Konstruktive Merkmale

Untergestell

Rahmen: Langträger und Pufferbohlen (heute: Kopfstücke) aus Holz; Querträger aus Profileisen mit Doppel-T-Querschnitt; Einzelteile miteinander verschraubt, wobei teilweise die Verbindungen durch Eisenteile verstärkt wurden; Achshalter, Federböcke und Halter für Laufbretter und Tritte angeschraubt.
Zugeinrichtung: Kupplungshaken und -bügel.
Stoßeinrichtung: Federnde Stangenpuffer
Laufwerk: Achshalter aus Blech untereinander sowie mit Kopfstücken zusätzlich verstrebt; Blatttragfedern lagen auf den Achslagergehäusen; Gleitlagerradsätze mit Speichenrädern.
Bremse: Nicht vorhanden.

Wagenkasten

Rohbau: Wagenkastengerippe aus Holz; Einstiegtüren mit Fenstern; übrige Fenster mit Lattenrost versehen.
Inneneinrichtung: Nur halbhohe Zwischenwände; gepolsterte Sitze.
Heizung: Erwärmter Sand in besonderen Einrichtungen.
Lüftung: Keine besonderen Einrichtungen vorhanden.
Beleuchtung: Kerzenbeleuchtung umstritten.

Zweiachsiger Sitzwagen 2. Klasse der Leipzig-Dresdner Eisenbahn-Compagnie Baujahr 1837
Foto: Verkehrsmuseum Dresden

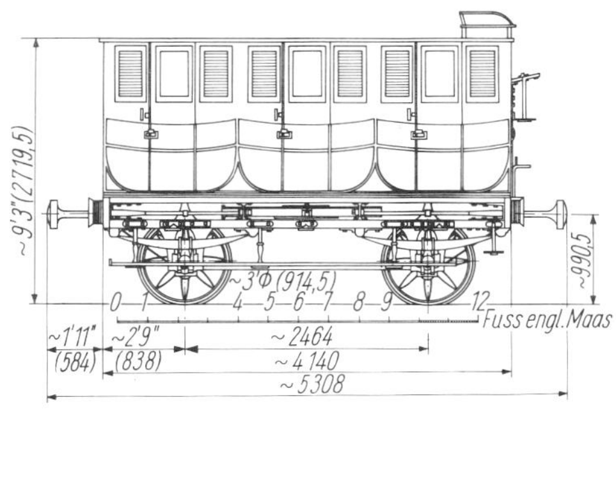

Maßskizze des zweiachsigen Sitzwagens 2. Klasse der Leipzig-Dresdner Eisenbahn-Compagnie; Baujahr 1837

Zweiachsiger Sitzwagen 3. Klasse

1837

Techn. Daten Seite 245

Bei der Eröffnung der Bahn waren auch Wagen dieser Gattung vorhanden. Das Foto zeigt das Modell eines solchen Wagens. Vernachlässigt man einmal die Abmessungen, so sind trotzdem noch wesentliche Unterschiede zu den gleichartigen Wagen der Ludwigsbahn aus dem Jahre 1835 feststellbar (vgl. S. 26). In der Anordnung der Einstiege und der Sitzplätze unterscheiden sich beide Fahrzeuge grundsätzlich. Darüber hinaus sind die Wagen der Leipzig-Dresdner Eisenbahn bisher nur überdacht bekannt geworden, während derartige Wagen der Ludwigsbahn anfangs keine Dächer hatten. Die unterschiedlichen Dimensionen und Ausführungen der Untergestelle weisen bereits auf merkliche Verbesserungen hin, die aus der Zeichnung zu ersehen sind.

Konstruktive Merkmale

Untergestell

Rahmen: Lang-, Querträger und Pufferbohlen (heute: Kopfstücke) aus Holz; Einzelteile miteinander verschraubt, Verbindungen teilweise durch Eisenteile verstärkt; Achshalter und Federböcke ebenfalls angeschraubt.

Zugeinrichtung: Kupplungsketten.

Stoßeinrichtung: Starre Puffer.

Laufwerk: Achshalter aus Blech untereinander sowie mit Kopfstücken zusätzlich verstrebt; Blatttragfedern lagen auf den Achslagergehäusen; Gleitlagerradsätze mit Speichenrädern.

Bremse: Nicht vorhanden.

Wagenkasten

Rohbau: Wagenkastengerippe aus Holz; nur von innen verkleidet; halbhohe Seitenwände mit Dachstützen; flaches Dach; offene Einstiege mit Sicherungsketten über den Puffern.

Inneneinrichtung: Vier Bänke mit je neun ungepolsterten Sitzen in Wagenlängsrichtung.

Heinzung: Keine besondere Einrichtung vorhanden.

Lüftung: Keine besondere Einrichtung nötig.

Beleuchtung: Bisher unbekannt.

Zweiachsiger Sitzwagen 3. Klasse der Leipzig-Dresdner Eisenbahn-Compagnie
Baujahr 1837
Foto: Verkehrsmuseum Dresden

Maßskizze des zweiachsigen Sitzwagens 3. Klasse der Leipzig-Dresdner Eisenbahn-Compagnie; Baujahr 1837

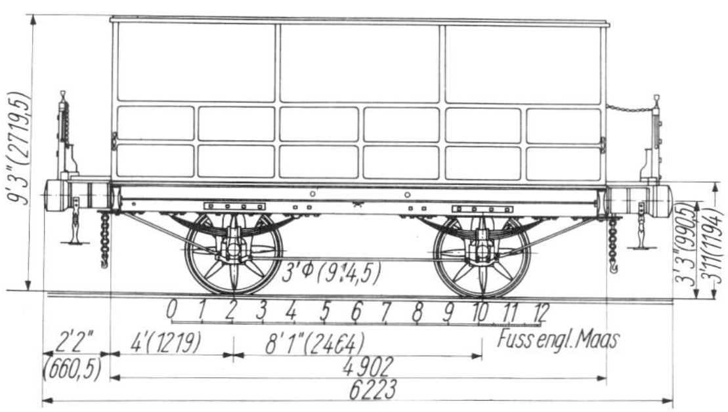

Zweiachsiger Sitzwagen 1. Klasse

1838/39

Techn. Daten Seite 245

Erst ein Jahr nach Eröffnung der ersten Teilstrecke dieser Bahnverwaltung wurden in der eigenen Wagenbau-Anstalt Sitzwagen 1. Klasse fertiggestellt. Ihr Bestand war am Ende des Jahrs 1839 auf 14 Stück angewachsen. Die ersten zwölf von ihnen trugen Namen historischer Persönlichkeiten, wie Tell, Franklin, Blücher, Kaiser Joseph, Friedrich der Große, Wittekind. Das Foto zeigt das Modell eines solchen Wagens.
Ursprünglich besaßen diese Wagen keine Sitze auf dem Dach. Da aber anfangs ein großer Teil der Reisenden die offenen Wagen benutzte, um eine bessere Aussicht zu haben, erwog die Generalversammlung der Bahnverwaltung die Sitzwagen 3. Klasse zum Stehen einzurichten. Man sah zwar davon ab, rüstete jedoch Fahrzeuge 1. Klasse mit einem offenen Sitz aus, um wohlhabenden Reisenden die Gelegenheit zu bieten, zum Fahrpreis der 2. Klasse einen solchen Sitzplatz zu benutzen. Aus der Zeichnung gehen einige Hauptabmessungen hervor.

Konstruktive Merkmale

Untergestell

Rahmen: Langträger und Kopfstücke aus Holz; Achshalter und Halter für Einstiegtritte angeschraubt; Kopfstücke verziert.
Zugeinrichtung: Kupplungshaken und -bügel.
Stoßeinrichtung: Federnde Stangenpuffer.
Laufwerk: Achshalter aus Blech untereinander sowie mit Kopfstücken zusätzlich verstrebt; Blatttragfedern lagen auf den Achslagergehäusen; Gleitlagerradsätze mit Speichenrädern.
Bremse: Nicht vorhanden.

Wagenkasten

Rohbau: Wagenkastengerippe aus Holz; Fenster verglast, in den Einstiegtüren herablaßbar; Gepäckablage auf dem Dach.
Inneneinrichtung: Getrennte Abteile mit feinem Tuch ausgeschlagen; gepolsterte Sitze mit Armlehnen.
Heizung: Erwärmter Sand in besonderen Einrichtungen.
Lüftung: Keine besonderen Einrichtungen vorhanden.
Beleuchtung: Kerzenbeleuchtung umstritten.

Zweiachsiger Sitzwagen 1. Klasse der Leipzig-Dresdner Eisenbahn-Compagnie Baujahre 1838/39
Foto: Verkehrsmuseum Dresden

Maßskizze des zweiachsigen Sitzwagens 1. Klasse der Leipzig-Dresdner Eisenbahn-Compagnie; Baujahre 1838/39

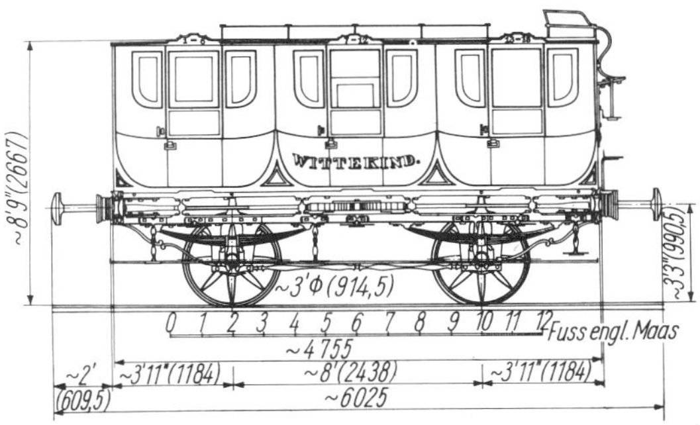

Zweiachsiger doppelstöckiger Sitzwagen 3. Klasse

1868

Techn. Daten Seite 246

Diese Wagen (siehe Zeichnung) setzte die Altona-Kieler Eisenbahn hauptsächlich auf Nebenstrecken ein, so auf der Altona-Hamburger Verbindungsbahn und der Altona-Blankeneser Bahn.
Die Fahrzeuge sollen sich vor allem im Sommer besonderer Beliebtheit erfreut haben, ihr unteres Stockwerk vorzugsweise bei den Damen. Es lag tief, und man konnte bequem ein- und aussteigen. Dagegen bevorzugten die Herren mehr das obere Stockwerk, der schönen Aussicht wegen. Aber auch wirtschaftliche Betrachtungen jener Zeit sprachen für den doppelstöckigen Sitzwagen: so betrugen die durchschnittlichen Beschaffungskosten für ihn 33 1/2 Thaler/Sitzplatz, während für einstöckige Wagen 42,3 Thaler/Sitzplatz anfielen.

Konstruktive Merkmale

Untergestell

Rahmen: Langträger mit I-förmigem Querschnitt; abgekröpfte Oberkante 825 mm über SO.
Zugeinrichtung: Geteilt, mit Schraubenkupplung.
Stoßeinrichtung: Stangenpuffer.
Laufwerk: Gleitlagerradsätze mit Speichenrädern aus Schmiedeeisen; Blatttragfedern ruhten auf den Achslagergehäusen; Achsen und Radreifen aus Stahlguß.
Bremse: Spindelbremse vom Oberstock aus bedienbar.

Wagenkasten

Rohbau: Hölzernes Kastengerippe außen Blech verkleidet, Stöße der Blechbahnen mit Blechstreifen abgedeckt; an den Stirnseiten je eine eiserne Treppe zum Oberstock.
Inneneinrichtung: Im Unterstock fünf Abteile mit je zwei Sitzbänken für fünf Reisende; im Oberstock ein Fahrgastraum mit Mittelgang und Sitzbänken zu je zwei Sitzplätzen;
Heizung: Unbekannt.
Lüftung: Keine besonderen Einrichtungen vorhanden.
Beleuchtung: Wahrscheinlich Öllampen.

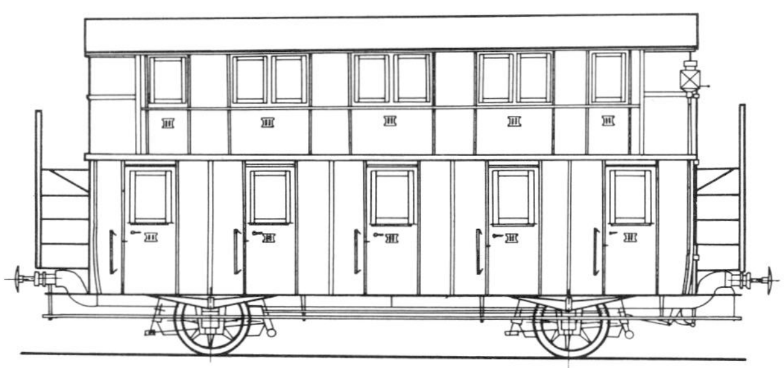

Skizze des zweiachsigen Sitzwagens 3. Klasse (Doppelstockwagen) der Altona-Kieler Eisenbahn; Baujahr 1868

Zweiachsiger Sitzwagen 1. Klasse

Nach 1840

Im badischen Eisenbahngesetz von 1838 ist festgelegt, daß der Bau der dort genannten Eisenbahn auf Staatskosten auszuführen ist. Damit war der Staatsbahncharakter festgelegt. Die Hauptbahn von Mannheim bis Haltingen (in der Nähe von Basel) wurde mit einer Spurweite von 1 600 mm gebaut. Vom Mai 1854 bis April 1855 wurde diese Strecke auf Regelspur umgebaut, wobei der Betrieb nicht eingestellt wurde.
Die Reisezugwagen jener Zeit entstanden nach dem englischen System als zweiachsige Abteilwagen in Kutschenform wie die Zeichnung zeigt. Diese Wagen mußten beim Umbau der Hauptbahn ebenfalls umgebaut werden.

Konstruktive Merkmale

Untergestell

Rahmen: Hölzerne Lang- und Querträger.
Zugeinrichtung: Geteilt, oberhalb der Langträger angeordnet; Kupplungsketten.
Stoßeinrichtung: Stangenpuffer

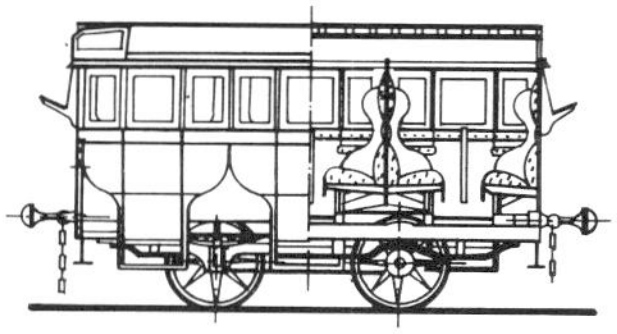

Skizze des zweiachsigen Sitzwagens 1. Klasse der Großherzoglich Badischen Staatseisenbahnen; Baujahr nach 1840

AB

1861–74

Dieser Wagentyp (Foto) leitete einen neuen Abschnitt in der Entwicklung badischer Reisezugwagen ein. Er entsprach als erster nicht mehr der Kutschenform und hatte senkrecht durchgehende Stirnwände. Wagen dieser Art und Gattung waren in die badischen Gruppen 13 bis 17 eingeordnet. Einige Fahrzeuge wurden später in Wagen 3. Klasse umgebaut

mit gewölbten Puffertellern, oberhalb der Langträger angeordnet.
Laufwerk: Achshalter über Zuganker miteinander verbunden; Gleitlagerradsätze mit Speichenradkörpern.
Bremse: Nicht vorhanden.

Wagenkasten

Rohbau: Hölzernes Wagenkastengerippe außen und innen verkleidet; einfache Drehtüren als Einstiegtüren; Fenster verglast, in den Einstiegtüren herablaßbar; an jeder Stirnseite ein Bocksitz.
Inneneinrichtung: Gepolsterte Sitze, Rücken- und Armlehnen.
Heizung: Keine besonderen Einrichtungen vorhanden.
Lüftung: Keine besonderen Einrichtungen vorhanden.
Beleuchtung: Nicht vorhanden.

Zweiachsiger Sitzwagen 1. und 2. Klasse der Großherzoglich Badischen Staatseisenbahnen Baujahre 1861/74, Gattung AB
Foto: Sammlung S. & P. Wagner

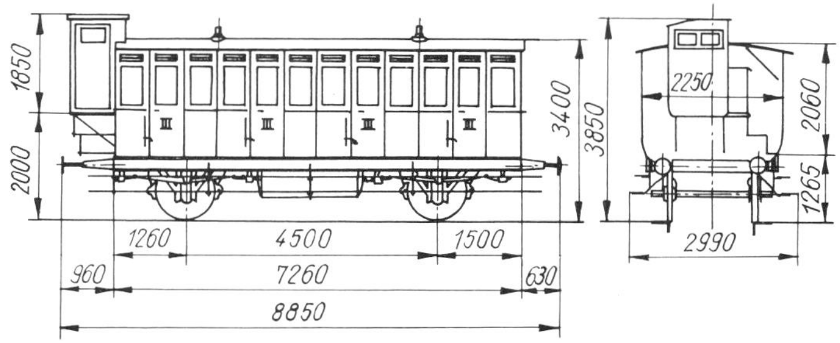

Maßskizze des zweiachsigen Sitzwagens 1. und 2. Klasse der Großherzoglich Badischen Staatseisenbahnen; Baujahre 1861/74, Gattung AB

und in die Gruppe 49 c umgestuft (Zeichnung Seite 31).

Konstruktive Merkmale

Untergestell

Rahmen: Lang- und Querträger wahrscheinlich aus Stahlprofilen, Pufferbohlen aus Holz; Halter für Laufbretter und Einstiegtritte an den Langträgern.
Zugeinrichtung: Schraubenkupplung und Sicherheitsketten in der Langträger-Ebene angeordnet.
Stoßeinrichtung: Stangenpuffer in der Langträger-Ebene angeordnet.
Laufwerk: Achshalter aus Flacheisen; Gleitlagerradsätze mit Speichenradkörpern.
Bremse: Ursprünglich nicht vorhanden, Handbremse später nachgerüstet.

Wagenkasten

Rohbau: Hölzernes Wagenkastengerippe außen und innen verkleidet; flaches Dach; Seitenwände an der Unterseite nach innen eingezogen; einfache Drehtüren als Einstiegtüren; sämtliche Fenster verglast; Haltegriffe an den Seitenwänden.
Inneneinrichtung: Ein Abteil 1. Klasse mit 6 Sitzplätzen, drei Abteile 2. Klasse mit je 8 Sitzplätzen; Vorhänge an den Fenstern.
Heizung: Luftheizung; Wärmeerzeuger am Untergestell.
Lüftung: Kiemenlüfter über den Fenstern.
Beleuchtung: Lampen für flüssige Brennstoffe.

AB 4ü Bad 01

1901

Maßskizze mit Grundriß vom vierachsigen Sitzwagen 1. und 2. Klasse der Großherzoglich Badischen Staatseisenbahnen; Baujahr 1901, Gattung AB 4ü Bad 01

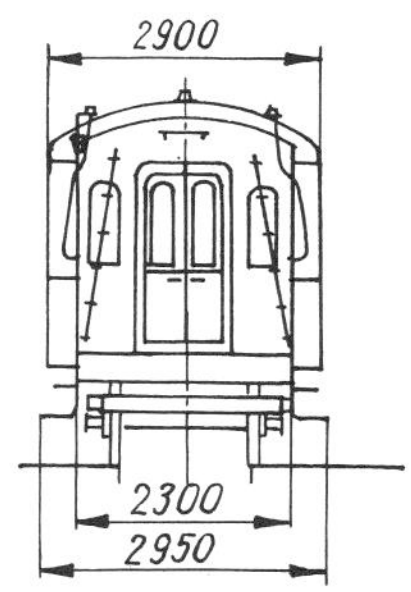

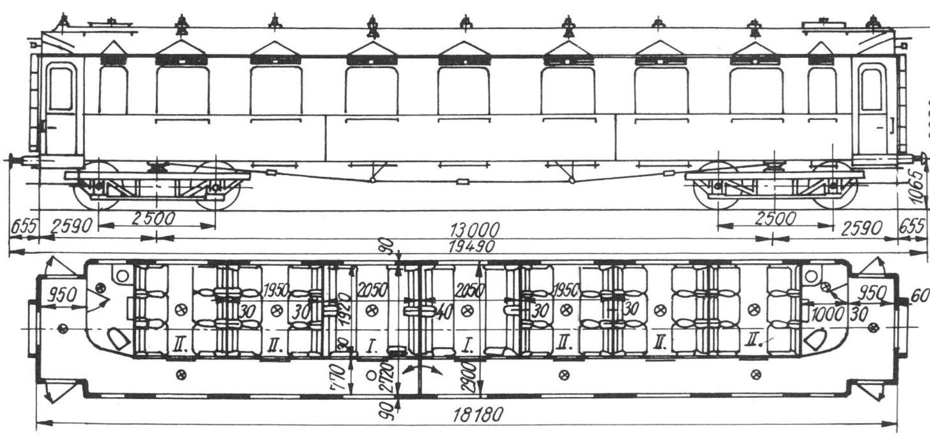

Seit 1894 beschafften die Herzoglich Badischen Staatseisenbahnen D-Zug-Wagen. Im Gegensatz zu Wagen anderer Bahnen trugen ihre Dächer keinen Oberlichtaufbau. Die Länge über Puffer war bei dieser Wagengattung von 16810 mm über 18610 mm auf nunmehr 19490 mm vergrößert worden. Äußerlich fielen die Wagen durch die außergewöhnlich angeordneten Regenrinnen auf dem Dach auf. In Baden waren die Wagen in die Gruppe 79 eingegliedert. Die DRG übernahm diese Fahrzeuge in ihren Park. Dem Musterblatt gemäß galten sie als AB 4ü Pr 02c. Die Beschaffung solcher Wagen für Preußen wurde bisher nicht bekannt. Den Grundriß zeigt die Zeichnung Seite 32 unten.

Konstruktive Merkmale

Untergestell

Rahmen: Lang- und Querträger; Sprengwerke.
Zugeinrichtung: Durchgehend; Schraubenkupplung.

Stoßeinrichtung: Stangenpuffer badischer Bauart.
Laufwerk: Zweiachsige Drehgestelle badischer Bauart in Fachwerk-Bauweise aus Stahlprofilen, kugelförmige Drehpfanne; Gleitlagerradsätze mit Speichenradkörpern.
Bremse: Einlösige Druckluftbremse mit Schnellbremswirkung, Bauart Westinghouse; nichtselbsttätige Druckluftbremse der Bauart Henry; Handbremse.

Wagenkasten

Rohbau: Wagenkastengerippe außen mit Blech und innen mit Holz verkleidet; Seitenwände verdeckten die Langträger; Abteilseite: je zwei kleine Fenster pro Abteil; Gangseite: je ein großes Fenster pro Abteil; Stirnwandübergänge mit Faltenbälgen.
Inneneinrichtung: Zwei Abteile 1. Klasse mit je 4 Sitzplätzen in der Wagenmitte; zwei bzw. drei Abteile 2. Klasse mit je 6 Polstersitzen angrenzend; 2 Aborte mit Waschgelegenheit; Seitengang durch Pendeltür unterteilt.
Heizung: Dampfheizung.
Lüftung: Kiemenlüftungsschlitze über den Seitenwandfenstern.
Beleuchtung: Ursprünglich Gasbeleuchtung, später elektrische Beleuchtung.

Bi Bad 12

1912–15

Die ersten Bauarten zweiachsiger Durchgangswagen beschafften die Großherzoglich Badischen Staatseisenbahnen im Jahre 1873 auf Grund einer Auflage des Reichseisenbahnamtes. Es wies an, eine bestimmte Anzahl von Durchgangswagen in den Fahrzeugpark einzustellen, um sie im Falle eines Krieges in Lazarettwagen umrüsten zu können. Der hier beschriebene Wagentyp (Foto unten) entsprach dem Entwicklungsstand jener Zeit. Derartige Fahrzeuge mit einem Achsstand von 8500 mm wurden auch von anderen deutschen Bahnverwaltungen beschafft. Die Längen über Puffer wichen geringfügig voneinander ab. Die badischen Wagen waren in die Gruppe 85b eingegliedert, in der sich vorher ältere ähnliche Fahrzeuge befanden.

Konstruktive Merkmale

Untergestell

Rahmen: Aus Profilen und Blechen genietet; Sprengwerke; Kastenstützen und Halter für Einstiegtritte an den Langträgern.
Zugeinrichtung: Durchgehend; Schraubenkupplung.
Stoßeinrichtung: Stangenpuffer.
Laufwerk: Achshalter aus Blech; Vereinslenkachsen; Gleitlagerradsätze mit Speichenradkörpern.
Bremse: Einlösige Druckluftbremse mit Schnellbremswirkung der Bauart Westinghouse; Handbremse.

Zweiachsiger Sitzwagen 2. Klasse der Großherzoglich Badischen Staatseisenbahnen; Baujahre 1912/15, Gattung Bi Bad 12

Wagenkasten

Rohbau: Wagenkastengerippe außen mit Blech und innen mit Holz verkleidet; Tonnendach; Plattformen mit offenen Übergängen; Notausstiegtritte unter den Abteilfenstern.
Inneneinrichtung: Gepolsterte Sitzbänke; Abort und Waschraum in der Wagenmitte.
Heizung: Dampfheizung.
Lüftung: Statische Lüfter auf dem Dach.
Beleuchtung: Gasbeleuchtung; zwei Gasbehälter parallel zur Wagenlängsachse am Untergestell.

Dreiachsiger Sitzwagen 1./2. Klasse

1846–54

Dieser Wagentyp (Zeichnung Seite 35) zählte mit zu den ersten der Königlich Bayerischen Staatseisenbahnen. Zuerst lieferte ihn eine Königliche Wagenbauanstalt, später private Waggonfabriken.
Die bayerischen Reisezugwagen entsprachen von Anfang an dem englischen System, d.h., die Fahrgasträume der Sitzwagen waren in einzelne Abteile gegliedert, in die die Fahrgäste durch einfache Drehtüren in den Seitenwänden gelangen konnten. Sowohl diese Wagen als auch ähnliche für 3. Klasse hatten vier Abteile. Die Abteile 1. Klasse waren in der Wagenmitte angeordnet.

Konstruktive Merkmale

Untergestell

Rahmen: Aus hölzernen Lang- und Querträgern zusammengefügt; hölzerne Pufferbohlen; Halter für Laufbretter an Hilfsträgern.
Zugeinrichtung: Zughaken und Kupplungsöse.
Stoßeinrichtung: Stangenpuffer ersetzten wahrscheinlich Puffer älterer Bauart.
Laufwerk: Achshalterstege aus Flacheisen; Blatttragfedern des Systems Buchanan (Parallelfedern); Gleitlagerradsätze.
Bremse: Durchgehende Seilzugbremse der Bauart Exter.

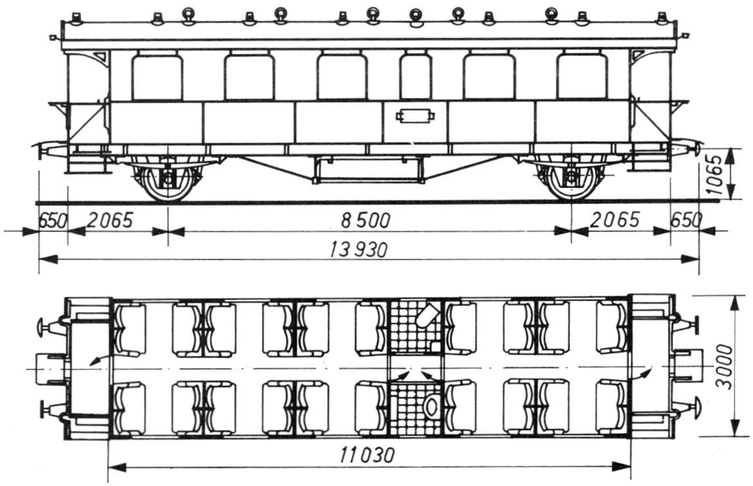

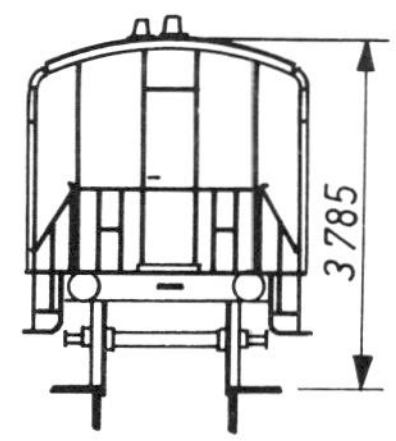

Maßskizze des zweiachsigen Sitzwagens 2. Klasse der Großherzoglich Badischen Staatseisenbahnen; Baujahre 1912/15, Gattung Bi Bad 12

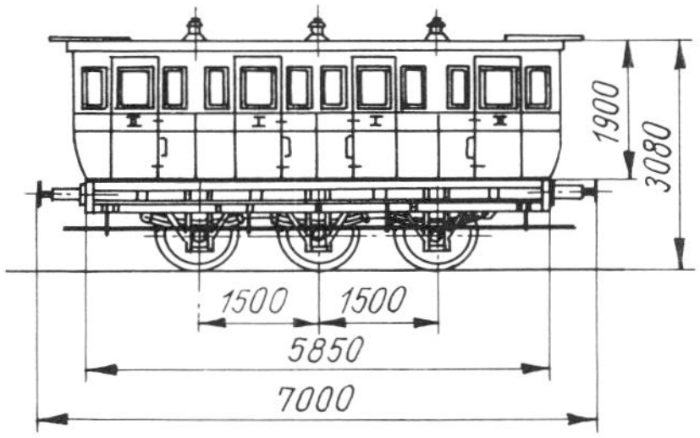

Maßskizze des dreiachsigen Sitzwagens 1. und 2. Klasse der Königlich Bayerischen Staatseisenbahnen; Baujahre 1846/54

Wagenkasten

Rohbau: Hölzernes Wagenkastengerippe; flaches Dach; verglaste Fenster in den Seitenwänden und Einstiegtüren.
Inneneinrichtung: Abteilwände wahrscheinlich mit Stoff beschlagen; Abteile 1. Klasse mit je 4 Sitzplätzen, Abteile 2. Klasse mit je 6 Sitzplätzen, unterschiedlich gepolstert.
Heizung: Keine besonderen Einrichtungen vorhanden; tragbare Behälter mit heißem Sand oder Wasser.
Lüftung: Keine besonderen Einrichtungen vorhanden.
Beleuchtung: Lampen wahrscheinlich für flüssige Brennstoffe, zwischen den Abteilen angeordnet.

CiL Bay 80

1880–86

Als Besonderheit der Königlich Bayerischen Staatseisenbahnen galten die Lokalbahnen. Im Gegensatz zu den Pacht- und Vinizialbahnen, die für ihren Betrieb den Wagenpark der Haupt- und Nebenbahnen benutzten, erhielten die Lokalbahnen ihren eigenen. Typisch für die Wagen waren eine besonders leichte Bauart, einfachere Ausstattung sowie aus der Fahrzeugbegrenzung herausragende dritte Trittstufen. Ein Vertreter jener Kategorie ist der hier beschriebene Wagentyp. Er entsprach der Musterzeichnung Blatt 538 des Wagenverzeichnisses der Bahnverwaltung. Den Grundriß dieses Durchgangswagens zeigt die Zeichnung.

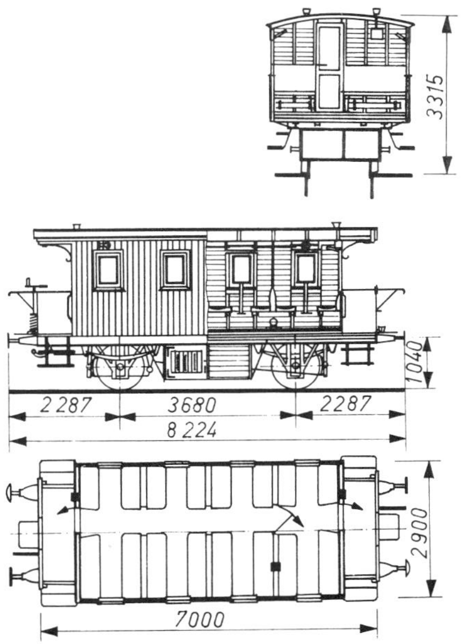

Maßskizze des zweiachsigen Sitzwagens 3. Klasse der Königlich Bayerischen Staatseisenbahnen; Baujahre 1880/86. Gattung CiL Bay 80

Konstruktive Merkmale

Untergestell

Rahmen: Aus Profilen genietet; Halter für Einstiegtritte (ohne klappbare Trittstufe) an den Langträgern.
Zugeinrichtung: Durchgehend; Schraubenkupplung.
Stoßeinrichtung: Stangenpuffer mit gewölbten und flachen Puffertellern.
Laufwerk: Achshalter aus Flacheisen; Gleitlagerradsätze mit Speichenradkörpern.
Bremse: Spindelbremse von einer der Plattformen aus mit Handkurbel zu bedienen.

Wagenkasten

Rohbau: Hölzernes Wagenkastengerippe außen mit senkrecht angeordneten Brettern verkleidet; flaches Dach; herablaßbare Fenster; einfache Bühnengeländer; Kasten am Untergestell.
Inneneinrichtung: Einfache Sitzbänke aus Holzlatten; Gepäckablagen.
Heizung: Ursprüngliche Bauart unbekannt.
Lüftung: Statische Lüfter über einigen Fenstern in den Seitenwänden.
Beleuchtung: Wahrscheinlich Kerzen; Lampen nur in Stirnwänden.

AB 4ü Bay 08

Ab 1908

Seit diesem Jahre beschafften die Königlich Bayerischen Staatseisenbahnen D-Zug-Wagen unterschiedlicher Wagenklassen und Kombinationen mit dem bemerkenswert großen Drehgestellachsstand von 3500 mm. Einer Gattung davon gehörten die hier beschriebenen Wagen an (Foto). Sie entsprachen dem Blatt 80 des Wagenverzeichnisses dieser Bahnverwaltung. Dieser Wagentyp wurde bis 1912 beschafft. Ihm wird eine besonders gute Laufruhe bestätigt.

Die DRG übernahm bei der Verstaatlichung der Länderbahnen die vorhandenen Fahrzeuge und paßte sie nach und nach den veränderten technischen Forderungen an (siehe Zeichnung).

Vierachsiger Sitzwagen 1. und 2. Klasse der Königlich Bayerischen Staatseisenbahnen; Baujahr ab 1908, Gattung AB 4ü Bay 08
Foto: Werkfoto MAN, Sammlung Deppmeyer

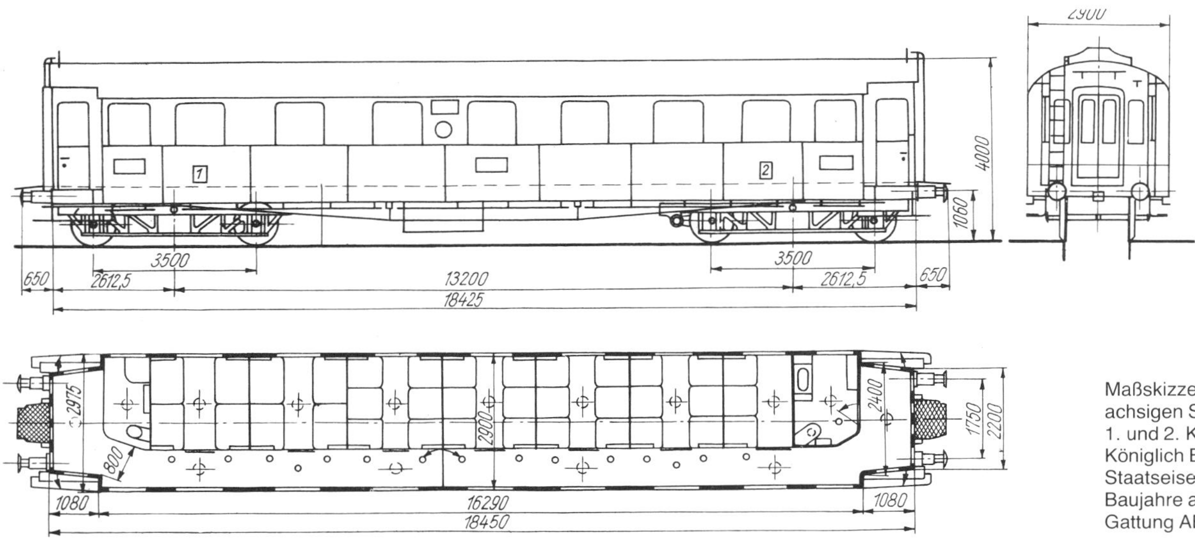

Maßskizze des vierachsigen Sitzwagens 1. und 2. Klasse der Königlich Bayerischen Staatseisenbahnen; Baujahre ab 1908, Gattung AB 4ü Bay 08

C 3i Bay 16

1916

Techn. Daten Seite 249

Der dreiachsige Durchgangswagen mit Plattformen und offenen Übergängen war um die Jahrhundertwende charakteristisch für die Königlich Bayerische Staatseisenbahn. Seit dem Jahre 1898 wurden solche Wagen in den verschiedensten Wagenklassen und Kombinationen gebaut, z.B. als AB 3is, BC 3i, C 3i. Obwohl die Länge über Puffer im Laufe der Zeit variierte (z.B. 13570 mm, 13880 mm und 13950 mm), behielt man doch schließlich den Endachsabstand von 9250 mm bei.

Im Bild ist eine der letzten Ausführungen dargestellt. Derartige Fahrzeuge beschaffte auch die Deutsche Reichsbahn-Gesellschaft noch, denn sie gab 1921 als letztes Beschaffungsjahr an. Die Wagen verkehrten vor allem in Süddeutschland. So verblieben die meisten von ihnen nach dem zweiten Weltkrieg bei der Deutschen Bundesbahn.

Konstruktive Merkmale

Untergestell

Rahmen: Aus Profilen und Blechen genietet; Langträger durch ebene Sprengwerke verstärkt.
Zugeinrichtung: Durchgehend; Schraubenkupplung.
Stoßeinrichtung: Ursprünglich Stangenpuffer, später durch Hülsenpuffer ersetzt.
Laufwerk: Drehgestelle bayerischer Bauart in Fachwerkbauweise aus Profilen; kugelförmige Drehpfanne; Gleitlagerradsätze, ursprünglich mit Speichenradkörpern.
Bremse: Einlösige Druckluftbremse mit Schnellbremswirkung der Bauart Westinghouse; teilweise weitere Bremsbauarten vorhanden.

Wagenkasten

Rohbau: Wagenkastengerippe außen mit Blech verkleidet; Tonnendach, über den Einstiegtüren ausgespart; Stirnwandübergänge durch Faltenbälge gesichert.
Inneneinrichtung: 2 Abteile 1. Klasse mit je 4 Sitzplätzen, 4 1/2 Abteile 2. Klasse mit je 6 bzw. 3 Sitzplätzen; Seitengang unterteilt; 2 Aborte mit unterschiedlicher Ausstattung.
Heizung: Dampfheizung und elektrische Heizung (1928)
Lüftung: Statische Lüfter auf dem Dach.
Beleuchtung: Ursprünglich Gasbeleuchtung, durch elektrische ersetzt.

Konstruktive Merkmale

Untergestell

Rahmen: Vorwiegend Walzprofile, genietet. Halter für Einstiegtritte am Längsträger.
Zugeinrichtung: Durchgehend; Schraubenkupplung.

Dreiachsiger Sitzwagen 3. Klasse der Königlich Bayerischen Staatseisenbahnen, Baujahr 1916, Gattung C 3i Bay 16
Foto: Sammlung Deppmeyer

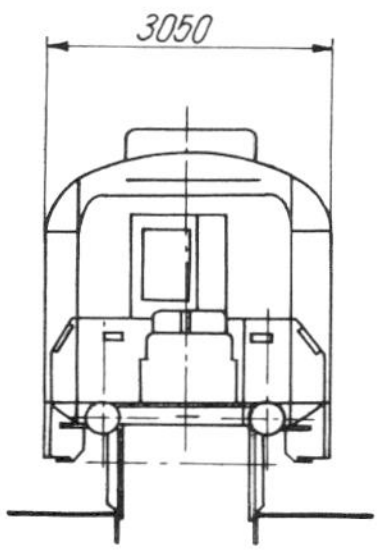

Maßskizze des dreiachsigen Sitzwagens 3. Klasse der Königlich Bayerischen Staatseisenbahnen; Baujahr 1916, Gattung C 3i Bay 16

den Einstiegen bewegliche Schutzgitter.
Inneneinrichtung: Gemäß der Wagenklasse. Trennwand teilweise ein Abteil weiter zum Wagenende hin. Abort.

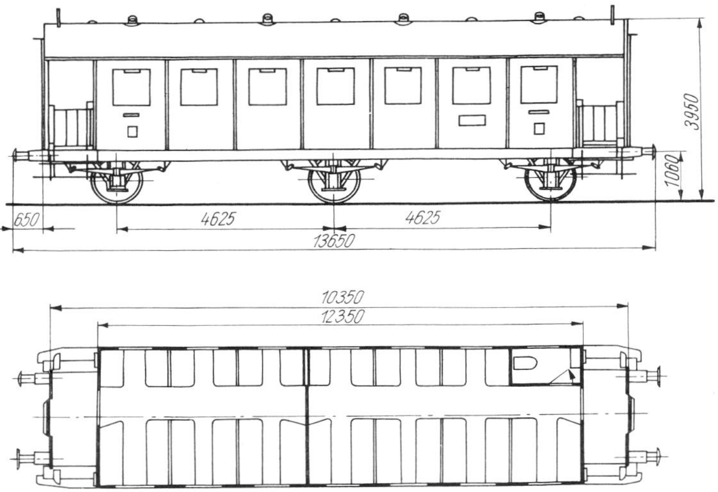

Stoßeinrichtung: Ursprünglich Stangenpuffer, später Hülsenpuffer.
Laufwerk: Vereinslenkachse. Gleitlagerradsätze mit Achslagern A02. Achshalter aus Flachstahl.
Bremse: Einlösige, selbsttätige Einkammer-Druckluftbremse mit Schnellbremswirkung; wirkte auf alle Radsätze.

Heizung: Anfangs nur Dampfheizung, später teilweise zusätzlich auch elektrische Heizung.
Lüftung: Statische Lüfter verschiedener Bauarten.
Beleuchtung: Ursprünglich Gas, später elektrische Glühlampen.

Wagenkasten

Rohbau: Wagenkastengerippe außen mit Blech verkleidet. Stöße mit Deckleisten. Schürzen an den Stirnseiten des Dachs als Wetterschutz. Offene Stirnwandübergänge. An

Zweiachsiger Sitzwagen 1./2. Klasse

1867

Wagen dieser Bauart (Zeichnung unten) zählten mit zum Fahrzeugpark bei der Eröffnung der ersten Strecke der Großherzoglich Oldenburgischen Staatseisenbahnen. Als eine wesentliche Voraussetzung dafür wurde der Staatsvertrag zwischen Preußen und Oldenburg über den Bau eines Kriegshafens in Heppens (heute Wilhelmshaven) erachtet. Äußerste Sparsamkeit war eines der auffälligsten Merkmale dieser Bahnverwaltung. Deshalb übernahm man nicht die bereits bewährten Konstruktionen anderer Bahnen, sondern schuf eigene, einfachere Konstruktionen. Die Wagen waren

Maßskizze des zweiachsigen Sitzwagens 1. und 2. Klasse der Großherzoglich Oldenburgischen Staatseisenbahnen; Baujahr 1867

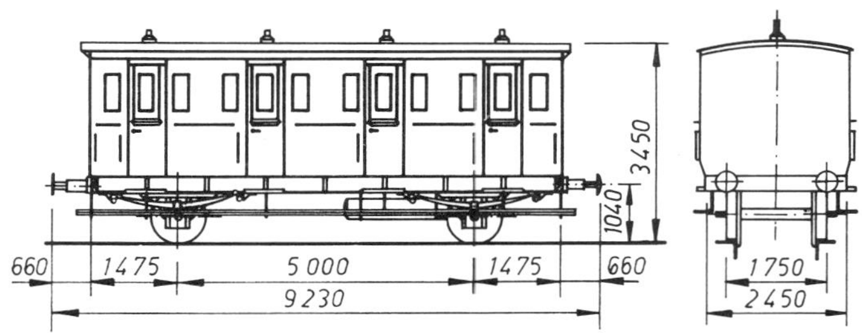

Coupéwagen ohne „innere Communication“.

Konstruktive Merkmale

Untergestell

Rahmen: Stählerne Langträger; Pufferbohlen und Querträger aus Holz; Halter für Einstiegtritte und Laufbretter.
Zugeinrichtung: Zughaken und Kupplungsösen
Stoßeinrichtung: Stangenpuffer oldenburgischer Bauart.
Laufwerk: Achshalter aus Flacheisen; Blatttragfedern; Gleitlagerradsätze.
Bremse: Ursprüngliche Bauart unbekannt, später Druckluftbremse.

Wagenkasten

Rohbau: Wagenkastengerippe aus Holz, außen mit Blech und innen mit Holz verkleidet; Einstiegtüren als einfache Drehtüren; Fenster in den Seitenwänden und Türen; Haltegriffe an den Seitenwänden; flaches Dach.
Inneneinrichtung: Abteile nicht miteinander verbunden; ein Abteil 1. Klasse mit 2 × 3 Sitzplätzen, drei Abteile 2. Klasse mit je 2 × 4 Sitzplätzen.
Heizung: Ursprünglich mit Torfkohlen, später auf Dampfheizung umgerüstet.
Lüftung: Keine besonderen Einrichtungen vorhanden.
Beleuchtung: Ursprünglich Öllampen, später auf Gasbeleuchtung des Systems Pintsch umgestellt.

Zweiachsiger Sitzwagen 3. Klasse

1867

Ebenfalls zum Wagenpark bei der Eröffnung der ersten oldenburgischen Strecke gehörten auch Wagen der 3. Klasse (Zeichnung unten). Zusammen mit den Wagen 1./2. Klasse werden insgesamt 43 Sitzwagen angegeben. In einigen Hauptabmessungen stimmten die Wagen beider Gattungen überein, z. B. Länge über Puffer, Achsstand und Wagenhöhe. Die Sitzwagen 3. Klasse lieferte die Firma Lüders in Görlitz. Auch diese Fahrzeuge waren Coupéwagen ohne „innere Communication“.

Konstruktive Merkmale

Untergestell

Rahmen: Stählerne Langträger; Pufferbohlen und Querträger aus Holz; Halter für Einstiegtritte und Laufbretter.
Zugeinrichtung: Zughaken und Kupplungsösen
Stoßeinrichtung: Stangenpuffer oldenburgischer Bauart.
Laufwerk: Achshalter aus Flacheisen; Blatttragfedern; Gleitlagerradsätze.
Bremse: Ursprüngliche Bauart unbekannt, später Druckluftbremse.

Wagenkasten

Rohbau: Wagenkastengerippe aus Holz, außen mit Blech und innen mit Holz verkleidet; Einstiegtüren als einfache Drehtüren; Fenster nur in den Türen; Haltegriffe an den Seitenwänden; flaches Dach.
Inneneinrichtung: Abteile nicht miteinander verbunden; fünf Abteile 3. Klasse mit je 2 × 5 Sitzplätzen
Heizung: Ursprünglich ohne entsprechende Ausrüstung; später Dampfheizung nachgerüstet.
Lüftung: Keine besonderen Einrichtungen vorhanden.
Beleuchtung: Anfangs Öllampen, später auf Gasbeleuchtung des Systems Pintsch umgestellt.

Maßskizze des zweiachsigen Sitzwagens 3. Klasse der Großherzoglich Oldenburgischen Staatseisenbahnen; Baujahr 1867

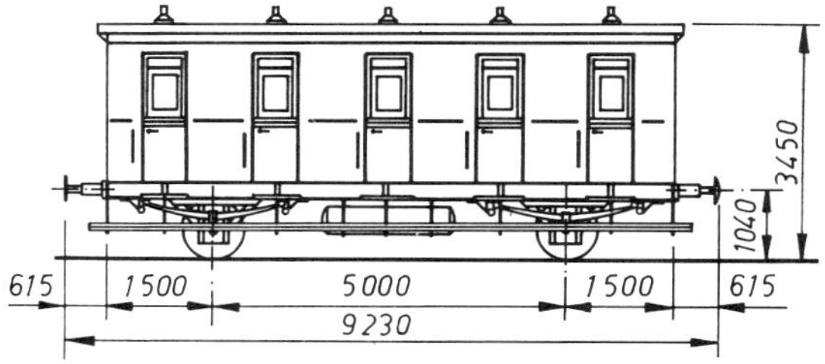

Di

1871

Zusammen mit Wagen 2. und 3. Klasse beschafften die Großherzoglich Oldenburgischen Staatseisenbahnen 1871 erstmals auch Sitzwagen 4. Klasse (Zeichnung unten).
Bisher hatte man auf derartige Wagen „mangels einer zahlreicheren Fabrikbevölkerung“ verzichtet. In demselben Jahr nahm man aber auch die Zweigbahn Sande – Jever in Betrieb, die anfangs als Sekundärbahn ausgeführt war. In den folgenden Jahren forderte Preußen in den Verträgen zum Bau und zur Mitbenutzung der Strecken Quakenbrück – Osnabrück und Leer – Ihrhove – Neuschanz den Einsatz von Personenwagen 4. Klasse.
Die Wagen waren erstmals als Durchgangswagen ausgeführt. Durch die zusätzlichen Plattformen an den Wagenenden ergab sich eine größere Länge über Puffer.

Konstruktive Merkmale

Untergestell

Rahmen: Aus Stahlprofilen genietet; Pufferbohlen waren oberhalb der Langträger angebracht; Halter für Einstiegtritte.
Zugeinrichtung: Zughaken und Kupplungsösen.
Stoßeinrichtung: Stangenpuffer oldenburgischer Bauart.
Laufwerk: Federböcke seitlich an den Langträgern angebracht; Blatttragfedern; Gleitlagerradsätze.
Bremse: Möglicherweise Handbremse; Seilzugbremse Bauart Heberlein nachgerüstet.

Wagenkasten

Rohbau: Seiten- und Stirnwände aus senkrecht angeordneten, gespundeten Brettern; Dach von acht Rohrstützen getragen; offene Übergänge von Wagen zu Wagen.
Inneneinrichtung: Ein Fahrgastraum; Sitzbänke längs entlang der Seitenwände.
Heizung: Ofenheizung
Lüftung: Keine besonderen Einrichtungen.
Beleuchtung: Gasbeleuchtung nachgerüstet; Gasbehälter hing in Wagenmitte in Längsrichtung am Untergestell.

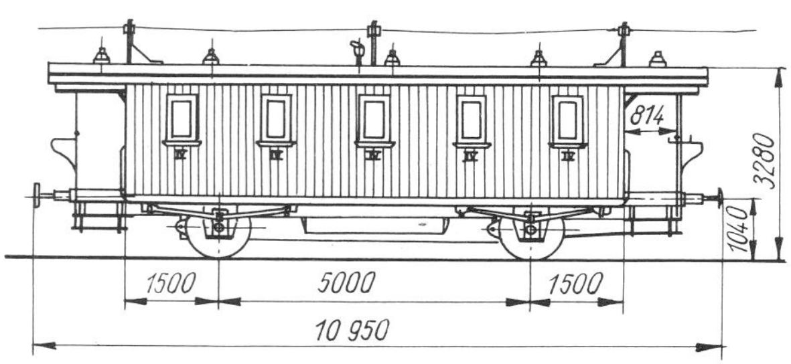

Maßskizze des zweiachsigen Sitzwagens 4. Klasse der Großherzoglich Oldenburgischen Staatseisenbahnen; Baujahr 1871, Gattung Di

AB 3i Pr 78

1878

Im Jahre 1870 wurden erstmals die Eigenheiten der Sitzwagen des amerikanischen und des englischen Systems miteinander verbunden. Erst acht Jahre später beschafften die Königlich Preußischen Staatseisenbahnen Wagen mit der neuen Grundrißgestaltung der Bauart „Heusinger“.
Obwohl sich diese Fahrzeuge nicht sehr bewährt haben sollen, weil sie auf Grund ihres Gesamtachsstandes und ihrer Eigenmasse schlechte Laufeigenschaften aufwiesen, übernahm doch die DRG einige von ihnen (Foto Seite 41). In den preußischen Normalien von 1878 war dieser Wagen nicht enthalten. Die ursprüngliche Gestaltung des Grundrisses zeigt die Zeichnung auf Seite 41.

Konstruktive Merkmale

Untergestell

Rahmen: Aus Profilen und Blechen genietet; Kastenstützen und Halter für Einstiegtritte an den Langträgern.
Zugeinrichtung: Durchgehend; Schraubenkupplung.
Stoßeinrichtung: Ursprünglich Stangenpuffer preußischer Bauart.

Laufwerk: Einachslaufwerke mit Gleitlagerradsätzen.
Bremse: Ursprüngliche Ausrüstung bisher unbekannt.

Wagenkasten

Rohbau: Wagenkastengerippe aus Holz, außen mit Blech und innen mit Holz verkleidet; je Abteil drei kleine Fenster, mittleres Fenster herablaßbar, entsprechende Fenstereinteilung auf der Gangseite; Stirnwandtüren (Einstiegtüren) als Drehtüren; offene Übergänge von Wagen zu Wagen; Zugänge zu den Plattformen mit Ketten gesichert.

Inneneinrichtung: Abteile durch Schiebetüren vom Seitengang getrennt; Abort vom Seitengang erreichbar; an den Enden des Seitengangs wahrscheinlich Ecksitze.
Heizung: Ursprüngliche Ausführung unbekannt, später Dampfheizung.
Lüftung: Keine besonderen Einrichtungen vorhanden.
Beleuchtung: Gasbeleuchtung; Gaslampen teilweise zur gleichzeitigen Beleuchtung eines Abteils und des Seitengangs bzw. des Aborts und des Seitengangs verwendet; mehrere Gasbehälter hingen parallel zur Wagenlängsachse am Untergestell.

Dreiachsiger Sitzwagen 1. und 2. Klasse der Königlich Preußischen Staatseisenbahnen; Baujahr 1878, Gattung AB 3i Pr 79

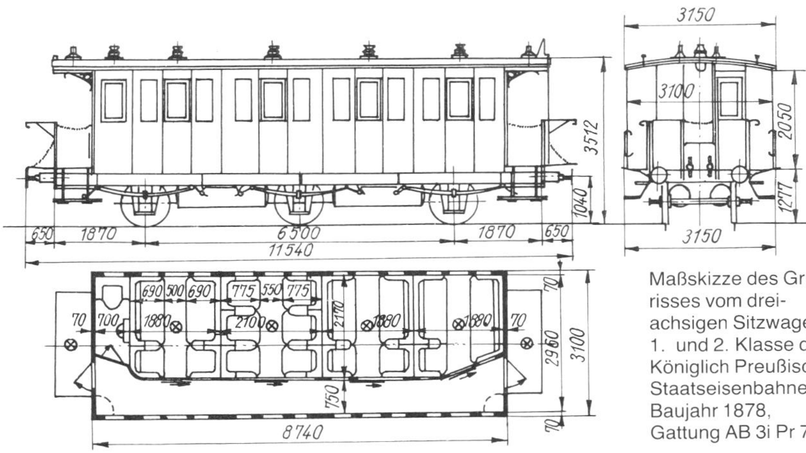

Maßskizze des Grundrisses vom dreiachsigen Sitzwagen 1. und 2. Klasse der Königlich Preußischen Staatseisenbahnen; Baujahr 1878, Gattung AB 3i Pr 79

B Pr 82

(Stadtbahnwagen)

1882

Techn. Daten Seite 246

Diese Abteilwagen waren speziell für die Berliner Stadtbahn bestimmt, die am 7. Februar 1882 ihren Betrieb aufnahm. Da die Höhe der Bahnsteige nur 230 mm über SO betrug, mußte man die Wagen besonders niedrig ausführen. Die Höhe ihrer Fußbodenoberkante betrug nur 770 mm über SO. Aborte und Waschgelegenheiten hatten diese Wagen nicht.

Konstruktive Merkmale

Untergestell

Rahmen: Langträger mit doppel-T-förmigen Querschnitt. Zwei übereinander liegende Kopfstücke an jedem Ende; oberes trug Zug- und Stoßeinrichtung. Halter für Laufbretter an den Langträgern.
Zugeinrichtung: Geteilt. Hinter dem Kopfstück am Zughaken je eine Kegelfeder. Schraubenkupplung.
Stoßeinrichtung: Stangenpuffer.
Laufwerk: Starre Achsen. Gleitlagerradsätze. Blatttragfedern an der Unterseite der Achslagergehäuse

Zweiachsiger Sitzwagen 2. Klasse der Königlich Preußischen Staatseisenbahnen; Baujahr 1882 (Stadtbahnwagen) Gattung B Pr 82 *Foto: Archiv Kroschwald*

C Pr 82

(Stadtbahnwagen)

1882

Techn. Daten Seite 246

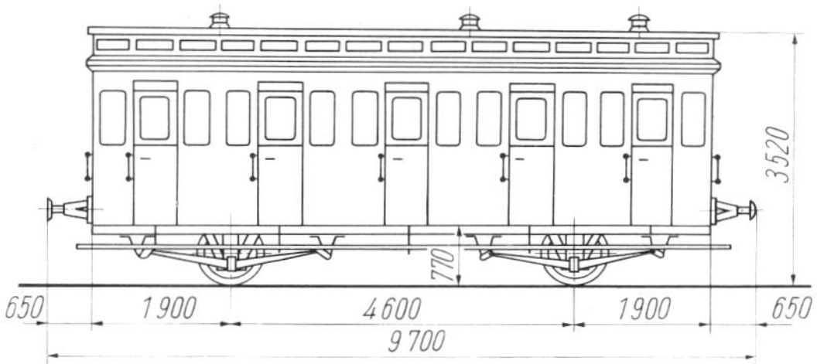

Maßskizze des zweiachsigen Sitzwagens 2. Klasse der Königlich Preußischen Staatseisenbahnen; Baujahr 1882 (Stadtbahnwagen), Gattung B Pr 82

Diese Wagen hatten die gleichen Hauptabmessungen wie die Wagen 2. Klasse. Aus je zwei Wagen 2. und 3. Klasse bildete man die ersten Berliner Stadtbahnzüge, die von Dampflokomotiven gezogen wurden. Die erste Serie von Wagen beider Klassen belief sich auf 210 Fahrzeuge. Auf Grund des zunehmenden Verkehrs wurden im Jahre 1888 60 neue Wagen und ab 1893 weitere 50 beschafft. Die Züge bestanden jetzt im allgemeinen aus sechs Wagen 3. Klasse und zwei Wagen 2. Klasse.

Auf Grund der Inbetriebnahme weiterer Vorortstrecken stieg das Verkehrsaufkommen ständig an, so daß der Vorortverkehr auf die Stadtbahngleise überging. Die dafür vorhandenen Wagen hatten die übliche Fußbodenhöhe von etwa 1250 mm. Dadurch entstanden Störungen im Fahrgastfluß, bis alle Bahnsteige der Stadt- und Ringbahn von 230 mm auf 760 mm erhöht worden waren.

Kurz nach der Jahrhundertwende wurden die Wagenkästen der alten Stadtbahnwagen auf normale Untergestelle gesetzt. Zwei derartige Wagen kuppelte man kurz und schuf folgende Kombinationen: B-B, B-C, C-C. Ein solcher Doppelwagen ist im Bild dargestellt.

befestigt. Durch Spannschrauben verstellbare Tragfederaufhängungen.

Bremse: Nichtselbsttätige Luftsaugebremse mit zwei Luftschläuchen an jeder Stirnseite. Keine Handbremse. Bremshebel mit Wellen verschweißt. Bremsklötze aus Stahlguß.

Wagenkasten

Rohbau: Seitenwände nach unten eingezogen. Flach gewölbtes Dach mit Oberlichtaufbau. Fußboden enthielt Durchbrüche, auf denen Radkästen aus Blech aufgesetzt wurden.

Inneneinrichtung: Vier voneinander getrennte Abteile. In der Wagenmitte eine Zwischenwand, die bis zur Wagendecke reichte; übrige Zwischenwände halbhoch. Sitze und Rückenlehnen fest angeordnet und nicht unterbrochen.

Heizung: Dampfheizung, von innen nicht regelbare Heizkörper unterschiedlicher Länge unter den meisten Sitzbänken.

Lüftung: Lüftungsklappen über den Einstiegräumen im Oberlichtaufbau mehrfach verstellbar.

Beleuchtung: Gaslampen für Abteile und Zugschluß.

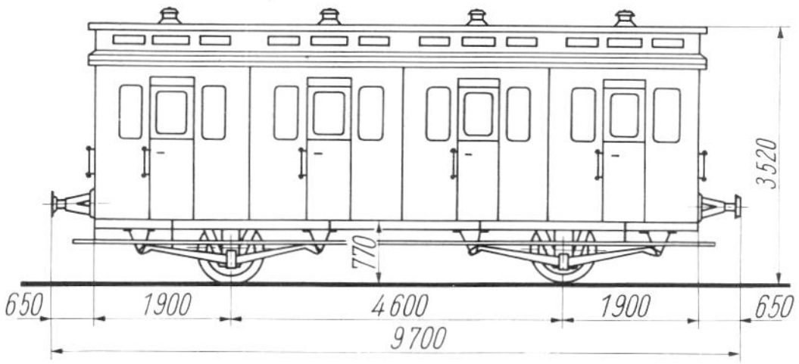

Maßskizze des zweiachsigen Sitzwagens 3. Klasse der Königlich Preußischen Staatseisenbahnen; Baujahr 1882 (Stadtbahnwagen), Gattung C Pr 82

B 4ü Pr 92

1892

Techn. Daten Seite 246

Konstruktive Merkmale

Untergestell

Rahmen: Entspricht dem der Wagen 2. Klasse.
Zugeinrichtung: Geteilt. Schraubenkupplung.
Stoßeinrichtung: Stangenpuffer.
Laufwerk: Starre Achsen. Gleitlagerradsätze. Blatttragfedern an der Unterseite der Achslagergehäuse befestigt.
Bremse: Nichtselbsttätige Luftsaugebremse.

Wagenkasten

Rohbau: Entspricht dem der Wagen 2. Klasse.
Inneneinrichtung: Fünf voneinander getrennte Abteile. Halbhohe Trennwände. Keine Nichtraucherabteile.
Heizung: Teils Dampfheizung, teils Luftheizung, teils ohne.
Beleuchtung: Gaslampen für Abteile und Zugschluß; drei Gaslampen für 5 Abteile.

Zu den gleichartigen Sitzwagen 1. Klasse beschaffte die damalige Eisenbahndirektion Hannover passende Sitzwagen 2. Klasse. Die äußere Gestaltung dieser Fahrzeuge fiel besonders durch ihre neuartige Formgebung der Dachpartie auf, während sich die Fensteranordnung in den Seitenwänden an die Langenschwalbacher Bauart anlehnte. Derartige Wagen sind später nicht wieder gebaut worden.
Da bei der Aufteilung des Wageninnern der Abort an einer anderen Seite als bei den Sitzwagen 1. Klasse angeordnet wurde, weichen die Fensteranordnungen beider Wagengattungen voneinander ab.

Zweiachsiger Sitzwagen 3. Klasse der Königlich Preußischen Staatseisenbahnen; Baujahr 1882 (Stadtbahnwagen), Gattung C Pr 82
Foto: Archiv Kroschwald

Konstruktive Merkmale

Untergestell

Rahmen: Lang- und Querträger aus Holz. Stoßstellen mit Blechwinkeln verstärkt. Schraubenverbindungen. Pufferstreben und Kopfstücke aus U-Profil. Zuganker verbanden beide Kopfstücke.
Zugeinrichtung: Durchgehend, mit zwei Kegelfedern.
Stoßeinrichtung: Stangenpuffer.
Laufwerk: Drehgestelle mit durchbrochenen Wangen und genieteten Langträgern; kastenförmige Wiegenträger. Gleitlagerradsätze.
Bremse: Einlösige Druckluftbremse mit Schnellbremswirkung.

Wagenkasten

Rohbau: Äußere Langträger des Untergestells waren gleichzeitig Untergurte der Seitenwände. Außenbeblechung unterhalb der Fenster 4 mm dick und zum Tragen herangezogen, übrige Beblechung nur 1,5 mm. Zwischen Fußbodendielen eine Korkschicht.
Inneneinrichtung: Gepolsterte Sitze mit kirschrotem Mohairplüsch überzogen. Sitze und Rückenpolster im Gegensatz zur 1. Klasse fest. Kleinerer Fahrgastraum für Raucher, größerer für Nichtraucher und Frauen.

Vierachsiger Sitzwagen 2. Klasse der Königlich Preußischen Staatseisenbahnen; Baujahr 1892, Gattung B 4ü Pr 92
Foto: Sammlung S. & P. Wagner

Heizung: Dampfheizung mit Röhrenheizkörpern.
Lüftung: Lüftungsschlitze über den Seitenwandfenstern sowie statische Lüfter der Bauart Wolpert.
Beleuchtung: Pintsch-Gasbeleuchtung. Gasbehälter in Wagenlängsrichtung am Untergestell.

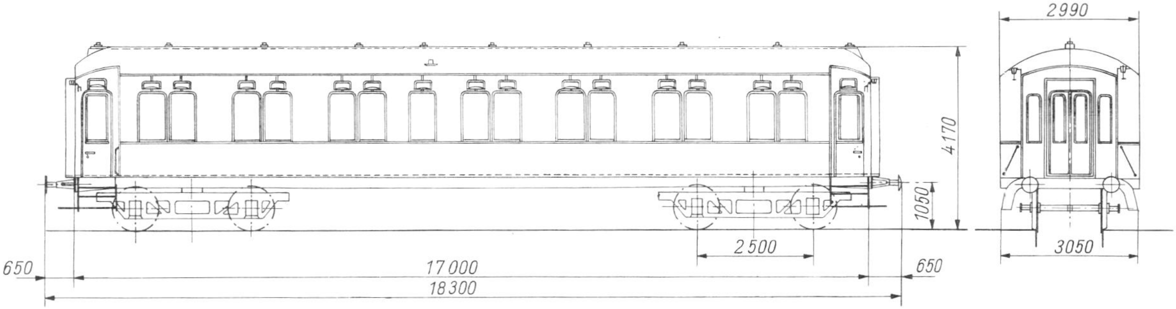

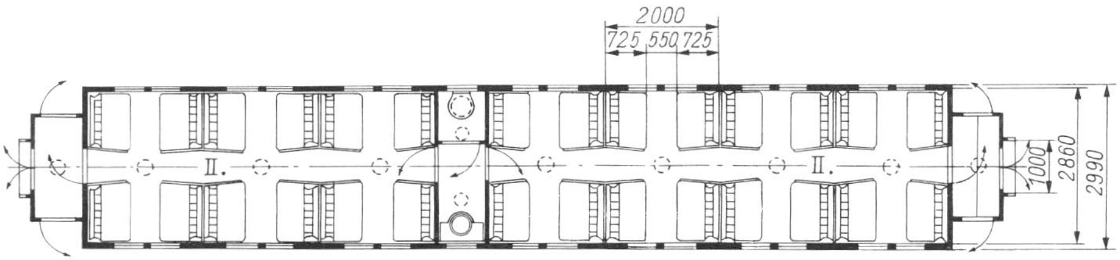

Maßskizze des vierachsigen Sitzwagens 2. Klasse der Königlich Preußischen Staatseisenbahnen; Baujahr 1892, Gattung B 4ü Pr 92

A(B) 3ü Pr 94

Dreiachsiger Sitzwagen 1. und 2. Klasse der Königlich Preußischen Staatseisenbahnen; Baujahr 1894, Gattung A(B) 3ü Pr 94
Foto: Archiv VEB Waggonbau Görlitz

1894

Techn. Daten Seite 247

Da die preußischen Eisenbahndirektionen ihre Reisezugwagen z. T. selbst beschafften, konnte es durchaus geschehen, daß die Direktion Hannover vierachsige D-Zugwagen in Betrieb nahm, deren unterer Teil der Seitenwände zum Tragen herangezogen wurde, während die Direktionen Altona und Halle noch dreiachsige D-Zugwagen bezogen. Im Foto ist die Gesamtansicht (Gangseite) eines solchen dreiachsigen D-Zug-Wagens wiedergegeben. Auf der Abteilseite wurden statt eines großen Fensters jeweils zwei kleinere, dicht nebeneinanderliegend, angeordnet.

Derartige Wagen liefen, geringfügig verändert, auch bei den bayerischen und sächsischen Bahnen.

Konstruktive Merkmale

Untergestell

Rahmen: Lang-, Quer- und Diagonalträger aus Walzprofilen, genietet.

Zugeinrichtung: Durchgehend. Schraubenkupplung.

Stoßeinrichtung: Stangenpuffer.

Laufwerk: Vereinslenkachse. Achshalter aus Flachstahl. Gleitlagerradsätze mit Speichenradkörpern.

Bremse: Einlösige Druckluftbremse wirkte nur auf Endachsen. Handbremse.

Wagenkasten

Rohbau: Wagenkastengerippe aus Holz, außen mit Blech verkleidet, Oberlichtaufbau. Ursprünglich geschlossene Stirnwandübergänge, später durch offene ersetzt. Stirnwandtritte einseitig angeordnet.

Inneneinrichtung: Abteile der 1. Klasse später in solche der 2. Klasse umgebaut. Im Jahre 1927 wurden drei Abteile zwischen Pendeltür und Abort in Abteile 3. Klasse umgebaut.

Heizung: Dampfheizung.

Lüftung: Lüftungsöffnungen im Oberlichtaufbau.

Beleuchtung: Gasbeleuchtung. Gasbehälter in Längsrichtung am Untergestell. Gaslampen in allen Abteilen und Nebenräumen.

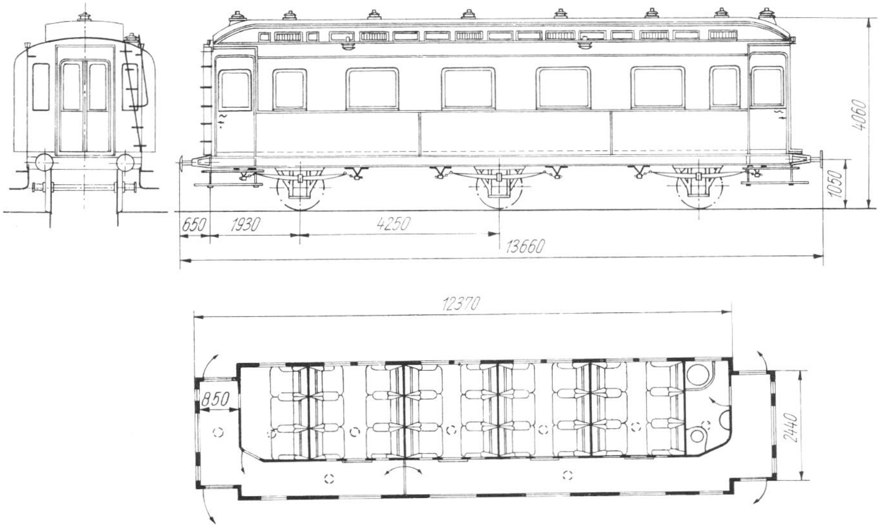

Maßskizze des dreiachsigen Sitzwagens 1. und 2. Klasse der Königlich Preußischen Staatseisenbahnen; Baujahr 1894, Gattung A(B) 3ü Pr 94

BC 4 Pr 05

1905

Techn. Daten Seite 247

Der Verwendungszweck der seit Anfang der 90er Jahre des vergangenen Jahrhunderts beschafften vierachsigen Abteilwagen reichte vom Personenzug bis zum Schnellzug. Zuletzt wurden diese Wagen wieder im Personenzugdienst eingesetzt, weil modernere D-Zug-Wagen ihren Platz eingenommen hatten. Sie entsprachen dem Blatt Ib 2 der Preußischen Normalien.
Die Deutsche Reichsbahn-Gesellschaft übernahm einen Teil dieser Fahrzeuge, den sie verschiedentlich den veränderten technischen und betrieblichen Anforderungen anpaßte.

Konstruktive Merkmale

Untergestell

Rahmen: Sämtliche Träger aus Walzprofilen; genietet. Langträger durch ebene Sprengwerke verstärkt, die im Gegensatz zu den Durchgangswagen nicht in Höhe der Hauptquerträger angriffen. An den Langträgern weiterhin Kastenstützen, Halter für Laufbretter und Einstiegtritte.
Zugeinrichtung: Durchgehend. Schraubenkupplung.
Stoßeinrichtung: Ursprünglich Stangenpuffer, später teilweise durch Hülsenpuffer ersetzt.
Laufwerk: Drehgestelle preußischer Regelbauart mit gepreßten Rahmenwangen. Gleitachslager A02. Radsätze mit Speichenradkörpern.

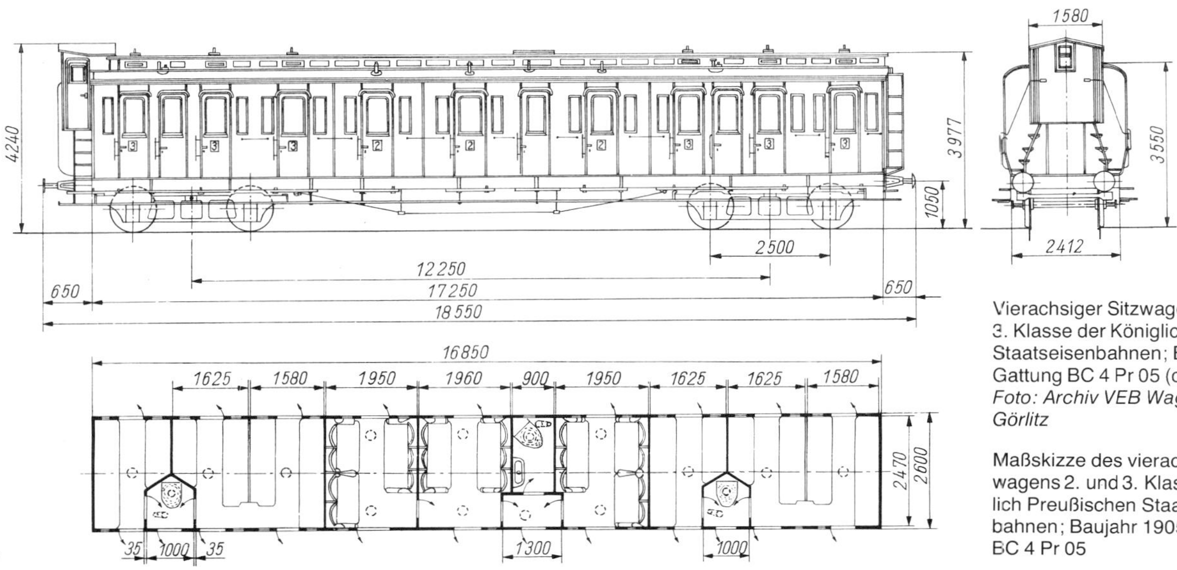

Vierachsiger Sitzwagen 2. und 3. Klasse der Königlich-Preußischen Staatseisenbahnen; Baujahr 1905, Gattung BC 4 Pr 05 (oben)
Foto: Archiv VEB Waggonbau Görlitz

Maßskizze des vierachsigen Sitzwagens 2. und 3. Klasse der Königlich Preußischen Staatseisenbahnen; Baujahr 1905, Gattung BC 4 Pr 05

BCi Pr 05

1905

Techn. Daten Seite 247

Bremse: Einlösige Einkammer-Druckluftbremse verschiedener Bauarten mit Schnellbremswirkung. Handbremse in hochgelegenem Bremserhaus.

Wagenkasten

Rohbau: Wagenkastengerippe aus Holz, außen mit Blech und innen mit Holz verkleidet. Seitenwände an der Unterseite eingezogen. Oberlichtaufbau.
Bremserhaus mit Satteldach. Aborte der 3. Klasse auch von außen direkt zugänglich.
Inneneinrichtung: Abteile 2. Klasse in der Wagenmitte angeordnet; Abort hier mit Waschgelegenheit.
Heizung: Dampf-, teilweise auch elektrische Heizung.
Lüftung: Statische Lüfter am Oberlichtaufbau.
Beleuchtung: Ursprünglich Gasbeleuchtung; teilweise später elektrische Beleuchtung.

Dieser Wagentyp ist als BCi Pr 05 bekannt geworden. Er entsprach dem Blatt Ic 4 der Preußischen Normalien.
Von der äußeren und inneren Gestaltung her setzte er die Entwicklung der Sitzwagen mit „innerer Communication“ fort.
Die Deutsche Reichsbahn-Gesellschaft übernahm den Bestand dieser Fahrzeuge. Durch teilweisen Umbau von Sitzabteilen in einigen Wagen entstand eine Untergattung mit Traglastenabteil, bezeichnend als BCitr Pr 05/33.

Zweiachsiger Sitzwagen 2. und 3. Klasse der Königlich Preußischen Staatseisenbahnen; Baujahr 1905, Gattung BCi Pr 05
Foto: Sammlung S. & P. Wagner

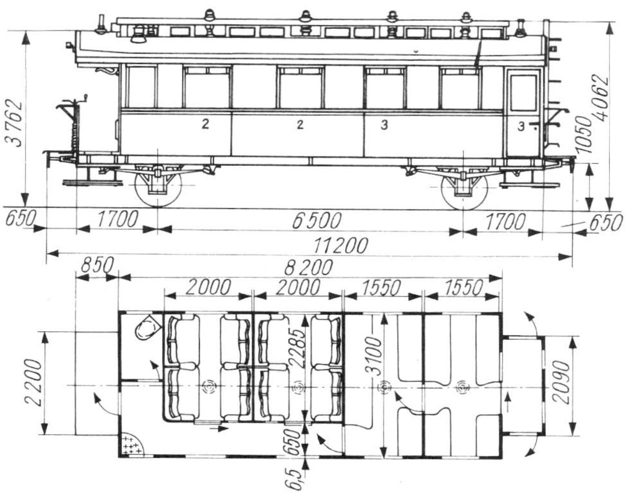

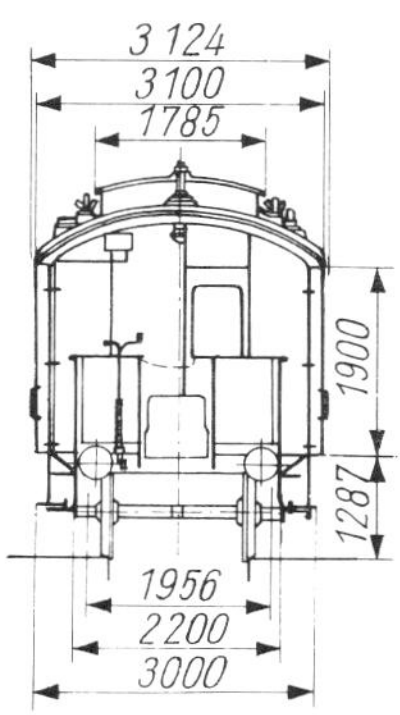

Maßskizze des zweiachsigen Sitzwagens 2. und 3. Klasse der Königlich Preußischen Staatseisenbahnen; Baujahr 1905, Gattung BCi Pr 05

Dienstvorschriften der DRG aus dem Jahre 1933 nannten nur noch Wagen der ursprünglichen Gattung aus dem Jahre 1908.

Konstruktive Merkmale

Untergestell

Rahmen: Sämtliche Träger aus Walzprofilen; genietet. An den Langträgern Kastenstützen und Halter für Einstiegtritte.
Zugeinrichtung: Durchgehend; Schraubenkupplung.
Stoßeinrichtung: Ursprünglich

Stangenpuffer mit flachen und gewölbten Puffertellern; bei einigen Fahrzeugen später durch Hülsenpuffer ersetzt.
Laufwerk: Achshalter aus Flachstahl. Vereinslenkachsen mit Gleitachslagern A02. Radsätze mit Scheibenradkörpern.
Bremse: Einlösige Einkammer-Druckluftbremse mit Schnellbremswirkung. Handbremskurbel auf der Plattform angebracht.

Heizung: Anfangs Preßkohlenheizung mit entsprechenden Klappen an den Seitenwänden; später Dampfheizung.
Lüftung: Statische Lüfter der Bauart Grove an beiden Längsseiten des Oberlichtaufbaus. Lüftungsklappen in den Seitenwandfenstern.
Beleuchtung: Gasbeleuchtung. Lampen in den Abteilen.

ABC 6ü Pr07

1907

Techn. Daten Seite 247

Wagenkasten

Rohbau: Wagenkastengerippe aus Holz, außen mit Blech und innen mit Holz verkleidet. Gewölbtes Dach mit Oberlichtaufbau. Verzierte Dachstützen. Offene Stirnwandübergänge mit Handkettensicherung. Stirnwandaufstiege am geschlossenen Einstiegraum.
Inneneinrichtung: Übliche Ausführung der Sitzplätze in beiden Wagenklassen. An den Abteilfenstern Vorhänge.

Zu den Sitzwagengattungen mit dreiachsigen Drehgestellen dieser Bahnverwaltung gehörte auch der im Foto gezeigte Wagen. Diese Fahrzeuge entsprachen dem Blatt Ia 5 der preußischen Normalien. Der Grundriß stellt die ursprüngliche Ausführung dar.
Die Deutsche Reichsbahn-Gesellschaft übernahm einige sechsachsige Sitzwagen, die sie den veränderten technischen und verkehrlichen Bedingungen anpaßte.

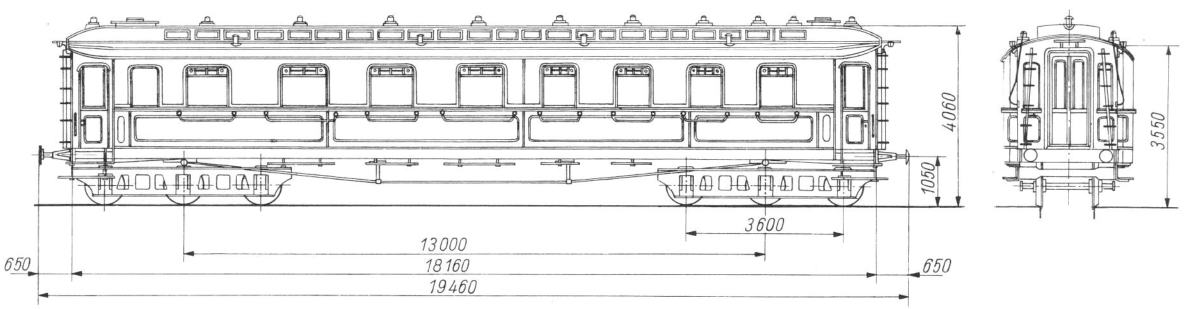

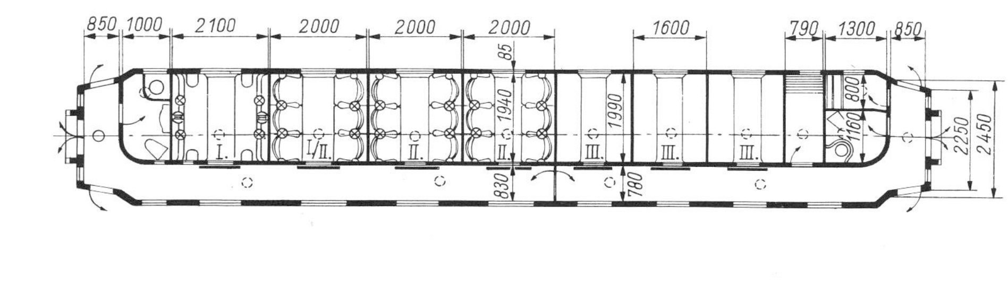

Maßskizze des sechsachsigen Sitzwagens 1., 2. und 3. Klasse der Königlich Preußischen Staatseisenbahnen; Baujahr 1907, Gattung ABC 6ü Pr 07

Sechsachsiger Sitzwagen 1., 2. und 3. Klasse der Königlich Preußischen Staatseisenbahnen; Baujahr 1907, Gattung ABC 6ü Pr 07
Foto: Archiv VEB Waggonbau Görlitz

D 4itr Pr 07

(Langenschwalbacher)

1907

Techn. Daten Seite 247

Konstruktive Merkmale

Untergestell

Rahmen: Langträger durch ebene, nachstellbare Sprengwerke verstärkt, deren äußere Schrägstreben in Höhe der Drehzapfen an den Langträgern angriffen.
Zugeinrichtung: Durchgehend; Schraubenkupplung.
Stoßeinrichtung: Ursprünglich Stangenpuffer mit offenem Gehäuse, flachen und gewölbten Puffertellern sowie Ausgleichseinrichtung.
Laufwerk: Dreiachsige Drehgestelle der preußischen Regelbauart mit gepreßten Rahmenwangen, Stufendrehpfanne und Gleitlagerradsätzen. Gleitachslager der Bauart A02.
Bremse: Einlösige Einkammer-Druckluftbremse mit Schnellbremswirkung. Handbremse in einem der Einstiegräume.

Wagenkasten

Rohbau: Wagenkastengerippe aus Holz, außen mit Blech verkleidet. Dach über den Einstiegtüren abgerundet. Oberlichtaufbau. Typische preußische Merkmale: Haltegriffe und Tritte unter den Abteil- und Seitengangfenstern. Stirnwandübergänge.
Inneneinrichtung: Abteile der verschiedenen Wagenklassen nacheinander angeordnet. Unterschiedliche Polsterung in der 1. und 2. Klasse, in der 3. Klasse Sitze mit Holzlatten. Vorhänge an den Abteil- und Seitengangfenstern. Dienstabteil, Pissoir und Aborte mit Waschgelegenheit.
Heizung: Dampfheizung, teils auch elektrische Heizung.
Lüftung: Statische Lüfter der Bauart Grove am Oberlichtaufbau. Lüftungsklappen in den Seitenwandfenstern.
Beleuchtung: Ursprünglich Gas- und elektrische Platzleuchten in der 1. und 2. Klasse; später nur elektrisch.

Die Nebenbahn Wiesbaden—Langenschwalbach (heute: Bad Schwalbach) nahm im Jahre 1889 ihren Betrieb auf. Sie sollte in erster Linie den Badegästen von Wiesbaden zu Ausflügen in den Taunus zur Verfügung stehen.
Da die Strecke sehr neigungs- und kurvenreich verläuft, entschied die damalige Eisenbahndirektion Mainz, einen leichten und besonders kurvengängigen Wagentyp zu beschaffen, der im Jahre 1891 mit Wagen verschiedener Gattungen eingeführt wurde.
Von 1907 an wurde dieser Wagentyp durch Fahrzeuge 4. Klasse ergänzt (Bild). Die Deutsche Reichsbahn-Gesellschaft reihte diese Wagen später in die 3. Klasse mit Traglasten ein.

Vierachsiger Sitzwagen 4. Klasse der Preußisch-Hessischen Staatseisenbahnen; Baujahr 1907 (Langenschwalbacher), Gattung D 4itr Pr 07
Repro: S. & P. Wagner

Konstruktive Merkmale

Untergestell

Rahmen: Stahlprofile; genietet. Äußere Langträger durch unteren Teil der Seitenwände verstärkt (Vollwandträgerwirkung).
Zugeinrichtung: Durchgehend; Schraubenkupplung.
Stoßeinrichtung: Stangenpuffer mit offenem Gehäuse sowie flachen und gewölbten Puffertellern.
Laufwerk: Zweiachsige Drehgestelle der Bauart Langenschwalbach; Rahmenwangen aus Walzprofilen; linsenförmige Drehpfanne. Gleitlagerradsätze mit Speichenradkörpern.
Bremse: Einlösige Einkammer-Druckluftbremse verschiedener Bauarten mit Schnellbremswirkung. Handbremse.

Wagenkasten

Rohbau: Wagenkastengerippe aus Holz, außen mit Blech verkleidet. Holzfußboden mit Untergestell verschraubt. Offene Stirnwandübergänge mit Handketten gesichert.
Inneneinrichtung: Einfache hölzerne Sitzbänke entlang der Seitenwände. Zwischenwand mit Drehtür. Aborte.
Heizung: Dampfheizung.
Lüftung: Lüftungsöffnungen über den Seitenwandfenstern.
Beleuchtung: Gasbeleuchtung; zwei Vorratsbehälter hingen in Wagenlängsrichtung am Untergestell.

Maßskizze des vierachsigen Sitzwagens 4. Klasse der Preußisch-Hessischen Staatseisenbahnen; Baujahr 1907 (Langenschwalbacher), Gattung D 4itr

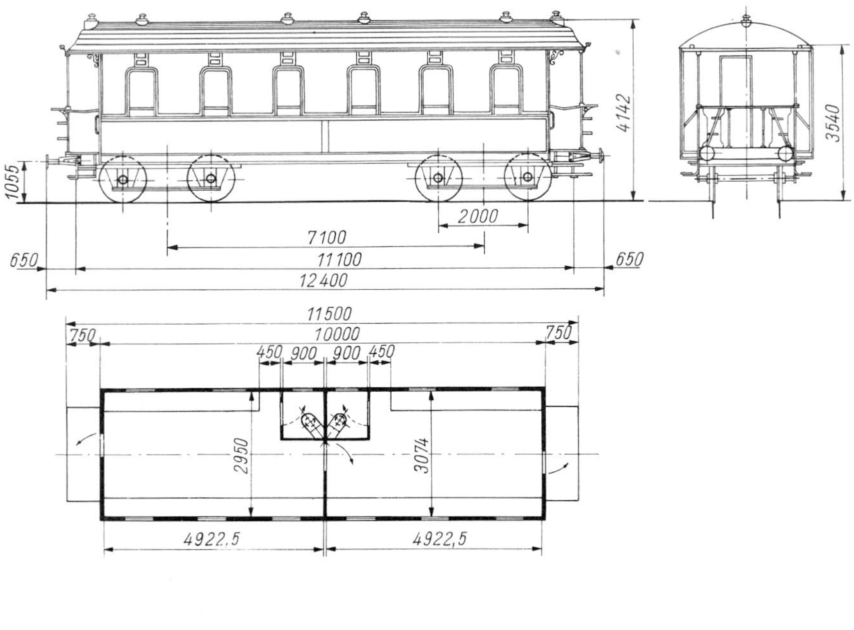

C 3 Pr 11

1911

Techn. Daten Seite 247

Die Entwicklung der Abteilwagen ist eng mit der Preußischen Länderbahn verbunden. Die Wagen wurden bis zur Übernahme durch die Deutsche Reichsbahn-Gesellschaft beschafft. Das Foto zeigt die Gesamtansicht eines Wagentyps, der ab dem Jahre 1911 an diese Bahnverwaltung geliefert wurde. Das hier abgebildete Fahrzeug stammt aus dem Jahre 1915.
Bevor die Abteilwagen auf Grund eines umfangreichen Rekonstruktionsprogramms bei der Deutschen Reichsbahn einen stählernen Wagenkasten und eine andere Gestalt erhielten, erfuhren sie bereits einige Veränderungen.
Der Grundriß zeigt die ursprüngliche Ausführung.

Konstruktive Merkmale

Untergestell

Rahmen: Vorwiegend Walzprofile, genietet. Halter für Laufbretter und Einstiegtritte. Wagenkastenstützen.
Zugeinrichtung: Durchgehend; Schraubenkupplung.
Stoßeinrichtung: Ursprünglich

Dreiachsiger Sitzwagen 3. Klasse der Königlich Preußischen Staatseisenbahnen; Baujahr 1911, Gattung C 3 Pr 11
Foto: Archiv Kroschwald

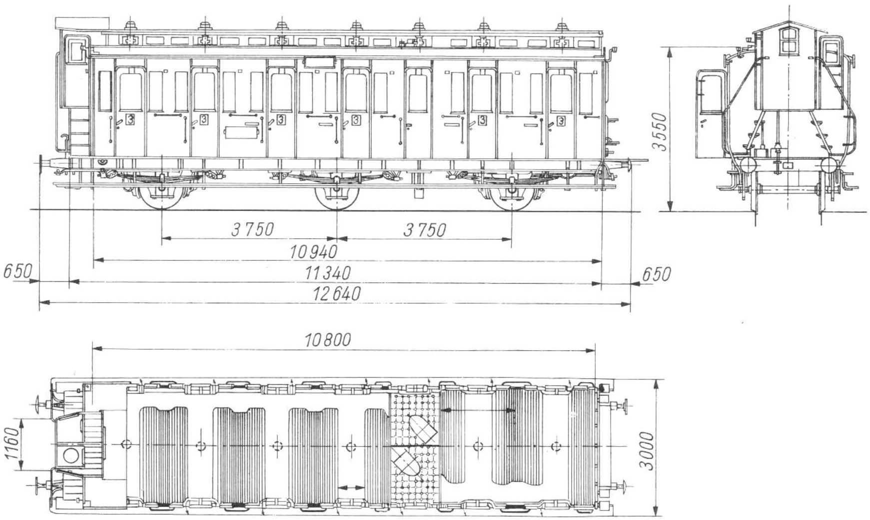

Maßskizze des dreiachsigen Sitzwagens 3. Klasse der Königlich Preußischen Staatseisenbahnen; Baujahr 1911, Gattung C 3 Pr 11

C 3/C 3 Pr 14

1914

Techn. Daten Seite 247

Die im Foto und in der Zeichnung dargestellten Wagen wurden für die Stadt-, Ring- und Vorortbahnen Berlins, Danzigs (heute: Gdansk) und Hamburgs beschafft.
Die Entwicklung und die Lieferung ähnlicher Fahrzeuge gehen bis um das Jahr 1890 zurück. Neben den hier genannten Wagen baute man auch 2.-Klasse-Fahrzeuge. Die Wagen 3. Klasse wurden untereinander gekuppelt oder kombiniert mit Wagen 2. Klasse.
Während die als Einzelwagen entworfenen Abteilwagen meistens einen Gesamtachsstand von 7250 mm hatten, betrug er bei den Vorortwagen nur 6500 mm. Die technische Ausrüstung entsprach dem damaligen Entwicklungsstand.

Konstruktive Merkmale

Untergestell

Rahmen: Vorwiegend Walzprofile, genietet. Halter für Laufbretter und Einstiegtritte. Wagenkastenstützen.
Zugeinrichtung: Schrauben- und Kurzkupplung.
Stoßeinrichtung: Stangenpuffer, später durch Hülsenpuffer ersetzt.
Laufwerk: Vereinslenkachsen mit Gleitlagerradsätzen. Achslager A02. Gepreßte Achshalter.
Bremse: Einlösige selbsttätige Einkammer-Druckluftbremse wirkte nur auf die Endachsen. Handbremse im Bremserhaus.

Wagenkasten

Rohbau: Hölzernes Wagenkastengerippe außen mit Blech verkleidet. Oberlichtaufbau. Hochgelegenes Bremserhaus. Seitenwände nach unten eingezogen. Einstiegtüren für jedes Abteil, auch für die Aborte. Regenrinnen über allen Türen. Haltegriffe.
Inneneinrichtung: Innere Holzverschalung. Sitzbänke ursprünglich aus lackierten Eschenholzlatten. Fußboden in den Aborten gefließt.
Heizung: Dampfheizung.
Lüftung: Herablaßbare Fenster in den Einstiegtüren. Statische Lüfter am Oberlichtaufbau.
Beleuchtung: Ursprünglich Gasbeleuchtung, teilweise durch elektrische Glühlampenbeleuchtung ersetzt.

Dreiachsiger Sitzwagen 3. Klase der Königlich Preußischen Staatseisenbahnen; Baujahr 1914 (Stadtbahnwagen), Gattung C 3/C 3 Pr 14
Foto: Archiv Kroschwald

Laufwerk: Vereinslenkachsen. Gleitlagerradsätze.
Bremse: Einlösige, selbsttätige Einkammer- Druckluftbremse mit Schnellbremswirkung.

Wagenkasten

Rohbau: Hölzernes Wagenkastengerippe außen mit Blech verkleidet. Oberlichtaufbau. Seitenwände nach unten eingezogen. Keine Stirnwandübergänge.
Inneneinrichtung: Sitzbänke aus Holzleisten. Seitengang. Am äußeren Wagenende ein Abteil mit Zwischenwand mit Schiebetür für Sonderabteile vom übrigen Fahrgastraum abgetrennt. Abort ursprünglich nicht vorhanden. Bei Kurzkupplung von Wagen gleicher Wagenklasse, dann einer für Raucher und einer für Nichtraucher.
Heizung: Hochdruckdampfheizung.
Lüftung: Herablaßbare Fenster in den Einstiegtüren und teilweise Lüftungsöffnungen darüber. Statische Lüfter am Oberlichtaufbau.
Beleuchtung: Gasbeleuchtung; jeder Wagen hatte einen Vorratsbehälter.

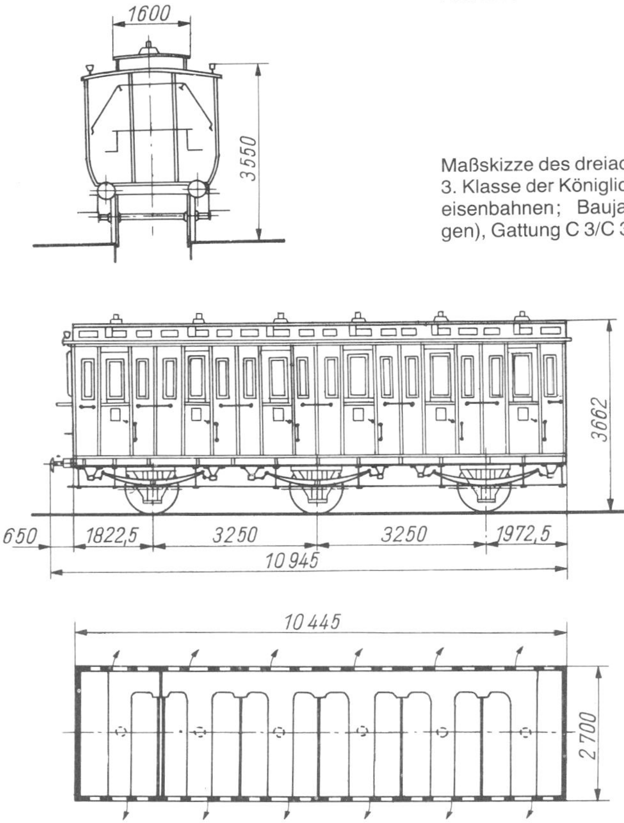

Maßskizze des dreiachsigen Sitzwagens 3. Klasse der Königlich Preußischen Staatseisenbahnen; Baujahr 1914 (Stadtbahnwagen), Gattung C 3/C 3 Pr 14

Cigd Sa 94

1894

Techn. Daten Seite 248

Zweiachsiger Sitzwagen 3. Klasse der Königlich Sächsischen Staatseisenbahnen; Baujahr 1894, Gattung Cigd Sa 94
Foto: Sammlung Kutschik

Die Fahrzeuge konnten nach Bedarf als Reisezug- oder Güterwagen verwendet werden. Aus dem Bild sind wesentliche Merkmale beider Wagenarten deutlich erkennbar. Nach der Hauptreisezeit wurden diese Wagen umgerüstet, indem man die Sitzbänke herausnahm, die Fenster gegen Holzfüllungen austauschte und die Schiebetüreneinsätze gegen Schiebetüren auswechselte. Gebaut und in den Wagenpark eingereiht wurden diese Behelfspersonenwagen ursprünglich als Gepäckbeiwagen mit dem Hauptzeichen N. Noch heute sind Exemplare dieser alten Fahrzeuge als Bahndienstwagen anzutreffen (z. B. Bf Wurzen; Mai 1981).

Konstruktive Merkmale

Untergestell

Rahmen: Sämtliche Träger aus Walzprofilen; genietet. Langträger mit Haltern für Einstiegtritte.
Zugeinrichtung: Durchgehend; Schraubenkupplung.
Stoßeinrichtung: Stangenpuffer mit flachen Puffertellern und gewölbten Puffertellern.
Laufwerk: Achshalter aus Flacheisen. Vereinslenkachsen mit Gleitachslagern A02. Radsätze mit Speichenradkörpern.
Bremse: Teilweise einlösige Druckluftbremse, teils nur Luftleitung. Kurbel für Handbremse auf einer Plattform.

Wagenkasten

Rohbau: Wagenkastengerippe aus Stahlprofilen; genietet. Nur innen mit Brettern verkleidet. Flaches Dach mit drei Öffnungen für Lampen. Doppelflügelige Stirnwandtüren. Plattformen mit offenen Übergängen zum nächsten Wagen und Aufstiegleiter zum Dach.
Inneneinrichtung: Auswechselbare Sitzbänke 3. oder 4. Klasse. Teilweise durch Zwischenwand in einen Sitz- und einen Postraum unterteilt. Kein Abort.
Heizung: Keine Heizung, nur Dampfheizleitung.
Lüftung: Keine besonderen Einrichtungen vorhanden.
Beleuchtung: Drei Öllampen für den Innenraum.

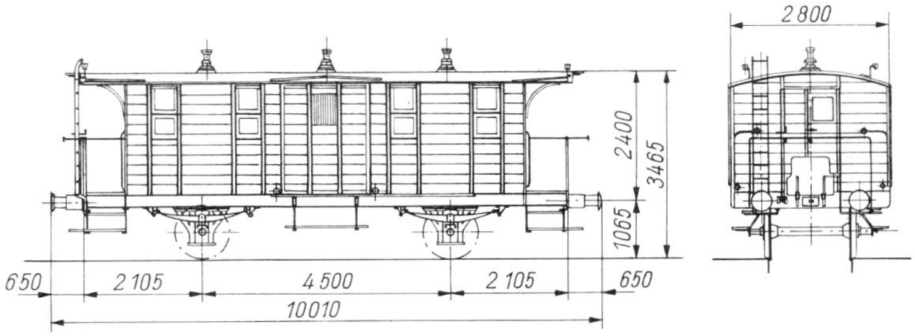

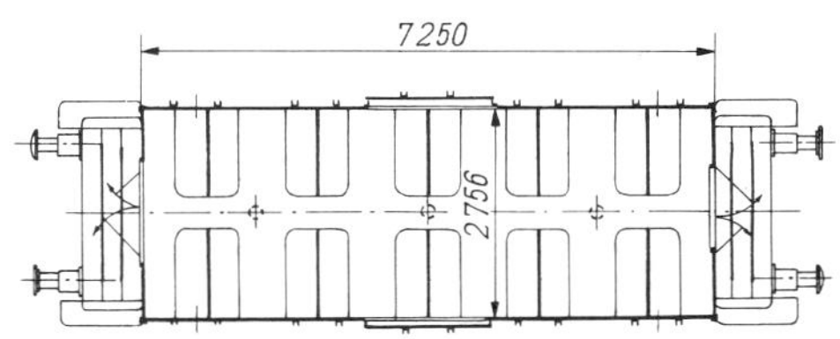

Maßskizze des zweiachsigen Sitzwagens 3. Klasse der Königlich Sächsischen Staatseisenbahnen; Baujahr 1894, Gattung Cigd Sa 94

C Sa 95

(Windbergwagen)

1895

Techn. Daten Seite 248

Zweiachsiger Sitzwagen 3. Klasse der Königlich Sächsischen Staatseisenbahnen; Baujahr 1895, Gattung C Sa 95
Repro: Meyer

Für Nebenstrecken beschaffte die Königlich Sächsische Staatseisenbahn kurze Personenwagen mit kleinen Achsständen. Die Wagen sollten sowohl leicht sein als auch kleine Bogen ohne größere Schwierigkeiten durchfahren können. Diese Forderungen waren in erster Linie von der Windbergbahn bestimmt, deren Neigung bis zu 25‰ und deren Bogenhalbmesser unter 100 m betrugen. Diese Bahn zweigte in Freital Ost von der Hauptstrecke Dresden—Werdau ab.
Der damaligen Zeit entsprechend wurden Abteilwagen in Betrieb genommen. Im Jahre 1932 veränderte man die Inneneinrichtung etwas und ersetzte die Stangenpuffer durch Hülsenpuffer.

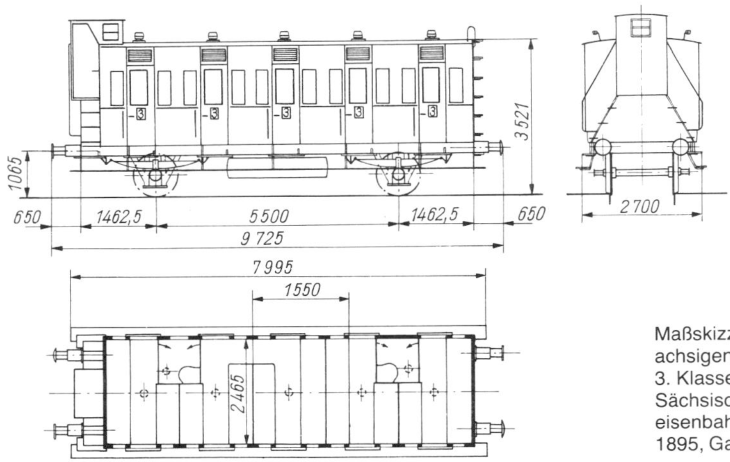

Maßskizze des zweiachsigen Sitzwagens 3. Klasse der Königlich Sächsischen Staatseisenbahnen; Baujahr 1895, Gattung C Sa 95

Konstruktive Merkmale

Untergestell

Rahmen: Sämtliche Träger aus Walzprofilen; genietet. An den Langträgern Kastenstützen sowie Halter für Laufbretter und Einstiegtritte.
Zugeinrichtung: Durchgehend; Schraubenkupplung.
Stoßeinrichtung: Ursprünglich Stangenpuffer mit flachen und gewölbten Puffertellern.
Laufwerk: Achshalter aus Flachstahl. Vereinslenkachsen mit Gleitachslagern A02. Radsätze mit Speichenradkörpern.
Bremse: Einlösige Einkammer-Druckluftbremse mit Schnellbremswirkung. Handbremse in hochgelegenem Bremserhaus.

Wagenkasten

Rohbau: Wagenkastengerippe aus Holz, außen mit Blech und innen mit Holz verkleidet. Flaches Dach. Hochgelegenes Bremserhaus mit einseitig abgeschrägten Einstiegtüren, ein typisches Merkmal der sächsischen Reisezugwagen.
Haltegriffe und Stirnwandaufstiege.
Inneneinrichtung: Sitzbänke mit Lattensitzen. Abort für je zwei bzw. drei Abteile. Teilweise Seitengang.
Heizung: Dampfheizung.
Lüftung: Kiemenlüfter über den Einstiegtüren und Abortfenstern.
Beleuchtung: Gasbeleuchtung, für jedes Abteil sowie für jeden Abort eine Lampe. Gasbehälter hing in Wagenlängsrichtung am Untergestell.

B 4 Sa 97

1897

Techn. Daten Seite 248

Vierachsiger Sitzwagen 2. Klasse der Königlich Sächsischen Staatseisenbahnen; Baujahr 1897, Gattung B 4 Sa 97
Foto: Archiv VEB Waggonbau Görlitz

Dieser Wagentyp war für den Personen- und Eilzugdienst bestimmt. Etwa gleichzeitig beschaffte die Königlich Sächsische Staatseisenbahn vierachsige Abteilwagen 2./3. und 3. Klasse. Die Anordnung der Abteile und Aborte bestimmte die Gesamtlänge der jeweiligen Wagen. Die so festgelegten Hauptabmessungen waren dann bis zur Jahrhundertwende gültig.
Unter Beibehaltung wesentlicher Baugruppen vergrößerte man ab dem Jahre 1901 die Anzahl der Abteile und damit auch die Länge über Puffer.
Unabhängig davon unterschieden sich die sächsischen Abteilwagen von den preußischen in einigen markanten Details. Diese Unterschiede findet man bis auf wenige Ausnahmen bis zur Übernahme der sächsischen Staatseisenbahnen durch die Deutsche Reichsbahn-Gesellschaft.

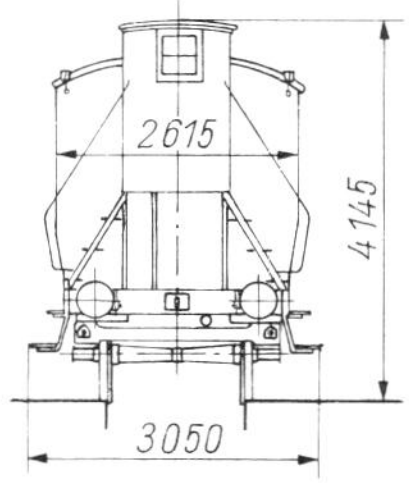

Maßskizze des vierachsigen Sitzwagens 2. Klasse der Königlich Sächsischen Staatseisenbahnen; Baujahr 1897, Gattung B 4 Sa 97

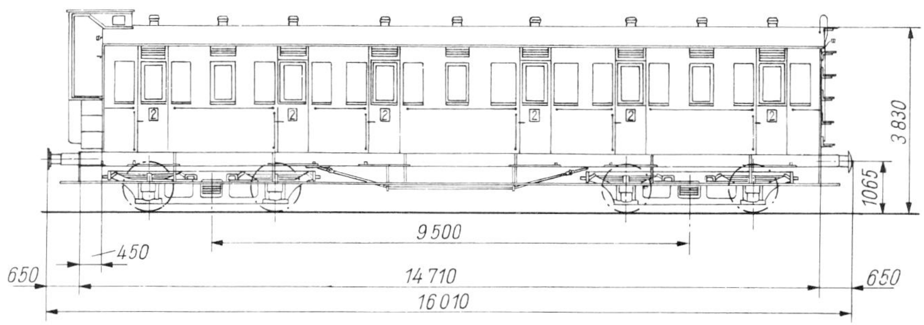

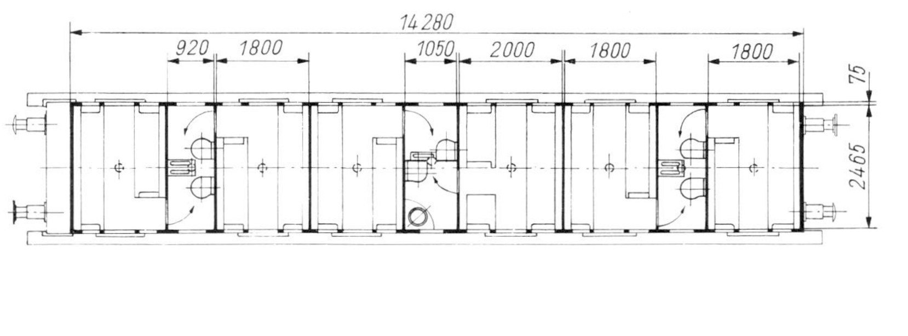

Konstruktive Merkmale

Untergestell

Rahmen: Sämtliche Träger aus Walzprofilen; genietet. Langträger

durch ebene Sprengwerke verstärkt. An den Langträgern Kastenstützen, Halter für Laufbretter und Einstiegtritte.
Zugeinrichtung: Durchgehend; Schraubenkupplung.
Stoßeinrichtung: Ursprünglich Stangenpuffer.
Laufwerk: Drehgestelle preußischer Regelbauart mit gepreßten Rahmenwangen. Gleitachslager A02. Radsätze mit Speichenradkörpern.
Bremse: Einlösige Einkammer-Druckluftbremse mit Schnellbremswirkung. Handbremse in hochgelegenem Bremserhaus.

Wagenkasten

Rohbau: Wagenkastengerippe aus Holz, außen mit Blech und innen mit Holz verkleidet. Stärker gewölbtes Dach als bisher, dadurch leicht veränderte Ausführung des Bremserhauses.
Inneneinrichtung: Gepolsterte Sitzbänke unterschiedlicher Breite. Für jedes Abteil einen separaten Abort. Abteil- und Abortbreiten unterschiedlich.
Heizung: Dampfheizung.
Lüftung: Kiemenlüfter über den Einstiegtüren und den Abortfenstern.
Beleuchtung: Gasbeleuchtung für jedes Abteil; für je zwei Aborte eine Lampe. Gasbehälter hing in Wagenlängsrichtung am Untergestell.

AB 4ü Sa 07

1907

Techn. Daten Seite 248

Obgleich die Wagen der Königlich Sächsischen Staatseisenbahn an Normen gebunden waren, blieb doch noch genug Spielraum für gestalterische Unterschiede zu Wagen anderer Länderbahnen.
Das Foto zeigt einen AB 4ü-Wagen als einen typischen Vertreter sächsischer D-Zug-Wagen.
Ein stärker gewölbtes Dach ohne Oberlichtaufbau und Stirnwandtritte, die nur zum Teil bis zum Dach führ-

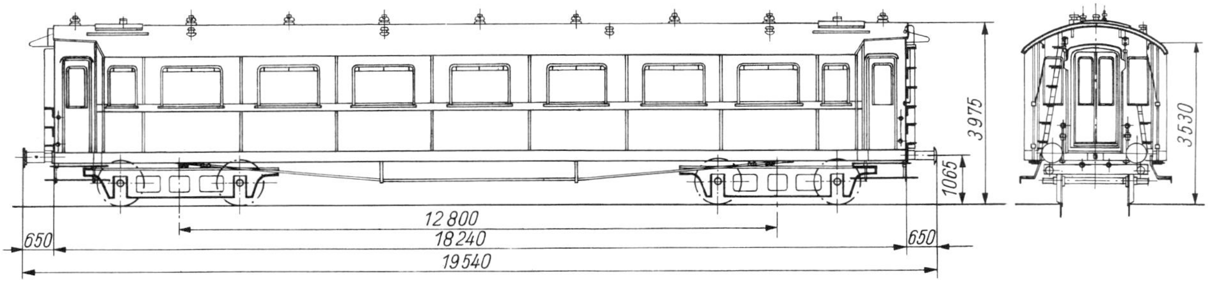

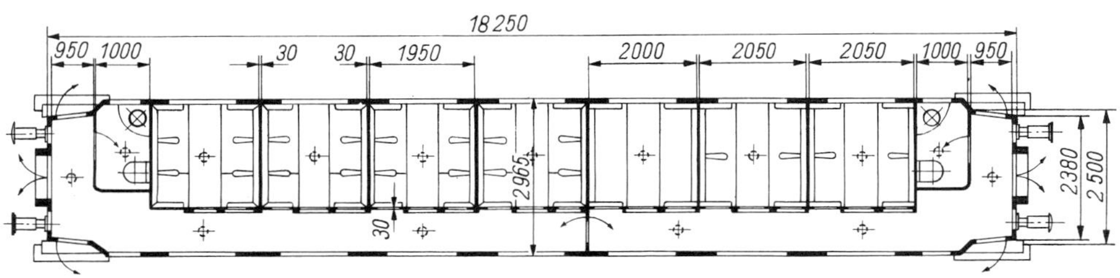

Maßskizze des vierachsigen Sitzwagens 1. und 2. Klasse der Königlich Sächsischen Staatseisenbahnen; Baujahr 1907, Gattung AB 4ü Sa 07

Vierachsiger Sitzwagen 1. und 2. Klasse der Königlich Sächsischen Staatseisenbahnen; Baujahr 1907, Gattung AB 4ü Sa 07
Foto: Archiv VEB Waggonbau Görlitz

ten, waren augenscheinliche Merkmale. Man verzichtete auch auf die Haltegriffe und Tritte unterhalb der Seitenwandfenster.
Beim Vergleich des Grundrisses mit den Grundrissen ähnlicher Fahrzeuge anderer Bahnverwaltungen sind teilweise geringfügige Abweichungen hinsichtlich Abteilbreite und Abortgestaltung feststellbar.

Konstruktive Merkmale

Untergestell

Rahmen: Langträger durch ebene Sprengwerke verstärkt, deren schräge Streben in Höhe der Hauptquerträger an den Langträgern angriffen.
Zugeinrichtung: Durchgehend; Schraubenkupplung.
Stoßeinrichtung: Ursprünglich Stangenpuffer mit geschlossenem Gehäuse, später Hülsenpuffer.
Laufwerk: Zweiachsige Drehgestelle der Regelbauart mit gepreßten Rahmenwangen. Gleitlagerradsätze ursprünglich mit Speichenradkörpern.
Bremse: Umschalt-Vakuumschnellbremse 1902 und einlösige Einkammerbremse mit Schnellbremswirkung. Handbremse.

Wagenkasten

Rohbau: Wagenkastengerippe aus Holz, außen mit Blech verkleidet. Dach an den Einstiegtüren ausgespart. Stirnwandübergänge durch Faltenbälge gesichert. Blenden an den Fensteroberkanten als Schutz vor Zugluft. Halter für Signalleinen.
Inneneinrichtung: Abteile 1.Klasse mit unterschiedlicher Abteilbreite. Seitengang durch Pendeltür unterteilt. Vorhänge an den Abteil- und Seitengangfenstern. Wasserkästen.
Heizung: Dampfheizung.
Lüftung: Statische Lüfter auf dem Dach.
Beleuchtung: Ursprünglich Gasbeleuchtung, im Jahre 1933 mit elektrischer Beleuchtung ausgewiesen.

C Sa 12

(Windbergwagen)

1912

Techn. Daten Seite 248

Im Jahre 1907 wurde auf der Windbergbahn der planmäßige Personenverkehr aufgenommen. Da neben dem Berufsverkehr auch der Ausflugsverkehr zunahm, entschloß sich die Königlich Sächsische Staatseisenbahn, vier Aussichtswagen zu beschaffen. Das Foto zeigt einen solchen „Windbergwagen", wie er bei der Deutschen Reichsbahn noch in Betrieb war. Die Längenmaße resultierten aus der besonders schwierigen Streckenführung der Windbergbahn.

Konstruktive Merkmale

Untergestell

Rahmen: Vorwiegend Walzprofile, genietet. Einstiegtritte.
Zugeinrichtung: Durchgehend; Schraubenkupplung.
Stoßeinrichtung: Ursprünglich Stangenpuffer, später durch Hülsenpuffer ersetzt.
Laufwerk: Vereinslenkachsen. Gleitlagerradsätze. Achshalter aus Flacheisen.
Bremse: Einlösige selbsttätige Einkammer-Druckluftbremse.

BC 4ü Sa 14

1914

Techn. Daten Seite 249

Von diesen vierachsigen Fahrzeugen (Foto Seite 59) beschaffte die Königlich Sächsische Staatseisenbahn drei Stück. Zunächst verkehrten sie auf der Strecke Dresden—Frankfurt (Main). Später waren sie auf den Strecken Dresden—Köln und Dresden—Nürnberg eingesetzt. Die äußere Gestaltung der Wagen enthielt Elemente des preußischen und des sächsischen Waggonbaus. Zu den sächsischen sind das Tonnendach ohne Oberlichtaufbau zu zählen, typisch preußisch ist die geschwungene Dachform über den Einstiegtüren an den Wagenenden. Die Einordnung der Schlafabteilung in die übrige Innenausstattung ist aus dem Grundriß zu entnehmen. Die Deutsche Reichsbahn-Gesellschaft übernahm die Fahrzeuge in ihrer ursprünglichen Form, ließ aber die Schlafplätze 1931 ausbauen.

Zweiachsiger Sitzwagen 3. Klasse der Königlich Sächsischen Staatseisenbahnen; Baujahr 1912 (Windbergwagen), Gattung C Sa 12
Foto: Archiv Kroschwald

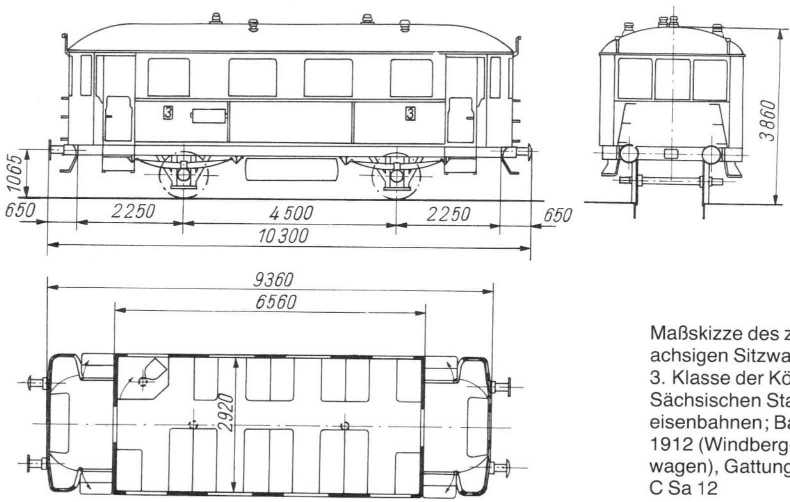

Maßskizze des zweiachsigen Sitzwagens 3. Klasse der Königlich Sächsischen Staatseisenbahnen; Baujahr 1912 (Windbergwagen), Gattung C Sa 12

Wagenkasten

Rohbau: Wagenkastengerippe außen mit Blech verkleidet. An den Enden abgeflachtes Tonnendach. Verkleidete Plattformen mit großen Fenstern und halbhohen Einstiegtüren. Keine Stirnwandübergänge.
Inneneinrichtung: Fahrgastraum nicht unterteilt; in einer Ecke desselben ein Abort. Sitze aus Holzlatten zu beiden Seiten eines Mittelganges. Zusätzliche Sitzgelegenheiten auf den Plattformen.
Heizung: Dampfheizung.
Lüftung: Statische Lüfter auf dem Dach.
Beleuchtung: Gasbeleuchtung. Vorratsbehälter hing in Wagenlängsrichtung am Untergestell.

Konstruktive Merkmale

Untergestell

Rahmen: Langträger, durch ebene Sprengwerke unterstützt.

Vierachsiger Sitzwagen 2. und 3. Klasse der Königlich Sächsischen Staatseisenbahnen; Baujahr 1914 (mit Schlafabteilung), Gattung BC 4ü Sa 14
Foto: Archiv VEB Waggonbau Görlitz

Zugeinrichtung: Durchgehend; Schraubenkupplung.

Stoßeinrichtung: Hülsenpuffer mit Ausgleicheinrichtung.
Laufwerk: Zweiachsige Drehgestelle amerikanischer Bauart mit Schwanenhalsträgern. Gleitlagerradsätze.
Bremse: Einlösige Druckluftbremse. Handbremse.

Wagenkasten

Rohbau: Wagenkastengerippe, außen mit Blech verkleidet. Sicherung der Stirnwandübergänge mit Faltenbälgen.
Inneneinrichtung: Halbabteile der Schlafabteilung mit geknickten Zwischenwänden. Dienstabteil. Seitengang der einzelnen Wagenklassen durch Pendeltüren abgegrenzt.
Heizung: Dampfheizung für Sitzabteile. Warmwasserheizung für Schlafabteilung.
Lüftung: Statische Lüfter über der Schlafabteilung. Lüftungsklappen in den Seitenwandfenstern.
Beleuchtung: Elektrische Glühlampen.

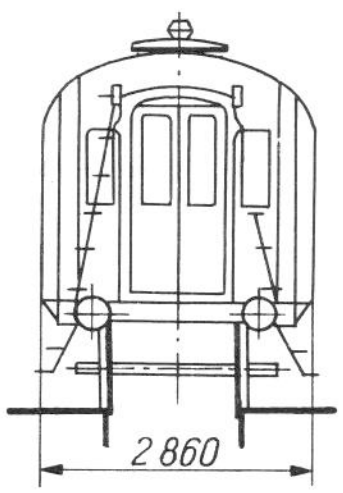

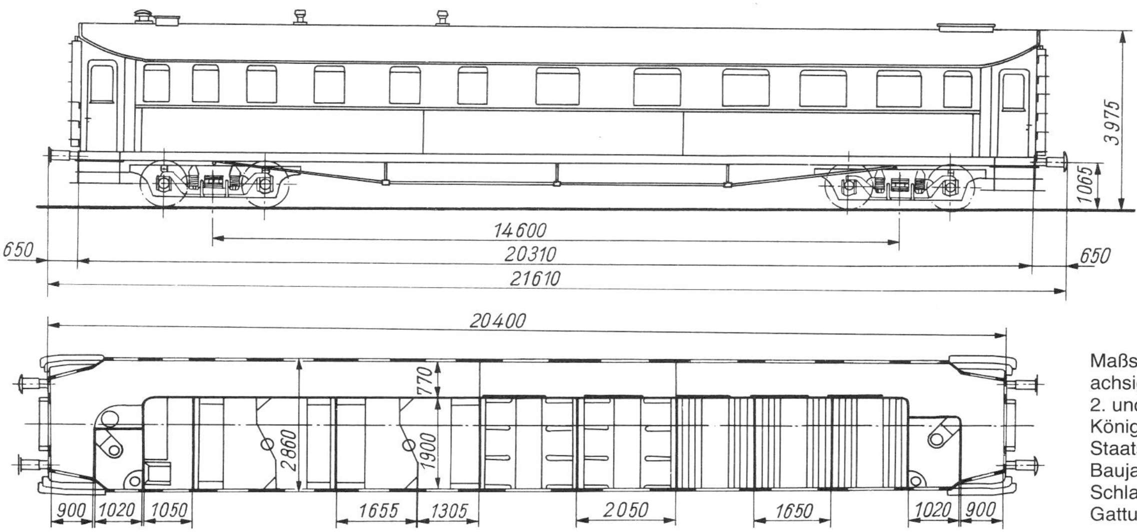

Maßskizze des vierachsigen Sitzwagens 2. und 3. Klasse der Königlich Sächsischen Staatseisenbahnen; Baujahr 1914 (mit Schlafabteilung), Gattung BC 4ü Sa 14

C 4 Sa 13

1914

Techn. Daten Seite 249

Vierachsiger Sitzwagen 3. Klasse der Königlich Sächsischen Staatseisenbahnen; Baujahr 1914, Gattung C 4 Sa 13
Repro: Meyer

Bereits 1910 legten die Königlich Sächsische Staatseisenbahnen wesentliche Abmessungen der vierachsigen Abteilwagen fest, so die Abteil- und Abortbreiten für die 2. und 3. Wagenklasse. Durch ihre Kombinationen sowie die Anzahl der Abteile ergab sich dann die jeweilige Länge des Wagens. Die hier beschriebene Bauart bezeichnete man später als C 4 Sa 13. Sie entstand nach der Zeichnung 36628. Typisch für die vierachsigen Abteilwagen jener Zeit waren auch die hochgelegten Bremserhäuser mit den fensterlosen Tü-

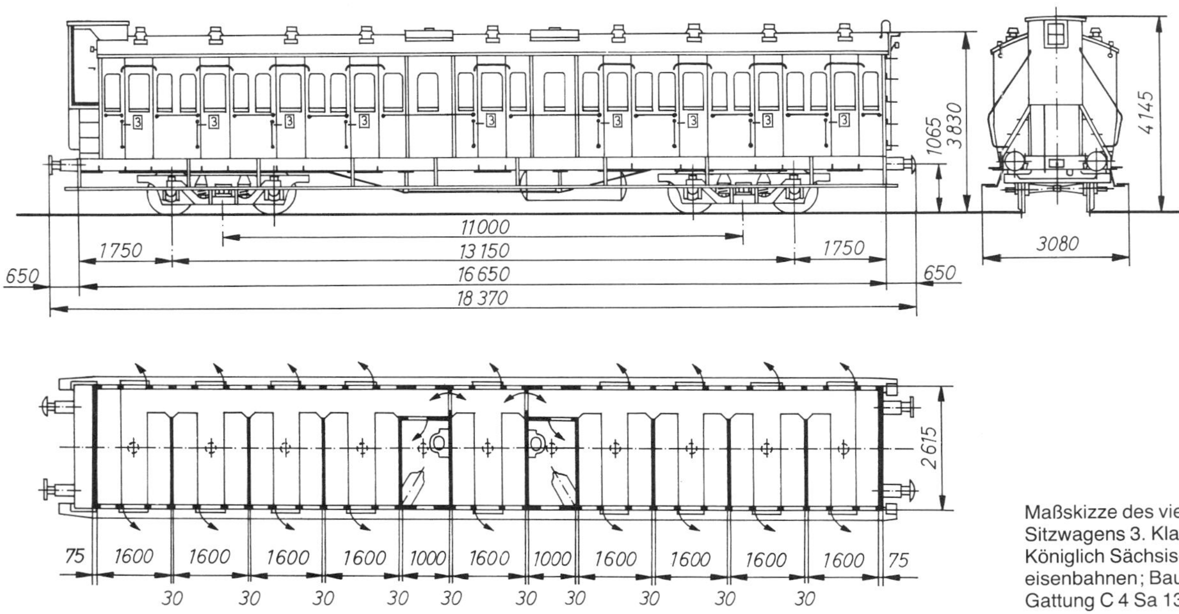

Maßskizze des vierachsigen Sitzwagens 3. Klasse der Königlich Sächsischen Staatseisenbahnen; Baujahr 1914, Gattung C 4 Sa 13

ren, deren eine obere Ecke abgeschrägt war. Damit überragte das Fahrzeug auch mit geöffneten Bremserhaustüren nicht die damals gültige Fahrzeugbegrenzungslinie.

Konstruktive Merkmale

Untergestell

Rahmen: Aus Walzprofilen und Knotenblechen genietet; äußere Langträger durch ebene Sprengwerke verstärkt; Halter für Einstiegtritte und Laufbretter.
Zugeinrichtung: Schraubenkupplung.
Stoßeinrichtung: Ursprünglich Stangenpuffer, später durch Hülsenpuffer ersetzt.
Laufwerk: Drehgestelle amerikanischer Bauart.
Bremse: Ursprünglich einlösige Einkammer-Druckluftbremse mit Schnellbremswirkung; Handbremse.

Wagenkasten

Rohbau: Wagenkastengerippe aus Holz, außen mit Blech verkleidet, innen mit Holz verschalt; Seitenwände unterhalb der Fenster nach innen gewölbt; Drehtüren als Einstiegtüren mit herablaßbaren Fenstern; Wasserkästen im Dach; hochgelegtes Bremserhaus, durch DR entfernt.
Inneneinrichtung: Typische Raumaufteilung jener Zeit; Sitzbänke mit Lattensitzen; Seitengang durch mehrere Pendeltüren unterbrochen.
Heizung: Dampfheizung.
Lüftung: Statische Lüfter.
Beleuchtung: Gaslampen; Gasbehälter hing in Wagenlängsrichtung am Untergestell.

AB 4ü Sa 16

1916

Techn. Daten Seite 249

Dieser Wagentyp war die stählerne Ausführung eines wenige Jahre zuvor von den Königlich Sächsischen Staatseisenbahnen beschafften derselben Gattung in Holzbauweise. Längen-, Breiten- und Höhenmaße stimmen teils überein. Allerdings erhielten die Wagenenden ein anderes Aussehen. Nach dem Knick zwischen erstem Abteil und Abort führte man die Seitenwände bis zu den Stirnwänden hin gerade aus. Einige dieser Gestaltungsmerkmale übernahm später die DRG für ihren ersten D-Zug-Wagen-Bauarten. Der sächsische Wagentyp, später als AB 4ü Sa 16 bezeichnet, entstand nach der Musterblatt-Zeichnung 39063. Die DRG übernahm ihn mit in ihren Park.

Vierachsiger Sitzwagen 1. und 2. Klasse der Königlich Sächsischen Staatseisenbahnen; Baujahr 1916, Gattung AB 4ü Sa 16
Repro: Meyer

Konstruktive Merkmale

Untergestell

Rahmen: Aus Walzprofilen und Knotenblechen genietet; Halter für Einstiegtritte und Notausstiege.
Zugeinrichtung: Durchgehend, Schraubenkupplung.
Stoßeinrichtung: Ursprünglich Stangenpuffer, später durch Hülsenpuffer ersetzt, Ausgleicheinrichtung möglich.
Laufwerk: Drehgestelle amerikanischer Regelbauart.
Bremse: Teils nur einlösige Einkammer-Druckluftbremse mit Schnellbremswirkung, teils zusätzlich mit Umschalt-Vakuum-Bremse 1902 kombiniert.

Wagenkasten

Rohbau: Wagenkastengerippe aus Profilen genietet; Außenbeblechung verdeckt die äußeren Langträger; einfache Drehtüren als Einstiegtüren; Stirnwandtüren doppelflügelig; Stirnwand-Übergang durch Faltenbälge gesichert; Wasserkästen im Dach.
Inneneinrichtung: Sitzabteile 1. Klasse mit Batardabteil; Seitengang zwischen den Wagenklassen durch Pendeltür unterteilt; Aborte mit Waschgelegenheit.
Heizung: Dampfheizung.
Elektrische Ausrüstung: Akkumulator, Beleuchtung durch Glühlampen.

C Sa 16

1916

Techn. Daten Seite 249

Während in Süddeutschland der Durchgangswagen dominierte, hielt man auch in Sachsen am Abteilwagen fest. Ein Beispiel dafür ist der hier beschriebene zweiachsige Wagentyp der Königlich Sächsischen Staatseisenbahnen, der nahezu zur gleichen Zeit wie die bayerischen dreiachsigen Durchgangswagen in größeren Stückzahlen beschafft wurde.
Bis zur Jahrhundertwende trugen

Maßskizze des vierachsigen Sitzwagens 1. und 2. Klasse der Königlich Sächsischen Staatseisenbahnen; Baujahr 1916, Gattung AB 4ü Sa 16

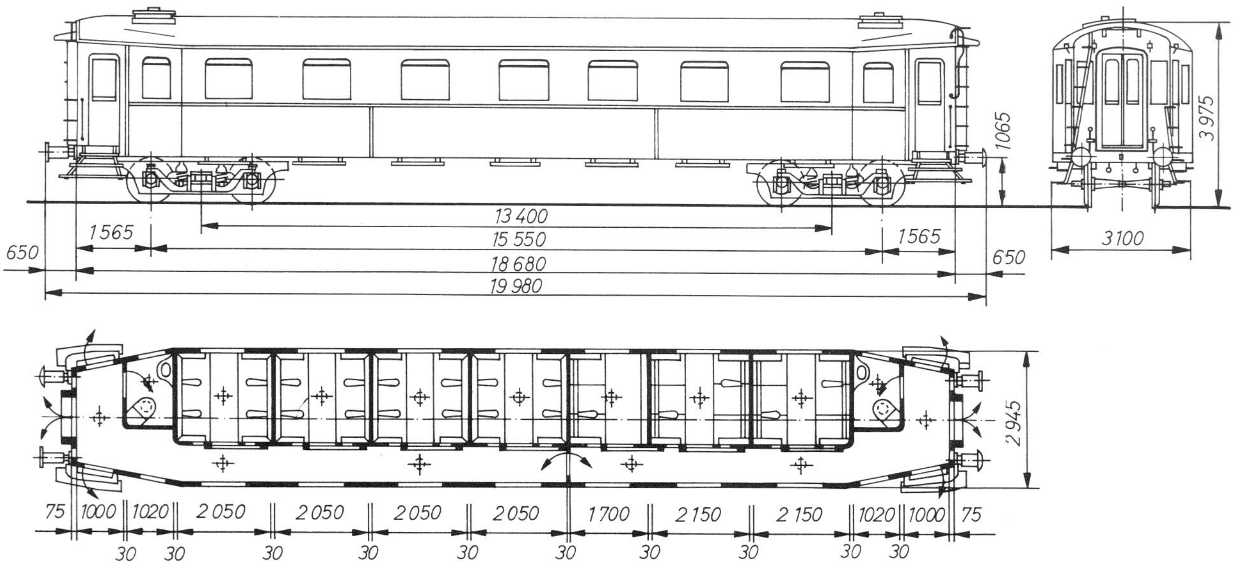

Zweiachsiger Sitzwagen 3. Klasse der Königlich Sächsischen Staatseisenbahnen; Baujahr 1916, Gattung C Sa 16
Foto: Archiv Kroschwald

die meisten Abteilwagen ein hochgelegenes Bremserhaus. Die späteren Bauarten erhielten an einem Ende eine offene Plattform in Fußbodenhöhe, auf der die Kurbel für die Handbremse angeordnet war, denn nach Einführung der Druckluftbremse als Betriebsbremse verlor die Handbremse wesentlich an Bedeutung.

Das Foto zeigt eine leicht veränderte Version, wie sie erst nach dem Jahre 1916 geliefert wurde. Die ursprüngliche Ausführung ohne Stirnwandtür ist in der Zeichnung wiedergegeben.

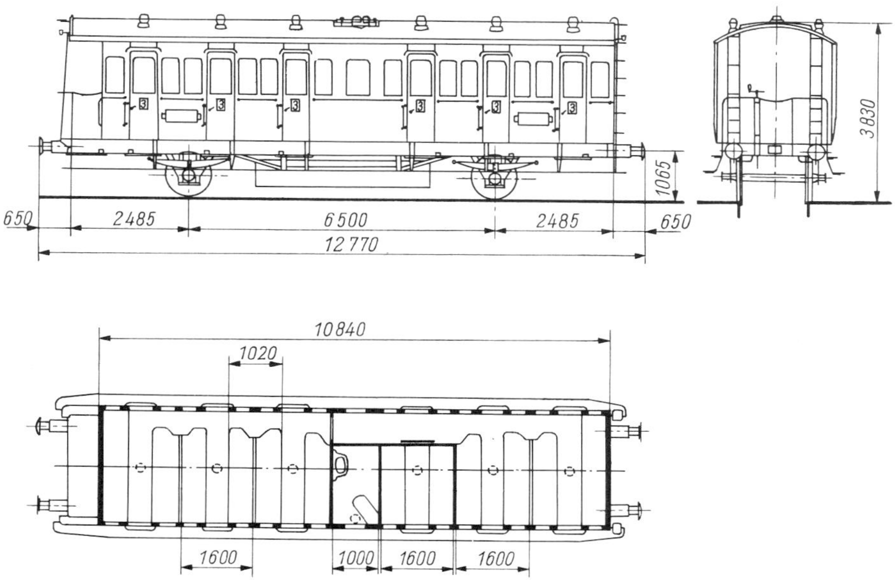

Maßskizze des zweiachsigen Sitzwagens 3. Klasse der Königlich Sächsischen Staatseisenbahnen; Baujahr 1916, Gattung C Sa 16

Konstruktive Merkmale

Untergestell

Rahmen: Vorwiegend Walzprofile, genietet. Halter für Laufbretter und Einstiegtritte. Wagenkastenstützen.
Zugeinrichtung: Durchgehend; Schraubenkupplung.
Stoßeinrichtung: Ursprünglich Stangenpuffer, später Hülsenpuffer.
Laufwerk: Vereinslenkachsen. Gleitlagerradsätze mit Speichenradkörpern. Verschiedene Systeme der Tragfederaufhängung. Achshalter aus Flachstahl.
Bremse: Einlösige, selbsttätige Einkammer-Druckluftbremse mit Schnellbremswirkung. Handbremse.

Wagenkasten

Rohbau: Wagenkastengerippe außen mit Blech verkleidet. Flaches Dach mit Wasserkastendeckel. Offener Übergang. Haltegriffe. Regenrinnen über den Einstiegtüren.
Inneneinrichtung: Seitengang. Teils offene, teils mit Schiebetür verschlossene Abteile. Abort mit Waschgelegenheit. Sitze aus Holzlatten.
Heizung: Dampf-, vereinzelt auch Preßkohleheizung.
Lüftung: Statische Lüfter auf dem Dach.
Beleuchtung: Gasbeleuchtung.

Vierachsiger Sitzwagen 1./2. Klasse

1845

Techn. Daten Seite 245

Dieser 1./2.-Klasse-Wagen (Zeichnung unten) war ein typischer Vertreter des amerikanischen Systems, das die Königlich Württembergischen Staatseisenbahnen seit ihrem Gründungsjahr (1846) für eine längere Zeit anwendeten. Dieses System charakterisieren im wesentlichen folgende Merkmale: Verhältnismäßig lange Drehgestellwagen, Mittelgang, Endplattformen und mittlere Steifkupplung. Die amerikanische Bauweise hatte der württembergische Oberbaurat Klein eingeführt, nachdem er in den USA die Eisenbahnfahrzeuge studiert hatte. Er erkannte die Vorzüge dieser Bauweise und setzte sich dafür ein, die einheimischen Fahrzeuge ebenso zu bauen. Die Maschinenfabrik Esslingen lieferte die meisten Wagen für diese Bahnverwaltung.

Konstruktive Merkmale

Untergestell

Rahmen: Lang- und Querträger aus Eichenholz; mittels eiserner Winkel zusammengeschraubt; an den Hauptquerträgern waren der obere Teil der Drehpfanne und seitliche Gleitstücke.
Zugeinrichtung: Durchgehend; in der Wagenmitte als Zugfeder eine horizontal liegende Blattfeder, deren Enden in gußeisernen Schuhen befestigt waren; Kupplungseisen; Bolzen.
Stoßeinrichtung: Abgerundetes Holz an den Kopfstücken des Rahmens mit Kupplungseinrichtung.
Laufwerk: zweiachsige Drehgestelle mit hölzernem Rahmen; innere und äußere Rahmenwangen, dazwischen Tragfedern.
Bremse: Handspindelbremse für jedes Drehgestell gesondert.

Wagenkasten

Rohbau: Wagenkastengerippe aus Eschenholz, mit Blech beschlagen; eiserne Geländer und Einstiegtritte; Fenster zum Herablassen mit Glasscheiben.
Inneneinrichtung: In der 1. Klasse Sofas zu je 2 Plätzen, Mahagonitisch und Spiegel; in der 2. Klasse gepolsterte und klappbare Sitzbänke zu je 2 Sitzplätzen.
Heizung: Nicht vorhanden.
Lüftung: Lüftungsöffnungen über den Seitenwandfenstern.
Beleuchtung: Laterne in der Trennwand zwischen den Fahrgasträumen 1. und 2. Klasse.

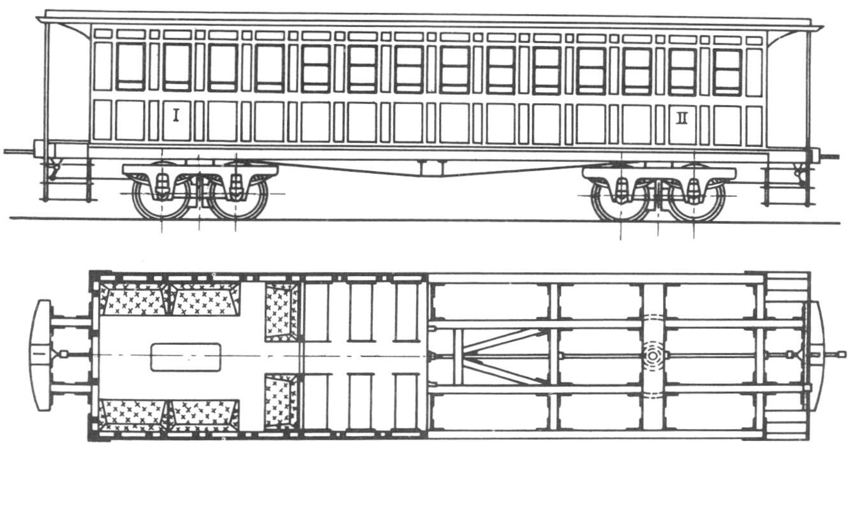

Skizze des vierachsigen Sitzwagens 1. und 2. Klasse der Königlich Württembergischen Staatseisenbahnen; Baujahr 1845

Zweiachsiger Sitzwagen 1./2. Klasse

1862

Techn. Daten Seite 245

Seit ihrer Gründung ließen die Königlich Württembergischen Staatseisenbahnen ihre Fahrzeuge nach dem „amerikanischen System" bauen, wie es der württembergische Oberbaurat Klein der Eisenbahnkommission seines Landes in einem entsprechenden Gutachten vorgeschlagen hatte. Für die Reisezugwagen war u. a. charakteristisch: Verhältnismäßig große Länge, Drehgestelle, Mittelgang, Endplattformen und mittlere Steifkupplung.

Abweichend davon beschaffte die Bahnverwaltung für Strecken mit geringem Reiseverkehrsaufkommen in kleinen Stückzahlen auch zweiachsige Sitzwagen, deren Konstruktion sich sehr stark an die der vierachsigen Fahrzeuge anlehnte. Ein Beispiel dafür ist der in der Zeichnung unten dargestellte Wagen, von dessen Bauart bisher nur zwei Fahrzeuge bekannt geworden sind. Von den zweiachsigen Abteilwagen jener Zeit sind mehr Wagen nachweisbar.

Konstruktive Merkmale

Untergestell

Rahmen: Stählerne Langträger umstritten; hölzerne Querträger.
Zugeinrichtung: Durchgehend; Zughaken; Ketten als Notkupplungen.
Stoßeinrichtung: Stangenpuffer.
Laufwerk: Achshalter aus Blech, untereinander und mit den äußeren Tragfederaufhängungen verbunden; Blatttragfedern hinter den Achshaltern aufgehangen; Gleitlagerradsätze.
Bremse: Handbremse.

Wagenkasten

Rohbau: Wagenkastengerippe aus Holz, außen mit Blech beschlagen; eiserne Geländer und Einstiegtritte; offene Übergänge; Fenster mit Glasscheiben zum Herablassen.
Inneneinrichtung: Einzelsitze in der 1. Klasse, Sitzbänke in der 2. Klasse; Zwischenrad mit Drehtür und Aussparungen für Heizung und Beleuchtung.
Heizung: Ofen, der zum größten Teil in den Fahrgastraum der 1. Klasse ragte.
Lüftung: Lüftungsöffnungen über den Seitenwandfenstern.
Beleuchtung: Laternen in den Stirnwänden sowie in der Trennwand zwischen den beiden Fahrgasträumen.

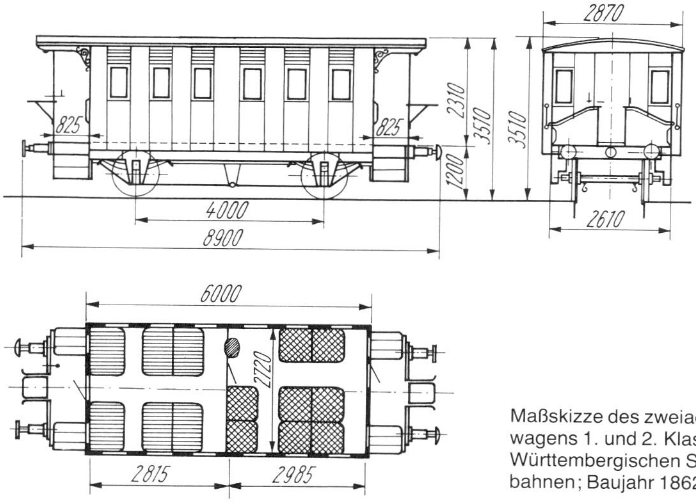

Maßskizze des zweiachsigen Sitzwagens 1. und 2. Klasse der Königlich Württembergischen Staatseisenbahnen; Baujahr 1862

AB 3i Wü 91

1891

Techn. Daten Seite 245

Dreiachsiger Sitzwagen 1. und 2. Klasse der Königlich Württembergischen Staatseisenbahnen; Baujahr 1891, Gattung AB 3i Wü 91
Foto: Archiv VEB Waggonbau Görlitz

Maßskizze des dreiachsigen Sitzwagens 1. und 2. Klasse der Königlich Württembergischen Staatseisenbahnen; Baujahr 1891, Gattung AB 3i Wü 91

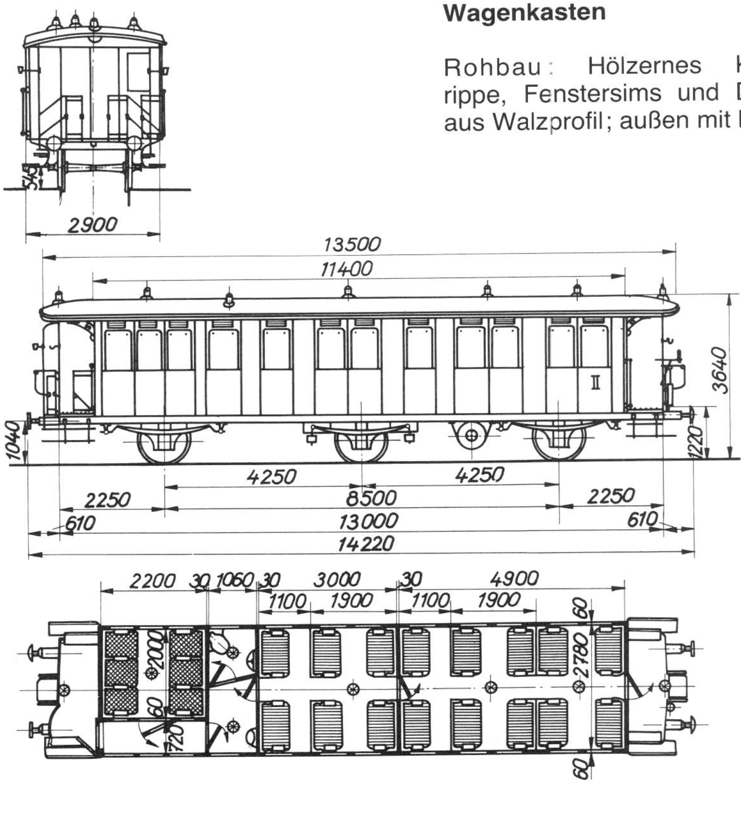

Dieser Wagentyp (Foto oben) war ein typischer Vertreter jener Entwicklungsepoche der Königlich Württembergischen Staatseisenbahnen, in der der Bau von dreiachsigen Reisezugwagen bevorzugt wurde. Der in den Jahren 1887–1896 amtierende Maschinendirektor Adolf Klose versuchte bei den dreiachsigen Wagen seine Lenkachsenkonstruktion anzuwenden, von der man allerdings später wieder abkam.
Die Zeichnung enthält u. a. die Aufteilung des Innenraums.

Konstruktive Merkmale

Untergestell

Rahmen: Äußere und innere Langträger aus U-Profil.
Zugeinrichtung: Durchgehend, Kegelfeder kurz hinter dem einen Kopfstück; Schraubenkupplung mit Notkupplung.
Stoßeinrichtung: Stangenpuffer.
Laufwerk: Vereinslenkachse A2 mit seitlich verschiebbarem besonderen Gestell, in der die Mittelachse lagerte; von hier aus Führungsstangen zu den Achslagergehäusen der Endachsen, dadurch bessere Kurvenläufigkeit.
Bremse: Einlösige Druckluftbremse mit Schnellbremswirkung auf sämtliche Achsen; zusätzlich Handbremse.

Wagenkasten

Rohbau: Hölzernes Kastengerippe, Fenstersims und Dachrinne aus Walzprofil; außen mit Blech ver-

kleidet; offene Plattformen und Stirnwand-Übergänge; kein Oberlichtaufbau.
Inneneinrichtung: Rückenlehnen in der I. Klasse konnten hochgeklappt werden, dadurch je zwei Liegen übereinander; in der II. Klasse konnten ebenfalls durch Herausziehen der Sitze und Umklappen der Rückenlehnen Liegeplätze aufbereitet werden; Abort mit Leibstuhl und Pißbecken; Waschbecken.
Heizung: Dampfheizung mit doppelwandigen Rohrheizkörpern, keinerlei Ventile; durch Klappen regulierbar.
Lüftung: Lüftungsschieber oberhalb der Seitenwandfenster.
Beleuchtung: Gasbeleuchtung; Gasbehälter hing quer zum Wagen am Untergestell.

Ci Wü 99

1899/1900

Im Jahre 1896 übernahm Kittel das Amt des Maschinendirektors der Königlich Württembergischen Staatseisenbahnen. Seitdem ließ er für Personenzüge wieder zwei- und dreiachsige Durchgangswagen beschaffen. Ein Beispiel dafür ist der Wagentyp der Litera E. Er wurde nach der Musterzeichnung Nr. 20078 A gebaut. Die 41 Fahrzeuge reihte man später in die 4. Wagenklasse ein. Dann galten sie als Cid Wü 98a. Die Grundrißgestaltung zeigt die Zeichnung unten.
Bis in die vierziger Jahre fuhren diese Wagen noch in Zügen auf den Württembergischen Nebenstrecken. Einige Fahrzeuge sollen als Bahnhofswagen sogar die siebziger Jahre erreicht haben.

Konstruktive Merkmale

Untergestell

Rahmen: Aus Profilen und Blechen genietet; ebene Sprengwerke; Kastenstützen und Halter für Einstiegtritte an den Langträgern.
Zugeinrichtung: Durchgehend, Schraubenkupplung.
Stoßeinrichtung: Stangenpuffer württembergischer Bauart.
Laufwerk: Vereinslenkachsen; Gleitlagerradsätze mit Speichenradkörpern.
Bremse: Einlösige Druckluftbremse; Handbremse von einer der Plattformen mit Handkurbel bedienbar.

Wagenkasten

Rohbau: Wagenkastengerippe außen und innen mit Brettern verkleidet, Bretter außen senkrecht angeordnet; herablaßbare Fenster, je zwei pro Abteil und Wagenseite; Einstieg- und Zwischentüren als Drehtüren.
Inneneinrichtung: Zwei Fahrgasträume mit insgesamt 6 $^{1}/_{2}$ Abteilen; Sitzbänke mit Sitzflächen und Rückenlehnen aus Holz; Abort.
Heizung: Dampfheizung.
Lüftung: Lüftungsschieber oberhalb der meisten Seitenwandfenster, Kiemenlüftungsschlitze in den Seitenwänden.
Beleuchtung: Gasbeleuchtung; Gaslampen auch auf den Plattformen; Gasbehälter hing in Wagenmitte quer zur Längsachse am Untergestell.

Maßskizze des Grundrisses vom zweiachsigen Sitzwagen 3. Klasse der Königlich Württembergischen Staatseisenbahnen; Baujahre 1899/1900, Gattung Ci Wü 99

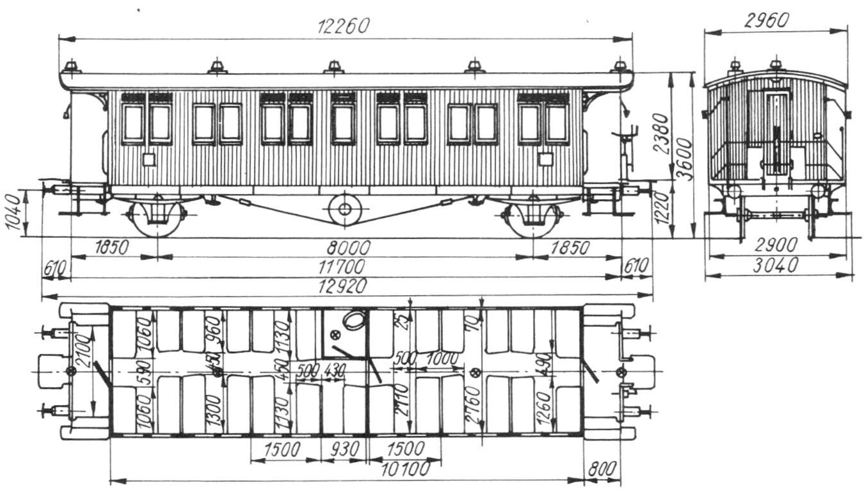

AB 4i Wü 02

Ab 1903

In der Ära Kittel entstanden für die Königlich Württembergischen Staatseisenbahnen auch wieder vierachsige Sitzwagen für Schnellzüge mit offenen Plattformen. Diese Fahrzeuge wurden ursprünglich nur innerhalb Württembergs eingesetzt. Sie entsprachen der Litera ABBi und entstanden nach der Musterzeichnung 20691[1]. Die 33 Wagen trugen die Nummern 651 bis 676 und 678 bis 684. Ein 34., mit der Nummer 677, wird mit Litera BCCi angegeben. Er soll in der Typenblattsammlung der DRG als BC 4i Wü02/28 enthalten gewesen sein; nach Zeichnungs-Nummer 20691[1]/20291[2]. Die DRG stufte diese Wagen in die 2. Klasse ein. Den Grundriß zeigt die Zeichnung unten.

Konstruktive Merkmale

Untergestell

Rahmen: Aus Profilen und Blechen genietet; ebene Sprengwerke; Kastensäulen und Halter für Einstiegtritte an den Langträgern angebracht.
Zugeinrichtung: Durchgehend; Schraubenkupplung.
Stoßeinrichtung: Ursprünglich Stangenpuffer württembergischer Bauart, später Hülsenpuffer.
Laufwerk: Württembergische Ausführung des preußischen Regeldrehgestells nach Zeichnung 21017; Rahmen aus gepreßtem Blech; stufenförmige Drehpfanne; Gleitlagerradsätze.
Bremse: Einlösige Druckluftbremse mit Schnellbremswirkung (Wsbr); Handbremse von einer Plattform aus mit Handkurbel bedienbar.

Wagenkasten

Rohbau: Wagenkastengerippe aus Profilen, genietet; außen mit Blech verkleidet, Stoßstellen mit Deckleisten versehen; Haltegriffe unter Fenstern an den Wagenenden.
Inneneinrichtung: Seitengang an den Abteilen 1. Klasse; zwei Fahrgasträume 2. Klasse mit Mittelgang; Abort mit Waschgelegenheit.
Heizung: Dampfheizung.
Lüftung: Lüftungsöffnungen über allen Fenstern.
Beleuchtung: Gasbeleuchtung, Gaslampen auch auf den Plattformen; zwei Gasbehälter hingen in Wagenmitte quer zur Längsachse am Untergestell.

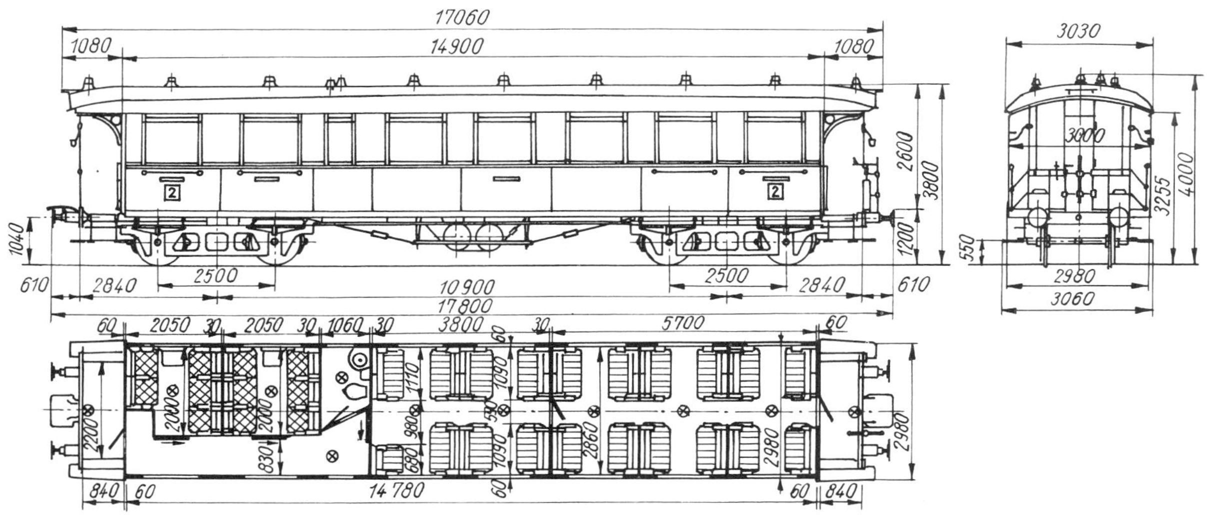

Maßskizze des Grundrisses vom vierachsigen Sitzwagen 1. und 2. Klasse der Königlich Württembergischen Staatseisenbahnen; Baujahre ab 1903, Gattung AB 4i Wü 02

PwCitr Pr 95

1895

Techn. Daten Seite 249

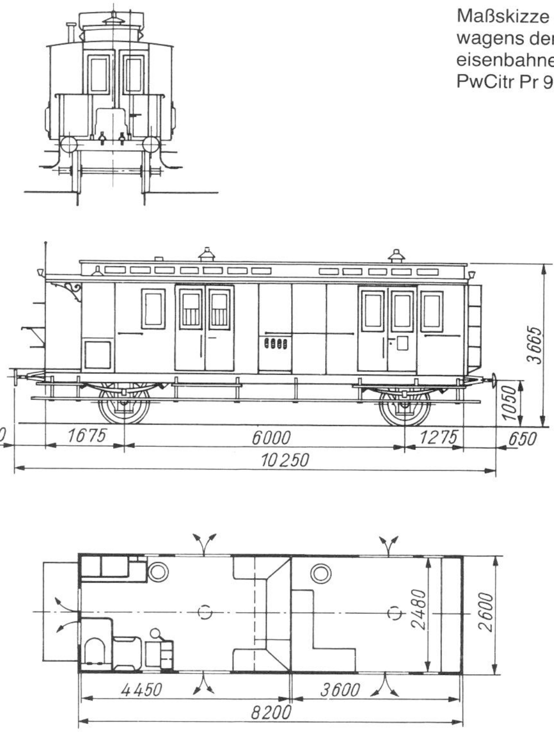

Maßskizze des zweiachsigen Sitz/Gepäckwagens der Königlich Preußischen Staatseisenbahnen; Baujahr 1895, Gattung PwCitr Pr 95

Für den Nebenbahndienst mit geringem Reisegepäck- und Eilgutaufkommen beschaffte die Königlich Preußische Staatseisenbahn die im Bild dargestellten zweiachsigen kombinierten Sitz- und Gepäckwagen. Sie entsprachen dem Blatt IIa 5 der Preußischen Normalien. Bis zum Jahre 1903 folgten weitere Ausführungen, die sich aber nur wenig von den vorangegangenen Fahrzeugen unterschieden. Einige von ihnen waren über 70 Jahre in Betrieb; allerdings erfuhren sie in dieser Zeit verschiedene Veränderungen.
Die ursprüngliche Aufteilung des Grundrisses geht gleichfalls aus der Zeichnung hervor.

Konstruktive Merkmale

Untergestell

Rahmen: Lang- und Querträger aus Walzprofilen genietet. An den Langträgern Halter für die Laufbretter. Kastenstützen.
Zugeinrichtung: Durchgehend; Schraubenkupplung.
Stoßeinrichtung: Stangenpuffer mit flachen und gewölbten Puffertellern sowie Kegelfedern.
Laufwerk: Achshalter aus Flachstahl. Gleitlagerradsätze.
Bremse: Einlösige Druckluftbremse. Handbremse.

Wagenkasten

Rohbau: Hölzernes Kastengerippe, außen mit Blech und innen mit Holz verkleidet. An einer Stirnseite Plattform und offener Übergang. Doppelflügelige Drehtüren sowohl für Laderaum als auch für Fahrgastabteil. Oberlichtaufbau.
Inneneinrichtung: Fahrgastabteil für Traglasten, Sitzgelegenheiten nur an den Seiten. Hundeabteil mit Außentüren im Laderaum, darüber Staubretter für Gepäck. Sitzgelegenheit mit Schreibplatte und Fächern; diverse Schränke. Abort von Plattform aus erreichbar.
Heizung: Im Fahrgastabteil und im Laderaum je ein Ofen.
Lüftung: Herablaßbare Fenster. Lüftungsöffnungen im Oberlichtaufbau.
Beleuchtung: Im Fahrgastabteil und im Laderaum je eine Gaslampe; Gasbehälter in Wagenlängsrichtung am Untergestell.

CPost 3 Pr 98

1898

Techn. Daten Seite 249

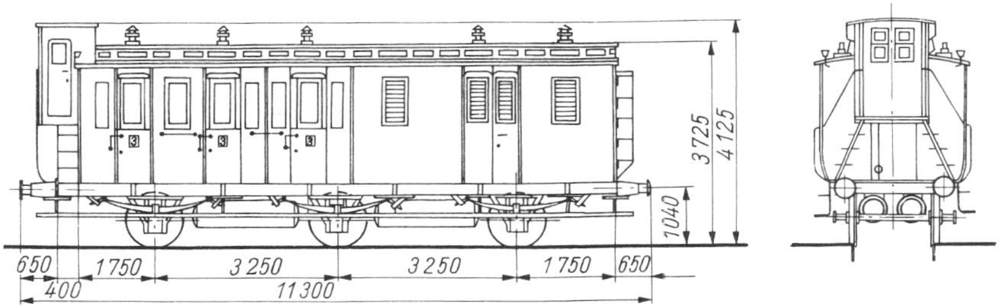

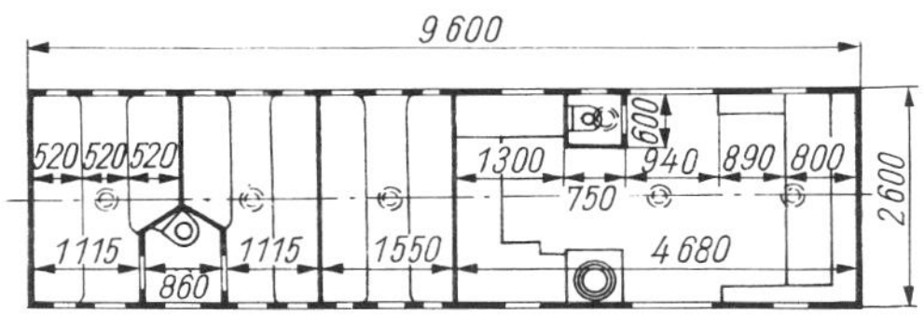

Maßskizze des dreiachsigen Sitz-/Postwagens der Königlich Preußischen Staatseisenbahnen; Baujahr 1898, Gattung CPost 3 Pr 98

Da die Beistellung eines Bahnpostwagens in Reisezüge auf Grund des niedrigen Postgutaufkommens nicht immer wirtschaftlich war und demzufolge kleinere Transporteinheiten benötigt wurden, beschafften die Eisenbahnverwaltungen Reisezugwagen verschiedener Gattungen mit Postabteilen. Meistens wählte man dafür Sitz- oder Gepäckwagen. Da in den Personenzügen der Königlich Preußischen Staatseisenbahn der Abteilwagen dominierte, ist eine Kombination mit einem Postabteil nichts außergewöhnliches. Die Zeichnung zeigt einige Ansichten sowie den Grundriß eines solchen dreiachsigen Wagens.

Konstruktive Merkmale

Untergestell

Rahmen: Lang- und Querträger aus Walzprofilen; genietet. Wagenkastenstützen und Halter für Laufbretter an den Langträgern befestigt.
Zugeinrichtung: Durchgehend; Schraubenkupplung.
Stoßeinrichtung: Stangenpuffer mit Kegelfedern und unterschiedlich gewölbten Puffertellern.
Laufwerk: Vereinslenkachsen. Achshalter aus Flachstahl. Gleitlagerradsätze mit Achslagergehäusen A02 Blatttragfedern.
Bremse: Einlösige, selbsttätige Einkammer-Druckluftbremse; Handbremse von einem hochgelegten Bremserhaus aus bedienbar.

Wagenkasten

Rohbau: Hölzernes Wagenkastengerippe, außen mit Blech verkleidet. Oberlichtaufbau. Hochgelegtes Bremserhaus. Doppelflügelige Drehtüren für Postabteil. Diverse Haltegriffe.
Inneneinrichtung: Drei Sitzabteile, Abort von zweien direkt erreichbar. Keine Verbindung zwischen Sitz- und Postabteil. Postabteil zur Bearbeitung der Postsendungen während der Fahrt geeignet; eigener Abort.
Heizung: Dampfheizung, zusätzlich Ofen für Postabteil.
Lüftung: Bewegliche Klappen im Oberlichtaufbau.
Beleuchtung: Gasbeleuchtung; Gasbehälter in Wagenlängsrichtung am Untergestell.

Vierachsiger gedeckter Güterwagen

1840

Techn. Daten Seite 250

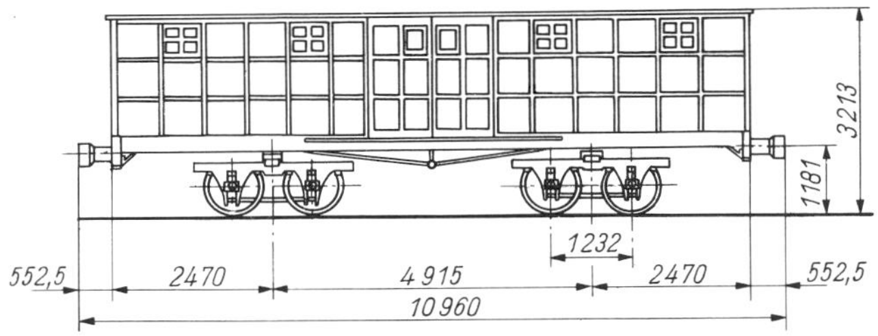

Maßskizze des vierachsigen gedeckten Güterwagens der Leipzig-Dresdner Eisenbahn-Compagnie: Bauiahr 1840

Dieser Wagentyp der Leipzig-Dresdner Eisenbahn war eigentlich zum Transport solcher Güter vorgesehen, die vor Witterungseinflüssen und vor Feuer zu schützen sind (z. B. Stückgut, Getreide). Die herstellende Wagenbauanstalt empfahl ihn aber zugleich als „Packwagen“, und es ist anzunehmen, daß er auch als solcher eingesetzt wurde. Sollte der Wagen durch das Reisegepäck nicht ausgelastet sein, so schlug man vor, auch Frachtgut mit beizuladen.
In der Zeichnung sind einige Maße angegeben, die dem Original nahe kommen (sie wurden einer unbemaßten Zeichnung abgenommen und umgerechnet.)
Diese Wagen müssen sich gut bewährt haben. Es wurde besonders der geringe Verschleiß an den Rädern genannt, der auf die Verwendung von Drehgestellen zurückzuführen war.
Die Lademasse dieses Wagentyps entsprach der vier- bis achtfachen Lademasse zweiachsiger offener Güterwagen dieser Bahnverwaltung.

Konstruktive Merkmale

Untergestell

Rahmen: Miteinander verschraubte hölzerne Lang- und Querträger; Langträger durch ebene Sprengwerke verstärkt.
Zugeinrichtung: Geteilt; Kupplung bestand aus Zughaken und Öse.
Stoßeinrichtung: Starre Buffer (heute: Puffer).
Laufwerk: Zwei Wendeschemel (heute: Drehgestell); Gleitlagerradsätze mit Speichenrädern.
Bremse: Nicht vorhanden.

Wagenkasten

Rohbau: Hölzernes Kastengerippe außenliegend; hölzerne Verschalung; in jeder Seitenwand in der Wagenmitte eine doppelte Schiebetür; Fenster in den Seitenwänden mit Fensterkreuz.
Inneneinrichtung: Nicht vorhanden.
Heizung, Beleuchtung: Nicht bekannt.
Lüftung: Keine besonderen Einrichtungen vorhanden.

Pw 3i Bad 03

1902/03

Seit 1893 beschafften mehrere Bahnverwaltungen dreiachsige D-Zug-Wagen und entsprechende Gepäckwagen dazu. In Baden erschienen 1902 die ersten derartigen Fahrzeuge. Die Großherzoglich Badischen Staatseisenbahnen reihten sie in die Gruppe 133a ein. Diesen 15 Wagen folgten im nächsten Jahr weitere 16 Stück, die allerdings als Gruppe 133b galten. Den Grundriß zeigt die Zeichnung unten.
Die DRG ließ von den übernommenen Fahrzeugen die Faltenbälge entfernen. Sie entsprachen danach der Gattung Pw 3i. Darüber hinaus wurden auch die Puffer und Achslager ausgetauscht.

Konstruktive Merkmale

Untergestell

Rahmen: Aus Profilen und Blechen genietet; Kastenstützen und Halter für Einstiegtritte an den Langträgern.
Zugeinrichtung: Durchgehend, Schraubenkupplung.
Stoßeinrichtung: Ursprünglich Stangenpuffer, später durch Hülsenpuffer der DRG-Bauart ersetzt.
Laufwerk: Vereinslenkachsen; Gleitlagerradsätze mit Speichenradkörpern.
Bremse: Bei DRG einlösige Druckluftbremse mit Schnellbremswirkung der Bauart Westinghouse; bei einigen Wagen zusätzlich nichtselbsttätige Druckluftbremse der Bauart Henry.

Wagenkasten

Rohbau: Wagenkastengerippe außen mit Blech und innen mit Holz verkleidet; Einstiegtüren eingerückt; Schiebetüren als Laderaumtüren; Dachaufbau; Stirnwandübergänge ursprünglich durch Faltenbälge gesichert.
Inneneinrichtung: Dienstabteil mit hochgelegenem Zugführersitz, darunter Hundeabteil und Lampenraum; Laderaum mit vergitterten Fenstern; Abort.
Heizung: Dampfheizung.
Lüftung: Wahrscheinlich keine besonderen Einrichtungen.
Beleuchtung: Gasbeleuchtung; Gasbehälter am Untergestell.

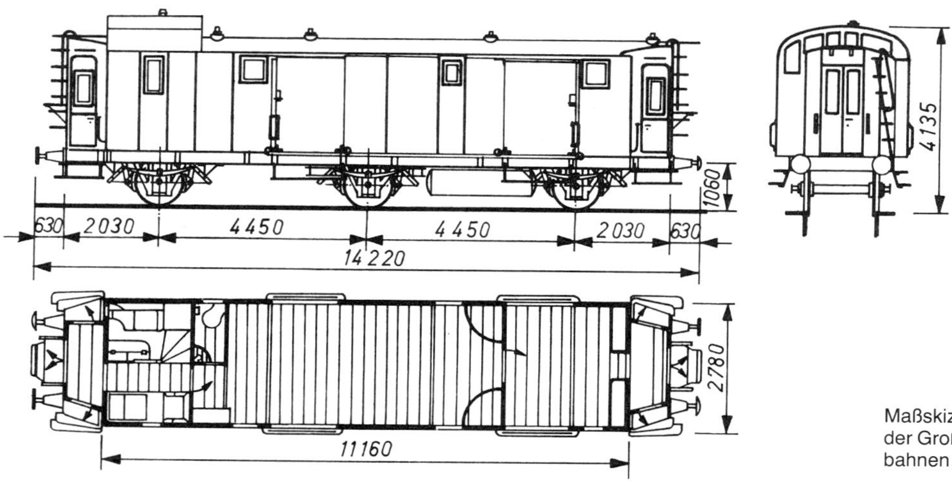

Maßskizze des dreiachsigen Gepäckwagens der Großherzoglich Badischen Staatseisenbahnen; Baujahr 1903, Gattung Pw 3i Bad 03

Pw 4ü Bay 06

Ab 1906

Diese Wagen (Foto) werden als erste vierachsige Bauart der Königlich Bayerischen Staatseisenbahnen ausgewiesen. Sie galten als Fahrzeuge gemäß Musterblatt Nr. 231 des Wagenverzeichnisses und wurden bis 1910 beschafft. Den Grundriß zeigt die Zeichnung. Die DRG übernahm die Fahrzeuge und paßte sie ihrem Wagenpark an. Bei beiden Bahnverwaltungen liefen diese Wagen im D-Zug-Dienst.

Konstruktive Merkmale

Untergestell

Rahmen: Langträger durch ebene Sprengwerke verstärkt; Halter für Einstiegtritte an den Langträgern.
Zugeinrichtung: Durchgehend, Schraubenkupplung.
Stoßeinrichtung: Ursprünglich

Vierachsiger Gepäckwagen der Königlich Bayerischen Staatseisenbahnen; Baujahr 1906, Gattung Pw 4ü Bay 06
Werkfoto: Rathgeber, Sammlung Deppmeyer

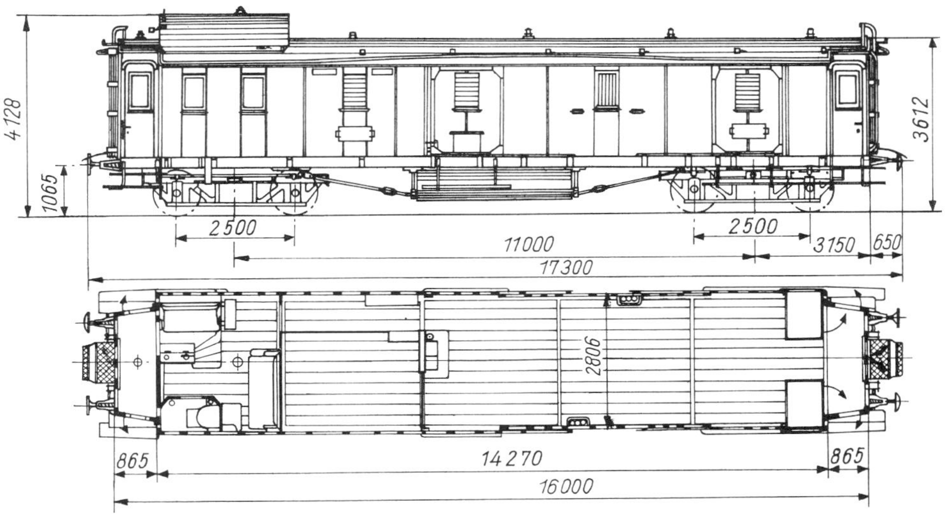

Maßskizze des Grundrisses vom vierachsigen Gepäckwagen der Königlich Bayerischen Staatseisenbahnen; Baujahr 1906, Gattung Pw 4ü Bay 06

Stangenpuffer, durch Hülsenpuffer ersetzt.
Laufwerk: Drehgestelle bayerischer Bauart in Fachwerkbauweise aus Profilen; kugelförmige Drehpfanne; Gleitlagerradsätze, ursprünglich mit Speichenradkörpern.
Bremse: Mehrere Bremsbauarten (Druck- und Saugluftbremse; Stand: 1928); Handbremse.

Wagenkasten

Rohbau: Wagenkastengerippe außen mit Blech verkleidet, innen mit Brettern; Dach über den Einstiegtüren ausgespart; Dachaufbau über dem Dienstabteil; Schiebetüren als Laderaumtüren; Stirnwandübergänge durch Faltenbälge gesichert.
Inneneinrichtung: Einstiegräume an den Wagenenden; Dienstabteil mit hochgelegenem Zugführersitz, Abort und Ruhebank; Laderaum teilweise mit verschließbarem Zollabteil.
Heizung: Hochdruck-Dampfheizung.
Lüftung: Statischer Lüfter auf dem Dachaufbau.
Beleuchtung: Gasbeleuchtung und elektrische Beleuchtung; Gasbehälter am Untergestell in Wagenlängsachse.

Zweiachsiger Gepäckwagen

1867

Zu den ersten Bauarten von Sitzwagen der Großherzoglich Oldenburgischen Staatseisenbahnen wurde dieser zweiachsige Gepäckwagentyp (Zeichnung unten) ab 1867 beschafft. Acht Fahrzeuge standen bei der Eröffnung der ersten oldenburgischen Eisenbahnstrecke zur Verfügung. Ihre Hauptabmessungen wichen nur geringfügig von denen der Sitzwagen ab, der Achsstand war gleich. Untergestell und Wagenkasten waren noch einfacher als bei den Sitzwagen ausgeführt. Beide bestanden gänzlich aus Holz.

Konstruktive Merkmale

Untergestell

Rahmen: Lang- und Querträger sowie Pufferbohlen aus Holz; Achshalter sowie Halter für Laufbretter und Einstiegtritte angeschraubt.
Zugeinrichtung: Zughaken und Kupplungsösen.
Stoßeinrichtung: Stangenpuffer oldenburgischer Bauart.
Laufwerk: Achshalter aus Flacheisen; Blatttragfedern; Gleitlagerradsätze.
Bremse: Ursprüngliche Bauart unbekannt, später Druckluftbremse eingebaut.

Wagenkasten

Rohbau: Wagenkastengerippe aus Holz, außen mit senkrecht angeordneten gespundeten Brettern verkleidet; einfache Drehtüren als Einstiegtüren für Dienstraum, Schiebetüren als Laderaumtüren; Haltegriffe an den Seitenwänden.
Inneneinrichtung: Im Dienstraum zwei hochgelegene Sitze, ein Tisch und eine Ablage; unter den Sitzen Fächer, von außen zugänglich und durch Türen verschlossen; im Laderaum wahrscheinlich Sitzgelegenheit.
Heizung: Ursprünglich ohne entsprechende Ausrüstung.
Lüftung: Keine besonderen Einrichtungen vorhanden.
Beleuchtung: Zunächst wahrscheinlich Öllampen, später auf Gasbeleuchtung des Systems Pintsch umgestellt.

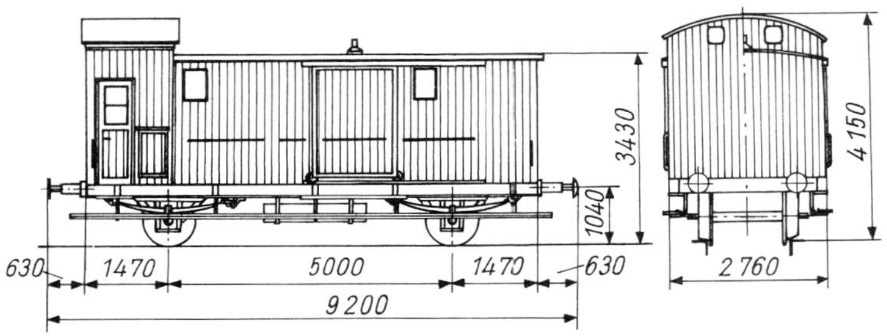

Maßskizze des zweiachsigen Gepäckwagens der Großherzoglich Oldenburgischen Staatseisenbahnen; Baujahr 1867

Pw 3i Pr 91

1891

Techn. Daten Seite 250

Dreiachsiger Gepäckwagen der Königlich Preußischen Staatseisenbahnen; Baujahr 1891, Gattung Pw 3i Pr 91
Foto: Archiv Kroschwald

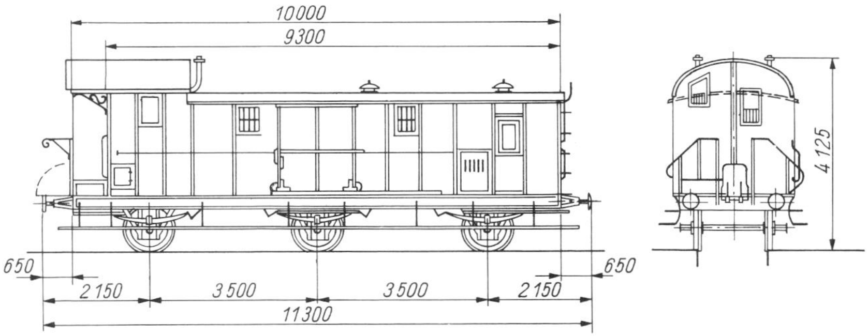

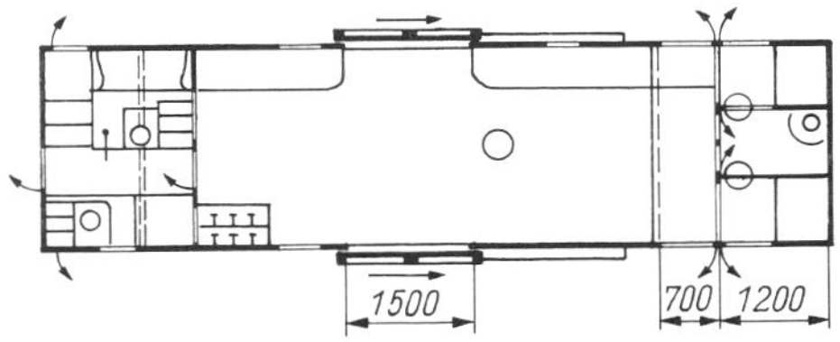

Maßskizze des dreiachsigen Gepäckwagens der Königlich Preußischen Staatseisenbahnen; Baujahr 1891, Gattung Pw 3i Pr 91

Etwa bis zur Mitte der achtziger Jahre des vorigen Jahrhunderts war es noch nicht selbstverständlich, die Sitzwagen mit Aborten und Waschgelegenheiten auszustatten. Die Reisenden mußten solche Anlagen auf den Unterwegsbahnhöfen aufsuchen. Es war daher eine wesentliche Verbesserung in verschiedener Hinsicht, wenn wenigstens der Gepäckwagen eine derartige Einrichtung besaß. Damit konnten die Reisenden ihre Notdurft während der Fahrt verrichten und die Aufenthaltszeiten auf den Unterwegsbahnhöfen verkürzt werden.
Die Zeichnung zeigt den ersten preußischen Gepäckwagentyp, der mit einem Abort ausgerüstet war. Die Hauptabmessungen des dreiachsigen Wagens entsprachen dem Blatt IIa1 der Preußischen Normalien. Einige spätere Ausführungen dieses Fahrzeugtyps erhielten wiederum keinen Abort.

Konstruktive Merkmale

Untergestell

Rahmen: Stahlprofile, genietet. Halterungen für Laufbretter und Einstiegtritte an den äußeren Langträgern befestigt.
Zugeinrichtung: Durchgehend. Schraubenkupplung.
Stoßeinrichtung: Stangenpuffer.
Laufwerk: Lenkachsen. Achshalter aus Flachstahl. Gleitlagerradsätze mit Speichenrädern.
Bremse: Einkammer-Druckluftbremse mit Schnellbremswirkung der Bauart Westinghouse. Handbremse im Dienstraum.

Wagenkasten

Rohbau: Hölzernes Kastengerippe, außen mit Blech verkleidet. Stöße der Blechbahnen mit Deckleisten versehen. Am Dienstraumende Plattform und offener Stirnwandübergang.
Inneneinrichtung: Dienstraum mit hochliegendem Zugführersitz. Lampenkasten und Hundeabteil von außen zugänglich. Laderaum mit Schrank und Staubrettern. Abort mit zwei Warteräumen.
Heizung: Preßkohleheizung.
Lüftung: Keine besonderen Einrichtungen.
Beleuchtung: Gasbeleuchtung; Vorratsbehälter in Wagenlängsrichtung unter dem Wagenkasten am Untergestell angeordnet.

Pwi Pr 91

1891

Techn. Daten Seite 250

Zweiachsiger Gepäckwagen der Königlich Preußischen Staatseisenbahnen; Baujahr 1891, Gattung Pwi Pr 91
Foto: Archiv Kroschwald

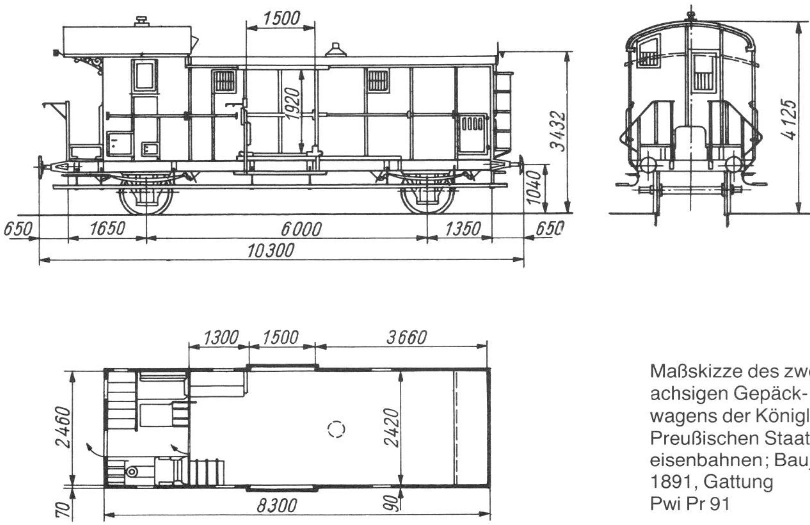

Maßskizze des zweiachsigen Gepäckwagens der Königlich Preußischen Staatseisenbahnen; Baujahr 1891, Gattung Pwi Pr 91

Der im Foto dargestellte zweiachsige Fahrzeugtyp wurde hauptsächlich für Personenzüge bei der Königlich Preußischen Staatseisenbahn verwendet. Wesentliche technische Maße und Baugruppen entsprachen denen des dreiachsigen Gepäckwagens jener Zeit. Die auffälligsten Unterschiede bestanden in der Länge des Laderaums und in der Achszahl. Wie beim dreiachsigen Typ gab es auch hier Ausführungen mit und ohne Abort. Eine Variante mit Abort entstand bereits 1887.
Im Jahre 1899 war die Entwicklung dieses Gepäckwagentyps nach Blatt IIa2 der Preußischen Normalien abgeschlossen. Die Zeichnung zeigt eine Ausführung ohne Abort und mit Lenkachsen.

Konstruktive Merkmale

Untergestell

Rahmen: Stahlprofile, genietet. Halterungen für Laufbretter und Einstiegtritte an den äußeren Langträgern befestigt.
Zugeinrichtung: Durchgehend. Schraubenkupplung.
Stoßeinrichtung: Stangenpuffer.
Laufwerk: Teilweise starre Achsen mit Achsstand 5000 mm, teilweise Lenkachsen mit Achsstand 6000 mm. Achshalter aus Flachstahl. Gleitlagerradsätze.
Bremse: Einkammer-Druckluftbremse der Bauart Westinghouse. Handbremse im Dienstraum.

Wagenkasten

Rohbau: Hölzernes Kastengerippe, außen mit Blech verkleidet. Stöße der Blechbahnen mit Deckleisten versehen. Am Dienstraumende Plattform und offener Stirnwandübergang.
Inneneinrichtung: Dienstraum mit hochliegendem Zugführersitz. Lampenkasten und Hundeabteil von außen zugänglich. Fenster des Laderaums senkrecht vergittert.
Heizung: Preßkohleheizung.
Lüftung: Keine besonderen Einrichtungen.
Beleuchtung: Gasbeleuchtung; Vorratsbehälter in Wagenlängsrichtung am Untergestell.

Pw 4ü Pr 02

1902

Techn. Daten Seite 250

Vierachsiger Gepäckwagen der Königlich Preußischen Staatseisenbahnen; Baujahr 1902, Gattung Pw 4ü Pr 02
Foto: Archiv VEB Waggonbau Görlitz

Um die Jahrhundertwende beschaffte die Königlich Preußische Staatseisenbahn die ersten vierachsigen Gepäckwagen, sowohl mit als auch ohne Übergangseinrichtung an den Stirnwänden. Ihnen folgte in den Jahren 1902 bis 1909 eine größere Stückzahl von Fahrzeugen, die sich hauptsächlich in geringfügig veränderter Inneneinrichtung unterschieden und ebenfalls z. T. mit und ohne Übergangseinrichtungen geliefert wurden. Konstant blieben die Hauptabmessungen und die typische Anordnung des Dienstabteils mit hochgelegtem Zugführersitz in der Wagenmitte (Foto).
Die Deutsche Reichsbahn übernahm einige dieser Fahrzeuge und paßte sie den gestiegenen technischen und betrieblichen Anforderungen an. In ihrer ursprünglichen Ausführung entsprachen die Wagen dem Blatt DII1 der Preußischen Normalien. Der in der Zeichnung dargestellte Grundriß enthält auch ein Zollabteil.

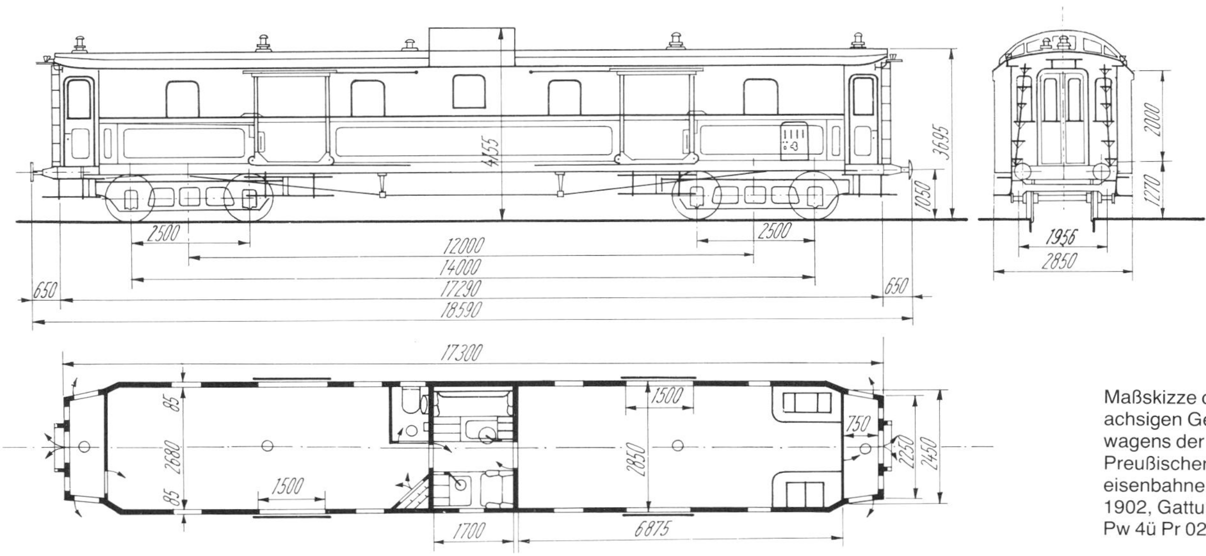

Maßskizze des vierachsigen Gepäckwagens der Königlich Preußischen Staatseisenbahnen; Baujahr 1902, Gattung Pw 4ü Pr 02

Pw 4 Pr 04

1904

Techn. Daten Seite 251

Konstruktive Merkmale

Untergestell

Rahmen: Holz- und Stahlprofile, verschraubt oder genietet. Langträger durch ebene Sprengwerke verstärkt. Halterungen für Einstiegtritte an den Langträgern befestigt.
Zugeinrichtung: Ursprünglich durchgehend; Schraubenkupplung. Später teils durch Einheitsbauart ersetzt.
Stoßeinrichtung: Ursprüngliche Stangenpuffer; später teilweise durch Hülsenpuffer ersetzt.
Laufwerk: Drehgestelle der preußischen Regelbauart; genietet. Gleitlagerradsätze. Achslagerbuchsen A02.
Bremse: Druckluftbremsen verschiedener Bauart. Handbremse.

Wagenkasten

Rohbau: Hölzernes Kastengerippe; außen mit Blech verkleidet, innen mit Holz verschalt. Geschlossene Übergänge.
Inneneinrichtung: Dienstraum mit Sitz für Zugführer (hochgelegt) und Fahrladeschaffner. Laderaum mit und ohne Zollabteil. Abort. Hundeabteile. Besondere Einstiegräume an beiden Wagenenden.
Heizung: Dampfheizung, teilweise elektrische Heizung.
Lüftung: Keine besonderen Einrichtungen.
Beleuchtung: Gas, später teilweise elektrisch.

Nach dem Prototyp aus dem Jahre 1900 entstanden bei der Königlich Preußischen Staatseisenbahn zwischen 1904 und 1906 auch vierachsige Gepäckwagen ohne Übergangseinrichtung. Sie entsprachen den Blättern IIa9 und IIa10 der Preußischen Normalien. Die Hauptmaße stimmten mit denen der vierachsi-

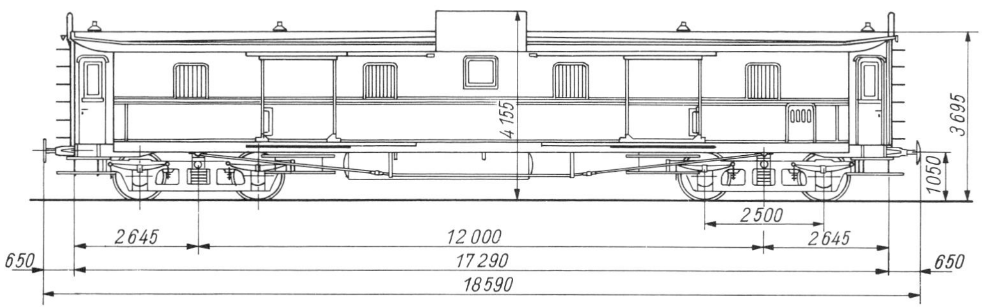

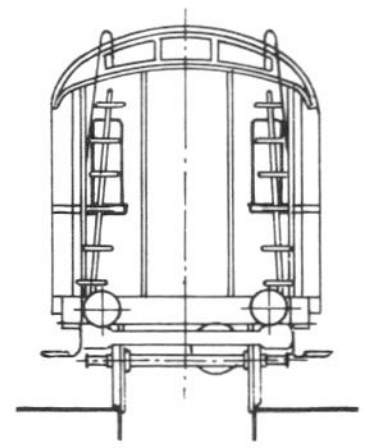

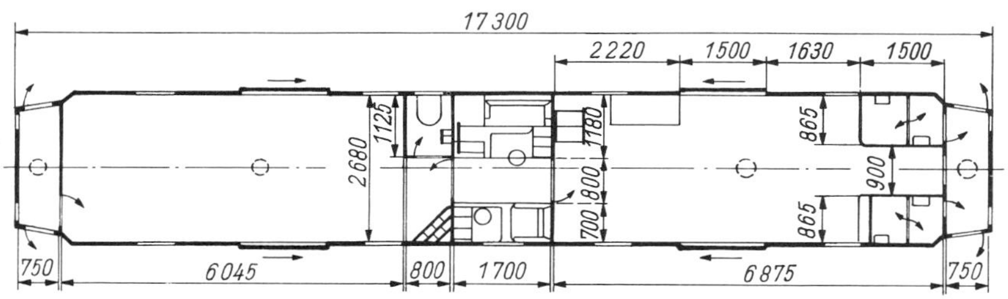

Maßskizze des vierachsigen Gepäckwagens der Königlich Preußischen Staatseisenbahnen; Baujahr 1904, Gattung Pw 4 Pr 04

Vierachsiger Gepäckwagen der Königlich Preußischen Staatseisenbahnen; Baujahr 1904, Gattung Pw 4 Pr 04
Foto: Archiv VEB Waggonbau Görlitz

gen Gepäckwagen mit Übergangseinrichtungen überein. Abweichungen traten anfangs hauptsächlich in der Inneneinrichtung der Laderäume auf. Später entstanden die verschiedensten Varianten, und der augenscheinlichste Unterschied blieb die Übergangseinrichtung an den Stirnwänden (Zeichnung Seite 78).
Einige dieser Wagen sind bis in die Gegenwart erhalten geblieben. Allerdings erfuhren sie zum Teil umfangreiche Veränderungen, u. a. auch am Wagenkasten.

Konstruktive Merkmale

Untergestell

Rahmen: Holz und Stahlprofile, verschraubt oder genietet. Langträger durch ebene Sprengwerke verstärkt. Halterungen für Einstiegtritte an den Langträgern befestigt.
Zugeinrichtung: Ursprünglich durchgehend; Schraubenkupplung. Später teils durch Einheitsbauart ersetzt.
Stoßeinrichtung: Ursprünglich Stangenpuffer; später teilweise durch Hülsenpuffer ersetzt
Laufwerk: Drehgestelle der preußischen Regelbauart, genietet. Gleitlagerradsätze. Achslagerbuchsen A02.
Bremse: Druckluftbremsen verschiedener Bauart. Handbremse.

Wagenkasten

Rohbau: Hölzernes Kastengerippe, außen mit Blech verkleidet und innen mit Holz verschalt. Ohne Stirnwandübergänge.
Inneneinrichtung: Dienstraum mit Sitz für Zugführer (hochgelegt) und Fahrladeschaffner. Laderäume meist ohne Zollabteil. Abort. Hundeabteile. Besondere Einstiegräume.
Heizung: Dampfheizung.
Lüftung: Keine besonderen Einrichtungen.
Beleuchtung: Gas; später teilweise elektrisch.

Pw 4ü Pr 10

1910

Techn. Daten Seite 250

Dieser Wagentyp leitete einen neuen Abschnitt in der Entwicklung der vierachsigen Gepäckwagen bei der Königlich Preußischen Staatseisenbahn ein. Das Foto Seite 80 zeigt das erste Fahrzeug jenes Typs, der später in geringfügig veränderter Form wiederholt beschafft wurde. Wesentliche Hauptabmessungen und die prinzipielle Aufteilung des Innenraums wurden von der vorangegangenen Generation aus den Jahren 1902 bis 1909 zwar übernommen, aber es sind auch einige Veränderungen feststellbar. Einige Details sowie der neue Grundriß sind in der Zeichnung dargestellt.
Die beiden Fahrzeuge aus dem Jahre 1912 enthielten ein Zollabteil. Eine weitere größere Serie aus dem Jahre 1916 erhielt dünnere Zwischenwände. Gleichzeitig entstand eine Serie ohne Übergangseinrichtung.

Konstruktive Merkmale

Untergestell

Rahmen: Stahlprofile, genietet. Verstärkung der Langträger durch

Vierachsiger Gepäckwagen der Königlich Preußischen Staatseisenbahnen; Baujahr 1910, Gattung Pw 4ü Pr 10
Foto: Archiv VEB Waggonbau Görlitz

Maßskizze des vierachsigen Gepäckwagens der Königlich Preußischen Staatseisenbahnen; Baujahr 1910, Gattung Pw 4ü Pr 10

ebene Sprengwerke entfiel erstmals bei dieser Konstruktion.

Zugeinrichtung: Durchgehend; Schraubenkupplung.

Stoßeinrichtung: Ursprünglich Stangenpuffer, später teilweise durch Hülsenpuffer ersetzt.

Laufwerk: Drehgestelle der preußischen Regelbauart; genietet. Gleitlagerradsätze. Achslagerbuchsen A02.

Bremse: Druckluftbremse verschiedener Bauart. Handbremse.

Wagenkasten

Rohbau: Stählernes Kastengerippe, außen mit Blech verkleidet und innen mit Holz verschalt. Teils Stirnwandübergänge.

Inneneinrichtung: An vorangegangene Ausführungen anknüpfend; Detailveränderungen.

Heizung: Dampfheizung.

Lüftung: Mehrere statische Lüfter.

Beleuchtung: Gas, später teilweise elektrisch.

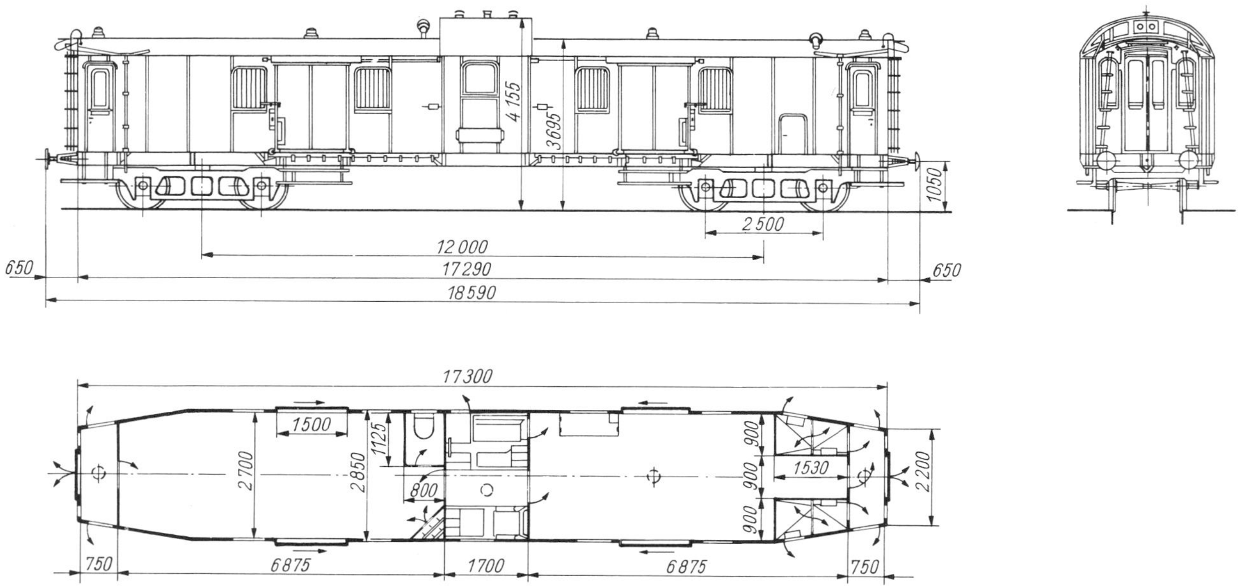

Pw 3 Pr 11

1911

Techn. Daten Seite 251

Dreiachsiger Gepäckwagen der Königlich Preußischen Staatseisenbahnen; Baujahr 1911, Gattung Pw 3 Pr 11
Foto: Archiv S. & P. Wagner

Diese Serie von Fahrzeugen setzte die Entwicklung der dreiachsigen Gepäckwagen der Königlich Preußischen Staatseisenbahn fort, die bereits um die Jahrhundertwende begonnen hatte. Das Foto zeigt einen dieser Wagen. Einige Exemplare wurden über 60 Jahre alt. Zuletzt verrichteten sie noch auf Nebenstrecken ihren Dienst. Einige wurden auch zu Bahndienstwagen umgebaut.

Konstruktive Merkmale

Untergestell

Rahmen: Aus Stahlprofilen und Blechen genietet. Durchgehende Laufbretter, später durch geteilte Einstiegtritte ersetzt.
Zugeinrichtung: Durchgehend; Schraubenkupplung.
Stoßeinrichtung: Ursprünglich Stangenpuffer, später Hülsenpuffer mit unterschiedlich gewölbten Puffertellern.
Laufwerk: Gepreßte Achshalter. Vereinslenkachsen mit Gleitlagerradsätzen. Scheibenräder. Achslagerbuchsen der Bauart A02 blieben bis zur Ausmusterung dieser Wagen.
Bremse: Einlösige Druckluftbremse mit Schnellbremswirkung verschiedener Bauarten.
Auch mehrlösige Bremse für Personenzüge.

Wagenkasten

Rohbau: Stählernes Kastengerippe, genietet. Außen mit Blech verkleidet. Deckleisten auf den Stößen der Blechbahnen. Haltestangen für Laufbretter. Innen mit Brettern verschalt.
Inneneinrichtung: Arbeitsplatz des Fahrladeschaffners in Fußbodenhöhe. Hochgelegener Zugführersitz. Abort, Geräteschrank, Hundeabteil und Lampenschrank im Laderaum. Für Hundeabteil und Lampenschrank besonderer Zugang. Im Laderaum Zinkblechwanne für Fischkästen und -körbe.
Heizung: Dampfheizung, einige auch elektrische Heizung.
Lüftung: Statischer Lüfter Bauart Grove.
Beleuchtung: Ursprünglich Gasbeleuchtung mit Gasbehälter am Untergestell; später auch elektrische Beleuchtung mit riemengetriebenem Generator und Akkumulator.

Maßskizze des dreiachsigen Gepäckwagens der Königlich Preußischen Staatseisenbahnen; Baujahr 1911, Gattung Pw 3 Pr 11

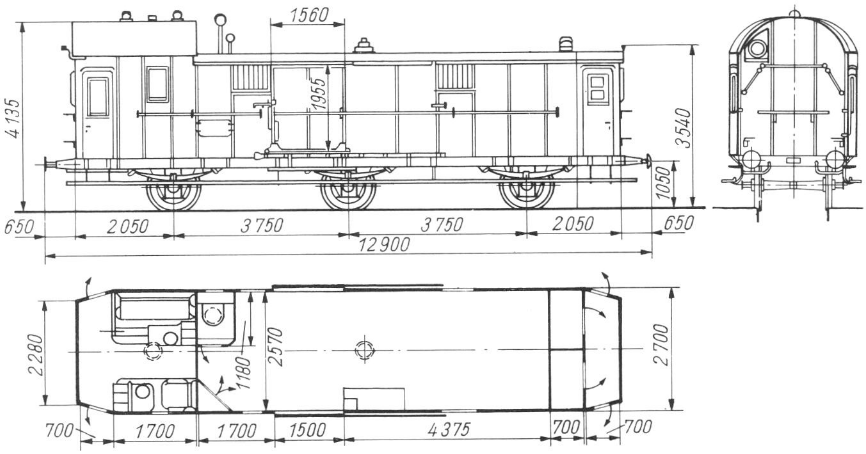

Pw Sa 10

1910

Techn. Daten Seite 251

Zweiachsiger Gepäckwagen der Königlich Sächsischen Staatseisenbahnen; Baujahr 1910, Gattung Pw Sa 10
Foto: Archiv Kroschwald

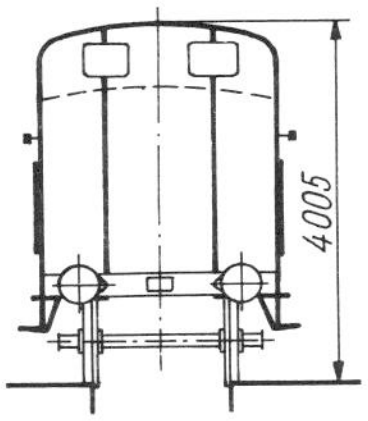

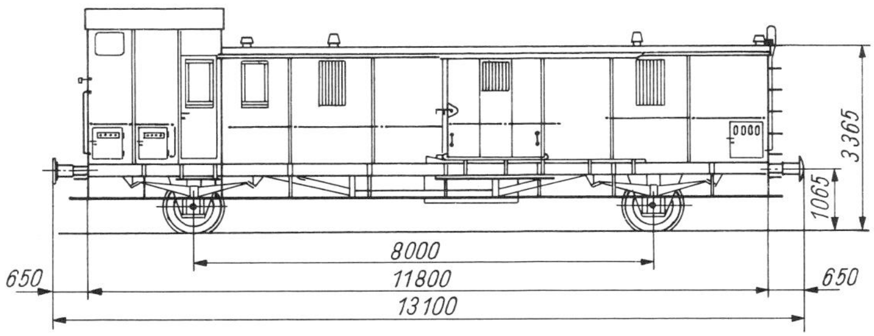

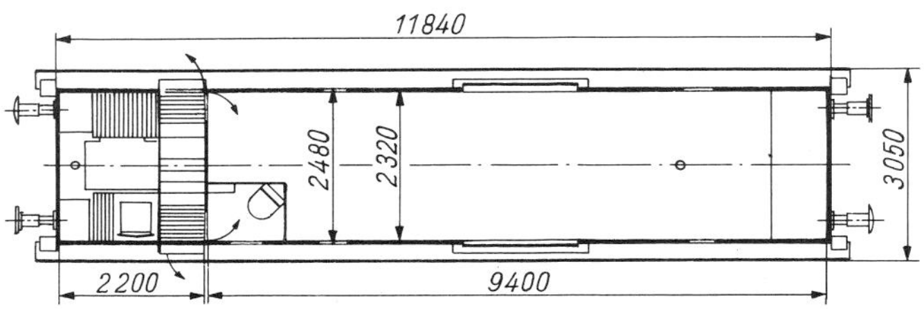

Maßskizze des zweiachsigen Gepäckwagens der Königlich Sächsischen Staatseisenbahnen; Baujahr 1910, Gattung Pw Sa 10

Die Königlich Sächsische Staatseisenbahn beauftragte die Waggonfabrik Busch in Bautzen, einen Personenzug- und einen Güterzug-Gepäckwagen zu entwickeln und zu bauen. Da für beide Wagentypen eine Reihe von Bauteilen einheitlich verwendet wurde, sahen sie sich ähnlich; sie unterschieden sich vor allem in den Längenmaßen. Der längere zweiachsige Personenzug-Gepäckwagen ist im Foto dargestellt. In den folgenden Jahren wurde dieser Wagentyp auch von anderen Waggonfabriken bezogen. Einzelne Exemplare haben sich – allerdings verschiedentlich umgebaut – bis in die Gegenwart erhalten.
Der Grundriß enthält die ursprüngliche Gestaltung.

Konstruktive Merkmale

Untergestell

Rahmen: Stahlprofile, genietet. Verstärkung der Langträger durch ebene Sprengwerke. Durchgehende Laufbretter.

Zugeinrichtung: Durchgehend; Schraubenkupplung.
Stoßeinrichtung: Ursprünglich Stangenpuffer, später durch Reibungspuffer Bauart Uerdingen und Hülsenpuffer ersetzt.
Laufwerk: Achshalter angenietet. Gleitlagerradsätze mit Speichenrädern.
Bremse: Vorwiegend einlösige Druckluftbremse mit Schnellbremswirkung. Handbremse im Dienstraum.

Wagenkasten

Rohbau: Hölzernes Kastengerippe, außen mit Blech verkleidet, innen mit Holz verschalt. Keine Stirnwandübergänge.
Inneneinrichtung: Im Dienstraum hochgelegener Zugführersitz. Abort und Hundeabteil im Laderaum. Hundeabteil, Laternenschrank und Gerätefach von außen zugängig. Von innen vergitterte Fenster im Laderaum.
Heizung: Dampfheizung.
Lüftung: Mehrere statische Lüfter.
Beleuchtung: Gas; Gasbehälter in Wagenlängsrichtung am Untergestell. Später teilweise elektrisch.

Pw 4ü Sa 18

1918

Techn. Daten Seite 251

Wenige Jahre vor der Übernahme durch die Deutsche Reichsbahn-Gesellschaft beschafften sich die Königlich Sächsische Staatseisenbahnen die hier beschriebenen vierachsigen Wagen. Beim Vergleich dieses Typs mit dem D-Zug-Gepäckwagen derselben Bahnverwaltung aus dem Jahre 1913 kann man feststellen, daß sich beide Fahrzeuge in vielen Einzelheiten sehr ähneln. In der Anordnung des Dienstabteils unterschieden sie sich jedoch grundsätzlich.
Der Grundriß Seite 84 entspricht dem Baujahr 1918. Damit löste sich diese Bahnverwaltung wieder von der preußischen Bauart der Gepäckwagen und beendete gleichzeitig die separate Entwicklung.

Konstruktive Merkmale

Untergestell

Rahmen: Stahlträger, genietet. Verstärkung durch Sprengwerke. Einstiegtritte unter den Schiebetüren ragten auf der Verschlußseite über die Laderaumöffnung hinaus.
Zugeinrichtung: Durchgehend; Schraubenkupplung.
Stoßeinrichtung: Ursprünglich Stangenpuffer, später teilweise durch Hülsenpuffer ersetzt.
Laufwerk: Drehgestelle der preußischen Regelbauart; genietet. Rahmenwangen aus gepreßtem Stahlblech. Gleitlagerradsätze mit DWV-

Vierachsiger Gepäckwagen der Königlich Sächsischen Staatseisenbahnen; Baujahr 1918, Gattung Pw 4ü Sa 18
Foto: Archiv Kroschwald

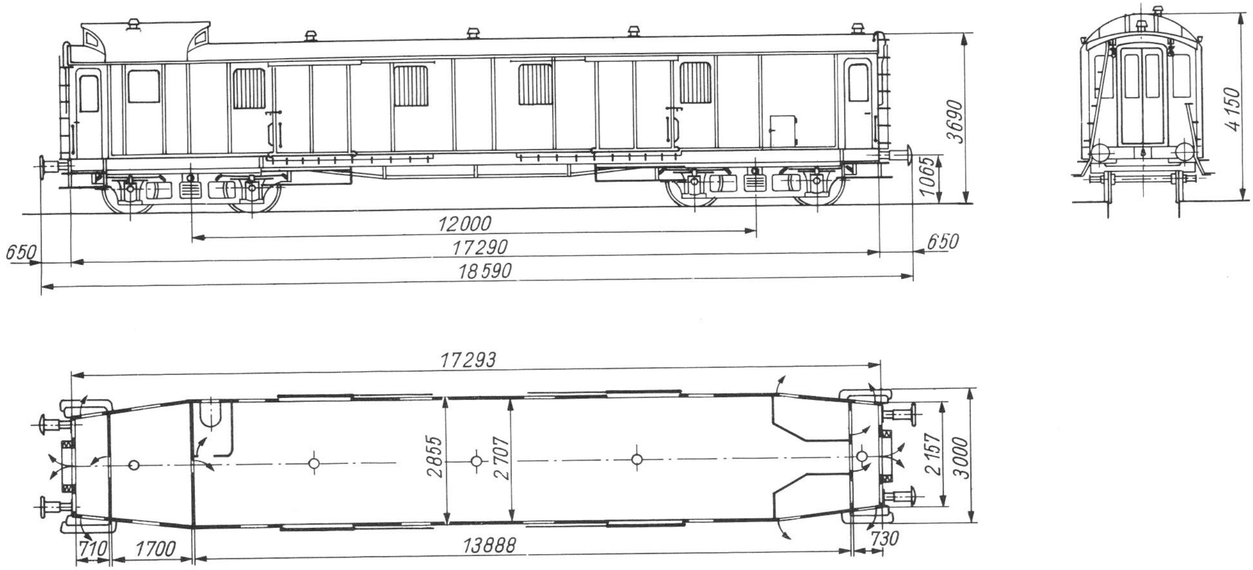

Maßskizze des vierachsigen Gepäckwagen der Königlich Sächsischen Staatseisenbahnen; Baujahr 1918, Gattung Pw 4ü Sa 18

Achslagergehäusen. Kugelförmige Drehpfanne.
Bremse: Einkammerbremse mit Schnellbremswirkung sowie automatische Vakuumschnellbremse. Handbremse.

Wagenkasten

Rohbau: Stählernes Kastengerippe, außen mit Blech verkleidet, innen mit Holz verschalt. Stöße mit Bandeisen verdeckt. Sicherung der Stirnwandübergänge durch Faltenbälge.
Inneneinrichtung: Einstiegräume durch Zwischenwände vom Dienstabteil und Laderaum getrennt. Hochgelegener Zugführersitz. Arbeitsplatz des Fahrladeschaffners in Fußbodenhöhe. Zwei Hundeabteile, von außen und innen zugänglich.
Heizung: Dampfheizung.
Lüftung: Ohne besondere Einrichtungen.
Beleuchtung: Gas, später teilweise elektrisch.

Pw 4i

1858

Techn. Daten Seite 250

Zu dieser Zeit entsprachen nicht nur die Sitzwagen der Königlich Württembergischen Staatseisenbahnen dem amerikanischen System, sondern auch die übrigen Fahrzeuge. Ein Beispiel dafür ist der in der Zeichnung unten gezeigte vierachsige Gepäckwagen. Wagen dieser Gattung wurden bereits seit dem Jahre 1847 gebaut. Ursprünglich waren sie mit einer völlig anderen Zug- und Stoßeinrichtung ausgerüstet. Erst nachdem die Bemühungen des Vereins Deutscher Eisenbahn-Verwaltungen um einheitliche Zug- und Stoßeinrichtungen für die Fahrzeuge deutscher Länderbahnen nach dem Jahre 1860 erfolgreich waren, mußten die mittleren Steifkupplungen gegen die vereinheitlichten Zug- und Stoßeinrichtungen ausgetauscht werden.

Konstruktive Merkmale

Untergestell

Rahmen: Lang- und Querträger aus Eichenholz; mittels eiserner Winkel zusammengeschraubt; an den Hauptquerträgern waren der obere Teil der Drehpfanne und seitliche Gleitstücke angebracht.
Zugeinrichtung: Durchgehend; ursprünglich Kupplungseisen und Bolzen; später Schraubenkupplung.
Stoßeinrichtung: Ursprünglich nur abgerundetes Holz mit Kupplungseinrichtung an den Kopfstücken des Rahmens.
Laufwerk: Zweiachsige Drehgestelle mit hölzernem Rahmen; innere und äußere Rahmenwangen, dazwischen Tragfedern.
Bremse: Handspindelbremse für jedes Drehgestell gesondert.

Wagenkasten

Rohbau: Wagenkastengerippe aus Eschenholz, außen mit Blech beschlagen; eiserne Geländer und Einstiegtritte an den Plattformen; offene Stirnwand-Übergänge; Schiebetüren.
Inneneinrichtung: Im Dienstraum Sitzgelegenheit mit Schreibplatte und Regal; Fach mit sternförmigen Lüftungsöffnungen durch Tür von außen erreichbar; Abort mit Waschgelegenheit.
Heizung: Ofen im Dienstabteil.
Lüftung: Keine besonderen Einrichtungen vorhanden.
Beleuchtung: Kerzen in besonderen Laternen.

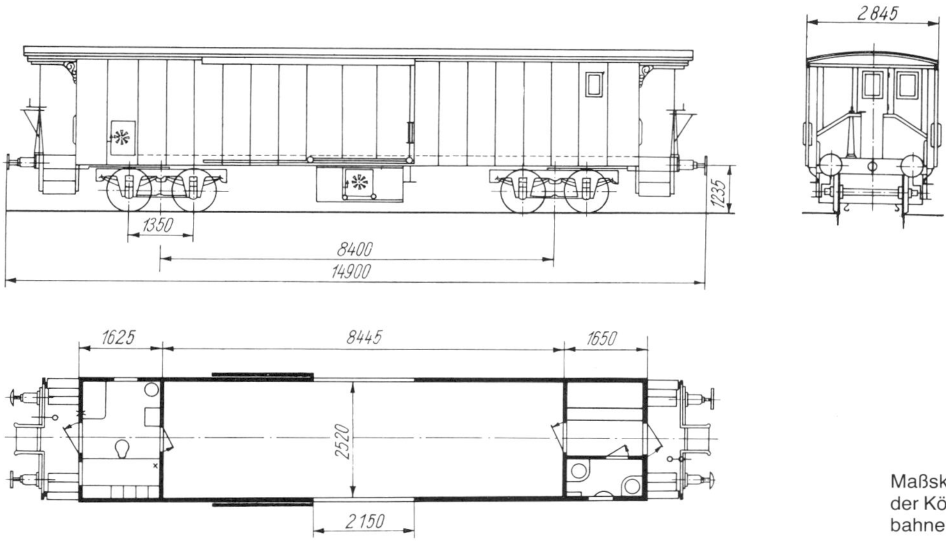

Maßskizze des vierachsigen Gepäckwagens der Königlich Württembergischen Staatseisenbahnen; Baujahr 1858

Vierachsiger kombinierter Gepäck- und Postwagen

Um 1843

Techn. Daten Seite 251

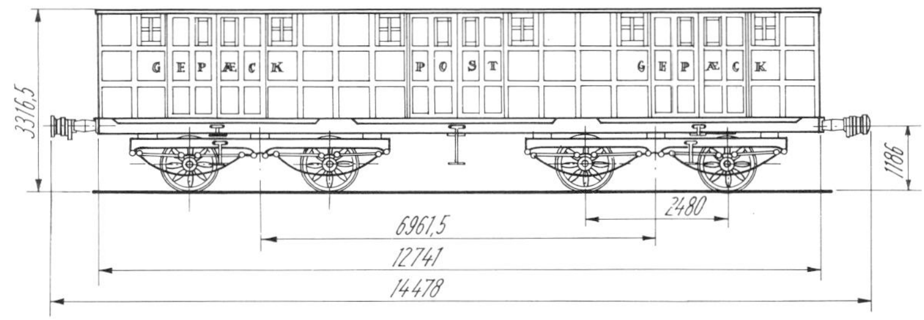

Maßskizze des vierachsigen Gepäck-/Postwagens der Leipzig-Dresdner Eisenbahn-Compagnie; Baujahr um 1843

Das in der Zeichnung dargestellte Fahrzeug der Leipzig-Dresdner Eisenbahn zählt zu den ältesten dieser Gattung. Es wurde ursprünglich als „bedeckter Frachtwagen auf Bogenfedern in drei Abteilungen“ bezeichnet. Den damaligen Zugbildungsvorschriften entsprechend reihte man diese Wagen zwischen Tender und Personenwagen in den Zug ein.
Die als Bogenfeder bezeichnete federnde Aufhängung der Achslager war auch bei dreiachsigen Reisezugwagen jener Zeit zu finden. Dieses System der Abfederung setzte man den englischen Paketfedern (heute: Blatttragfedern) entgegen. Neben den gleichen Federungseigenschaften pries man besonders die niedrigen Herstellungskosten für die Bogenfedern an, wodurch die Wagen mit derartigen Tragfedern „wohlfeiler zu erbauen“ seien.

Konstruktive Merkmale

Untergestell

Rahmen: Aus hölzernen Lang- und Querträgern.
Zugeinrichtung: Wahrscheinlich durchgehend.
Stoßeinrichtung: Buffer (heute: Puffer) paarweise an besonderen Bufferbohlen angebracht, die ihrerseits mit zwei Blattfedern beweglich mit dem Untergestell verbunden waren.
Laufwerk: 2 Wendeschemel (heute: Drehgestell); Achsfederung durch Bogenfedern der Bauart Lindley; Gleitlagerradsätze mit Speichenradkörpern.
Bremse: Nicht bekannt.

Wagenkasten

Rohbau: Hölzernes Kastengerippe und hölzerne Verschalung; in jeder Seitenwand 3 doppelte Schiebetüren; keine Stirnwandübergänge; flaches Dach, Fenster in Türen und Seitenwänden.
Inneneinrichtung: Wageninneres durch Trennwände in 3 Laderäume unterteilt; Räume an den Wagenenden für das Passagiergepäck (heute: Reisegepäck), mittlerer Raum für „Postexpedition“.
Heizung: Nicht vorhanden.
Lüftung: Keine besonderen Einrichtungen vorhanden.
Beleuchtung: Nicht bekannt.

Dreiachsiger kombinierter Gepäck- und Postwagen

Um 1843

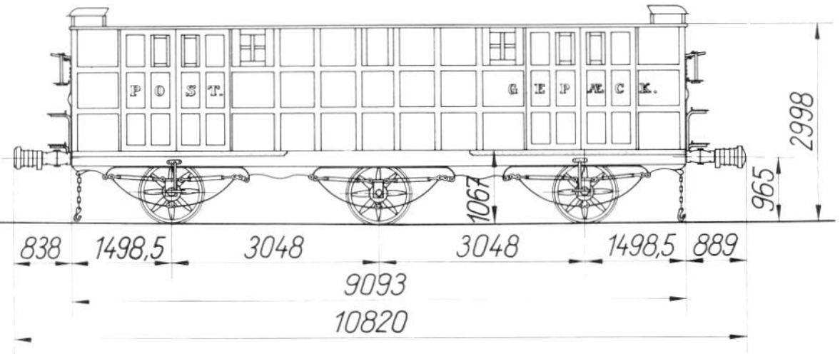

Maßskizze des dreiachsigen Gepäck-/Postwagens der Altona-Kieler Eisenbahn; Baujahr um 1843

Als die Wagenbauanstalt der Leipzig-Dresdner Eisenbahn-Compagnie den Bedarf an Wagen für die eigene Bahn decken konnte, erhielt sie die Konzession, auch für andere Bahnen die Wagen bauen zu dürfen. So lieferte diese Manufaktur auch den in der Zeichnung dargestellten Fahrzeugtyp. Ursprünglich als Gepäckwagen mit Postexpedition bezeichnet, zählte auch er zu den ältesten Ausführungen dieser Gattung. Beim Vergleich dieses Wagens mit dem 4achsigen Fahrzeug derselben Gattung ist unverkennbar, daß Baugruppen und Stilelemente wiederverwendet wurden.

Konstruktive Merkmale

Untergestell

Rahmen: Aus hölzernen Lang- und Querträgern sowie Diagonalstreben; Verbindungen zwischen Langträgern und Kopfstücken durch angeschraubte eiserne Winkel verstärkt; Hilfsträger für innere Achshalter.
Zugeinrichtung: Durchgehend; Zughaken fest mit Zugstange verbunden, Ketten als Notkupplungen.
Stoßeinrichtung: Buffer (heute: Puffer) paarweise an besonderen Bufferbohlen angebracht, die ihrerseits mit zwei Blattfedern beweglich mit dem Untergestell verbunden waren.
Laufwerk: Innere Achshalter; Achsfederung durch Bogenfedern der Bauart Lindley; Gleitlagerradsätze mit Speichenradkörpern.
Bremse: Nicht bekannt.

Wagenkasten

Rohbau: Hölzernes Kastengerippe und hölzerne Verkleidung; in jeder Seitenwand 2 doppelte Schiebetüren; keine Stirnwand-Übergänge; flaches Dach mit Bocksitzen; Stirnwandtritte; Fenster in Türen und Seitenwänden.
Inneneinrichtung: Wageninneres durch Trennwand in 2 Laderäume unterteilt; größerer Laderaum für Passagiergepäck (heute: Reisegepäck), kleinerer für „Postexpedition".
Heizung: Nicht vorhanden.
Lüftung: Keine besonderen Einrichtungen vorhanden.
Beleuchtung: Nicht bekannt.

Zweiachsiger kombinierter Gepäck- und Postwagen

1862–65

Wagen dieser Gattung sind bei den Großherzoglich Badischen Staatseisenbahnen wenig verbreitet gewesen. Neben dem hier beschriebenen Typ ist bisher nur ein zweiter bekannt geworden, der etwa auch zur selben Zeit entstand. Beide zählten zu den „Kleinen Packwagen", die im allgemeinen einen Achsstand von 4500 mm hatten. Die äußere Verkleidung des Wagenkastengerippes mit senkrecht angeordneten Brettern traf nicht nur für den hier beschriebenen Wagentyp zu, sondern allgemein für die badischen Gepäckwagen jener Zeit. Die Gestaltung des Grundrisses zeigt die Zeichnung. Die Wagen waren in die Gruppe 128 eingereiht.

Konstruktive Merkmale

Untergestell

Rahmen: Halter für durchgehende Einstiegtritte und Laufbretter an den Langträgern.
Zugeinrichtung: Durchgehend; Schraubenkupplung.
Stoßeinrichtung: Stangenpuffer.
Laufwerk: Achshalter aus Flacheisen; Gleitlagerradsätze mit Speichenradkörpern.
Bremse: Handbremse; Kurbel auf der Plattform angeordnet.

Wagenkasten

Rohbau: Wagenkastengerippe außen mit senkrecht angeordneten Brettern verkleidet; Schiebetüren als Laderaumtüren des Gepäckraums, doppelflügelige Drehtüren für den Postraum; flaches Dach; offene Stirnwand-Übergänge.
Inneneinrichtung: Ablagen und Schreibplatte im Gepäckraum; Sortiertisch, Briefverteilfächer und Staubrett im Postraum; Seitengang am Postraum.
Heizung: Ofen- und Dampfheizung als ursprüngliche Ausstattung nicht erwiesen.
Lüftung: Lüftungsschlitze über den Fenstern im Postabteil.
Beleuchtung: In jedem Raum eine Lampe mit flüssigem Brennstoff.

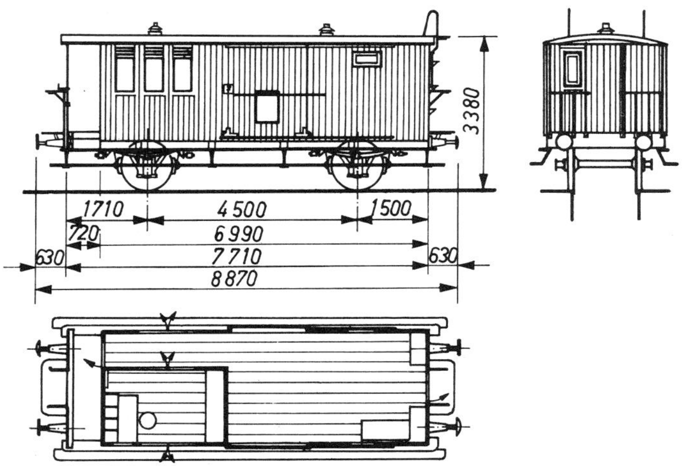

Maßskizze des Grundrisses vom zweiachsigen Gepäck-/Postwagen der Großherzoglich Badischen Staatseisenbahnen; Baujahr 1862/65

PwPostL Bay 06

1906–11

Wagen dieser Gattung sind in Bayern nur als Lokalbahnwagen beschafft worden. Ab 1905 erhielten die Fahrzeuge größtenteils einen Achsstand von 5000 mm, so auch die hier beschriebene Bauart (siehe Zeichnung). Sie entsprach dem Blatt 606 des Wagenverzeichnisses dieser Bahnverwaltung. Derartige Fahrzeuge übernahm die DRG in ihren Wagenpark. Aus ihren Dienstvorschriften lassen sich bis 1939 einige technische Veränderungen entnehmen.

Konstruktive Merkmale

Untergestell

Rahmen: Lang- und Querträger; Pufferbohlen; Einstiegtritte mit dritter, klappbarer Trittstufe.
Zugeinrichtung: Durchgehend; Schraubenkupplung.
Stoßeinrichtung: Stangenpuffer.
Laufwerk: Achshalter aus Flacheisen; Gleitlagerradsätze mit Speichenradkörpern.
Bremse: Bis 1933 einlösige Druckluftbremse mit Schnellbremswirkung der Bauart Westinghouse, später nur noch für Personenzüge geeignet.

Wagenkasten

Rohbau: Wagenkastengerippe außen mit Blech verkleidet; einige Wagen ohne Plattform; für Gepäck- und Postraum gemeinsame Laderaumtür, eine Schiebetür; Stirnwand-Übergänge; vergitterte Fenster in den Seitenwänden und Türen.
Inneneinrichtung: Gepäck- und Postraum durch Zwischenwand voneinander getrennt.
Heizung: Nach der Übernahme durch die DRG Hochdruck-Dampfheizung.
Lüftung: Statische Lüfter auf dem Dach.
Beleuchtung: Anfangs nur Petroleumlampen, später auch elektrische Beleuchtung.

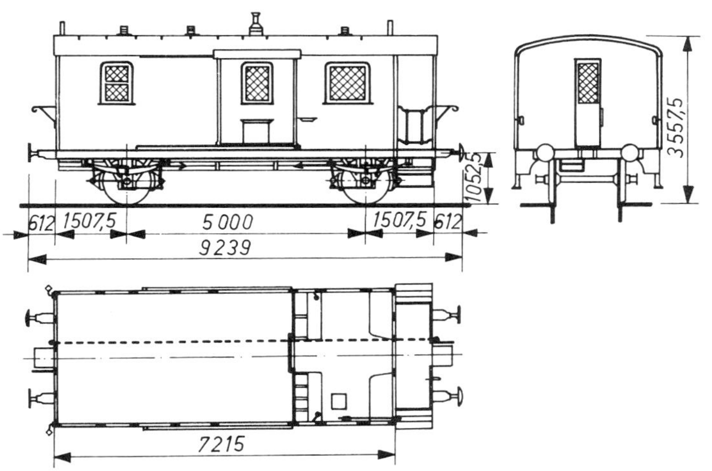

Maßskizze des zweiachsigen Gepäck-/Postwagens der Königlich Bayerischen Staatseisenbahnen; Baujahre 1906/11, Gattung Pw PostL Bay 06

PwPosti Old 86

1886

Techn. Daten Seite 252

Als im Jahre 1867 im ehemaligen Herzogtum Oldenburg die ersten Eisenbahnstrecken in Betrieb genommen wurden, zeichneten sich die Betriebsmittel der Großherzoglich Oldenburgischen Staatseisenbahnen durch besondere Einfachheit aus. Dieses Sparsamkeitsprinzip beeinflußte teilweise die Konstruktion der Fahrzeuge derart, daß sie mitunter erheblich von den damals üblichen Ausführungen abwichen.
Ein Beispiel dafür ist der hier beschriebene Fahrzeugtyp, den die Bahnverwaltung in ihrer Hauptwerkstätte Oldenburg fertigen ließ (siehe Zeichnung). Bemerkenswert ist der offene Seitengang mit dem einfachen Geländer, das an der Schiebetür des Postraums geöffnet werden konnte.

Konstruktive Merkmale

Untergestell

Rahmen: Lang- und Querträger aus Walzprofilen unterschiedlicher Querschnitte; Wagenkastenstützen aus Flacheisen.
Zugeinrichtung: Durchgehend; Kegelfeder ungefähr in der Mitte der Zugstange; Schraubenkupplung.

Maßskizze des zweiachsigen Gepäck-/Postwagens der Großherzoglich Oldenburgischen Staatseisenbahnen; Baujahr 1886, Gattung PwPosti Old 86

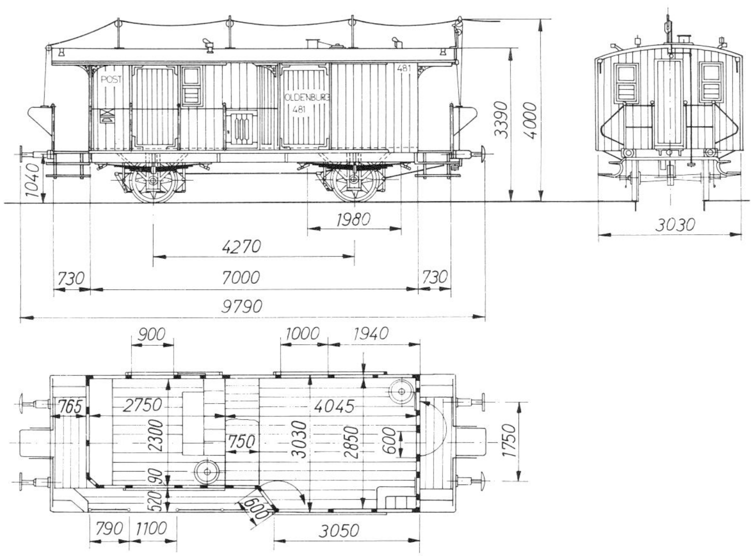

Stoßeinrichtung: Stangenpuffer mit flachem und gewölbtem Pufferteller.
Laufwerk: Starre Achsen; geteilte Achshalter aus Flacheisen; Gleitlagerradsätze mit Speichenradkörpern.
Bremse: Seilzugbremse.

Wagenkasten

Rohbau: Hölzernes Wagenkastengerippe außen senkrecht und innen waagerecht mit Brettern verkleidet; offene Stirnwandübergänge; Schiebetüren unterschiedlicher Breite für Gepäck- und Postraum; flaches Dach mit verzierten Dachstützen; offener Seitengang neben dem Postraum mit einfachem Geländer gesichert.
Inneneinrichtung: Gepäckraum mit Schreibplatte und kleinem Fachwerk; Postraum mit Tischplatte, Briefverteilfächern, Schrankwerk, Staubrettern und Briefkasten; Hundeabteil zwischen den beiden Diensträumen nur vom Seitengang aus zugänglich.
Heizung: Öfen in beiden Räumen
Lüftung: Besondere Einrichtungen unbekannt.
Beleuchtung: Öllampe nur im Gepäckraum; später Gas.

PwPosti Old 12

1912

Die Großherzoglich Oldenburgischen Staatseisenbahnen hielten bei der Beschaffung kombinierter Gepäck- und Postwagen an dem Prinzip fest, außerhalb des Postabteils einen Seitengang entlang zu führen. Das zeigt der hier beschriebene Fahrzeugtyp (Zeichnung). Andererseits wies er Hauptabmessungen und Stilelemente auf, die die DRG nach 1920 direkt (z.B. Achsstand, Pufferlänge) oder mit geringen Abweichungen (z.B. Länge über Puffer, Wagenhöhe) für ihre zweiachsigen Durchgangswagen der Einheitsbauart übernahm. Dieser Wagentyp wurde 1939 noch in Dienstvorschriften der DRG genannt.

Maßskizze des zweiachsigen Gepäck-/Postwagens der Großherzoglich Oldenburgischen Staatseisenbahnen; Baujahr 1912, Gattung PwPosti Old 12

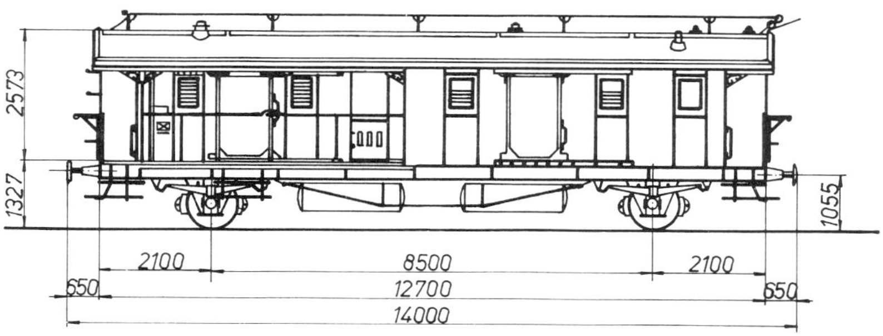

Konstruktive Merkmale

Untergestell

Rahmen: Lang- und Querträger aus Walzprofilen unterschiedlicher Querschnitte genietet; Wagenkastenstützen; Langträger durch ebene Sprengwerke verstärkt.
Zugeinrichtung: Durchgehend; Schraubenkupplung.
Stoßeinrichtung: Stangenpuffer mit flachen und gewölbten Puffertellern.
Laufwerk: Vereinslenkachsen; Gleitlagerradsätze.
Bremse: Einlösige Druckluftbremse der Bauarten Knorr oder Westinghouse; Bremsseilführung; Handbremse.

Wagenkasten

Rohbau: Wagenkastengerippe außen mit Blech verkleidet; Schiebetüren an beiden Laderäumen; einfache Geländer; Hundeabteil vom Seitengang aus zugänglich; größtenteils von innen vergitterte Fenster.
Inneneinrichtung: Dienstabteil an einem Ende des Wagenkastens, vom Laderaum durch Zwischenwand getrennt; Laderaum für Gepäck mit Staubrettern; Postraum mit Staubrettern, Sortiertisch und Briefverteilfächern.
Heizung: Ofen- und Dampfheizung.
Lüftung: Keine besonderen Einrichtungen vorhanden.
Beleuchtung: Gasbeleuchtung; Gasbehälter hingen in Längsrichtung am Untergestell.

PwPost 4i Pr 95

1895

Techn. Daten Seite 252

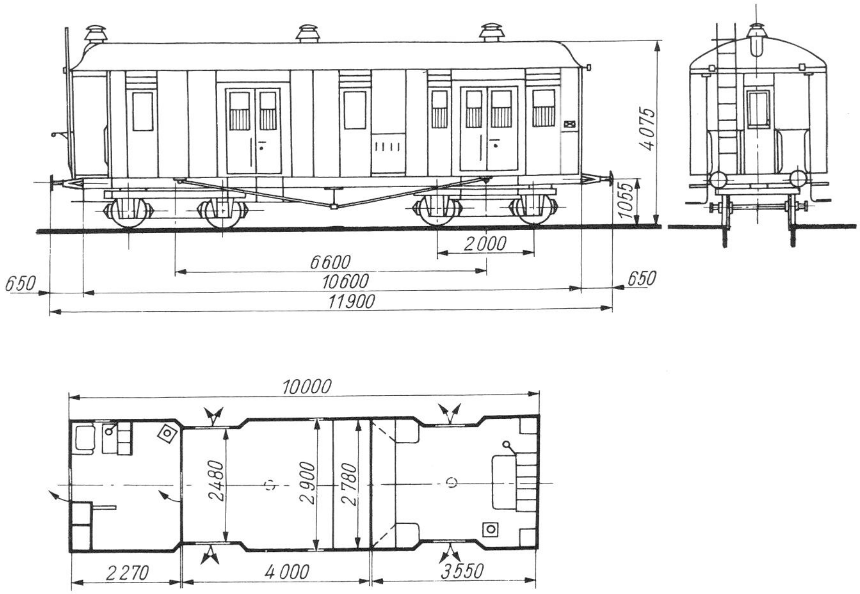

Maßskizze des vierachsigen Gepäck-/Postwagens Königlich Preußischen Staatseisenbahnen; Baujahr 1895, Gattung PwPost 4i Pr 95

Den in der Zeichnung dargestellten Typ eines vierachsigen kombinierten Gepäck- und Postwagens beschaffte die Eisenbahndirektion Frankfurt (Main) der Königlich Preußischen Staatseisenbahn vor allem für die Strecke Wiesbaden—Langenschwalbach. Von den vier Jahre vorher in Betrieb genommenen ähnlichen Fahrzeugen unterschied sich dieser Wagen im wesentlichen dadurch, daß nur noch an dem Wagenende, an dem sich der Dienstraum für den Zugführer befand, eine Plattform vorgesehen wurde. Nur von hier aus konnte man zum nächsten Wagen übergehen bzw. über eine feste Leiter auf das Wagendach steigen.

Konstruktive Merkmale

Untergestell

Rahmen: Genietet. Lang-, Quer- und Diagonalträger aus Walzprofilen unterschiedlicher Querschnitte. Äußere Langträger durch ebene Sprengwerke verstärkt. Stoßstellen der verschiedenen Träger durch Winkel und Knotenbleche verstärkt. Kastenstützen und Trittbretthalter an den äußeren Langträgern.
Zugeinrichtung: Durchgehend; Schraubenkupplung mit Notkupplung.
Stoßeinrichtung: Stangenpuffer.
Laufwerk: Drehgestelle der Bauart Langenschwalbach; genietet. Gleitlagerradsätze. Einfache Federung.
Bremse: Bauart bisher umstritten.

Wagenkasten

Rohbau: Wagenkastengerippe und Fußboden aus Holz. Verkleidung der Stirn- und Seitenwände außen Blech und innen Holz. Seitenwandtüren um 150 mm eingerückt; dadurch konnten die Seitenwände nicht zum Tragen herangezogen werden. Tonnendach. Einstiegplattform mit offenem Stirnwandübergang.
Inneneinrichtung: Innenraum im Dienstraum für den Kondukteur, Laderaum für Gepäck und Postraum gegliedert. Im Dienstraum u. a. Sitzgelegenheit, klappbare Schreibplatte und kleines Fachwerk. Hundeabteil im Laderaum. Postraum für die Bearbeitung von Postsendungen während der Fahrt geeignet.
Heizung: Ofen im Dienst- und im Postraum.
Lüftung: Lüftungsschlitze über den Seitenwandfenstern.
Beleuchtung: Gaslampen im Lade-, im Postraum sowie auf der Plattform.

PwPost 4ü
Pr 07

1907

Techn. Daten Seite 252

Vierachsiger Gepäck-/Postwagen der Königlich Preußischen Staatseisenbahnen; Baujahr 1907, Gattung PwPost 4ü Pr 07
Foto: Archiv VEB Waggonbau Görlitz

Zu Beginn der neunziger Jahre des vergangenen Jahrhunderts begann die Königlich Preußische Staatseisenbahn, einen vierachsigen Typ eines kombinierten Gepäck- und Postwagens in geringen Stückzahlen zu beschaffen, dessen grundsätzliche Ausführung im Musterblatt B I 1 festgelegt wurde. Später fügte man ein abgeändertes Blatt hinzu, dem der im Foto gezeigte Fahrzeugtyp entsprach. Er unterschied sich vom vorangegangenen äußerlich hauptsächlich durch eine größere Länge über Puffer und eine zweite Laderaumtür für den Postteil. Aber auch die innere Gestaltung der Posträume erfuhr wesentliche Veränderungen. Von den hier beschriebenen Wagen soll es drei Stück gegeben haben.

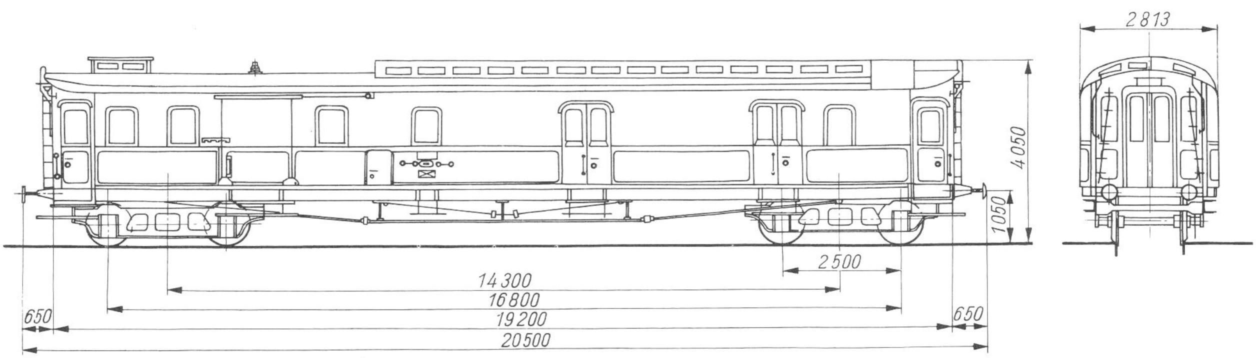

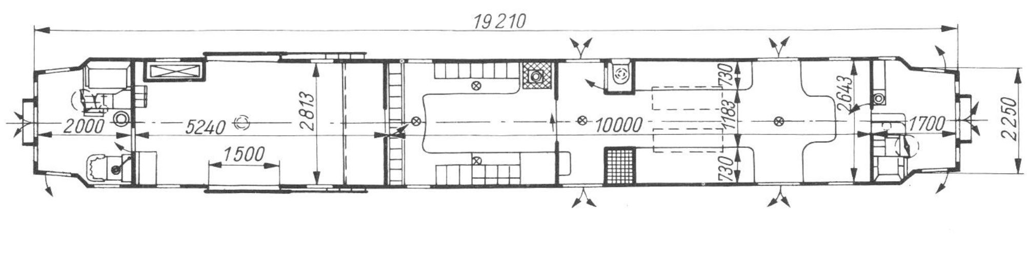

Maßskizze des vierachsigen Gepäck-/Postwagens der Königlich Preußischen Staatseisenbahnen; Baujahr 1907, Gattung PwPost 4ü Pr 07

PwPosti Pr 11

1911

Techn. Daten Seite 252

Kombinierte Reisezugwagen wurden immer wieder gebaut, um auch bei geringerem Verkehrsaufkommen so wirtschaftlich wie möglich zu sein. Auch andere Länderbahnverwaltungen beschafften Wagen, die nach den preußischen Normalien gebaut waren. Der hier beschriebene Typ eines zweiachsigen kombinierten Gepäck- und Postwagens der Königlich Preußischen Staatseisenbahn entstand nach Blatt IIa 14 oben genannter Musterzeichnungen für Betriebsmittel. Zuerst von der

Konstruktive Merkmale

Untergestell

Rahmen: Aus Lang- und Querträgern. Äußere Langträger durch ebene Sprengwerke mit zusätzlichen Schrägstreben verstärkt.
Zugeinrichtung: Durchgehend; Schraubenkupplung.
Stoßeinrichtung: Stangenpuffer.
Laufwerk: Drehgestelle preußischer Regelbauart mit gepreßten Drehgestellwangen. Gleitlagerradsätze.
Bremse: Einlösige, selbsttätige Einkammer-Druckluftbremse mit Schnellbremswirkung. Zwei Kurbeln für die Handbremse.

Wagenkasten

Rohbau: Hölzernes Wagenkastengerippe, außen mit Blech verkleidet. Stirnwandübergänge. Zwei Dachaufbauten, von denen der eine in den Oberlichtaufbau über dem Postabteil einbezogen war. Schiebetüren am Gepäckraum, Drehtüren am Postraum.
Inneneinrichtung: Zwei Diensträume mit hochgelegenem Sitz. Laderaum für Gepäck mit Hundeabteil. Briefraum mit Aussacktisch und Briefverteilfächern. Laderaum für Postgut.
Heizung: Dampfheizung; zusätzlich Ofen für Briefraum.
Lüftung: Bisher nicht nachweisbar.
Beleuchtung: Gas für Diensträume sowie Laderaum für Gepäck; Glühlampen für Brief- und Laderaum für Postgut.

Zweiachsiger Gepäck-/Postwagen der Königlich Preußischen Staatseisenbahnen; Baujahr 1911, Gattung PwPosti Pr 11
Foto: Archiv Kroschwald

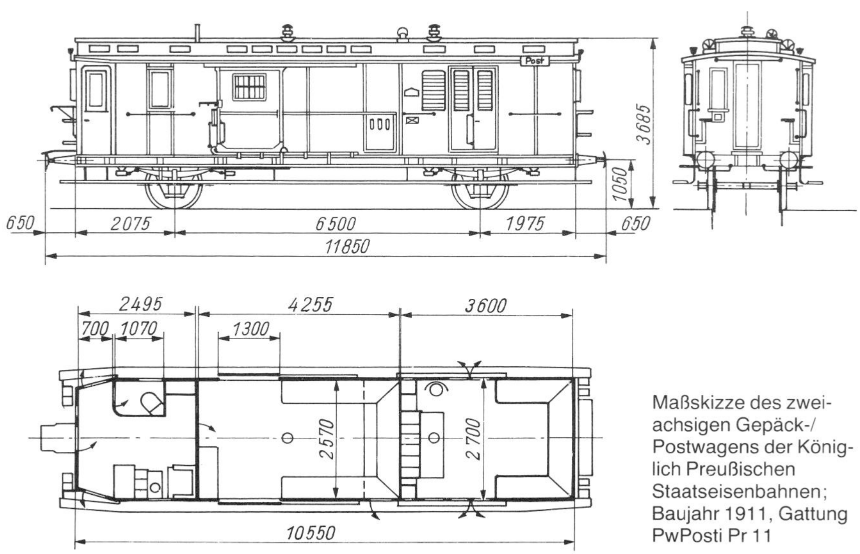

Maßskizze des zweiachsigen Gepäck-/Postwagens der Königlich Preußischen Staatseisenbahnen; Baujahr 1911, Gattung PwPosti Pr 11

Deutschen Reichsbahn-Gesellschaft übernommen, verkehrten auch nach dem zweiten Weltkrieg noch einige dieser Fahrzeuge bei der Deutschen Reichsbahn. Einige dieser Fahrzeuge wurden als Bahndienstwagen verwendet.

Konstruktive Merkmale

Untergestell

Rahmen: Aus Walzprofilen und Blechen genietet. An den Langträgern Halter für die Laufbretter und die Federböcke.
Zugeinrichtung: Durchgehend; Schraubenkupplung.
Stoßeinrichtung: Ursprünglich Stangenpuffer, bei den letzten Fahrzeugen durch Hülsenpuffer ersetzt.
Laufwerk: Vereinslenkachsen. Gleitlagerradsätze. Gepreßte Achshalter. 1750 mm lange Blatttragfedern.
Bremse: Einlösige Druckluftbremsen verschiedener Bauarten mit Schnellbremswirkung. Handbremse.

Wagenkasten

Rohbau: Wagenkastengerippe außen mit Blech und innen mit Holz verkleidet. Oberlichtaufbau. Offener Stirnwandübergang nur im Dienstabteil des Zugführers; Sicherung durch Ketten.
Inneneinrichtung: Dienstraum mit Einstiegtüren, Arbeitsplatz des Zugführers und Abort. Laderaum für Gepäck mit Hundeabteilen und Staubrettern. Postraum mit Briefverteilfächern, Arbeitstisch, Briefkästen und Staubrettern.
Heizung: Dampfheizung; zusätzlich Ofen für Postraum.
Lüftung: Statische Lüfter Bauart Grove.
Beleuchtung: Gasbeleuchtung; Gasbehälter mit unterschiedlichen Fassungsvermögen (250 l und 420 l) am Untergestell.

PwPost 3i Wü 93

1893–99

Die Königlich Württembergischen Staatseisenbahnen beschafften Fahrzeuge dieser Gattung nur für Strecken mit Zahnradbetrieb. Sie entstanden nach der Musterzeichnung Nr. 20610 A. Typisch für diese Wagen waren die Plattformen an den Wagenenden, das flache Dach und die Verkleidung der Seiten- und Stirnwände mit senkrecht angeordneten Brettern. Die Gestaltung ihres Grundrisses zeigt die Zeichnung.

Maßskizze des Grundrisses vom dreiachsigen Gepäck-/Postwagen der Königlich Württembergischen Staatseisenbahnen; Baujahre 1893/99, Gattung PwPost 3i Wü 93

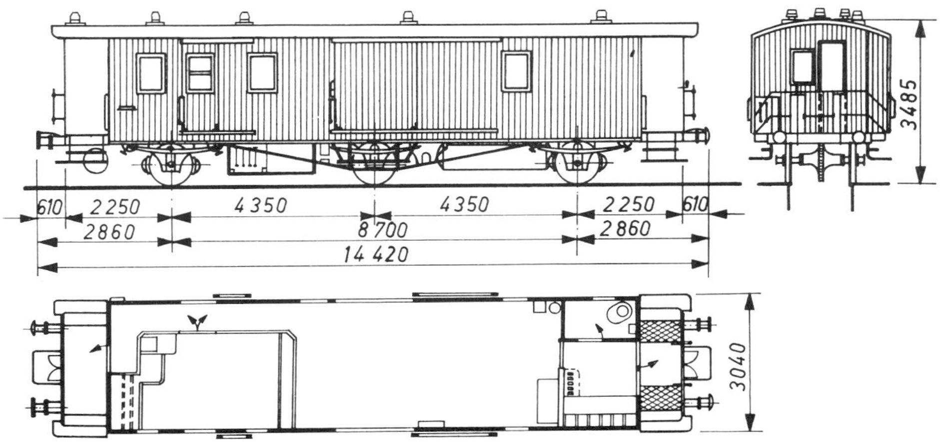

Konstruktive Merkmale

Untergestell

Rahmen: Langträger aus Walzprofilen, durch ebene Sprengwerke verstärkt; Halter für Einstiegtritte an den Langträgern.
Zugeinrichtung: Durchgehend; Schraubenkupplung.
Stoßeinrichtung: Ursprünglich Stangenpuffer württembergischer Bauart.
Laufwerk: Endachsen als Vereinslenkachsen; Endachsen und Mittelachse unterschiedliche Tragfederaufhängungen; Gleitlagerradsätze.
Bremse: Spindelbremse; Mittelachse mit Bremszahnrad, Endachsen mit Bremsklötzen; zwei Handkurbeln auf einer Plattform.

Wagenkasten

Rohbau: Wagenkastengerippe außen mit Brettern verkleidet; unterschiedlich breite Schiebetüren für beide Laderäume; offene Stirnübergänge an beiden Plattformen angeordnet.
Inneneinrichtung: Dienstabteil mit Abort am Handbremsende des Wagenkastens; Postabteil am Nichthandbremsende, zur Behandlung von Postsendungen während der Fahrt eingerichtet; Seitengang am Postabteil; Kellergelaß am Untergestell.
Heizung: Dampf- und Ofenheizung.
Lüftung: Keine besonderen Einrichtungen vorhanden.
Beleuchtung: Gasbeleuchtung; Gasbehälter am Untergestell angeordnet.

Maßskizze des vierachsigen Bahnpostwagens der Königlich Bayerischen Staatseisenbahnen, Baujahr ab 1903, Gattung Post 4-b/15

Post 4-b/15

Ab 1903

Seit 1891 beschafften die Königlich Bayerischen Staatseisenbahnen vierachsige Bahnpostwagen. Ein Teil ihrer Innenräume entsprach einem Briefraum, der andere einem Laderaum. Der hier beschriebene Wagentyp wurde von 1903 bis 1907 beschafft. Er entsprach dem Blatt 202 des Wagenverzeichnisses dieser Bahnverwaltung. Auch sein Innenraum war wie bisher üblich gegliedert. Die bayerischen Bahnpostwa-

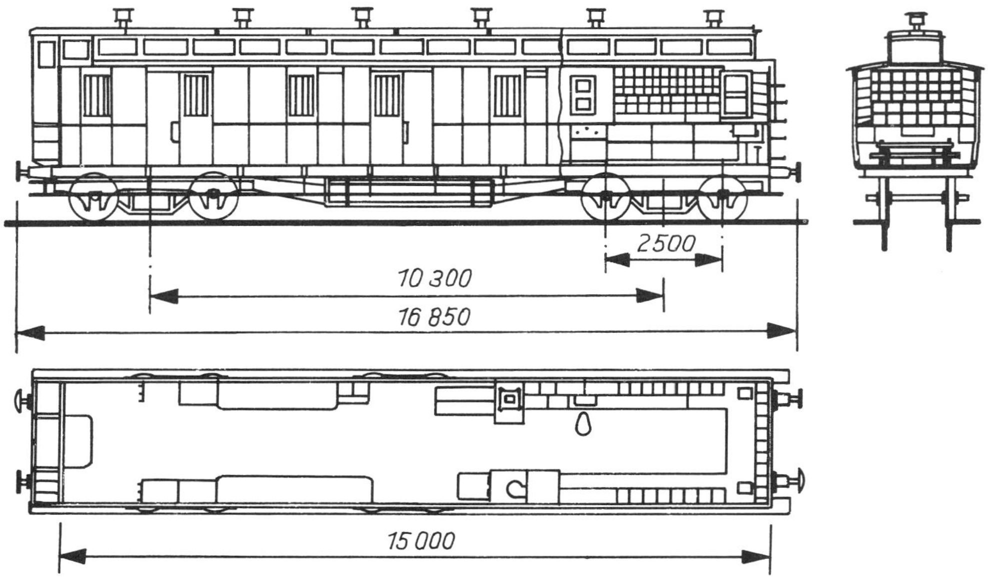

gen waren denen der Reichspost-Verwaltung ähnlich. Beide hatten doppelflügelige Drehtüren als Laderaumtüren, allerdings hatten die bayerischen eine größere lichte Weite.

Konstruktive Merkmale

Untergestell

Rahmen: Lang- und Querträger aus Stahlprofilen, genietet; ebene Sprengwerke verstärkten die Langträger; Halter für Laufbretter und Einstiegtritte an den Langträgern.
Zugeinrichtung: Durchgehend; Schraubenkupplung.
Stoßeinrichtung: Ursprünglich Stangenpuffer.
Laufwerk: Drehgestell bayerischer Bauart in Fachwerkbauweise; Gleitlagerradsätze mit Speichenradkörpern.
Bremse: Einlösige Druckluftbremse mit Schnellbremswirkung; Handbremse im hochgelegenen Bremserhaus.

Wagenkasten

Rohbau: Wagenkastengerippe außen mit Blech und innen mit Brettern verkleidet; unterer Teil der Seitenwände nach innen eingezogen; hoher Oberlichtaufbau.
Inneneinrichtung: Laderaum mit Staubrettern und Regal; Briefraum mit Sortiertisch und Briefverteilfächern, Kleiderschrank, Abort.
Heizung: Ofen- und Dampfheizung.
Lüftung: Statische Lüfter auf dem Oberlichtaufbau.
Beleuchtung: Gasbeleuchtung; Gasbehälter in Wagenlängsrichtung am Untergestell.

Post 3-b/12

1913

Seit 1883 betrieben deutsche Bahn- und Postverwaltungen Bahnpostwagen mit einer Wagenkastenlänge von 12m, sowohl als drei- als auch als vierachsige Fahrzeuge. Von bayerischen Bahnen wurden derartige Fahrzeuge ab 1905 bekannt. Die hier beschriebene dreiachsige Ausführung unterschied sich u.a. von ähnlichen Wagen im Gesamtachsstand nur geringfügig. Diese Wagen entsprachen dem Blatt 196 des Wagenverzeichnisses dieser Bahnverwaltung. Für weitere Lieferungen dieses Wagentyps werden die Nummer 6262 und 6262[1] ihrer Konstruktionszeichnungen angegeben. Im Gegensatz zu anderen bayerischen Bahnpostwagen erhielt dieser Typ kein Bremserhaus. Seinen Grundriß zeigt die Zeichnung.

Konstruktive Merkmale

Untergestell

Rahmen: Aus Lang- und Querträgern; Wagenkastenstützen sowie Halter für Laufbretter und Einstiegtritte an den Langträgern.
Zugeinrichtung: Durchgehend; Schraubenkupplung.
Stoßeinrichtung: Ursprünglich Stangenpuffer.
Laufwerk: Achshalter aus Flacheisen; Gleitlagerradsätze.

Maßskizze des Grundrisses vom dreiachsigen Bahnpostwagen der Königlich Bayerischen Staatseisenbahnen; Baujahr 1913, Gattung Post 3-b/12

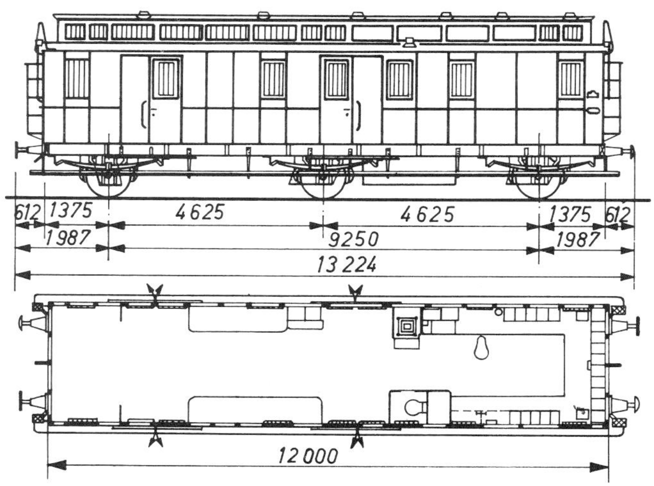

Bremse: Einlösige Druckluftbremse; sämtliche Radsätze abgebremst.

Wagenkasten

Rohbau: Wagenkastengerippe außen mit Blech verkleidet; zwei doppelflügelige Drehtüren als Laderaumtüren je Wagenseite; Seitenwandfenster vergittert; Oberlichtaufbau.
Inneneinrichtung: Großer Laderaum mit Staubrettern; kleiner Briefraum mit Sortiertisch und Briefverteilfächern, Kleiderschrank; Abort.
Heizung: Ofen- und Dampfheizung.
Lüftung: Herablaßbare Seitenwandfenster.
Beleuchtung: Gaslampen; Gasbehälter in Wagenlängsachse am Untergestell.

Bahnpostwagen

1842

Techn. Daten Seite 252

Das Foto zeigt das Modell eines der ersten zweiachsigen „Eisenbahn-Postwagen" der Preußischen Postverwaltung. Die äußere Gestaltung lehnte sich wie die der dreiachsigen Vorgänger an die der Sitzwagen an. Diese wesentlich kürzeren Fahrzeuge bewährten sich jedoch im Betrieb nicht. Das lag hauptsächlich daran, daß der Wagenkasten im Verhältnis zum Untergestell zu wuchtig ausgeführt worden war, so daß der Schwerpunkt des Fahrzeugs ziemlich hoch lag. Es wird berichtet, daß diese Wagen im Betrieb „oft bedenklich schwankten". Die konstruktiven Mängel führten sogar zu einem Unfall. Daraufhin drängten die Eisenbahnverwaltungen, die Wagen nach Möglichkeit nicht mehr zu verwenden. Gleichzeitig erwog man – den Wünschen der Eisenbahnverwaltungen entsprechend – die vorhandenen 38 zweiachsigen Wagen zu verlängern und ihnen dabei eine dritte Achse einzubauen.
Aus wirtschaftlichen Erwägungen ließ man dann von dem Vorhaben ab. Der Grundriß wurde nach alten Unterlagen gestaltet.

Konstruktive Merkmale

Untergestell

Rahmen: Aus hölzernen Lang- und Querträgern.
Zugeinrichtung: Zughaken und Öse; zusätzlich Sicherheitsketten.
Stoßeinrichtung: Federnde Puffer.
Laufwerk: Tragfederaufhängung durch Federlaschen. Gleitachslager. Speichenräder.
Bremse: Nicht vorhanden.

Zweiachsiger Bahnpostwagen der Preußischen Postverwaltung; Baujahr 1842
Foto: Postmuseum, Domain

Skizze des zweiachsigen Bahnpostwagens der Preußischen Postverwaltung; Baujahr 1842

Bahnpostwagen

1866

Techn. Daten Seite 253

Der im Foto dargestellte dreiachsige Bahnpostwagen der Preußischen Postverwaltung gehörte seinerzeit zur größten Gattung von Bahnpostwagen, die auf den Bahnen des Norddeutschen Bundes verkehrten. Die Aufteilung des Innenraums ist der Zeichnung zu entnehmen.

Konstruktive Merkmale

Untergestell

Rahmen: Äußere Langträger aus stählernen Doppel-T-Profilen, übrige Träger aus Eichenholz.

Wagenkasten

Rohbau: Kasten als Ganzes aus Holz. Kutschenform nur noch angedeutet. Doppelte Drehtüren als Laderaumtüren.
Inneneinrichtung: Laderäume an den Wagenenden. Raum des „Postconducteurs" in der Wagenmitte enthielt Schreibpult, einige Fächer, Sitzgelegenheit.
Heizung: Ofenheizung umstritten.
Lüftung: Jalousien in den Seitenwänden.
Beleuchtung: Öllampen an der Wagendecke durch Glasglocken gegen Luftzug geschützt.

Dreiachsiger Bahnpostwagen der Preußischen Postverwaltung; Baujahr 1866 (rechts oben)
Foto: Archiv S. & P. Wagner

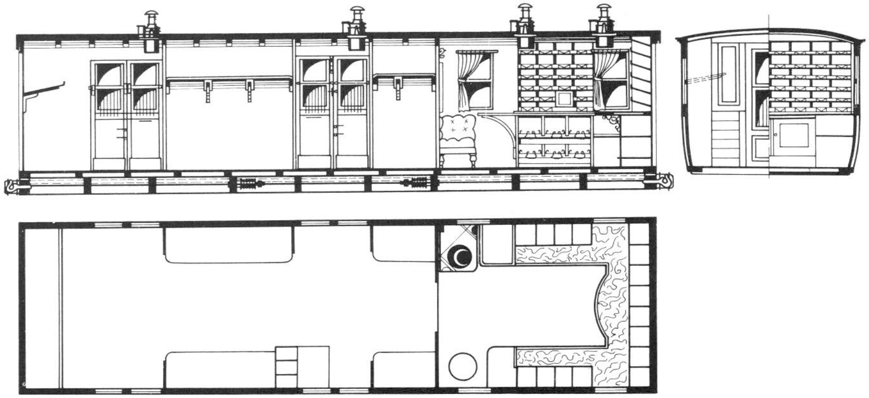

Maßskizze des dreiachsigen Bahnpostwagens der Preußischen Postverwaltung; Baujahr 1866 (rechts)

Zugeinrichtung: Durchgehend, mit zwei Zugapparaten.
Stoßeinrichtung: Stangenpuffer.
Laufwerk: Bogenfedern, Speichenräder. Gleitachslager.
Bremse: Im allgemeinen nicht vorhanden.

Wagenkasten

Rohbau: Kastengerippe aus Eschen- und Eichenholz. Blech als äußere Verkleidung. Deckleisten aus Holz mit Messing überzogen. Innere Verkleidung aus Kieferbrettern.
Türen: Doppelflügelige Drehtüren mit mehreren Verschlußmöglichkeiten. Handgriffe zum besseren Ein- und Aussteigen.
Fenster: Geteilt und teilweise vergittert. Oberer Teil herablaßbar. Rahmen aus Mahagoniholz. Doppelglasscheiben.
Inneneinrichtung: Im Bureau (heute: Briefraum) an den Seitenwänden und an der Stirnwand Tischfläche mit Marmorbelag, darüber an der Stirnwand ein Repositorium (heute: Briefverteilfachwerk) mit nach hinten geneigten Fächern. Unterhalb des Tisches Fachwerke und Schränke. Fußboden mit Kokosvelourmatte ausgelegt. Waschbecken aus Zinkblech mit Klappe abdeckbar. Polsterstuhl mit Aborteinrichtung. Im Packraum (heute: Laderaum) Ablagebretter, ein Schränkchen für Wertsachen sowie Schreibpult und Sitzgelegenheit für Ladeschaffner.
Heizung: Eiserner Kohleofen mit Mänteln und Zubehör.
Beleuchtung: Rüböllampen mit seitlichem Ölbehälter (Sturzflasche), rundem Docht, Glaszylinder und Reflektor; diese Lampenbauart soll eine der zweckmäßigsten gewesen sein.

Post-b/9,7

1898

Techn. Daten Seite 253

Die Königlich Württembergische Post besaß keine eigenen Bahnpostwagen. Sie nutzte nur diese Fahrzeuge der Königlich Württembergischen Staatseisenbahnen. Die Waggonindustrie lieferte über mehrere Jahre den hier beschriebenen Typ eines zweiachsigen Bahnpostwagens der Gattung b/9,7. Im allgemeinen glich er dieser Wagenbauart für andere Bahn- bzw. Postverwaltungen, unterschied sich aber in der Laderaumtür. Für das erste Baujahr werden die Wagennummern 121 bis 125 genannt, für das Jahr 1899 die Wagennummern 126 bis 137. Die

Zweiachsiger Bahnpostwagen der Königlich Württembergischen Staatseisenbahnen; Baujahr 1898, Gattung Post-b/9,7
Werkfoto: Maschinenfabrik Esslingen, Sammlung Deppmeyer

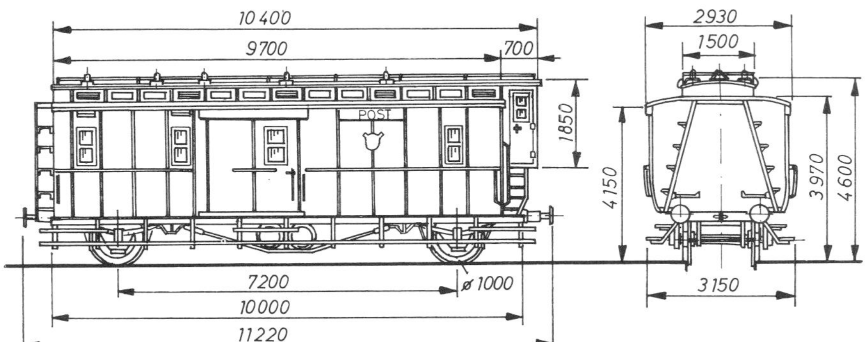

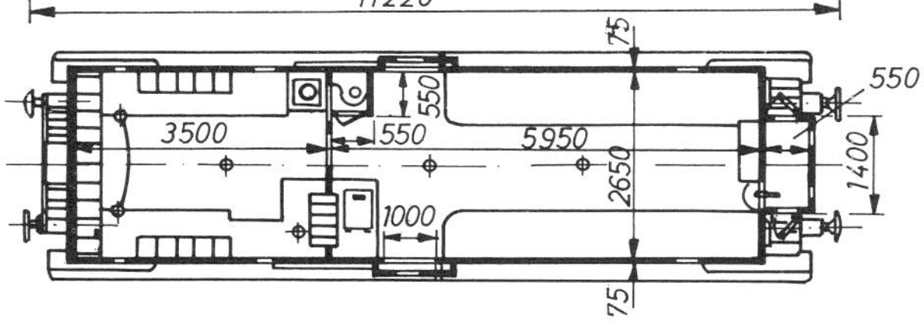

Maßskizze des zweiachsigen Bahnpostwagens der Königlich Württembergischen Staatseisenbahnen; Baujahr 1898, Gattung Post-b/9,7

Wagen mit den Nummern 138 bis 143 folgten danach. Die ursprüngliche Festlegung eines Post-Gattungszeichens ist bisher nicht bekannt geworden.

Konstruktive Merkmale

Untergestell

Rahmen: Aus Walzprofilen genietet, äußere Langträger durch ebene Sprengwerke verstärkt; Lauf- und Trittbretter.
Zugeinrichtung: Durchgehend; Schraubenkupplungen mit Notkupplungen.
Stoßeinrichtung: Württembergische Bauform der Stangenpuffer.
Laufwerk: Blatttragfedern; Gleitlagerradsätze mit Speichenradkörpern.
Bremse: Handbremse, Kurbel derselben in einem hochgelegten Bremserhaus untergebracht.

Wagenkasten

Rohbau: Hölzernes Kastengerippe außen mit Blech verkleidet; Seitenwände nach unten hin eingezogen; Fenster geteilt und unterschiedlich vergittert; Schiebetüren gleichzeitig als Einstieg- und Laderaumtüren; Oberlichtaufbau; Haltegriffe; Briefeinwurf in den Seitenwänden durch Schild gekennzeichnet.
Inneneinrichtung: Innere Verkleidung der Wände mit Brettern; Trennung des Briefraums vom Packraum (heute: Laderaum) durch Zwischenwand; Aussacktisch und Briefverteilfächer an Stirn- und Seitenwänden des Briefraumes; Staubretter im Laderaum, von hier aus auch Abort erreichbar.
Heizung: Ofen im Briefraum untergebracht.
Lüftung: Lüftungsschlitze im Briefraum über den Fenstern sowie im gesamten Oberlichtaufbau verteilt.
Beleuchtung: Teils Gaslampen, teils elektrische Glühlampen.

Post 4-b/12

1906

Der Raumbedarf in den Bahnpostwagen deutscher Bahn- und Postverwaltungen ließ inzwischen drei- und vierachsige Fahrzeuge mit einer Kastenlänge von 12 m entstehen. Darüber hinaus strebte man an, nach

Vierachsiger Bahnpostwagen der Königlich Württembergischen Staatseisenbahnen; Baujahr 1906, Gattung Post 4-b/12
Foto: Werkfoto Gebr. Gastell, Sammlung Deppmeyer

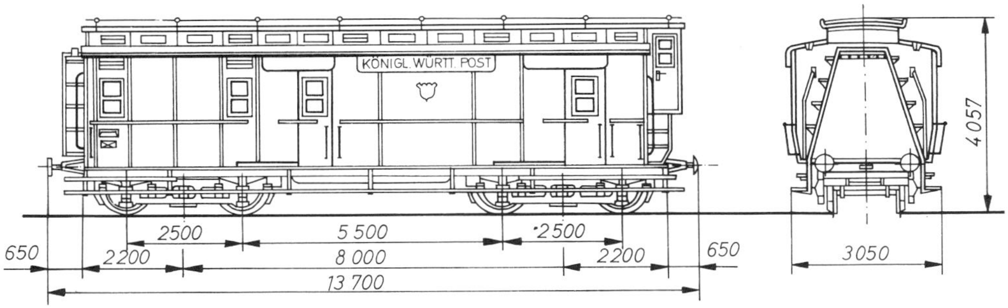

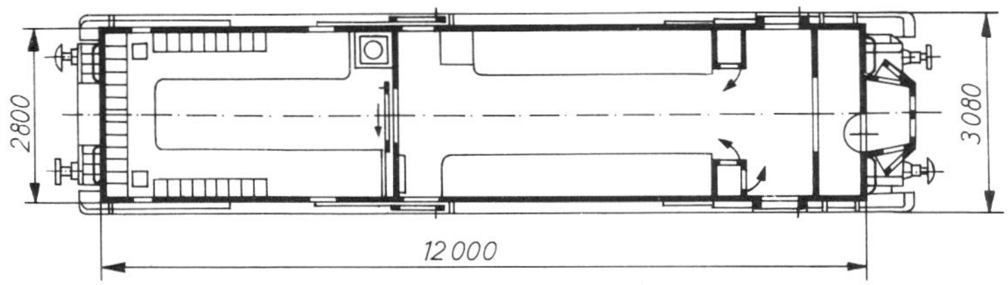

Maßskizze des Grundrisses vom vierachsigen Bahnpostwagen der Königlich Württembergischen Staatseisenbahnen; Baujahr 1906, Gattung Post 4-b/12

und nach die dreiachsigen Bahnpostwagen nicht mehr im Schnellzugdienst einzusetzen, sondern nur noch vierachsige. So beschafften die Königlich Württembergischen Staatseisenbahnen für die Landespost die hier beschriebenen Fahrzeuge Foto S. 101. Für sie war der Nummernbereich von 7501 bis 7510 reserviert. Die Wagen enthielten einen kleineren Brief- und einen größeren Laderaum. Den Grundriß zeigt die Zeichnung oben.

Konstruktive Merkmale

Untergestell

Rahmen: Aus Profilen und Blechen genietet; Halter für Laufbretter und Tritte an den Langträgern.
Zugeinrichtung: Durchgehend; Schraubenkupplung.
Stoßeinrichtung: Ursprünglich Stangenpuffer württembergischer Bauart.
Laufwerk: Drehgestelle der Regelbauart, württembergische Ausführung; gepreßte Rahmenwangen; Gleitlagerradsätze.
Bremse: Einlösige Druckluftbremse; Handbremse vom hochgelegenen Bremserhaus aus bedienbar.

Wagenkasten

Rohbau: Wagenkastengerippe außen mit Blech und innen mit Brettern verkleidet; Schiebetüren als Einstieg- und Laderaumtüren; Oberlichtaufbau; hochgelegenes Bremserhaus; Laufbretter und Haltegriffe.
Inneneinrichtung: Laderaum mit Staubrettern und Schränken; Schutzabteil; Briefraum mit Sortiertischen und Briefverteilfachwerken.
Heizung: Ursprünglich Ofenheizung.
Lüftung: Lüftungsschlitze über den Fenstern des Brieferaumes sowie im Oberlichtaufbau.
Beleuchtung: Elektrische Beleuchtung von Akkumulatoren gespeist (Sammlerbeleuchtung).

Post 3-b/10

Um 1885

Ab dem Jahre 1881 setzte die Reichspost-Verwaltung Bahnpostwagen mit einer Kastenbreite bis zu 3150 mm ein.
Die Fahrzeuge besaßen keine Laufbretter, da sie sonst aus der Fahrzeug-Umgrenzungslinie herausragten. Weiterhin wurden die Laderaumtüren eingerückt (Foto). Im Verlaufe des Beschaffungszeitraumes änderten sich einige Hauptmaße des Wagenkastens, so die Länge des Wagenkastens von 10010 auf 10000 mm, die Breite der Einrükkung von 2090 auf 2160 mm und die lichte Weite des Laderaums von 2930 auf 2970 mm.
Es sollen etwa 100 derartige Fahrzeuge gebaut worden sein. Die Gestaltung ihres Grundrisses zeigt die Zeichnung.

Konstruktive Merkmale

Untergestell

Rahmen: Aus Profilen und Blechen genietet; Halter für Trittbretter an den Langträgern.
Zugeinrichtung: Durchgehend; Schraubenkupplung.
Stoßeinrichtung: Stangenpuffer mit gewölbten und flachen Puffertellern.
Laufwerk: Achshalter aus Flacheisen; Gleitlagerradsätze.
Bremse: Druckluftbremse der Bauart Carpenter; Handbremse im hochgelegenen Bremserhaus.

Dreiachsiger Bahnpostwagen der Deutschen Reichspost; Baujahr um 1895, Gattung Post 3-b/10
Foto: Archiv Kutschik

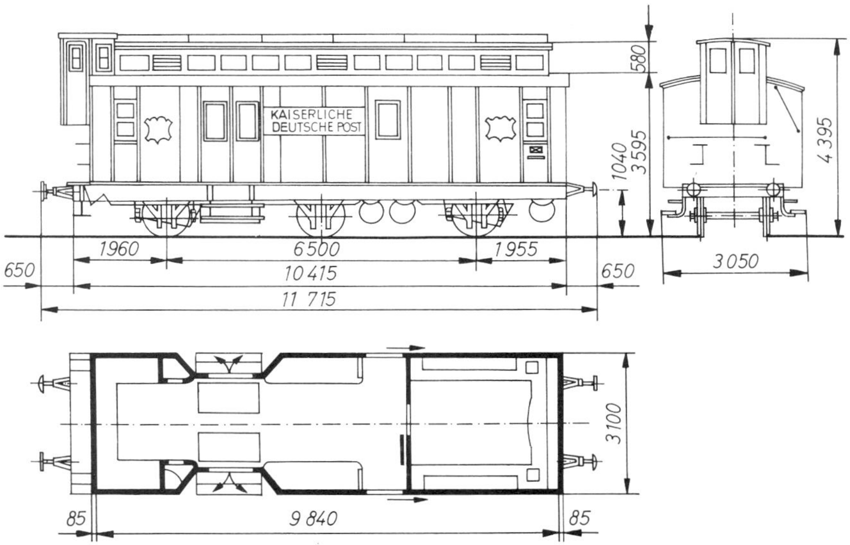

Maßskizze des Grundrisses vom dreiachsigen Bahnpostwagen der Deutschen Reichspost; Baujahr um 1885, Gattung 3-b/10

Post 4-a/12

1891

Techn. Daten Seite 253

Seit etwa 1885 beschaffte die Kaiserliche Reichspost für die preußischen Strecken vierachsige Bahnpostwagen der Gattung III. In der Aufteilung des Innenraums unterschieden sie sich in Wagen mit nur einem Briefraum (IIIa) und solchen mit einem Brief- und einem Packraum (heute: Laderaum; IIIb). Wagen dieser Gattung wurden bis 1907 in relativ großer Stückzahl beschafft. Das Foto zeigt ein Fahrzeug von 1898, während die Zeichnung die Ausführung von 1891 darstellt, wie sie auch von der ehemaligen Königlichen Eisenbahndirektion zu Erfurt eingesetzt wurde. Ab 1898 verkehrten solche Wagen auf der Strecke

Wagenkasten

Rohbau: Hölzernes Kastengerippe außen mit Blech und innen mit Holz verkleidet; Oberlichtaufbau; hochgelegenes Bremserhaus; zwei Kellergelasse; doppelflügelige Drehtüren, eingerückt, Schiebetüren; Briefkastenschlitz in jeder Seitenwand.
Inneneinrichtung: Briefraum mit Sortiertischen und Briefverteilfächern; Laderaum mit Staubrettern; Abort.
Heizung: Ursprünglich Ofen- und Gasheizung; Dampfheizleitung.
Lüftung: Lüftungsöffnungen im Oberlichtaufbau.
Beleuchtung: Gasbeleuchtung; mehrere Gasbehälter hingen quer zur Längsachse am Untergestell.

Vierachsiger Bahnpostwagen der Kaiserlich Deutschen Post; Baujahr 1891, Gattung Post 4-a/12
Foto: Archiv S. & P. Wagner

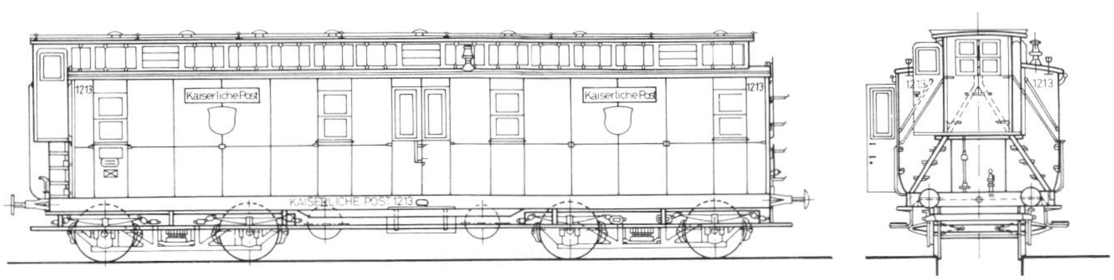

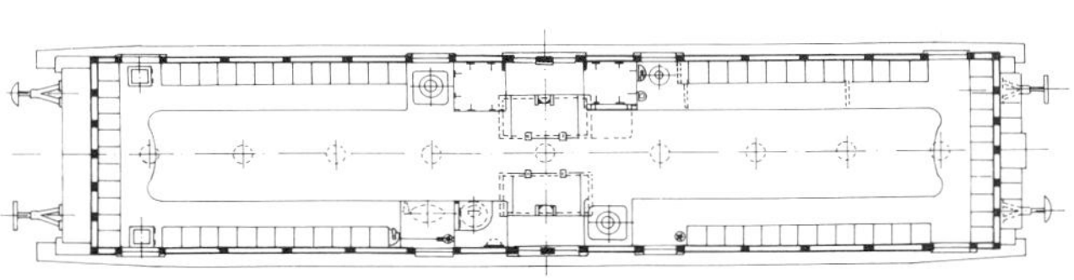

Skizze des vierachsigen Bahnpostwagens der Kaiserlich Deutschen Post; Baujahr 1891, Gattung Post 4-a/12

Frankfurt (Main)—Basel und ab 1901 auf den Strecken der Reichseisenbahn.

Konstruktive Merkmale

Untergestell

Rahmen: Unterschiede zu bisherigen Konstruktionen durch Einfügen der Hauptquerträger. Abstand der äußeren Langträger aus U-Profil auf 2360 mm erweitert. Verstärkung der Langträger in Wagenmitte durch weitere U-Profile.
Zugeinrichtung: Durchgehend, mit unterbrochener Zugstange.
Stoßeinrichtung: Stangenpuffer.
Laufwerk: Drehgestelle mit Wangen aus Blech. Versteifung durch Träger unterschiedlichen Querschnitts. Wiegebalken aus Eichenholz mit gußeiserner Drehpfanne.
Bremse: Selbsttätige Zweikammer-Druckluftbremse.

Wagenkasten

Rohbau: Hölzernes Kastengerippe, außen mit Blech und innen mit Holz verkleidet. Oberlichtaufbau.
Türen: Doppelflügelige Drehtüren mit Rauhscher Falle.
Fenster: Geteilt; oberer Teil herablaßbar. Vergittert.
Inneneinrichtung: An den Seiten- und Stirnwänden eine durchgehende Tischplatte. Darüber hauptsächlich Briefverteilfachwerke, darunter Schränke und Fächer.
Heizung: Zwei Öfen für Koksfeuerung.
Lüftung: Im Sommer durch Frischluftzuführung der Öfen sowie durch Lüftungsöffnungen im Oberlichtaufbau.

Post-cl/8,5

1907

Techn. Daten Seite 253

Den im Foto dargestellten zweiachsigen Bahnpostwagen der Kaiserlichen Reichspost der Gattung Ic bezeichnete man früher oftmals auch als Bahnpostpackwagen. Ihre Beschaffung war notwendig geworden, weil durch den ansteigenden Paketverkehr in den vorangegangenen Jahren bereits Güterwagen gemietet werden mußten und die Eisenbahnverwaltungen sich außerstande fühlten, weitere Fahrzeuge an die Postverwaltung abzugeben.
Die Bahnpostpackwagen verwendete man als Bei- oder Sackwagen.
Die von der Deutschen Post übernommenen Fahrzeuge wurden zum großen Teil rekonstruiert und erhielten dabei äußere Beblechung, Laderaumschiebetüren und überkritische Laufwerke. Damit konnten sie auch im Postgutrollbehälterverkehr eingesetzt werden. Der Grundriß zeigt eines der umgebauten Fahrzeuge mit 15 Behältern.
Auf Grund ihrer ursprünglichen Konstruktion werden diese Wagen auch als Bahnpostwagen der Güterwagenbauart bezeichnet.

Zweiachsiger Bahnpostwagen der Deutschen Reichspost; Baujahr 1907, Gattung Post-cl/8,5
Foto: Werkfoto Lindner, Ammendorf

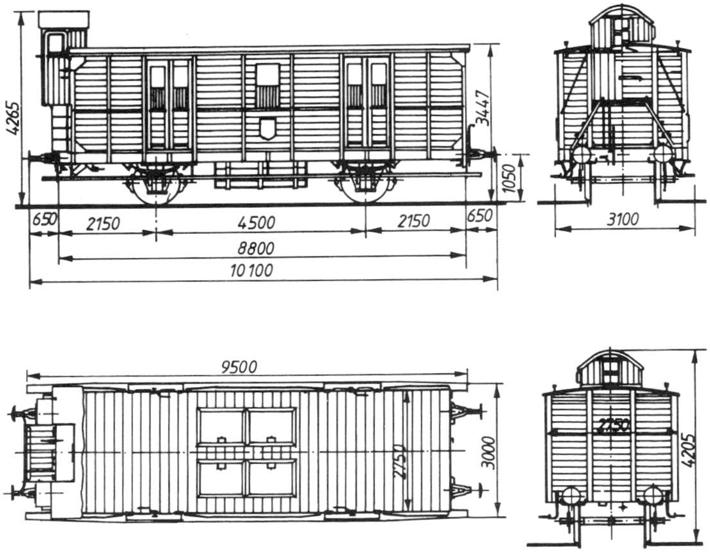

Maßskizze des zweiachsigen Bahnpostwagens der Deutschen Reichspost; Baujahr 1907, Gattung Post-cl/8,5

Konstruktive Merkmale

Untergestell

Rahmen: Aus Walzprofilen und Blechen; genietet.
Zugeinrichtung: Durchgehend.
Stoßeinrichtung: Ursprünglich Stangenpuffer, später Hülsenpuffer.
Laufwerk: Unterkritisch. Nach Rekonstruktion überkritisch mit Doppelschakenfederaufhängung. Gleitachslager der Länderbauart.
Bremse: Ein- oder mehrlösige Druckluftbremse. Handbremse.

Wagenkasten

Rohbau: Kastenrungen aus Walzprofilen mit Kastenstützen an den äußeren Langträgern befestigt. Wagenkastenecken durch Knotenbleche verstärkt. Kastengerippe genietet. Seiten- und Stirnwände mit Brettern verschalt.
Türen: Doppelflügelige Drehtüren; später Schiebetüren.
Fenster: Vergittert.
Inneneinrichtung: Anfangs nicht vorgesehen. Später Packbretter, Stapelwände, kleine Fachwerke; Ofen, Abort und Kleiderschrank nur bei Verwendung als Beiwagen.

Post 4-bl/17

1908

Techn. Daten Seite 253

Vierachsiger Bahnpostwagen der Deutschen Reichspost; Baujahr 1908, Gattung Post 4-bl/17
Foto: Kirsch

Als Ergebnis der Verhandlungen zwischen der Reichspostverwaltung und dem preußischen Minister der öffentlichen Arbeiten wegen des Baus von 17 m langen Bahnpostwagen entstand zuerst eine Ausführung mit Schutzabteilen.
Die ersten Fahrzeuge verkehrten in den Zügen D 2 und D 1 zwischen Berlin und Frankfurt (Main), D 38 und D 37 zwischen Berlin und Erfurt und D 16 und D 15 zwischen Berlin und Vlissingen. Sie bewährten sich auch später in anderen Umläufen in verschiedener Hinsicht, z.B. durch größere Festigkeit und bessere Arbeitsbedingungen.
Die Zeichnung Seite 108 gewährt einen Einblick in das Innere eines solchen vierachsigen Bahnpostwagens Gattung IV der Kaiserlichen Reichspost, das Foto zeigt ihn als Fahrzeug der Deutschen Post im Zustand nach 1945.

Konstruktive Merkmale

Untergestell

Rahmen: Mit stählernen Langträgern; durch ebene Sprengwerke verstärkt.
Zugeinrichtung: Nicht durchgehend.
Stoßeinrichtung: Ursprünglich Stangenpuffer, später durch Hülsenpuffer ersetzt.
Laufwerk: Drehgestelle der preußischen Regelbauart; teilweise auch

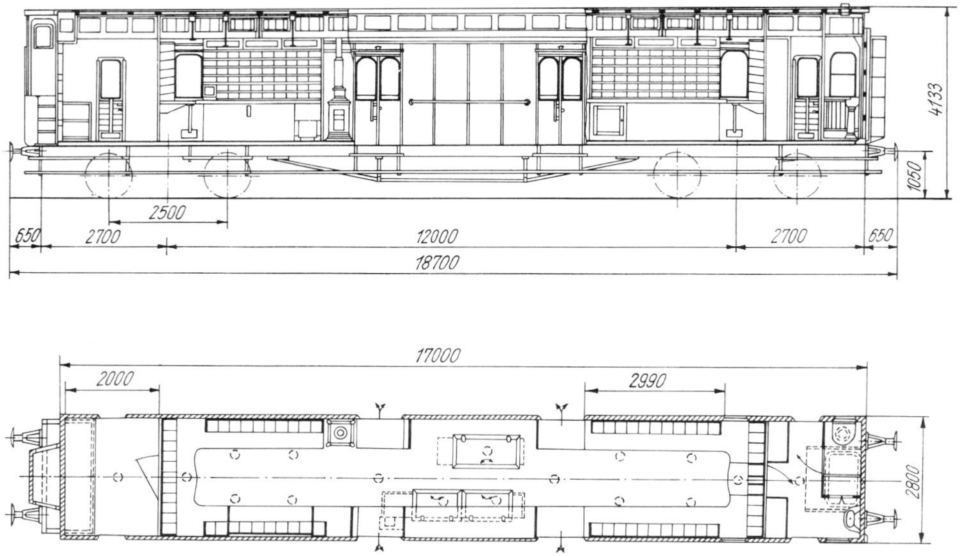

Maßskizze des vierachsigen Bahnpostwagens der Deutschen Reichspost; Baujahr 1908, Gattung Posts 4-bl/17

Drehgestelle amerikanischer Bauart.
Bremse: Einlösige Druckluftbremse. Handbremse im hochgelegenen Bremserhaus.

Wagenkasten

Rohbau: Hölzernes Kastengerippe, außen mit Blech verkleidet. Einflügelige Drehtüren in den Schutzabteilen, doppelflügelige Drehtüren als Laderaumtüren.
Durchgang zum Schutzabteil am Handbremsende unterhalb des Sortiertisches. Wasserkasten mit 150 l Fassungsvermögen im Oberlichtaufbau angeordnet.
Inneneinrichtung: Briefverteilfachwerk, verschließbare Fächer für Geld- und Wertsendungen, Beutelspannvorrichtungen. Aussacktisch. Kleiderschränke, Abort mit Wasserspülung und Waschgelegenheit im Schutzabteil am Nichthandbremsende.
Heizung: Niederdruck-Dampfheizung; Ofen.
Lüftung: Lüftungsklappen und statische Lüfter am Oberlichtaufbau.
Beleuchtung: Elektrische Glühlampen, ursprünglich nur vom Akkumulator im Schutzabteil am Handbremsende gespeist.

Post-b/8,5

1908

Zweiachsiger Bahnpostwagen der Deutschen Reichspost; Baujahr 1908, Gattung Post-b/8,5

Für den Einsatz in Personenzügen des Binnenverkehrs beschaffte die Reichspost-Verwaltung diesen Wagentyp. Die äußere Gestaltung paßte man den damals weit verbreiteten Abteilwagen an. Seine Darstellung galt bei preußischen Staatseisenbahnen als Musterblatt-Zeichnung P I 6. Gebaut wurde dieser Wagentyp bis 1928 in größeren Stückzahlen mit zeitgemäßen technischen Verbesserungen. Die mittlere Breite des Wagenkastens von 2900 mm gegenüber 100 mm schmaleren derselben Wagengattung galt als ein Erfolg.
Die Gestaltung des Grundrisses zeigt die Zeichnung; sie entstand nach der 3. Auflage des entsprechenden Musterblatts.

Konstruktive Merkmale

Untergestell

Rahmen: Aus Walzprofilen genietet; Kastenstützen und Halter für Tritte und Laufbretter an den Langträgern.
Zugeinrichtung: Schraubenkupplung.
Stoßeinrichtung: Ursprünglich Stangenpuffer.

Laufwerk: Achshalter aus Blech; Vereinslenkachsen; Gleitlagerradsätze.
Bremse: Einlösige Druckluftbremse der Bauart Westinghouse; Handbremse, Kurbel im hochgelegenen Bremserhaus.

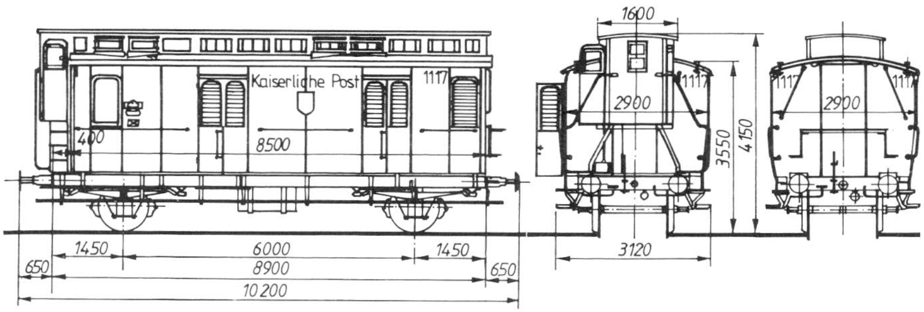

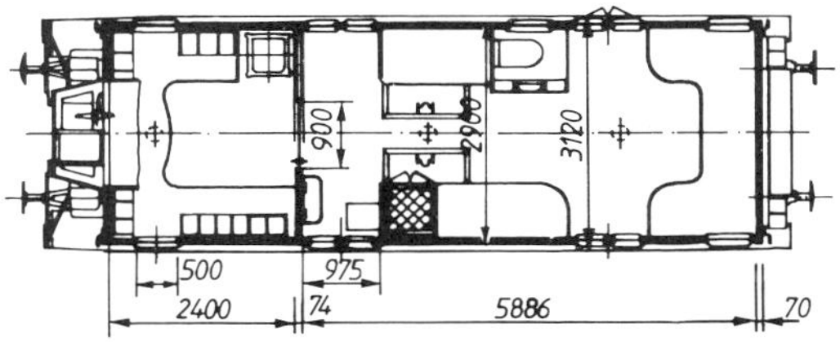

Maßskizze des Grundrisses vom zweiachsigen Bahnpostwagen der Deutschen Reichspost; Baujahr 1908, Gattung Post-b/8,5

Wagenkasten

Rohbau: Hölzernes Wagenkastengerippe außen mit Blech verkleidet; doppelflügelige Drehtüren als Laderaumtüren; Oberlichtaufbau; hochgelegenes Bremserhaus; Unterflurkästen.
Inneneinrichtung: Kleiner Briefraum mit Aussacktisch und Briefverteilfächern durch Zwischenwand vom Laderaum getrennt; Laderaum mit Staubrettern; Abort; Waschbekken.
Heizung: Ofenheizung im Briefraum.
Lüftung: Herablaßbare Seitenwandfenster; klappbare Fenster im Oberlichtaufbau.
Beleuchtung: Glühlampen, von Akkumulator gespeist.

Post 4ü-a/17

1909

Techn. Daten Seite 253

Aus betrieblichen Gründen wurde es für das Zugbegleitpersonal immer dringlicher, auch durch den Bahnpostwagen hindurchgehen zu können. Eisenbahnunfälle bestärkten diese Forderung. So entstand die Gattung von Bahnpostwagen mit Seitengang und Übergangseinrichtungen an den Stirnseiten; hier der vierachsige Bahnpostwagen Gattung D IV (S) der Kaiserlichen Reichspost.
Obwohl der Wagenkasten um 150 mm breiter als bei den bisher üblichen Bahnpostwagen ausge-

Vierachsiger Bahnpostwagen der Deutschen Reichspost; Baujahr 1909, Gattung Post 4ü-a/17
Foto: Kirsch

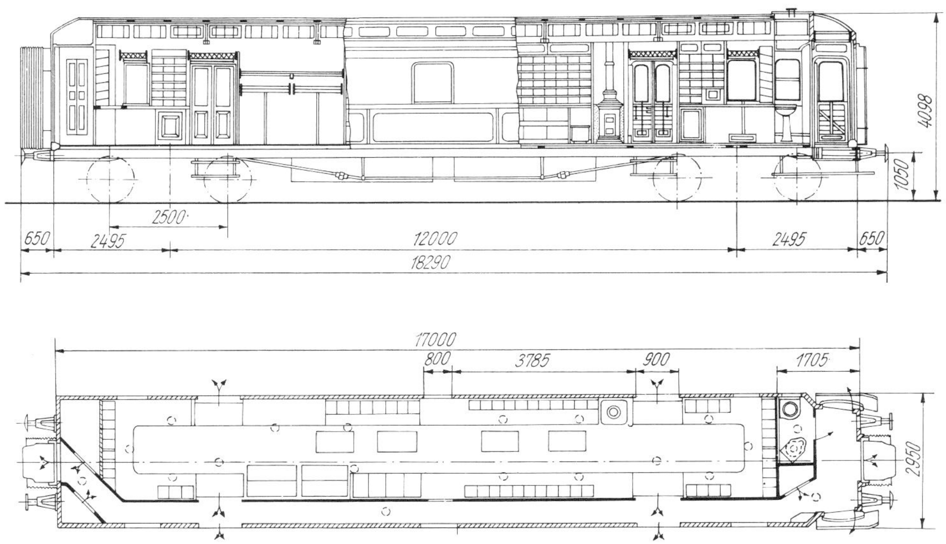

Maßskizze des vierachsigen Bahnpostwagens der Deutschen Reichspost; Baujahr 1909, Gattung Post 4ü-a/17

führt wurde, fiel der Raum zur Bearbeitung der Postsendungen schmaler aus und brachte somit Erschwernisse für die Beschäftigten. Die Zeichnung gewährt einen Einblick in das Innere eines solchen Bahnpostwagens; das Foto zeigt ihn als Fahrzeug der Deutschen Post im Einsatz nach 1945.

Konstruktive Merkmale

Untergestell

Rahmen: Hölzerne Langträger in der Seitenwandebene mit Stahlblech verschraubt und durch ebenes Sprengwerk gestützt. Teilweise auch Kopfstücke. Hauptquerträger und Diagonalträger aus Holz gefertigt.
Zugeinrichtung: Nicht durchgehend.
Stoßeinrichtung: Stangenpuffer, später durch Hülsenpuffer ersetzt.
Laufwerk: Drehgestelle der preußischen Regelbauart; teilweise auch Drehgestelle amerikanischer Bauart.
Bremse: Mehrlösige Druckluftbremse für Schnellzüge.

Wagenkasten

Rohbau: Hölzernes Kastengerippe, außen mit Blech verkleidet. Eingerückte Einstiegtüren nur an einem Wagenende. Doppelflügelige Laderaumtüren nur 900 mm breit; sie konnten nur von innen geöffnet werden.
Inneneinrichtung: Briefverteilfachwerk, Aussacktisch, Beutelspannvorrichtungen. Kleiderschränke im Seitengang. Abort und Waschgelegenheit außerhalb des Arbeitsraums.
Heizung: Niederdruck-Dampfheizung; Ofen.
Lüftung: Lüftungsklappen und statische Lüfter am Oberlichtaufbau.
Beleuchtung: Elektrische Glühlampen.

Literaturverzeichnis

[1] Autorenkollektiv: Das Deutsche Eisenbahnwesen der Gegenwart, Band I. Berlin: Verlag von Reimar Hobbing 1911

[2] Born, E.: Die Entwicklung des Wagenparks der Bayerischen Staatseisenbahnen. In: Jahrbuch des Eisenbahnwesens, 11 (1960), S. 186–199

[3] Born, E.: Zur Entwicklung des Eisenbahnpersonenwagens in Deutschland. In: Organ für die Fortschritte des Eisenbahnwesens, 90 (1935)

[4] Born, E.: Lokomotiven und Wagen der deutschen Eisenbahnen. Mainz/Heidelberg: Verlagsanstalt Hüthig & Dreyer 1958

[5] Born, E.; Obermayer, H. J.: Deutsche Eisenbahnen – Typenskizzen und Schnitte – 1; Die Fahrzeuge der Königlich Württembergischen Staatseisenbahnen. Stuttgart: Franckhsche Verlagshandlung 1960.

[6] Brandt, W.: Schlaf- und Speisewagen der Eisenbahn – ihre Entwicklung und Geschichte. Stuttgart: Franckhsche Verlagshandlung 1968

[7] Breusing: Abkürzungen. In: Enzyklopädie des Eisenbahnwesens; 2., vollst. neubearb. Auflage, Hrsg. Dr. Freiherr v. Röll, Berlin und Wien: Urban & Schwarzenberg 1912

[8] Brust, K.-H.: Die Wagen der Bauart Langenschwalbach. In: Das Signal (1969), H. 28, S. 7–9

[9] Büttner, M.: Die Beleuchtung von Eisenbahnpersonenwagen, 3. Aufl. Berlin: Verlag Julius Springer 1925

[10] Dassau: 90 Jahre Thüringische Stammbahn. In: Die Reichsbahn (1936), S. 1064–1077

[11] Dezember 1835 – Die erste Eisenbahn für Deutschland. In: Der Modelleisenbahner, 1 (1952), H. 4, S. 2–3

[12] Diener, W.: Mehr Komfort für Preußens Züge. In: Eisenbahn-Magazin (1982), H. 9, S. 29–31

[13] Eifler, N.: „Der Langenschwalbacher – Geschichte eines außergewöhnlichen Reisezugwagens“. Freiburg: Verlag Eisenbahn-Kurier 1978

[14] Einrichtungen in den Personenzügen zum Zwecke einer Verbindung zwischen den Reisenden und dem Zugpersonal (Interkommunikations-Signale). In: Archiv für Eisenbahnwesen, 1 (1878), H. 2, S. 95–108

[15] Fiebig, G.: Älterer sächsischer ABC 4i-Wagen. In: Der Modelleisenbahner, 13 (1964), H. 7, S. 224

[16] Friedrichs, K.-U.; Kirsch, K.: Über die Entwicklung des Bahnpostdienstes. In: Die deutsche Post, 19 (1974), H. 5, S. 120–122

[17] Fromm, G.: Die Fahrzeuge der ehemaligen Oldenburgischen Staatseisenbahn. In: Der Modelleisenbahner 13 (1964), H. 9, S. 269–277

[18] Graubner, L.: Der bayrische C 3i-Wagen. In: Der Modelleisenbahner, 4 (1955), H. 3, S. 67–70

[19] Hager, F.; Fromm, G.: Gepäck- und Personenwagen der Bauart Langenschwalbach. In: Der Modelleisenbahner, 7 (1958), H. 2, S. 30 bis 31

[20] Harder, K. J.; Kobschätzky, H.: Die Großherzoglichen Staatseisenbahnen in Mecklenburg und Oldenburg. Stuttgart: Franckhsche Verlagshandlung 1978

[21] Hesse: Mit TT ins Kohrener Land. In: Das Signal, (1967), H. 22, S. 25–28

[22] Kirsche, H.-J.: Bahnland DDR; Reiseziele für Eisenbahnfreunde. Berlin: transpress VEB Verlag für Verkehrswesen 1981

[23] Königliche Eisenbahn-Direction Erfurt: Illustriertes Verzeichnis der Personen-, Gepäck- und Postwagen; aufgestellt 1892

[24] Kuntzemüller, A.: Die Badischen Eisenbahnen. Karlsruhe: Verlag G. Braun 1953

[25] Lathe, F.: Die Entwicklung des Baues der Bahnpostwagen bei der preußischen und der Reichspost-Verwaltung. In: Archiv für Post- und Telegraphie, (1917), H. 3, S. 89–113

[26] Die Leipzig-Dresdner Eisenbahn in den ersten 25 Jahren ihres Bestehens; Denkschrift zur Feier des 8. April 1864. Hrsg. Direktorium Leipzig

[27] v. Littrow, H.: Übersicht der in Paris 1900 ausgestellten Personen- und Güterwagen für Bahnen mit Dampfbetrieb.
In: Organ für die Fortschritte des Eisenbahnwesens, 38 (1901), S. 141–149

[28] v. Mayer, A.: Geschichte und Geographie der Deutschen Eisenbahnen.

[29] Mayer, M.: Esslinger Lokomotiven, Wagen und Bergbahnen. Berlin: VDI-Verlag 1924

[30] Mühl, A.: Die Großherzoglich Badischen Staatseisenbahnen. Stuttgart: Franckhsche Verlagshandlung 1981

[31] Mühl, A.; Seidel, K.: Die Württembergischen Staatseisenbahnen. Stuttgart und Aalen: Konrad Theiss Verlag 1970

[32] Die achträdrigen (amerikanischen) Personenwagen auf der Wüttembergischen Staatsbahn. In: Organ für die Fortschritte des Eisenbahnwesens, 2 (1847), H. 4, S. 87 bis 91

[33] Pierson, K.: Dampfzüge auf Berlins Stadt- und Ringbahn; Vergangenheit und Gegenwart Berlins im Spiegel seiner Stadt-, Ring und Vorortbahnen. Stuttgart Franckhsche Verlagshandlung 1969

[34] Preußisch-Hessische Staatseisenbahnen: Dienstvorschrift über Anstrich und die Bezeichnung der Wagen; Ausgabe 1914; gültig ab 1. November 1914

[35] Schrauth, E.: Sechsachsiger Salonwagen der Bayerischen Staatseisenbahnen für den allerhöchsten Dienst
In: Organ für die Fortschritte des Eisenbahnwesens, 55 (1900), S. 66 bis 69

[36] Spranger, F.: Die Windbergbahn. In: Der Modelleisenbahner, 18 (1969), H. 8, S. 253–255

[37] Tellkampf: Zweistöckige Personenwagen auf der Altona-Kieler Bahn. In: Organ für die Fortschritte des Eisenbahnwesens, 25 (1870), S. 64

[38] Theobald: Hundert Jahre Doppelstock-Personenwagen auf deutschen und ausländischen Bahnen. In: Glasers Annalen, 61 (1937), H. 5/6, S. 81–93; H. 8, S. 133

[39] Ulbricht: Geschichte der Königlich Sächsischen Staatseisenbahnen. Dresden 1889

[40] Wagenbauanstalt der Leipzig-Dresdner Eisenbahn-Compagnie: Erster, Zweiter und Dritter Bericht über die Wagenbauanstalt der Leipzig-Dresdner Eisenbahn-Compagnie. Leipzig 1843

[41] Welz, A.: 75 Jahre Zentralamt; Aufgaben, Strukturen, Persönlichkeiten. In: ZEV. Glas. Ann., 106 (1982), H. 4, S. 139–145

[42] Zschech, R.: Triebwagen-Archiv, 4. Auflage. Berlin: transpress VEB Verlag für Verkehrswesen 1979

Reisezugwagen bei der Deutschen Reichsbahn-Gesellschaft, bei Privatbahnen und bei der Deutschen Reichspost

Bezeichnungssysteme und Nummernpläne

Kennzeichnung der Reisezugwagen

Die DRG stützte sich anfangs auf das bestehende Fahrzeug-Merkbuch der Preußisch-Hessischen Staatseisenbahnen. Sie erweiterte es auf Antrag des EZA für ihre Fahrzeuge. Dem wurde mit Erlaß vom 1. 5. 1921 zugestimmt. In diesem Zusammenhang erfolgte eine Teilung in vier Abschnitte. Das „Merkbuch für die Fahrzeuge der Reichsbahn IV. Wagen (Regelspur)" erschien erstmals im Jahre 1928 als DV 939d.
Eine weitere Ausgabe dieser DV 939d erschien im Jahre 1933. Sie wurde durch mehrere Berichtigungsblätter aktualisiert. Besonders umfangreich war das Berichtigungsblatt 2, gültig ab 1. 10. 1939.

Nummernplan 1923

Gattung	Nummernbereich	Nummernbereich der Einheitswagen
I. Sonderwagen		
Triebwagen und Beiwagen	1— 8999	
Gefangenenwagen	9001— 9099	
Lokalbahnwagen	9101— 9999	
II. Salon-, Schlaf- und Speisewagen		
Salon Salon i Salon 3 Salon 3i Salon 3ü Salon 4 Salon 4i Salon 4ü Salon 6ü	10 001—10 999	
WL 4ü WL 6ü	11 001—11 999	12 001—12 999
WLC 4ü	12 001—12 999	12 001—12 999
WR 4ü WR 6ü	13 001—14 999	
III. D-Zug-Wagen		
A 4ü	20 001—20 999	20 501—20 999
AB 4ü AB 6ü	21 001—22 999	21 501—22 999
ABC 4ü ABC 6ü	23 001—23 999	23 501—23 999
B 4ü	24 001—24 999	24 501—24 999
BC 4ü	25 001—25 999	25 501—25 999
C 4ü C 6ü	26 001—28 999	26 501—28 999
AB 3ü	29 001—29 399	

Gattung	Nummernbereich	Nummernbereich der Einheitswagen
B 3ü	29401—29499	
B 3ü	29501—29999	
IV. Durchgangswagen		
B 4i	30001—30999	30501—30999
BC 4i BC 6i	31001—31999	31501—31999
C 4i	32001—32999	32501—32999
CD 4i	33001—33999	
D 4i	34001—35999	
B 3i Bi	36001—36999	36501—36999
BC 3i BCi	37001—38999	37501—38999
BCDi BDi	39001—39999	39501—39999
C 3i Ci	40001—48999	41501—48999
CD 3i CDi	49001—49999	49501—49999
D 3i Di	50001—59699	52501—59699
Dgi ehem. Ni	59701—59999	
V. Abteilwagen		
B 4	60001—60999	
BC 4	61001—61999	
C 4	62001—63999	
B 3 B	64001—67999	65501—67999
BC 3 BC	68001—68999	68501—68999
BCD 3 BCD	69001—69999	

Gattung	Nummernbereich	Nummernbereich der Einheitswagen
C 3 C	70001—78999	73501—78999
CD 3 CD	79001—79999	
D 3 D	80001—89999	81501—89999
VI. Gepäckwagen		
Pw 4ü	90001—90499	90201—90499
Pw 3ü	90501—90999	
Pw 4i	91001—91499	
Pw 3i Pwi	91501—92999	92201—92999
Pw 4	93001—93499	
Pw 3 Pw	93501—94999	
Pwg 3 Pwg	95001—98899	97201—98899
Pwg ehem. Ni	98901—98999	
VII. Vereinigte Personen-, Gepäck- und Postwagen		
B Post C Post CDPost D Post	99001—99199	
PwC 4ü PwB PwC PwD	99201—99499	
PwPost 4ü PwPost 4 PwPost 3 PwPost	99501—99999	

Gattungszeichen 1928

I. Hauptgattungszeichen

A	Personenwagen 1. Klasse
B	Personenwagen 2. Klasse
C	Personenwagen 3. Klasse
D	Personenwagen 4. Klasse
AB	Personenwagen 1. und 2. Klasse
ABC	Personenwagen 1., 2. und 3. Klasse
Dgi	ehemalige gedeckte Güterwagen mit Endbühnen, die nur noch der Personenbeförderung dienen.
Pw	Personenzugpackwagen
Post	Bahnpostwagen
Salon	Salonwagen
WL	Schlafwagen 1. und 2. Klasse
WLC	Schlafwagen 3. Klasse
WLABC	Schlafwagen 1., 2. und 3. Klasse
WR	Speisewagen
S	Sonderwagen für FD-Züge
Z	Gefangenenwagen
P	Privatwagen

II. Nebengattungszeichen

ü	für Personen-, Post- und Packwagen mit Durchgang, Übergangsbrücken und Faltenbälgen
i	für Personenwagen mit Durchgang und offenen Übergangsbrücken
kr	für vierachsige Abteilwagen 3. Klasse, in denen zwei zusam-

	menhängende Abteile zu einem Krankenabteil hergerichtet werden können
tr	für D und Di, die für den Traglastenverkehr geeignet sind

Gattungszeichen 1933

I. Hauptgattungszeichen

A	Personenwagen 1. Klasse
B	Personenwagen 2. Klasse
C	Personenwagen 3. Klasse
AB	Personenwagen 1.und 2. Klasse
ABC	Personenwagen 1., 2. und 3. Klasse
BB	vorhandene BC, deren C-Abteil behelfsmäßig mit Polstern ausgerüstet ist
CC	frühere CD, deren D-Abteil mit einem zusätzlichen C bezeichnet wird
Cgi	ehemalige gedeckte Güterwagen mit Endbühnen, die nur noch der Personenbeförderung dienen
Pw	Personenzuggepäckwagen
Pwg	Güterzuggepäckwagen und ehemalige gedeckte Güterwagen, die als Güterzuggepäckwagen benutzt werden
Post	Bahnpostwagen
Salon	Salonwagen
WL	Schlafwagen 1. und 2. Klasse
WLC	Schlafwagen 3. Klasse
WLABC	Schlafwagen 1., 2. und 3. Klasse
WR	Speisewagen
S	Sonderwagen für FD-Züge
Z	Gefangenenwagen
[P]	Privatwagen

II. Nebengattungszeichen

ü	für Personen-, Post- und Gepäckwagen mit Durchgang, Übergangsbrücken und Faltenbälgen
i	für Personenwagen mit Durchgang und offenen Übergangsbrücken
k	für Personenwagen und Gepäckwagen mit Küche
kr	für vierachsige Abteilwagen 3. Klasse, in denen zwei zusammenhängende Abteile zu einem Krankenabteil hergerichtet werden können
tr	für C und Ci, die für den Traglastenverkehr geeignet sind

für C

d	frühere D, die ihre ursprüngliche Vollbankausrüstung unverändert behalten (Einheitswagen usw.)
u	frühere D, die mit Lattenbänken ausgerüstet, also umgeändert sind
v	frühere D, die vorläufig behelfsmäßig mit Bretterbänken vollausgerüstet sind

für B

u	frühere C, die behelfsmäßig mit Polstern ausgerüstet, also umgeändert sind

Gattungszeichen 1939

I. Hauptgattungszeichen

A	Personenwagen 1. Klasse
B	Personenwagen 2. Klasse
C	Personenwagen 3. Klasse
AB	Personenwagen 1. und 2. Klasse
ABC	Personenwagen 1., 2. und 3. Klasse
BC	Personenwagen 2. und 3. Klasse
Pw	Personenzuggepäckwagen
Pwg	Güterzuggepäckwagen und ehemalige gedeckte Güterwagen, die als Güterzuggepäckwagen benutzt werden
Post	Bahnpostwagen
Salon	Salonwagen
WLAB	Schlafwagen 1. und 2. Klasse
WLABC	Schlafwagen 1., 2. und 3. Klasse
WLC	Schlafwagen 3. Klasse
WR	Speisewagen
S	Wagen der Sonderbauart, z. B. für Rheingold- und Henschel-Wegmann-Züge usw.
L	Lokalbahnwagen
Z	Gefangenenwagen
P	Privatwagen

II. Nebengattungszeichen

ü	für Personen-, Post- und Gepäckwagen mit Durchgang, Übergangsbrücken und Faltenbälgen
i	für Personenwagen mit Durchgang und offenen Übergangsbrücken
tr	für C und Ci, die für den Traglastverkehr geeignet sind
d	für Wagen oder Abteile mit Bretterbänken
v	für Wagen, die behelfsmäßig mit Bretterbänken ausgerüstet sind
k	für Personen- und Gepäckwagen mit Küche
kr	für vierachsige Abteilwagen 3. Klasse, in denen zwei zusammenhängende Abteile zu einem Krankenabteil hergerichtet werden können
s	für Pwg, die in schnellfahrende Güterzüge eingestellt werden können

Nummernplan 1930

Gattung	Nummernbereich	Nummernbereich der Länderbahnwagen
I. Sonderwagen		
Triebwagen und Beiwagen	1— 7999	
Lokalbahnwagen	8001— 9999	8701— 9999
Gefangenenwagen	10001—10199	10171—10199
II. Salon- und Schlafwagen, Sonderwagen		
Salon 3i Salon 4i Salon 6i Salon 4 Salon 4ü Salon 6ü	10201—10399	10311—10399
WL 4ü[1])	10401—10499	
SA 4ü SA 4ük	10501—10699	
SB 4ü SB 4ük	10701—10999	
III. D-Zug-Wagen		
A 4ü	11001—11199	11181—11199
AB 3ü AB 4ü AB 6ü	11201—13999	12901—13999
ABC 4ü ABC 6ü	14001—14999	14461—14999
B 4ü B 6ü	15001—15499	15411—15499
BC 4ü	15501—15999	15701—15999
C 3ü C 4ü C 6ü	16001—18999	17361—18999
frei	19001—19999	
IV. Abteil- und Durchgangswagen		
a) Wagen 2. Klasse		
B 4	20001—20999	20161—20999
B, B 3	21001—24999	21901—24999
B 4i	25001—26999	26941—26999
Bi, B 3i[2])	27001—29999	29751—29999
b) Wagen 2./3. Klasse		
BC 4	30001—30999	30361—30999
BC, BC 3	31001—32999	31821—32999
BC 4i	33001—35999	35801—35999
BCi, BC 3i[3])	36001—39999	37121—38999
c) Wagen 3. Klasse		
C 4	40001—42999	41051—42999
C, C 3	43001—71999	46001—71999
C 4i	72001—79999	79621—79999
Ci, C 3i[4])	80001—98999	87901—97999
V. Personenwagen mit Gepäck- oder Postabteil		
CPw 4ü	99001—99099	
BCPw	99101—99199	
CPw, CPwi	99201—99399	99351—99399
B Post	99401—99499	
C Post (3) (i)	99501—99999	99921—99999
VI. Gepäckwagen mit Postabteil		
Pw Post 4ü	100001—100999	100971—100999
Pw Post 4i	101001—101999	101971—101999
Pw Post Pw Post 3[5])	102001—102999	
Pw Posti Pw Post 3i[6])	103001—104999	103001—103058 104001—104999
VII. Gepäckwagen		
SPw 4ü	105001—105099	
Pw 3ü Pw 4ü	105101—107999	107021—107999
Pw 4	108001—108999	108601—108999
Pw, Pw 3	109001—111999	109081—111999
Pw 4i	112001—113999	113996—113999
Pwi, 3i[7])	114001—117999	115821—117499
Pwg, Pwg 3 Pwgi, Pwg 3i	118001—132999	118001—124062 126401—132999

Anmerkungen

[1]) für bahneigene Schlafwagen, die nicht von der Mitropa übernommen wurden
[2]) Einheits-Nebenbahnwagen von 29001 ab
[3]) Einheits-Nebenbahnwagen von 39001 ab
[4]) Einheits-Nebenbahnwagen von 98001 ab
[5]) + [6]) Einheits-Nebenbahnwagen PwPosti von 102501 ab, ursprünglich vorgesehen von 104501 ab
[7]) Einheits-Nebenbahnwagen von 117501 ab

Nummernplan 1933 (Auszüge)

Gattung	Nummernbereich	Nummernbereich der Einheitswagen
I. Sonderwagen		
Lokalbahnwagen		
CL C PostL PwL Pw PostL B PostL	8001— 9999	
II. Sonder-D-Zug-Wagen		
SA 4ü SA 4ük	10501—10508	
SB 4ü SB 4ük	10701—10718	
III. D-Zug-Wagen		
AB 6ü	11201—13999	
ABC 6ü	14001—14999	
C 6ü	16001—18999	
A 4ü	11001—11034	11001—11034
AB 4ü	11201—13999	11363—11568
B 4ü	15021—15030	15021—15030
ABC 4ü	14001—14999	14001—14120
B 4ü	15016—15020	
BC 4ü	15501—15999	
C 4ü	16001—18999	16001—16517
IV. Abteilwagen		
B 4	20001—20999	
BC 4	30001—30999	
C 4	40001—42999	
B 3	21001—24999	
BC 3	31001—32999	
C 3 C 3u C 3tr	43001—71999	
B	21001—24999	
BC	31001—32999	
C Ctr Cd	43001—71999	
V. Durchgangswagen		
B 4i	25001—26999	
BC 4i	33001—35999	
C 4i C 4id C 4itr	72001—79999	
B 3i	27001—29999	
BC 3i	36001—39999	
C 3i CC 3itr C 3iutr C 3itr	80001—98999	
Bi	27001—29999	
BCCitr BCi	36001—39999	
Ci CCitr CCid Civ od. Citr Citr Ciu Cid	80001—98999	
VI. D-Zug-Gepäckwagen		
SPw 4ü	105001—105099	
Pw 4ü	105101—107999	105101—105530
VII. Personenzug-Gepäckwagen		
Pw 4	108001—108999	
Pw 4	112003—112102	112003—112102
Pw 3i Pw 3 Pwi	114001—117999	
Pw 3 Pw	109001—111999	
VIII. Vereinigte Post- und Gepäckwagen		
Pw Post 4ü	100001—100999	100001—100020
Pw Post	102001—102999	
Pw Posti	103001—104999	

Nummernplan 1939
(Berichtigungsblatt 2 zur Ausgabe 1933

Gattung	Nummernbereich	Nummernbereich der Einheitswagen
I. Sonderwagen		
Lokalbahnwagen		
Pw	8001— 9999	
PwPostL		
VI. D-Zug-Gepäckwagen		
SPw 4ü	105001—105099	
Pw 4ü	105101—107999	105101—105871
VII. Personenzug-Gepäckwagen		
Pw 4	108001—108999	
Pw 4i	112001—112102	112008—112102
Pw 4i	112308—112390	112308—112390
Pw 3i		
Pw 3	114001—117999	
Pwi		
Pw 3		
Pw	109001—111999	
VIII. Vereinigte Post- und Gepäckwagen		
Pw Post 4ü	100001—100030 100971—100990	100001—100030
Pw Post	102001—102999	
Pw Posti	103001—104999	

Nummernplan 1940
(Berichtigungsblatt 3 zur Ausgabe 1933)

Gattung	Nummernbereich	Nummernbereich der Einheitswagen
I. Lokalbahnwagen		
BL BCL CL CPostL BPostL	8001— 9999	
II. Sonder-D-Zug-Wagen		
SA 4ü SA 4ük	10501— 10508	
SB 4ü SB 4ük	10701— 10719	
SWRPwPost4ü	10401	
SBC 4ü	10402— 10404	
III. D-Zug-Wagen		
AB 6ü	11201— 13999	
ABC 6ü	14001— 14999	
C 6ü	16001— 18999	
A 4ü	11001— 11034	11001— 11034
AB 4ü (B 4ü)	11201— 13999	
AB 4ü	11333— 11728	11333— 11728
ABC 4ü	14001— 14999	14001— 14120 14141— 14458
ABC 4ü	214001—214035	214001—214035
B 4ü	15449— 15498	
B 4ü	15001— 15030	15001— 15030
BC 4ü	15501— 15999	15501— 15688
BC 4ü	215501—215565	215501—215565
C 4ü	16001— 18498	16001— 16361 16369— 16520 16542— 17360 19001— 19498
IV. Abteilwagen		
B 4	20001— 20999	
BC 4	30001— 30999	
C 4	40001— 42999	
B 3	21001— 24999	
B 3, BC 3	31001— 32999	
C 3 C 3tr C 3v	43001— 71999	
B	21001— 24999	
BC	31001— 32999	
C Ctr Cd Cdtr	43001— 71999	
V. Durchgangswagen		
B 4i	25001— 26999	
BC 4i	33001— 35999	33022— 33471 33477— 33539 33572— 33718

Gattung	Nummernbereich	Nummernbereich der Einheitswagen
C 4i C 4itr	72001— 79999	72017— 73327 73340— 73409 73410— 73412 73417— 73466 73527— 74539
B 3i	27001— 29999	
BC 3i	36001— 39999	
C 3i CC 3itr C 3itr	17375— 17406 17436— 17443 80001— 98999	
Bi	27001— 29999	29006— 29010
BCCitr BCi BCid	36001— 39999	39006— 39111
Ci CCitr Civ Citr Cid	80001— 98999	98065— 98163

Kennzeichnung der Bahnpostwagen

Die Deutsche Reichspost übernahm die fortlaufende Numerierung der Bahnpostwagen von der Kaiserlichen Reichspost und führte sie weiter. Das gleiche geschah mit dem Post-Gattungszeichen. Damit die Bahnpostwagen derselben Gattung mit unterschiedlich langem Wagenkasten unterschieden werden konnten, ergänzte man das bisherige Gattungszeichen durch eine Maßangabe. Seitdem wird die Länge des Wagenkastens in Meter mit angegeben, z. B. cl/8,5. Die bayerischen und württembergischen Bahnpostwagen erhielten noch im Jahre 1935 Wagennummern nach einem separaten Nummernsystem.

Entwicklung

Der am Ende der Länderbahnzeit vorhandene Wagenpark erforderte auf Grund seiner Vielfalt unbedingt eine Vereinheitlichung. Deshalb wurde kurze Zeit nach der Gründung der Deutschen Reichsbahn-Gesellschaft der „Ausschuß für die Vereinheitlichung der Bauarten der Personen- und Gepäckwagen" ins Leben gerufen. Er stellte zu Beginn seiner Tätigkeit 91 verschiedene Bauarten von Sitzwagen mit über 200 Ausführungsformen fest. Als Ergebnis seiner Arbeit legte der Ausschuß folgende Wagentypen fest:

a) für Hauptbahnen
  — zweiachsiger Abteilwagen,
  — zweiachsiger Durchgangswagen und
  — vierachsiger D-Zug-Wagen;
b) für Nebenbahnen
  — Sitzwagen leichterer Bauart.

Die als Einheitswagen bezeichneten Fahrzeuge wurden zunächst nicht in Ganzstahlbauweise hergestellt, sondern hatten nur ein stählernes Kastengerippe mit hölzerner Dachverschalung. Ferner erhielten sie eine Druckluftbremse der Bauart Kunze-Knorr. Der Austauschbau wurde noch nicht berücksichtigt.
Erst in den folgenden Jahren wurde bei den Einheitswagen die genietete Ganzstahlbauweise üblich.

Sitzwagen

Die ersten D-Zug-Wagen der Einheitsbauart gab das EZA im Jahre 1921 in Auftrag. Diese Fahrzeuge 3. Klasse sind als Gattung C 4ü-21 und C 4ü-21a bekannt geworden. Der Serienfertigung der zweiachsigen Durchgangswagen in zwei Varianten als Di-21 (später: Cid-21) und Di-21a (später: Cid-21a;) ging eine kleine Serie von sechs Fahrzeugen der Gattung Di-21c voran. Neben der Serienfertigung der hölzernen Bauart entstanden die ersten Entwürfe zur Ausführung der zweiachsigen Einheitswagen in stählerner Bauart. Ihnen folgten bald die Musterwagen und kleine Serien von Versuchswagen. Das Fahrzeugbeschaffungsprogramm 1921 enthielt die Bestellungen zweiachsiger Durchgangswagen 3. Klasse der Einheitsbauart in Stahlbauweise sowie die zweiachsigen Abteilwagen 2. und 3. Klasse der Einheitsbauart in Stahlbauweise. Die Sitzwagen der Einheitsbauart wurden in größeren Stückzahlen und in verschiedenen Wagenklassen und deren Kombinationen beschafft. Außergewöhnlich war die Ausstattung einiger zweiachsiger Durchgangswagen für Strekken im badisch-bayerischen Grenzgebiet bei Wertheim, auf denen nur die 2. und die 4. Klasse (früher III b) eingeführt worden waren. Neben den Beschaffungen neuer Reisezugwagen erfolgten aber auch Umbauten übernommener Fahrzeuge, besonders für Sonderzwecke, da dieselben nur als einzelne Wagen oder in geringen Stückzahlen benötigt wurden. Eine Reihe schwerer Unfälle zwang, die Festigkeit des Wagenkastens zu erhöhen.
Das Fahrzeugbeschaffungsprogramm 1922 sah u. a. für die Hapag-Lloyd-Sonderschnellzüge D-Zug-Wagen 2. Klasse vor.
Im Jahr 1922 wurde die Lieferung der zweiachsigen Abteilwagen 4. Klasse in Holzbauart fortgesetzt.
Darüber hinaus begannen die Lieferungen zweiachsiger Durchgangswagen 4. Klasse der Einheitsbauart und zweiachsiger Abteilwagen 2./3. Klasse sowie 4. Klasse der Einheitsbauart in Stahlbauweise. Neben den Neubeschaffungen gab es auch in diesem Jahr wieder einige Umbauten.
Zweiachsige Durchgangswagen der Einheitsbauart oder Abwandlungen davon wurden auch von mehreren Privatbahnen beschafft.
Mit Beginn des Jahres 1923 traten zwei Abkommen zwischen verschiedenen europäischen Bahnverwaltungen über die gegenseitige Benutzung von Personen- und Gepäckwagen in Kraft: das „Uebereinkommen für die gegenseitige Benutzung der Personen- und Gepäckwagen im Bereiche des Vereins Deutscher Eisenbahnverwaltungen (VBUe)" und das „Uebereinkommen für die gegenseitige Benutzung der Personen- und Gepäckwagen im internationalen Verkehr (RIC)". Hieraus ergaben sich auch technische Forderungen an den betreffenden Fahrzeugpark.
Einen weiteren Sicherheitsgewinn bot die 1921 üblich gewordene selbsttätige Druckluftbremse von Kunze-Knorr für Personenzüge.
Die ersten D-Zug-Wagen der Einheitsbauart wurden in den folgenden Jahren noch verschiedentlich verändert, wobei eine Version eine der ersten Ausführungsformen Görlitzer Drehgestelle erhielt. Diese Fahrzeuge galten als Probeserie und erhielten die Gattung AB 4ü-23b. Noch im Jahre 1923 erhielten die Direktionen Erfurt und Frankfurt insgesamt 20 zweiachsige Durchgangswagen 3./4. Klasse für Nebenbahnen.
Eine letzte Lieferung von vierachsigen Nebenbahnwagen der Bauart „Langenschwalbach" gab es im Jahre 1924. Die Gattungen in dieser Reihenfolge lauteten BC 4i Pr 23,

C 4i Pr 23, CD 4i Pr 23 und D 4i Pr 23. In diesem Jahr lief weiterhin die Fertigung von insgesamt 13 D-Zug-Wagen 3. Klasse der Einheitsbauart aus. Diese Fahrzeuge der Gattung C4ü-23 unterschieden sich äußerlich von ihren Vorgängern der Gattungen C 4ü-22 und C 4ü-22a hauptsächlich in der Anzahl und Anordnung der statischen Lüfter auf dem Dach. Neben den Neubauten wurden verschiedene Umbauten vorgenommen.

Von 1925 ab wurden Neubaufahrzeuge nur noch mit elektrischer Beleuchtung ausgerüstet. Aus dem Fahrzeugbeschaffungsprogramm des Jahres 1923 ergab sich die Lieferung von sechs D-Zug-Wagen 1. Klasse der Einheitsbauart für die Hapag-Lloyd-Sonderzüge.

Die stählernen vierachsigen Sitzwagen (D-Zug-Wagen) der Jahre 1926/27 wiesen zwar noch Stilelemente und technische Details ihrer Vorgänger ab 1921 auf, waren aber innen großzügiger gestaltet und dadurch bei teilweise gleicher Anzahl der Abteile länger. Anfangs wurden nur Fahrzeuge der Gattungen AB 4ü und C 4ü in Betrieb genommen. Sie erhielten Drehgestelle der amerikanischen Bauart mit Schwanenhalsträgern und der Görlitzer Bauart. Für die Hapag-Lloyd-Sonderzüge zwischen Bremerhaven und Bremen sowie zwischen Hamburg und Cuxhaven setzte man derartige Fahrzeuge der Gattung A 4ü ein.

In diesen Jahren beschaffte die DRG verschiedene Gattungen zweiachsiger Durchgangswagen der Einheitsbauart für Nebenbahnen.

Ab dem Jahre 1926 entfernte man bei verschiedenen dreiachsigen Sitzwagen die Mittelachse und bezog die frei gewordenen Achshalter in die Konstruktion eines nachträglich angebrachten ebenen Sprengwerks mit ein.

Im Dezember 1926 gründete die DRG zusammen mit der Waggonbauindustrie die Deutsche Wagenbau-Vereinigung. Auf der Grundlage eines entsprechenden Vertrags, der als Rationalisierungsvertrag bezeichnet wurde [68], versprach sich die DRG den wirtschaftlicheren Einkauf ihrer Fahrzeuge und die Waggonindustrie angemessene Gewinne.

Noch als Bauart 1926 galt ein Typ zweiachsiger Durchgangswagen 4. Klasse der Einheitsbauart, die in den Jahren 1927 bis 1928 geliefert wurde. Ein ähnlicher Fahrzeugtyp galt als Bauart 1927. Bemerkenswert ist, daß er erstmals im Austauschbau gefertigt wurde. In den vierachsigen Einheits-D-Zug-Wagen 1./2. Klasse der Bauart 1923 ließ die DRG im Jahre 1927 die Ausrüstung für die Zugtelefonie einbauen. Als letzte Ausführung zweiachsiger Abteilwagen 4. Klasse gelten die Fahrzeuge der Bauart 1927.

Die ab 1928 beschafften D-Zug-Wagen erfuhren wiederum eine bemerkenswerte und auffallende Veränderung: Die Seitenwände zog man an den Wagenenden nicht mehr ein, sondern setzte die Einstiegtüren um 330 mm gegenüber der Seitenwand zurück. Diese Gestaltungsform der Einstiegräume hielt sich etwa drei Jahrzehnte, wurde dann aber mehr und mehr durch windschnittige Bauformen der Reisezugwagen abgelöst.

In der neuen Bauform entstanden zwei Gattungen von D-Zug-Wagen, ein gemischtklassiger Typ 1./2. Klasse und ein reiner 3.-Klasse-Wagen. Beide bezeichnete man wiederum als „Einheits"-Wagen. Als Laufwerk erhielten die Wagen nunmehr serienmäßig Drehgestelle der Bauart Görlitz II schwer.

Von demselben Jahr an wurden auch vierachsige Sitzwagen verschiedener Gattungen mit offenen Stirnwandübergängen in Betrieb genommen: B 4i, BC 4i, C 4i. Diese Fahrzeuge liefen vorrangig in Eilzügen. Ihre Drehgestelle der Bauart Görlitz III leicht waren eine Neuentwicklung. Die Wagen galten sämtlich als Probefahrzeuge. Deshalb variierte man sowohl die Hauptabmessungen als auch die Gestaltung der Inneneinrichtung.

Darüber hinaus führte die DRG die Beschaffung bewährter Wagentypen fort, allerdings nicht ohne Verbesserungen. Für Privatbahnen entstanden dreiachsige Durchgangswagen sowohl der 2. als auch der 3. Klasse, die ansonsten den zweiachsigen Durchgangswagen der Einheitsbauart entsprachen.

Ab dem Jahre 1929 beschaffte die DRG gemischtklassige D-Zug-Wagen in Ganzstahlbauweise, deren Zusammensetzung der Wagenklassen für sie neu war. Diese Fahrzeuge 1./2./3. Klasse galten ebenfalls als Einheitswagen. Sie bezeichnete man als Gattung ABC 4ü-29.

Die vierachsigen Sitzwagen mit offenen Stirnwandübergängen erhielten ab 1929 für die Fahrgasträume 2. Klasse nur noch Einstiegräume mit einer Drehtür.

Die in Kleinserien oder als einzelne Fahrzeuge gebauten Wagentypen waren Erprobungswagen. Auch bei ihnen variierte man noch verschiedene Hauptabmessungen, z. B. den Drehzapfenabstand, die Drehgestellbauart und die Gestaltung der Inneneinrichtung. Alle diese Kombinationen erprobte man auch in den gemischtklassigen Wagen 2./3. Klasse sowie in den Wagen 3. Klasse. Aus dem Grundriß des Wagentyps BC 4i-29a ist das Bemühen erkennbar, den Einstiegraum zu verkleinern und dafür noch Sitzplätze anordnen zu können.

Privatbahnen beschafften zweiachsige Durchgangswagen mit 6200 mm Achsstand, dem Maß für zweiachsige Durchgangswagen für Nebenbahnen. Ansonsten glichen die Wagen der Privatbahnen mehr denen für Hauptbahnen der DRG. Als eine neue Generation zweiachsiger Sitzwagen können die zweiachsigen Durchgangswagen 2. Klasse der Einheitsbauart angesehen werden. Die auffälligste Veränderung gegenüber der bisherigen Ausführung zweiachsiger Durchgangswagen waren die geschlossenen Einstiegräume. Für die Wagen 2./3. Klasse und 3. Klasse behielt man allerdings die ursprüngliche Bauform mit offenen Einstiegen bei. Die Wittenberge-Perleberger Eisenbahn beschaffte einen Wagentyp 2./3. Klasse, der für die 2. Klasse einen geschlossenen Einstiegraum und für die 3. Klasse eine offene Plattform aufwies.

Die Ausrüstung des vorhandenen D-Zug-Wagenparks mit elektrischer Beleuchtung war am Ende desselben Geschäftsjahres nahezu abgeschlossen, wobei einerseits die „elektrische Maschinenbeleuchtung" die Gasbeleuchtung ersetzte und andererseits die Batteriebeleuchtung ablöste. Gleichzeitig rüstete die DRG ihre Wagen mit verstärkten Zugeinrichtungen einschließlich Zughaken und Kupplungen sowie mit Hülsenpuffern aus. Die so umgebauten D-Zug-Wagen erhielten weiterhin die Kunze-Knorr-Schnellzugbremse (KKS), um den veränderten Betriebsbedingungen durch die Erhöhung der Geschwindigkeit der Schnellzüge zu genügen. An neuen Fahrzeugen wurden u.a. 3879 Sitzwagen und 527 Gepäckwagen bestellt. In diese Stückzahlen waren auch jene Fahrzeuge einbezogen, die man auf Grund eines mit der Deutschen Wagenbau-Vereinigung abgeschlossenen Kreditabkommens über 100 Millionen Reichsmark bestellte.

Neben den intensiven Bemühungen um Reisezugwagen der Einheitsbauart entstanden aber auch kleine Serien, die für den Einsatz auf festen Relationen vorgesehen waren. Angelehnt an die kurzgekuppelten Doppelwagen für den Stuttgarter Vorortverkehr aus dem Jahre 1920 entstand eine überarbeitete Ausführung für denselben Verwendungszweck.

Für die An- und Abreise zu und von den Überseehäfen Bremerhaven und Cuxhaven beschaffte die DRG im Jahre 1930 je eine kleine Serie Einheits-D-Zug-Wagen 1. Klasse und 2. Klasse. Sie galten als Bauart „Hapag-Lloyd" und entsprachen den Gattungen A 4ü-30 und B 4ü-30. Inzwischen war die Erprobung der vierachsigen Durchgangswagen mit offenen Stirnwandübergängen soweit abgeschlossen, daß die Serienproduktion beginnen konnte. In Auftrag gegeben wurden Wagen der Gattungen B 4i-30, BC 4i-30 und C 4i-30. Neben der Beschaffung von Neubaufahrzeugen erfolgten auch verschiedenartige Umbauten. Bemerkenswert erschienen der Einbau von Küchen in D-Zug-Wagen ehemaliger preußischer Bauart.

Zu Beginn der dreißiger Jahre setzte ein ausgeprägter Trend nach höheren Geschwindigkeiten ein. Weiterhin rückten Forderungen nach materialsparenden Konstruktionen in den Vordergrund. Sie fanden ihre Erfüllung in der Schweißtechnik und im Leichtbau.

Als Bauart 1931 bezeichnete man ursprünglich zwei Einheits-D-Zug-Wagen 3. Klasse, die erstmals in geschweißter Ganzstahlbauweise ausgeführt wurden. Ihre Eigenmasse verringerte sich gegenüber den genieteten Ausführungen um durchschnittlich 6t. Die Bauart 1931 der vierachsigen Durchgangswagen mit offenen Stirnwandübergängen der Gattung BC 4i-31 unterschied sich von ihrer Vorgängerin im wesentlichen dadurch, daß das einzelne Abteil 3. Klasse in der Wagenmitte in einen Fahrgastraum mit drei Abteilen umgestaltet wurde.

Noch in genieteter Ausführung lieferten mehrere Waggonbaubetriebe je fünf Fahrzeuge einer neuen Generation von Nebenbahnwagen. Auch ihr bemerkenswertester Unterschied zu ihren Vorgängen waren die geschlossenen Einstiegräume. Die genannten Fahrzeuge entsprachen den Gattungen Bi-31, BCi-31 und Ci-31. Desweiteren gab es auch in dieser Zeit wieder Umbauten.

Von der Bauart 1932 der Einheits-D-Zug-Wagen sind zwei Gattungen bekannt, C 4ü-32a und C 4ü-32b. Etwa im Jahre 1932 entstanden die ersten vierachsigen Sitzwagen 3. Klasse mit offenen Stirnwandübergängen in geschweißter Ausführung. Diese Wagen bezeichnete man als Gattung C 4i-32, C 4i-32a, C 4i-32b und C 4i-32c. Das RZA Berlin hatte dazu Aufträge an verschiedene Waggonbau-Firmen vergeben. Ebenfalls als Bauart 1932 galten je ein Nebenbahnwagen 2./3. Klasse und 3. Klasse der neuen Generation in geschweißter Ausführung.

Als Bauart 1933 galt eine geschweißte Ausführung von 4 Stück Einheits-D-Zug-Wagen 1./2. Klasse. Auch für das Jahr 1933 war die nachträgliche Ausrüstung von D-Zug-Wagen preußischer Bauart mit Küchen vorgesehen.

Die Bauart der Einheits-D-Zug-Wagen umfaßte 3 Gattungen: AB 4ü-34, ABC 4ü-34 und BC 4ü-34. Als Bauart 1934 entstanden wiederum verschiedene Gattungen vierachsiger Personenwagen mit offe-

nen Stirnwandübergängen, so die Gattung BC 4i-34. Mit ihr wurden verschiedene Bremsbauarten und Kombinationen erprobt.
Darüber hinaus wurden auch zweiachsige Nebenbahnwagen 2./3. Klasse beschafft (BCi-34 und BCi-34a). Für den Personenverkehr wurden mehrere vierachsige Abteilwagen preußischer Herkunft mit Traglastenabteilen versehen. Auch zweiachsige Nebenbahnwagen der ehemaligen 3./4. Klasse der Bauart 1923 und zweiachsige Einheits-Personenwagen der Bauarten 1927 und 1928 erhielten nachträglich ein Traglastenabteil.
Eine neue Generation von Einheits-D-Zugwagen stellten die verschiedenen Gattungen der Bauart 1935 dar. Auch als Bauart 1935 galten je drei vierachsige Durchgangswagen 2./3. Klasse und 3. Klasse mit offenen Stirnwandübergängen. Die als BC 4i-35 und C 4i-35 bezeichneten Fahrzeuge wiesen ähnliche Neuerungen in der äußeren Gestaltungsweise auf wie die D-Zug-Wagen der Bauart 1935.
Weitere Einsparungen an Eigenmasse brachte der Einsatz von Abkantprofilen anstelle von Walzprofilen. Typische Beispiele für diese Bauweise sind die Sitzwagen der „Altenberger" Bauart. Auch im Jahre 1935 wurden Umbauten vorgenommen. Sie umfaßten sowohl Wagen der ehemaligen Länderbahnen, als auch zweiachsige Nebenbahn- und Durchgangswagen der Baujahre bis 1924.
Die Erhöhung der Geschwindigkeit bedingte auch eine Verbesserung des Fahrzeuglaufs. Umfangreiche Versuche ergaben als günstigste Laufflächenneigung 1:40 bis 1:20, die ab 1934 die Radsätze für schnellfahrende Züge erhielten.
Die windschnittige Form der D-Zug-Wagen wurde erstmals beim Henschel-Wegmann-Zug angewendet. Bei Geschwindigkeiten über 100 km/h trägt diese Form zu einer Senkung des Luftwiderstandes um etwa 25 Prozent bei. Die ersten windschnittigen Reisezugwagen entstanden im Jahre 1936. Die eigentliche Bauart 1936 der Einheits-D-Zug-Wagen und auch der vierachsigen Durchgangswagen schloß sich an die Bauart 1935 an. An D-Zug-Wagen entstanden die Gattungen ABC 4ü-36, BC 4ü-36 und C 4ü-36, als vierachsiger Durchgangswagen nur die Gattung C 4i-36.
Neben den Neubeschaffungen wurden wiederum auch Wagen umgebaut. Aus zweiachsigen Durchgangswagen verschiedener Baujahre entfernte man Sitzbänke und erhielt so Sitzwagen mit Traglastenabteilen.
Aus demselben Jahr stammt aber auch ein Entwurf des damaligen Reichsbahn-Zentralamts für Maschinenbau in Berlin, in die zweiachsigen Sitzwagen 4. Klasse sächsischer Bauart Lattensitze einzubauen. Es entstanden drei Versionen: I — für 54 Sitzplätze, II — für 56 Sitzplätze, III — für 60 Sitzplätze.
Die Waggonbau-Industrie lieferte in diesem Jahr der Lübeck-Büchener Eisenbahn zweiteilige Doppelstockzüge. Diese Fahrzeuge waren auf die Belange dieser Bahnverwaltung abgestimmt.
In den folgenden Jahren wurde der Reisekomfort spürbar angehoben, wobei man die Prinzipien des Leichtbaues streng beachtete. So wurden die Abteile und die Fenster verbreitert und die Beleuchtungs-, Heizungs- und Entlüftungseinrichtungen verbessert.
Als Bauart 1937 wurde nur ein vierachsiger Durchgangswagen-Typ 2./3. Klasse mit offenen Stirnwandübergängen der Gattung BC 4i-37 bezeichnet.
An Umbauten erfolgte u. a. der teilweise Austausch von Sitzbänken 2. Klasse gegen solche 3. Klasse in zweiachsigen Durchgangswagen der Bauart Bi-29. Darüber hinaus entstanden vierachsige Abteilwagen mit Traglastenabteilen dadurch, daß man in derartigen Wagen preußischer Herkunft die Einrichtung des Krankenabteils entfernte und dafür einige Sitzgelegenheiten einbaute. Auch zweiachsige Abteilwagen der Bauart 1921 und zweiachsige Durchgangswagen der Bauart 1927 erfuhren Änderungen in der Sitzbankanordnung und -gestaltung.
1938 wurden verschiedene Sitzwagen mit Luftheizung ausgerüstet. Im selben Jahr beschaffte die Deutsche Reichsbahn-Gesellschaft windschnittige Leichtbau-D-Zug-Wagen, die lauf- und bremstechnisch Geschwindigkeiten bis 150 km/h zuließen. Die Bauart 1938 sah zwei Gattungen D-Zug-Wagen vor, AB 4ü-38 und C 4ü-38. Weiterhin bauten die RZA Berlin und München je fünf Versuchswagen 3. Klasse. Die DRG übernahm in diesem Jahr einige Privatbahnen, deren Reisezugwagen vor allem bayerischen und preußischen Normalien entsprachen.
Die Bauart 1939 der Einheits-D-Zug-Wagen ergänzten die Wagengattungen der Bauart 1938. Es waren die Gattungen ABC 4ü-39 und BC 4ü-39. Die Durchgangswagen — bisher vor allem in Eilzügen eingesetzt — erhielten ab 1939 auch Faltenbälge. Die Einstiegtüren waren bei diesen Wagen jedoch nach wie vor etwas eingerückt, obwohl man die Wagen im übrigen der windschnittigen Form der D-Zug-Wagen anpaßte.
In die Drehgestelle der Bauart Görlitz wurde eine vierte Federung einge-

baut. Dadurch und infolge der Rollenlagerradsätze eigneten sich die Laufwerke für Geschwindigkeiten bis zu 150 km/h. Zugleich wurde aber eine leistungsfähige Bremse benötigt. Es entstand die Hildebrand-Knorr-Schnellbremse.
Das Beschaffungsprogramm der DRG sah für die Jahre 1940 bis 1943 den Bau von 10230 Stück vierachsigen Reisezugwagen vor, von denen 1680 D-Zug-Wagen in Stahlleichtbauweise nach der Konstruktion der Firma Orenstein & Koppel ausgeführt werden sollten. Die Kriegssituation verhinderte jedoch die Ausführung.
Nicht unerwähnt sollen zwei Versuchswagen 2./3. Klasse bleiben; für den einen von ihnen waren LHW-Lenkerdrehgestelle vorgesehen und für den anderen LHW-Schwingachsdrehgestelle. Köln-Deutz hatte 1943 zwanzig Wagen 2./3. Klasse zu bauen, die als BC 4üp-42 bezeichnet wurden. Umgebaut wurden im Jahre 1942 noch einige zwei- und dreiachsige Abteilwagen sächsischer Herkunft verschiedener Baujahre ganz oder teilweise von der 2. in die 3. Wagenklasse.
Im Jahre 1943 wurde noch eine kleine Serie vierachsiger Eilzugwagen 3. Klasse mit Drehgestellen der Bauart Görlitz III mit Achslenker ausgestattet. Mit diesen Fahrzeugen brach dann die weitere Entwicklung ab. Alle vorhandenen Kapazitäten wurden für die Produktion von Kriegsmaterial eingesetzt. So entstanden beispielsweise aus dem zuletzt gebauten Eilzugwagentyp zwei Serien vierachsiger Lazarettwagen mit offenen Übergängen. Diese Wagen galten als Gattung C 4i-43a.
Um trotz der Zerstörung vieler Reisezugwagen vor allem den Berufsverkehr aufrecht erhalten zu können, entstand der zweiachsige Behelfspersonenwagen der Kriegsbauart, Gattung MCi-43, in größeren Stückzahlen. Seine kombinierte Stahl-Holz-Bauweise ist dem Güterwagenbau entlehnt. Zugleich baute man auf noch brauchbaren Untergestellen zerstörter D-Zug-Wagen vierachsige Behelfsschnellzugwagen der Kriegsbauart in Rautenfachwerkbauweise auf.
Sie galten als Gattung MC 4i-44. Beide Behelfswagentypen erhielten nur Stirnwandtüren.
Damit ging wiederum eine Epoche im deutschen Eisenbahn-Personenwagen-Bau zu Ende.

Sonderreisezugwagen

Nach englischem Vorbild verkehrte seit dem Jahre 1925 der Mailand-Cannes-Expreß als erster Tageszug der ISG mit Pullman-Wagen. Charakteristisch für diese luxuriös ausgestatteten Fahrzeuge war, daß die Mahlzeiten am Sitzplatz gereicht wurden.
In den folgenden Jahren erschien diese Wagenbauart auch in anderen Expreßzügen, so im Jahre 1927 im „Edelweiß", der zwischen Holland und der Schweiz über Bruxelles, Luxemburg und Strasbourg verkehrte. Bereits im Jahre 1925 erlangte die Mitropa das Recht, nach Holland und nach einigen Orten der Schweiz besondere Züge und Wagen betreiben zu dürfen. Hinzu kam noch, daß zu jener Zeit die anspruchsvollen Reisenden die Reise bei Tage bevorzugten. So entstand bei der DRG in Zusammenarbeit mit der Mitropa das Projekt, als Konkurrenz zu dem Luxuszug „Edelweiß" der ISG den Luxuszug „Rheingold" zu schaffen. Da dessen Streckenverlauf länger war als der des „Edelweiß", mußte er durch besonderen Komfort entsprechend anziehend gemacht werden.
So wurde mit Beginn des Sommerfahrplans im Jahre 1928 erstmals der Rheingold-Expreß zwischen Amsterdam bzw. Hoek van Holland und Basel mit D-Zug-Wagen einer Sonderbauart in Betrieb genommen. Der Zug führte nur Wagen der 1. und 2. Klasse. Für diesen Zug schuf man auch eine besondere Gepäckwagenbauart. Alle diese Wagen hoben sich durch ihren Außenanstrich von den Fahrzeugen des übrigen Wagenparks ab.
Die vier Bauarten der Sitzwagen waren:
— Wagen 1. Klasse
mit 28 Sitzplätzen,
— Wagen 1. Klasse
mit 20 Sitzplätzen und Küche,
— Wagen 2. Klasse
mit 43 Sitzplätzen,
— Wagen 2. Klasse
mit 29 Sitzplätzen und Küche.

Auf Grund der Nachfrage an Plätzen besonders in der 2. Klasse gab die DRG noch sechs Wagen 2. Klasse mit bzw. ohne Küche in Auftrag.
Im Jahre 1934 wurden einige dieser Wagen zu gemischtklassigen Sitzwagen der Gattung SAB 4ü-28/34 umgebaut.
Im Jahre 1939 entstand ebenfalls durch Umbau ein Sitzwagen 1./2. Klasse. Eine weitere Sonderbauart stellten die D-Zug-Wagen für den „Karwendel-Expreß" dar. Er verkehrte auf der Mittenwaldbahn zwischen München und Mittenwald. Dieser Wagenpark wurde im Jahre 1932 durch acht Sitzwagen 1./2./3. Klasse, 21 Sitzwagen 3. Klasse und fünf vierachsige Gepäckwagen mit Kücheneinrichtung ergänzt.
Da die DRG die Versorgung ihrer Dieseltriebfahrzeuge nicht für ausreichend gesichert erachtete, unter-

nahm sie Versuche mit schnellfahrenden Dampflokomotiven und Reisezugwagen. Dazu schuf man 1935 den Henschel-Wegmann-Zug, einen Stromlinien-Dampfzug für eine Fahrgeschwindigkeit von 160 km/h.

Gepäckwagen

Die DRG übernahm von den Länderbahnen auch eine Vielzahl von zwei-, drei- und vierachsigen Gepäckwagen. Die meisten von ihnen wurden den veränderten technischen Bedingungen angepaßt. Besonders augenscheinlich war der Ersatz der Stangenpuffer durch Hülsenpuffer.

Im Jahre 1923 beschaffte die DRG ihre ersten vierachsigen D-Zug-Gepäckwagen. Gleichzeitig entstand ein zweiachsiger Gepäckwagen-Typ für Personenzüge, den man als „Einheitsbauart" bezeichnete. Er wurde bis 1927 gebaut und erfuhr in diesen vier Jahren einige Detailveränderungen.

Als dreiachsige Version entstand er für die Lübeck-Büchener Eisenbahn.

Mit der Entwicklung des vierachsigen Einheits-D-Zug-Gepäckwagens der Austauschbauart waren vorerst die Abmessungen für derartige Wagen festgelegt. Neue Ausführungen sollten deshalb in ihren Hauptabmessungen unverändert bleiben, aber bei gleicher Festigkeit möglichst eine geringere Eigenmasse aufweisen.

Von diesen Grundgedanken war auch die Konstruktion eines vierachsigen Typs mit offenen Stirnwandübergängen getragen. Ein Teil dieser nur bis 1931 beschafften Wagen wurde mit einer kleinen Küche ausgerüstet, einige andere versah man erst nachträglich damit.

In Anlehnung an diesen vierachsigen Gepäckwagen entstand auch ein zweiachsiger Typ.

Als kleine Serie entstanden in den Jahren 1928/1929 sieben zweiachsige Gepäckwagen für die Strecke Hirschberg—Polaun (heute: Jelena Gora—Kořenov).

Für den Fährbetrieb nach Dänemark und Schweden lieferte die Waggonbauindustrie an die DRG im Jahre 1929 u. a. neue vierachsige Gepäckwagen, die für den speziellen Einsatz ausgerüstet waren. In demselben Jahr beschaffte die DRG weiterhin 120 vierachsige Gepäckwagen der Gattung Pw 4ü-29. Die Bauart der zweiachsigen Gepäckwagen für Personenzüge wurde bezüglich des Austauschbaues überarbeitet und als Pwi-29 beschafft.

Im Gegensatz dazu entstanden Ausführungen für Privatbahnen, die hauptsächlich den Wünschen der Bahnverwaltung entsprachen.

Die Bauart der Gepäckwagen für D-Züge des Jahres 1930 galt ebenfalls als Einheitsbauart (siehe Foto bei Pw 4ü-28). Sie unterschied sich von den Bauarten vorangegangener Jahre durch teilweise geringere Höhen- und Breitenmaße. Weiterhin befanden sich beim Pw 4ü-30 nunmehr die Lüfter an den Stirnseiten des Dachaufbaues. Auch die zweiachsigen Gepäckwagen dieses Lieferjahres wiesen ähnliche Veränderungen wie die vierachsige Bauart auf. Der Pw 4ü-30 wurde bis in das Jahr 1931 beschafft. Gleichzeitig lieferte die Waggonbauindustrie 30 zweiachsige Wagen der Gattung Pwi-31.

Für den Nebenbahndienst beschaffte die DRG ab diesem Jahr eine neue, leichtere Bauart zweiachsiger Gepäckwagen. Sie wurde als Gattung Pwi-31a bezeichnet.

Im Jahre 1932 erschien eine neue Generation von vierachsigen Gepäckwagen. Sie waren die bisher längsten ihrer Gattung und enthielten eine Reihe von Neuerungen; man sah sie aber ursprünglich nur für den Personenzugdienst vor und rüstete sie entsprechend aus.

Angelehnt an die ab 1931 beschafften zweiachsigen Gepäckwagen in genieteter Stahlbauweise entstand ein Musterwagen in geschweißter Ausführung. Im Zusammenhang mit der Einführung der Schweißtechnik überarbeitete man auch den vierachsigen Gepäckwagentyp aus dem Jahre 1932. Die geschweißten Fahrzeuge waren um 0,8 t leichter.

Im Jahre 1932 beschaffte die DRG nicht nur neue Fahrzeuge, sondern sie paßte auch Wagen zurückliegender Lieferjahre den veränderten Verkehrsbedürfnissen an. So erhielten acht Wagen der Gattung Pw 4ü-29 nach und nach im Laderaum eine kleine Küche. Nachdem diese Wagen einen zweifarbigen Außenanstrich erhalten hatten, verkehrten sie In den Zügen des „Karwendel-Expreß". Diese Bauart der Küche wurde auch in einige vierachsige Eilzug-Gepäckwagen der Gattung Pw 4i-31 eingebaut.

Gut erhaltene Fahrzeuge der ehemaligen Länderbahnen paßte die Bahnverwaltung auch im Jahre 1934 veränderten Verkehrsbedürfnissen an.

So rüstete sie nachträglich einige vierachsige Gepäckwagen preußischer Bauart für D-Züge aus den Jahren 1910 und 1916 mit Zollabteil aus. Darüber hinaus ließ die Deutsche Reichsbahn Gesellschaft auch zweiachsige Fahrzeuge ehemaliger Länderbahnen umbauen.

Aus kombinierten Gepäck- und Postwagen der Baujahre 1907 und 1911 entstanden reine Gepäckwagen.

Im Jahre 1935 entstand eine weitere Generation vierachsiger Gepäckwagen, bei der bewährte Baugruppen beibehalten und darüber hinaus wesentliche Neuerungen eingeführt wurden. Verschiedene Umbauten an vierachsigen Gepäckwagen ehemaliger Länderbahnen gab es auch in diesem Jahr bei der Deutschen Reichsbahn Gesellschaft.

Der Serie vierachsiger Gepäckwagen für D-Züge im Jahre 1935 folgte im Jahre 1936 eine weitere. Die als Gattung Pw 4ü-36 bezeichnete Lieferung wies vor allem Veränderungen im unteren Bereich der Seitenwände auf. Auch die Gepäckwagen waren in die allgemeine Entwicklungsrichtung einbezogen, und man versuchte systematisch, auch ihre spezifische Eigenmasse und ihren Luftwiderstand zu verringern. Beispiel dafür ist der als Pw 4ü-36a bekannt gewordene Musterwagen und die danach beschafften Serien.

Neben den windschnittigen Sitz-, Speise- und Schlafwagen in Leichtbauweise entwickelte die Industrie auch einen entsprechenden Gepäckwagen.

Im Jahre 1942 gab es noch drei Umbauten zweiachsiger kombinierter Gepäck- und Postwagen der Gattung PwPosti-34 in reine Gepäckwagen.

Kombinierte Gepäck- und Postwagen

Anfangs deckte die DRG ihren Bedarf an derartigen Fahrzeugen aus dem übernommenen Park der Privat- und Länderbahnen. Verschiedene Gründe veranlaßten sie, in den Jahren 1928/1929 zwei kleine Serien vierachsiger Fahrzeuge der Gattung PwPost 4ü von der Industrie zu beschaffen.

In diesen Jahren wurden aber auch einige Gepäckwagen preußischer Herkunft der Gattung Pw 4ü Pr 07 für D-Züge in kombinierte Gepäck- und Postwagen umgebaut.

Die Waggonbau-Industrie lieferte im Jahr 1931 zwei zweiachsige Gepäck- und Postwagen für den Einsatz auf Nebenbahnen. Die Fahrzeuge entsprachen denen der Gattung PwPosti-31.

Aus einem vierachsigen Eilzug-Gepäckwagen der Gattung Pw 4i-31 entstand im Jahre 1933 durch Umbau ein Wagen der Gattung PwPost 4i-31/33. Offenbar wiederholt umgebaut wurde in demselben Jahr mindestens einer der ehemaligen vierachsigen kombinierten Gepäck- und Postwagen preußischer Herkunft, aus denen im Jahre 1926 der Postraum entfernt worden war. Somit entstand die Gattung PwPost 4ü Pr 13/26/33.

Als kleine Serie wurde schließlich 1934 ein vierachsiger kombinierter Gepäck- und Postwagen von der DRG beschafft.

Gleichzeitig lief eine Serie zweiachsiger kombinierter Gepäck- und Postwagen an, die noch einen Oberlichtaufbau hatten.

Zwei Wagen in geschweißter Ausführung ohne Oberlichtaufbau beendeten die weitere Entwicklung.

Bahnpostwagen

Ab 1920 fertigte man die Bahnpostwagen der Gattung IV (17-m-Bahnpostwagen) mit stählernem Wagenkasten in Serie. Als Laufwerke verwendete man Drehgestelle amerikanischer Bauart.

Von 1924 an führte man die Bahnpostwagen in genieteter Stahlbauweise aus. Die Untergestelle der zwei- und dreiachsigen Wagen erhielten doppelte Langträger. An den inneren Profilen waren die Laufwerke befestigt und an den äußeren die Kastensäulen. Die Dächer bestanden noch aus Holz und trugen auch noch einen durchgehenden Oberlichtaufbau.

Damals veränderte man die Gattungsangabe für die Bahnpostwagen etwas. Seitdem wird die Länge des Wagenkastens in „Meter" mit angegeben.

Die Postverwaltung beschaffte ihre Bahnpostwagen von den verschiedensten Waggonfabriken.

Von 1925 an folgten Wagen verschiedener Gattungen mit einer Kastenlänge von 20 m und ab dem Jahre 1926 dreiachsige 12,5 m lange Wagen.

Zur Beförderung von Butterpaketen aus Schleswig-Holstein nach Berlin, Leipzig und Breslau (heute: Wroclaw) setzte zuerst die Oberpostdirektion Kiel im Jahre 1927 Bahnpostwagen mit Eiskühlung ein. Die 10,8 m langen Fahrzeuge waren in Güterwagen-Bauweise ausgeführt. Zwischen deren beiden Nummernbereichen waren u. a. einige Wagen für die damalige Oberpostdirektion Breslau eingereiht. Es gibt Anhaltspunkte, die den Einsatz auf der elektrifizierten Strecke Hirschberg—Polaun (heute: Jelena Gora—Kořenov) vermuten lassen.

Der äußeren Gestaltung der Sitz- und Gepäckwagen paßte man ab 1928 auch die 20 m langen Bahnpostwagen an, wobei allerdings am Oberlichtaufbau noch festgehalten wurde.

Die Waggonfabrik Wismar lieferte in den Jahren 1929/1930 eine weitere Serie von 41 Kühlwagen aus.

Auch für Bayern wurden in dieser Zeit zehn Postkühlwagen beschafft.

Die in den Jahren 1926 bis 1931 beschafften zwei- und dreiachsigen Bahnpostwagen der Gattungen b und c beendeten die Entwicklung derartiger Fahrzeuge, da die DRG auch in Personenzügen künftig nur noch vierachsige Wagen einsetzen wollte. Gleichzeitig schloß die Reichspostverwaltung mehrere Verträge ab zur Beschaffung vierachsiger Bahnpostwagen mit einer Wagenkastenlänge von 20 m. Die Fahrzeuge entsprachen der Gattung Post 4ü-bl/20.

In geschweißter Ganzstahlbauweise und ohne Oberlichtaufbau entstand 1933 ein Wagen mit einer Kastenlänge von 20,4 m.

Die Bahnpostwagen mit bayerischen und württembergischen Wagennummern wurden im Jahre 1934 in den Wagenpark der Deutschen Reichspost eingereiht. Sie erhielten Wagennummern bereits ausgemusterter Fahrzeuge. Die Beschaffung neuer Fahrzeuge wurde vertraglich gebunden. Es handelte sich um weitere vierachsige Wagen mit einer Kastenlänge von 20 m, allerdings um eine andere Gattung (Post 4ü-bII/20). Ab 1936 nahm die Deutsche Reichspost eine neue Generation von Bahnpostwagen der verschiedensten Gattungen in Betrieb. Ihre Kastenlänge betrug nunmehr 21,6 m.

Ein Jahr danach, 1937, wurde die Lieferung von Fahrzeugen der Gattung Post 4ü-bII/21,6 vereinbart.

Als Ersatz für zwei- und dreiachsige Bahnpostwagen wurden ab 1938 vierachsige Bahnpostwagen mit einer Kastenlänge von 15 m beschafft.

In den letzten beiden Monaten des Jahres 1938 beauftragte das Reichspost-Zentralamt die Waggonbau-Firma Credé, Bahnpostwagen in windschnittiger Bauweise zu entwikkeln. Die bisherige Länge des Wagenkastens von 21,6 m behielt man bei. Die ersten Fahrzeuge entsprachen der Gattung a, obwohl die Aufteilung der Innenräume unterschiedlich ausgeführt war (z. T. mit Ruheraum).

1942 beschaffte die Deutsche Reichspost fünf Bahnpostwagen der Gattung Post 4ü-bl/20 für den Fährverkehr nach Schweden. Ihre Länge über Puffer betrug nur 21 320 mm, während die Fahrzeuge mit einer Kastenlänge von 21,6 m eine Länge über Puffer von 22 900 mm aufwiesen. Das Wageninnere war in einen großen Brief- und einen kleinen Packraum (heute: Laderaum) unterteilt. Damit schloß ein Entwicklungsabschnitt im Bahnpostwagenbau ab.

C/C Wü 20

(B/C)

1920

Techn. Daten Seite 254

Die in den Bildern dargestellten kurzgekuppelten zweiachsigen Sitzwagen 3. Klasse waren noch von der Württembergischen Länderbahn für den starken Berufs- und Nahverkehr im Einzugsgebiet von Stuttgart gedacht, der als besonderer Vorortverkehr ausgebaut werden sollte. Sie vereinten die Vorteile der bisherigen zweiachsigen Durchgangswagen bezüglich des Fassungsvermögens und die Vorteile der Abteilwagen bezüglich eines raschen Fahrgastwechsels.
Ab Februar 1920 wurden 360 Fahrzeuge beschafft, die zwar noch von der Württembergischen Länderbahn bestellt, aber schon von der DRG übernommen wurde.

Konstruktive Merkmale

Untergestell

Rahmen: Genietet. Walzprofile und Hauptabmessungen dem zweiachsigen Einheitsgüterwagen des Deutschen Staatsbahn-Wagenverbands weitgehend angeglichen. Ebene Sprengwerke.
Zugeinrichtung: Durchgehend; Schrauben- und Kurzkupplung. Kurzkupplung wie bei den Berliner Stadtbahnwagen.
Stoßeinrichtung: Stangenpuffer.
Laufwerk: Gleitlagerradsätze, Achshalter, Achslager und Bremsklötze entsprachen der DWV-Bauart. Tragfederaufhängung nach Bauart der ehemaligen Reichseisenbahnen.
Bremse: Mehrlösige, selbsttätige Einkammer-Druckluftbremse. Handbremsrad auf Endplattform. Bremsklotzabsteller.

Wagenkasten

Rohbau: Hölzernes Wagenkastengerippe außen mit Blech verkleidet. Tonnendach. Einstiegtüren gegenüber Seitenwand eingerückt. Offene Stirnwandübergänge nur für Zugbegleitpersonal. Am Kurzkuppelende geschlossener Übergang mit Faltenbalg.

Zweiachsiger Sitzwagen (kurzgekuppelt) 3. Klasse der Deutschen Reichsbahn-Gesellschaft; Baujahr 1920
Foto: Archiv S. & P. Wagner

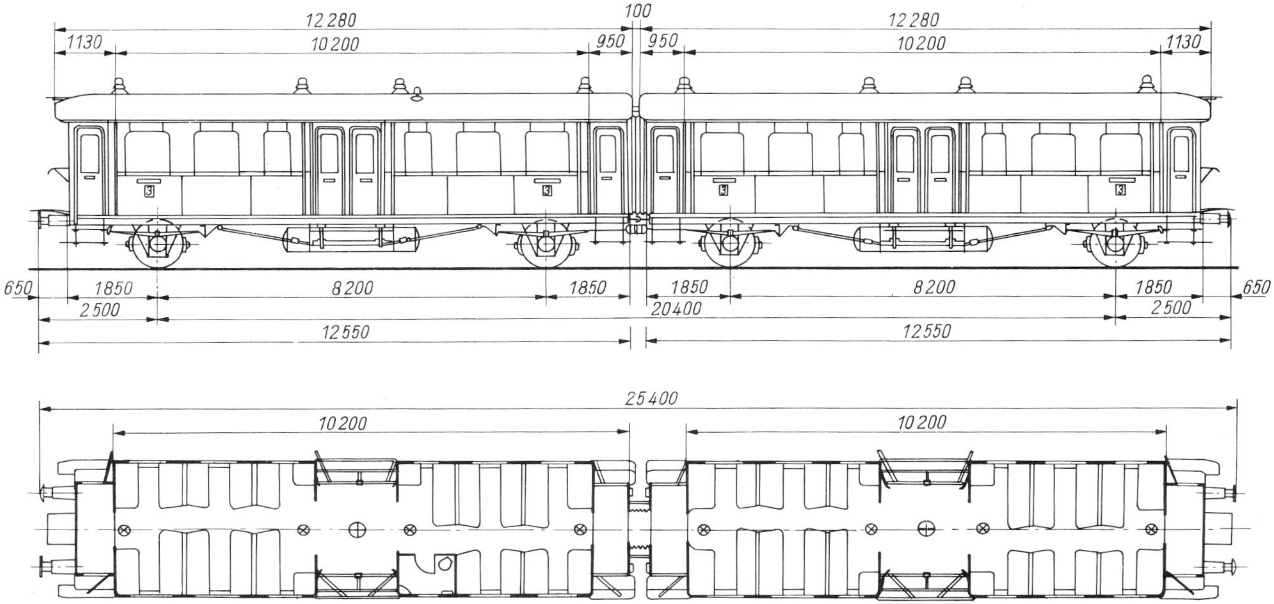

Maßskizze des zweiachsigen Sitzwagens (kurzgekuppelt) 3. Klasse der Deutschen Reichsbahn-Gesellschaft; Baujahr 1920

Inneneinrichtung: Keine Zwischentüren. Sitze aus Buchenholzplatten, leicht geschweift. Gepäckraufen aus Rohrgestellen mit Lochblechverkleidung. Abstellen von Gepäck auch unter den Sitzen möglich. Haken für Rucksäcke und Kleidung.
Heizung: Dampfheizung; Heizkörper senkrecht angeordnet.
Lüftung: Lüftungsschlitze über einigen Seitenwandfenstern.
Beleuchtung: Gas; Vorratsbehälter am Untergestell.

Di-21a

1921–23

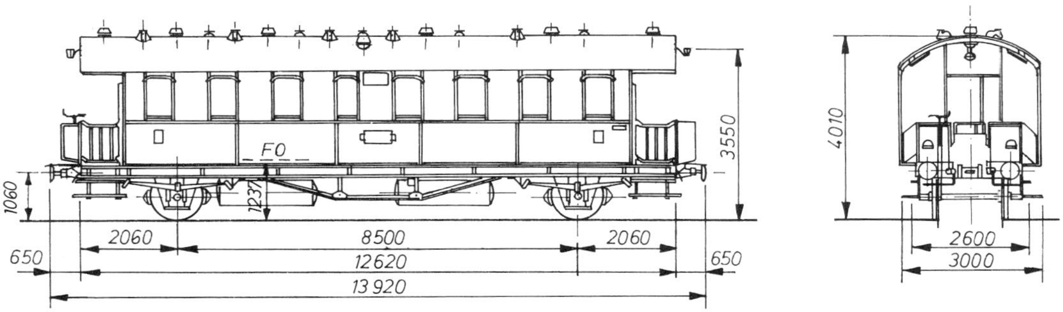

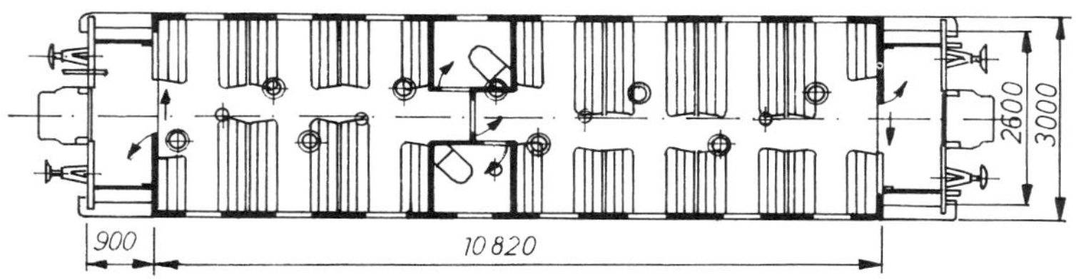

Zweiachsiger Sitzwagen 4. Klasse der Deutschen Reichsbahn-Gesellschaft; Baujahre 1921/23, Gattung Di-21a
Foto: Werkfoto MAN

Maßskizze des Grundrisses vom zweiachsigen Sitzwagen 4. Klasse der Deutschen Reichsbahn-Gesellschaft; Baujahre 1921/23, Gattung Di-21a

Die Konstruktion dieses Wagentyps stützt sich auf ähnliche Fahrzeuge verschiedener Länderbahnen. Da der Wagenkasten in Holzbauweise ausgeführt war, mußten die Langträger durch Sprengwerke verstärkt werden. Nach der Nullserie entstanden zwei Ausführungen in unterschiedlich großen Stückzahlen, die Gattungen Di-21 und Di-21a. Sie unterschieden sich in der Gestaltung der Abortbereiche und damit in der Anordnung der Lampen und Lüfter im Dach. Diese Wagen sollten bei Bedarf zum Transport von Verletzten herangezogen werden. Den Grundriß zeigt die Zeichnung.

Konstruktive Merkmale

Untergestell

Rahmen: Aus Profilen und Blechen genietet; äußere Langträger mit ebenen Sprengwerken, Kastenstützen und Haltern für Einstiegtritte.
Zugeinrichtung: Durchgehend; Schraubenkupplungen mit Sicherheitskupplung.
Stoßeinrichtung: Stangenpuffer

mit gewölbten und flachen Puffertellern.
Laufwerk: Vereinslenkachsen; Gleitlagerradsätze teils mit Speichenradkörpern.
Bremse: Anfangs einlösige Druckluftbremse; Handbremse, Handkurbel auf einer der Plattformen.

Wagenkasten

Rohbau: Wagenkastengerippe aus Holz, mit Brettern verschalt, außen mit Blech verkleidet; Tonnendach; herablaßbare Fenster mit Metallrahmen; Schiebetüren als Einstiegtüren, bei Bedarf einfache Drehtüren zusätzlich öffnen; abklappbare Bühnengeländer.
Inneneinrichtung: Zwei Fahrgasträume mit einfachen Bretterbänken; Fußboden mit Linoleum belegt; Aborte.
Heizung: Dampfheizung.
Lüftung: Statische Lüfter der Bauart Wendler.
Beleuchtung: Gaslampen; zwei Vorratsbehälter in Wagenlängsrichtung am Untergestell.

D-21

1921–25

Als Ersatz für die übernommenen Abteilwagen der ehemaligen Länderbahnen ließ die DRG auch einen solchen Wagentyp entwickeln. Seine Abteile waren allerdings wie bei der letzten sächsischen Ausführung durch einen Mittelgang miteinander verbunden. Der Wagenkasten war wie beim zweiachsigen Durchgangswagen der Bauart 1921 in Holzbauweise ausgeführt. Die Abteilwagen entsprachen der Musterzeichnung Bh 8o. Sie entstanden ebenfalls in zwei Ausführungen, als Gattungen D-21 und D-21a, und unterschieden sich in den Abmessungen der Türen und Fenster sowie wiederum in der Gestaltung der Abortbereiche und der sich daraus ergebenden Anordnung der Lampen und Lüfter im Dach. Den Grundriß zeigt die Zeichnung auf Seite 134.

Konstruktive Merkmale

Untergestell

Rahmen: Gleicht dem des zweiachsigen Durchgangswagens der Bauart 1921; zusätzlich Halter für Laufbretter.
Zugeinrichtung: Durchgehend; Schraubenkupplungen mit Sicherheitskupplung.

Zweiachsiger Sitzwagen 4. Klasse der Deutschen Reichsbahn-Gesellschaft; Baujahre 1921/25, Gattung D-21
Foto: Werkfoto Lindner, Ammendorf

Stoßeinrichtung: Stangenpuffer mit gewölbten und flachen Puffertellern.
Laufwerk: Vereinslenkachsen; Gleitlagerradsätze mit Scheibenradkörpern.
Bremse: Anfangs einlösige Druckluftbremse; Handbremse, Handkurbel in einem Kurbelkasten an einer Stirnwand.

Maßskizze des zweiachsigen Sitzwagens 4. Klasse der Deutschen Reichsbahn-Gesellschaft, Baujahre 1921/25, Gattung D-21

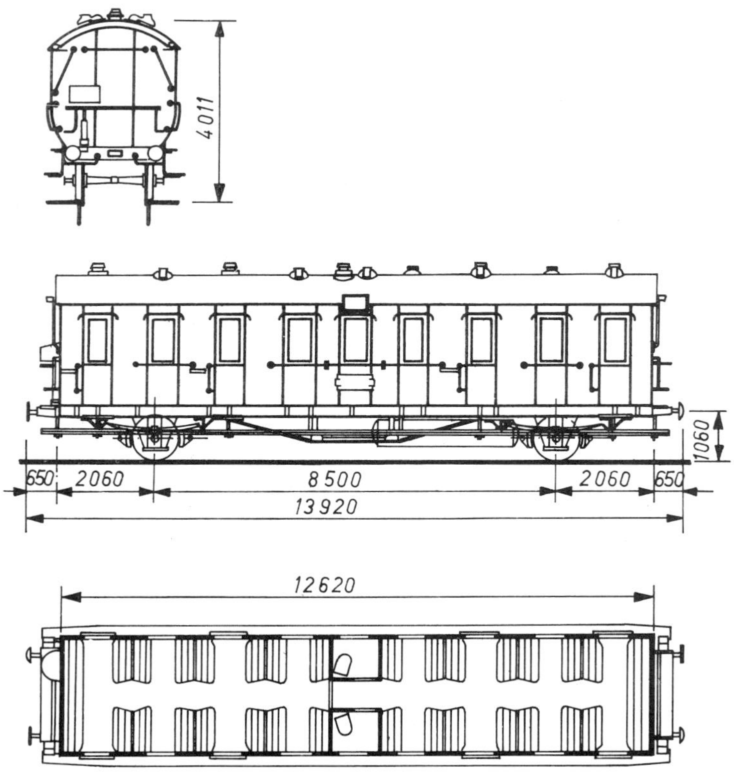

Wagenkasten

Rohbau: Wagenkastengerippe aus Holz, mit Brettern verschalt, außen mit Blech verkleidet; unterer Teil der Seitenwände nach innen eingezogen; einfache Drehtüren als Einstiegtüren in jedem zweiten Abteil; Tonnendach.
Inneneinrichtung: Zwei Fahrgasträume mit einfachen Bretterbänken; Gepäckablagen an den Wänden; Aborte in der Wagenmitte; Fußboden mit Linoleum belegt.
Heizung: Dampfheizung der Bauart Pintsch, von außen regulierbar.
Beleuchtung: Gaslampen; ein Gasbehälter für 705 l in Wagenlängsrichtung am Untergestell.

C 4ü-21/21a

1922/23

Diese Fahrzeuge (Foto Seite 135) sind als erste D-Zug-Wagen der Einheitsbauart bekannt geworden. Sie galten ebenfalls als Bauart 1921. Von Anfang an entstanden sie in Stahlbauweise. Ihre Gattungsbezeichnungen lauteten C 4ü-21 und C 4ü-21a. Darstellungen in den dienstlichen Unterlagen der DRG sowie in der Literatur weichen in Einzelheiten und Bezeichnungen voneinander ab. Sicher ist, daß die Wagen an den Enden unterschiedliche Dachformen aufwiesen und sich teils im Drehzapfenabstand unterschieden. Die Zeichnung auf Seite 135 zeigt den Grundriß dieser Fahrzeuge. Bei einem Wagen wurden die Kastensäulen auf die Langträger gesetzt. Die Darstellung im Typenblatt zeigt die Zeichnung auf Seite 136.

Konstruktive Merkmale

Untergestell

Rahmen: Aus Profilen und Blechen genietet, zu den Kopfstücken hin eingezogen; Halter für Einstiegtritte und Notausstiegtritte an den äußeren Langträgern.

Vierachsiger Sitzwagen 3. Klasse der Deutschen Reichsbahn-Gesellschaft; Baujahre 1922/23. Gattung C 40-21/21a
Werkfoto: Gastell, Sammlung Deppmeyer

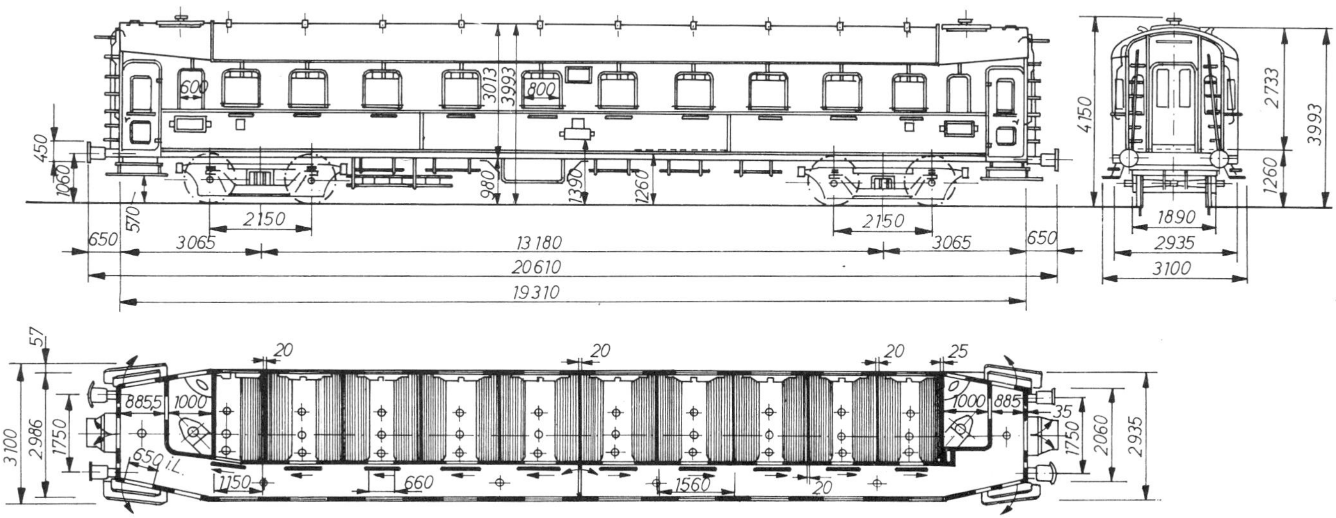

Maßskizze des Grundrisses vom vierachsigen Sitzwagen 3. Klasse der Deutschen Reichsbahn-Gesellschaft; Baujahre 1922/23, Gattung C 4ü-21/21a

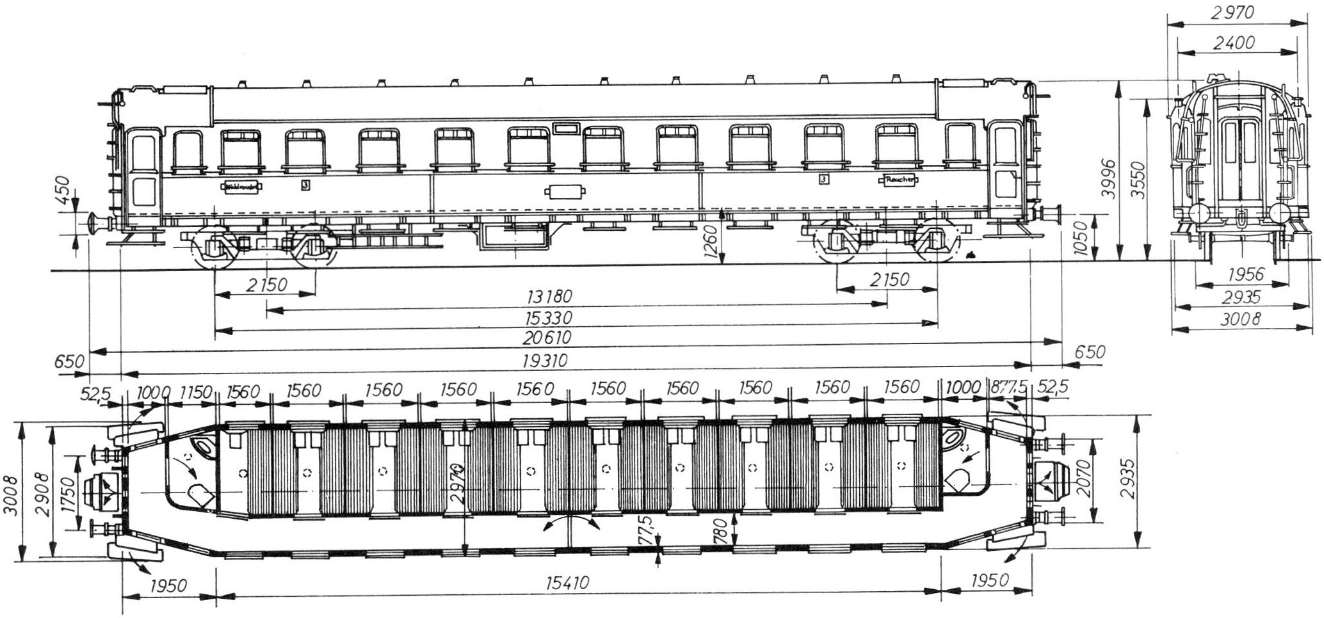

Maßskizze des vierachsigen Sitzwagens 3. Klasse der Deutschen Reichsbahn-Gesellschaft; Baujahre 1922/23, Gattung C 4ü-21/21a

Zugeinrichtung: Durchgehend; Schraubenkupplungen mit Sicherheitskupplung.
Stoßeinrichtung: Hülsenpuffer mit Ausgleichseinrichtung sowie gewölbten und flachen Puffertellern.
Laufwerk: Drehgestelle amerikanischer Bauart (Schwanenhals-Drehgestell) mit Wiegenaufhängung der Bauart Othegraven.
Bremse: Mehrlösige Druckluftbremse mit Schnellbremswirkung der Bauart Kunze-Knorr; Handbremse mit Handrad.

Wagenkasten

Rohbau: Wagenkastengerippe aus Stahlprofilen, außen mit Blech verkleidet; Tonnendach mit Rammkonstruktion; Einstiegtüren aus gepreßtem Blech; Stirnwandübergänge mit Drehtüren und Faltenbälgen.
Inneneinrichtung: 9 1/2 Abteile mit Lattensitzbänken und Gepäcknetzen; Aborte mit Wasserspülung, Waschgelegenheiten; Seitengang durch Pendeltür unterteilt.
Heizung: Dampfheizung.
Lüftung: Statische Lüfter der Bauart Wendler; Klappen in den meisten Fenstern.
Beleuchtung: Glühlampen; Batterie hing am Untergestell.

Di-21b

(Einheitswagen)

1922

Techn. Daten Seite 254

Zweiachsiger Sitzwagen 4. Klasse der Deutschen Reichsbahn-Gesellschaft; Baujahr 1922, Gattung Di-21b
Foto: Archiv VEB Waggonbau Görlitz

Diese zweiachsigen 4.-Klasse-Durchgangswagen der Einheitsbauart entstanden erstmals in Stahlbauweise. Sie entsprachen der Musterblatt-Zeichnung Bi 400 und galten ursprünglich als Gattung Di-21b. Die beiden gelieferten Serien zu je 25 Fahrzeugen erhielt die Rbd Magdeburg. Ab dem Jahre 1933 wurde bei einigen Fahrzeugen die Inneneinrichtung umgebaut. Der dargestellte Grundriß zeigt die Ausführung als Ciu-21b/33. Der wesentlichste Unterschied zur ursprünglichen Ausführung bestand darin, daß an Stelle des einen Aborts ein Halbabteil eingerichtet wurde. Weiterhin entstanden durch Umbau die Gattungen Cidtr, CdCitr und Ciutr.

Maßskizze des zweiachsigen Sitzwagens 4. Klasse der Deutschen Reichsbahn-Gesellschaft; Baujahr 1922, Gattung Di-21b

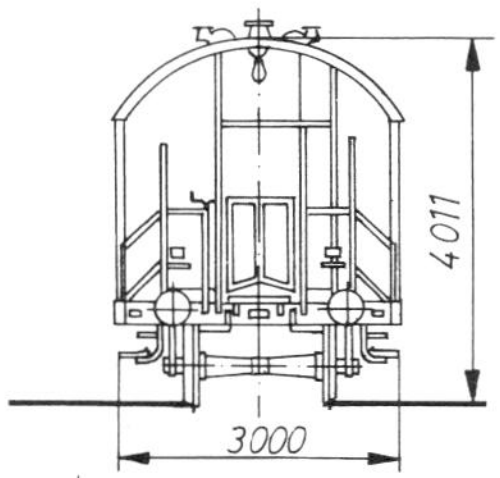

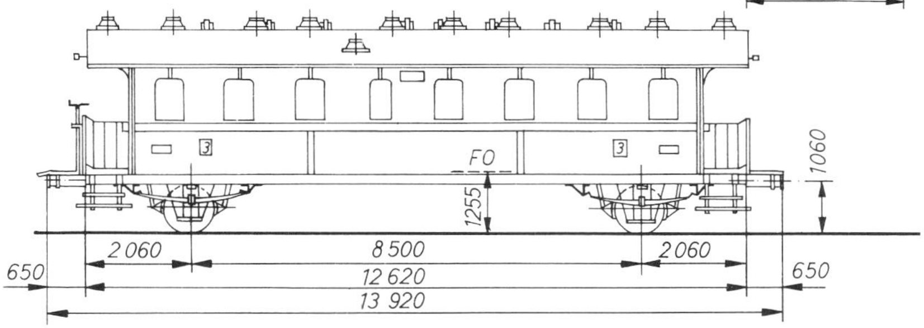

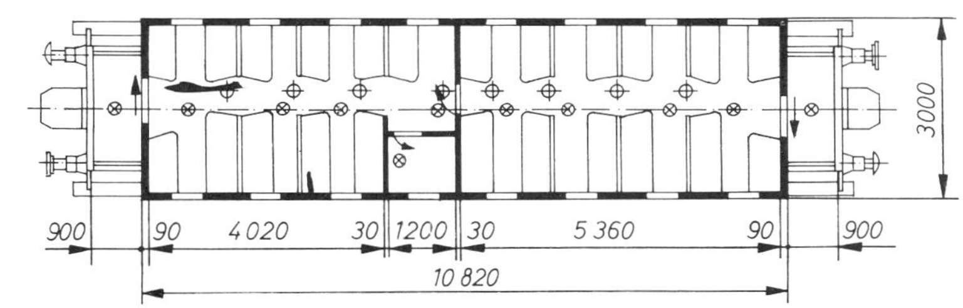

Konstruktive Merkmale

Untergestell

Rahmen: Aus Walzprofilen und Blechen, genietet; gepreßte Achshalter; Halter für Einstiegtritte.
Zugeinrichtung: Durchgehend, mit Schraubenkupplung.
Stoßeinrichtung: Ursprünglich Stangenpuffer, später durch Hülsenpuffer der Bauart Siegen ersetzt.
Laufwerk: Vereinslenkachsen; Schaken zur Tragfederaufhängung; Gleitlagerradsätze mit Scheibenrädern.
Bremse: Mehrlösige, selbsttätige Druckluftbremse für Personenzüge;

Handbremse, Handkurbel auf einer Plattform.

Wagenkasten

Rohbau: Wagenkastengerippe aus Profilen, Dachspriegeln und Blechen, genietet; außen mit Blech verkleidet, innen mit Brettern; gelochte Dachstützen aus Blech; geprägte Schiebetüren als Einstiegtüren in den Stirnwänden, durch schmale Drehtüren konnten Einstiege verbreitert werden; Fenster mit Metallrahmen; Stirnwand-Übergänge durch Scherengitter gesichert; Plattform-Einstiege durch klappbare Schutzgitter gesichert.
Inneneinrichtung: Zwischen- und Abortwände aus Holz; Fußboden mit Linoleum belegt; Sitzbänke und Gepäckablagen aus Brettern; Aborte.
Heizung: Dampfheizung der Bauart Pintsch.
Lüftung: Statische Lüfter der Bauart Wendler.
Beleuchtung: Gaslampen; zwei Gasbehälter in Wagenlängsrichtung am Untergestell.

D-21b

(Einheitswagen)

1922–27

Techn. Daten Seite 254

Die Deutsche Reichsbahn-Gesellschaft übernahm bei ihrer Gründung von den ehemaligen Länderbahnen 91 verschiedene Reisezugwagenbauarten in über 200 Ausführungen. Im Interesse der wirtschaftlichen Instandhaltung der Fahrzeuge bemühte sie sich, diese Vielfalt an Wagen einzuschränken. Eine der ersten Neuentwicklungen war der im Bild gezeigte zweiachsige 4.-Klasse-Abteilwagen. Wie er in sich die Vorteile der Abteil- und der Durchgangswagen vereinigte, ist auch aus dem Grundriß zu entnehmen.
Ein „Ausschuß für die Vereinheitlichung der Bauarten der Personen- und Gepäckwagen" bearbeitete die Entwürfe für die Einheitswagen. Seine Hauptforderung bestand darin, die Wagen in allen ihren Teilen so durchzuarbeiten, daß sie den Anforderungen der Herstellung sowie des Betriebs- und Verkehrsdienstes voll entsprachen. Außerdem sollten in der nächsten Zeit keine wesentlichen Änderungen mehr notwendig sein.

Konstruktive Merkmale

Untergestell

Rahmen: Vorwiegend aus Walzprofilen; genietet. Langträger durch ebene Sprengwerke aus Winkelprofil verstärkt. Laufbretter.
Zugeinrichtung: Durchgehend; Schraubenkupplung.

Zweiachsiger Sitzwagen 4. Klasse der Deutschen Reichsbahn-Gesellschaft; Baujahre 1922/27, Gattung D-21b
Foto: Sammlung Kroschwald

Stoßeinrichtung: Ursprünglich Stangenpuffer, später durch Hülsenpuffer ersetzt.
Laufwerk: Vereinslenkachsen. Gleitlagerradsätze.
Bremse: Mehrlösige, selbsttätige Einkammer-Druckluftbremse für Personenzüge. Handbremse im Kurbelkasten.

Maßskizze des zweiachsigen Sitzwagens 4. Klasse der Deutschen Reichsbahn-Gesellschaft; Baujahre 1922/27, Gattung D-21b

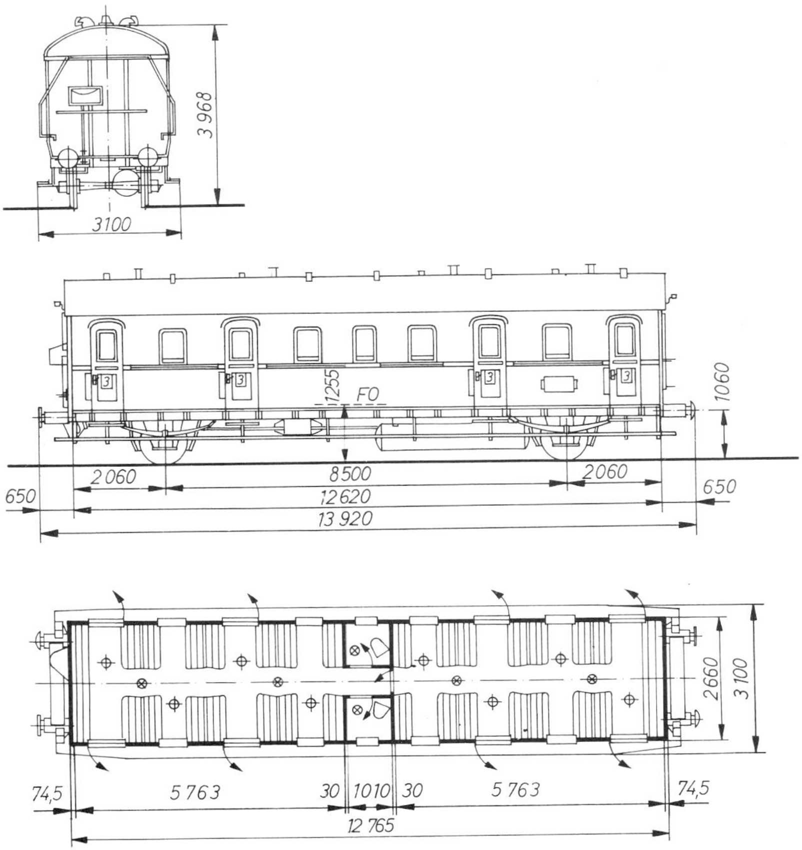

Wagenkasten

Rohbau: Wagenkastengerippe anfangs aus Holz, später aus Walzprofilen. Außen mit Blech verkleidet, innen mit Holz. Seitenwände unten nach innen eingezogen.
Inneneinrichtung: In den Fahrgasträumen einfache Bretterbänke mit offenen Rückenlehnen. Aborte.
Heizung: Dampfheizung, von außen regelbar.
Lüftung: Statische Lüfter der Bauart Wendler auf dem Dach.
Beleuchtung: Gasbeleuchtung; später verschiedentlich auf elektrische Beleuchtung umgerüstet.

BC-21

(Einheitswagen)

1922/23

Techn. Daten Seite 254

In den Jahren 1922/23 entstanden auch die zweiachsigen Abteilwagen der Einheitsbauart in Stahlbauweise. Die hier beschriebene Gattung BC-21 bzw. BC-21a entstand nach der Musterblatt-Zeichnung Bh 500. Die zehn Fahrzeuge der ersten Serie (BC-21a) erhielten die Reichsbahndirektionen Halle, Köln und Magdeburg zur Betriebserprobung. Es folgte noch eine weitere Serie von 30 Wagen (BC-21). Die ersten Fahrzeuge hatten ein Halbabteil 3. Klasse am Handbremsenende, die folgenden Fahrzeuge in der Wagenmitte.

Konstruktive Merkmale

Untergestell

Rahmen: Aus Walzprofilen und Blechen, genietet; gepreßte Achshalter; Halter für Laufbretter und Einstiegtritte.
Zugeinrichtung: Durchgehend, mit Schraubenkupplung.
Stoßeinrichtung: Ursprünglich Stangenpuffer, später durch Hülsenpuffer der Bauart Siegen ersetzt.
Laufwerk: Vereinslenkachsen; Schaken zur Tragfederaufhängung;

Gleitlagerradsätze mit Scheibenrädern.
Bremse: Mehrlösige, selbsttätige Druckluftbremse für Personenzüge; Handbremse, Handkurbel im Kurbelkasten an einer der Stirnwände.

Wagenkasten

Rohbau: Wagenkastengerippe aus Profilen, Dachspriegeln und Blechen, genietet; außen mit Blech verkleidet, innen mit Brettern; Tonnendach.
Seitenwände sind unterhalb der Fenster nach innen gewölbt; Drehtüren mit geprägter Außenbeblechung als Einstiegtüren; herablaßbare Fenster mit Metallrahmen; Stirnwandtritte und Haltegriffe.
Inneneinrichtung: Fußboden mit Linoleum belegt; Polstersitze in der 2. Klasse und Lattensitze in der 3. Klasse. Gepäck- und Schirmnetze; Abort für jede Wagenklasse, unterschiedlich ausgestattet.

Heizung: Dampfheizung der Bauart Pintsch; Regelung an der Außenseite der Seitenwände.
Lüftung: Statische Lüfter der Bauart Wendler.
Beleuchtung: Gaslampen; zwei Gasbehälter in Wagenlängsrichtung am Untergestell.

Zweiachsige Sitzwagen 2. und 3. Klasse der Deutschen Reichsbahn-Gesellschaft; Baujahre 1922/23, Gattung BC-21
Foto: Archiv VEB Waggonbau Görlitz

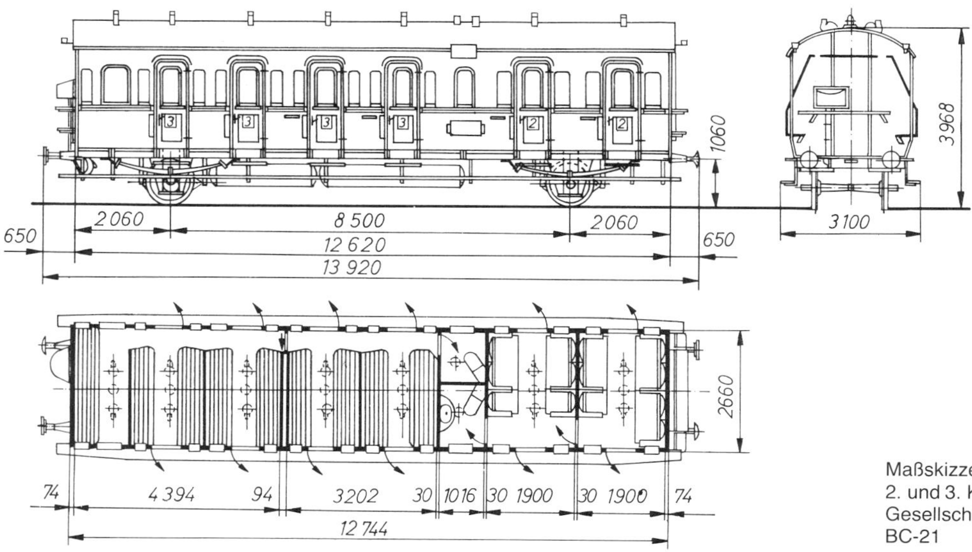

Maßskizze des zweiachsigen Sitzwagens 2. und 3. Klasse der Deutschen Reichsbahn-Gesellschaft; Baujahre 1922/23, Gattung BC-21

C 4ü-22

(Einheitswagen)

1923/24

Techn. Daten Seite 255

Vierachsiger Sitzwagen 3. Klasse der Deutschen Reichsbahn-Gesellschaft; Baujahre 1923/24, Gattung C 4ü-22
Foto: Archiv VEB Waggonbau Görlitz

Diese D-Zug-Wagen-Bauart eines vierachsigen Sitzwagens 3. Klasse war bereits eine Weiterentwicklung. Auch sie galt als Einheitsbauart. Die Fahrzeuge entsprachen den Gattungen C 4ü-22 und C 4ü-22a. Äußerlich unterschieden sie sich durch Laufbretter neben den Wasserkastendeckeln auf dem Dach. Ein Wagen war auf der Eisenbahntechnischen Ausstellung in Seddin ausgestellt. Von der Gattung C 4ü-22 lieferte die Waggonindustrie 25 Fahrzeuge und von der Gattung C 4ü-22a 20 Wagen. Prinzipielle Veränderungen des Grundrisses gegenüber der Bauart 1921 wurden nicht vorgenommen. Beide Bauarten entsprachen der Musterblatt-Zeichnung Be 700.

Konstruktive Merkmale

Untergestell

Rahmen: Aus Walzprofilen und Blechen, genietet; Halter für Einstiegtritte; Notausstiegtritte an den äußeren Langträgern.
Zugeinrichtung: Durchgehend, mit Schraubenkupplung.
Stoßeinrichtung: Reibungspuffer mit Ausgleicheinrichtung.

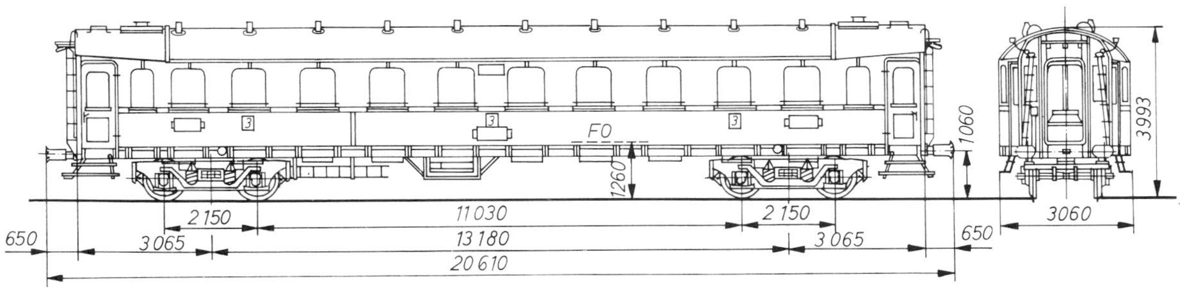

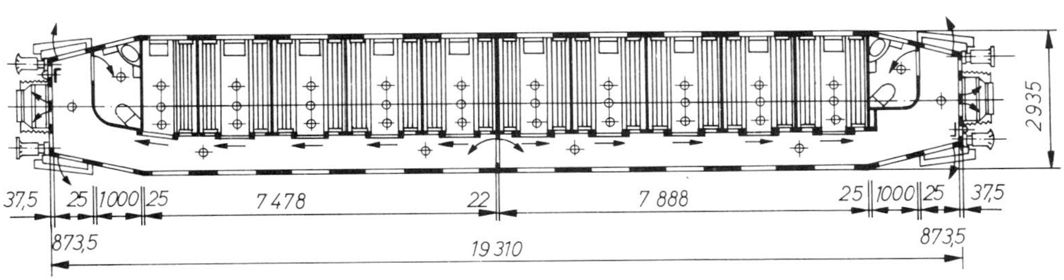

Maßskizze des vierachsigen Sitzwagens 3. Klasse der Deutschen Reichsbahn-Gesellschaft; Baujahre 1923/24, Gattung C 4ü-22

Laufwerk: Drehgestelle amerikanischer Bauart.
Bremse: Mehrlösige, selbsttätige Druckluftbremse mit Schnellbremswirkung; Handbremse in jedem Einstiegraum.

Wagenkasten

Rohbau: Wagenkastengerippe aus Profilen, Dachspriegeln und Blechen, genietet; außen mit Blech verkleidet, innen mit Brettern; Rammdach über den Einstiegräumen; Drehtüren mit geprägter Außenhaut als Einstiegtüren; doppelte Drehtüren ohne Fenster als Stirnwandtüren; herablaßbare Fenster mit Lüftungsklappen; Stirnwand-Übergänge durch Faltenbälge gesichert.
Inneneinrichtung: Innenverkleidung und Zwischenwände gestrichen; Lattensitzbänke; Gepäck- und Schirmnetze; Seitengang durch Pendeltür unterteilt; Aborte mit Wasserspülung.
Heizung: Dampfheizung der Bauart Pintsch.
Lüftung: Statische Lüfter der Bauart Wendler.
Beleuchtung: Glühlampen; Akkumulator am Untergestell.

CD 4i Pr 23

(Preußische Bauart)
1924

Techn. Daten Seite 254

Dieser vierachsige Wagentyp 3. und 4. Klasse ist ein Nachfolger der vierachsigen „Langenschwalbacher" Wagen der ehemaligen preußisch-hessischen Staatseisenbahn-Verwaltung. Obwohl er zu den Einheitswagen gezählt wurde, bezeichnete ihn die Deutsche Reichsbahn-Gesellschaft auch als Wagen preußischer Bauart. Man baute sie nach der Musterblatt-Zeichnung Bi 52. Darüber hinaus beschaffte man auch Fahrzeuge 2./3. und 4. Klasse. Da die Wagen vor allem auf Gebirgsstrecken verkehren sollten, legte man großen Wert auf eine möglichst niedrige Eigenmasse. Bemerkenswert waren auch die offenen Einstiege zu den Fahrgasträumen 2. und 4. Klasse.

Konstruktive Merkmale

Untergestell

Rahmen: Vorwiegend aus Walzprofilen; genietete Knotenbleche.
Zugeinrichtung: Durchgehend, Schraubenkupplung.
Stoßeinrichtung: Hülsenpuffer.
Laufwerk: Zweiachsige Drehgestelle Bauart Langenschwalbach. Gleitlagerradsätze mit Scheibenrädern. Achslager Bauart A 02.

Vierachsiger Sitzwagen 3. und 4. Klasse der Deutschen Reichsbahn-Gesellschaft; Baujahr 1924, Gattung CD 4i Pr 23
Werkfoto: v. d. Zypen & Chalier, Sammlung Deppmeyer

AB 4ü-23

(Einheitswagen)

1922

Techn. Daten Seite 254

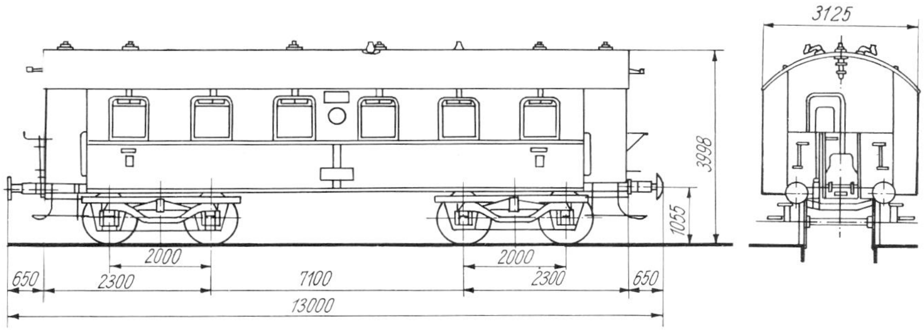

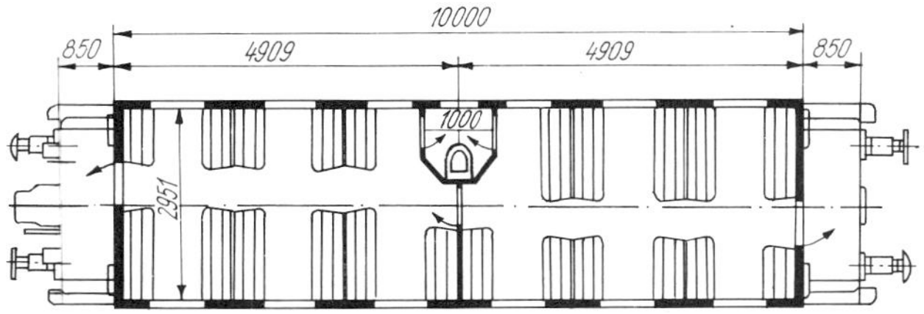

Maßskizze des vierachsigen Sitzwagens 3. und 4. Klasse der Deutschen Reichsbahn-Gesellschaft; Baujahr 1924, Gattung CD 4i Pr 23

Bremse: Mehrlösige, selbsttätige Einkammer-Druckluftbremse für Personenzüge. Handbremse auf der offenen Plattform.

Wagenkasten

Rohbau: Wagenkastengerippe aus Walzprofilen außen mit Blech verkleidet. Tonnendach mit gleichbleibendem Querschnitt.
Gegenüber der Seitenwand zurückgesetzte Einstiegtüren mit gepreßter Außenhaut am Einstiegraum der 3. Klasse. Offene Stirnwandübergänge, nur durch Handketten gesichert.
Inneneinrichtung: Hölzerne Sitzbänke unterschiedlicher Ausführung. Aborte, keine Waschgelegenheit.
Heizung: Dampfheizung System Pintsch.
Lüftung: Statische Lüfter Bauart Wendler auf dem Dach. Lüftungsklappen preußischer Bauart in den Seitenwandfenstern.

Beleuchtung: Preßgasbeleuchtung; Gasbehälter hing in Wagenlängsrichtung am Untergestell zwischen den Drehgestellen.

Ab dem Jahre 1921 wurden auch D-Zug-Wagen verschiedener Klassen und Kombinationen beschafft. Das Foto auf Seite 144 zeigt die Gesamtansicht eines gemischtklassigen vierachsigen Wagens 1./2. Klasse. Darüber hinaus wurden auch 2.- und 3.-Klasse-Wagen beschafft.
Der hier beschriebene Wagentyp entsprach der Musterblatt-Zeichnung Be 1100. Beim Vergleich des Grundrisses mit denen gleicher oder ähnlicher Wagengattungen verschiedener Länderbahnen ist feststellbar, daß die Deutsche Reichsbahn-Gesellschaft die Sitzabteile 1. Klasse in die Wagenmitte verlegt hatte.
An den Wagenenden ersetzte man die geschwungene preußische Dachform durch eine gerade. Insgesamt waren die Einheitswagen etwas länger als die letzten preußischen D-Zug-Wagen.

Konstruktive Merkmale

Untergestell

Rahmen: Vorwiegend aus Walzprofilen genietet; Knotenbleche.

Vierachsiger Sitzwagen 1. und 2. Klasse der Deutschen Reichsbahn-Gesellschaft; Baujahre 1924/25, Gattung AB 4ü-23
Foto: Sammlung Kroschwald

Zugeinrichtung: Durchgehend; Schraubenkupplung.
Stoßeinrichtung: Hülsenpuffer mit Ausgleicheinrichtung sowie flachen und gewölbten Puffertellern.
Laufwerk: Zweiachsige Drehgestelle amerikanischer Bauart mit Schwanenhalsträgern. Gleitlagerradsätze mit Scheibenrädern. Achslager der Bauart A02.
Bremse: Mehrlösige, selbsttätige Einkammer-Druckluftbremse für Schnell- und Eilzüge. Handbremse.

Wagenkasten

Rohbau: Wagenkastengerippe aus Walzprofilen, an die äußeren Langträger sowie an die Kopfstücke angenietet. Mittelteil des Dachs mit Holz verkleidet, Seiten- und Stirnwände blechverkleidet. Einstiegtüren mit gepreßter Außenhaut. Stirnwandübergänge durch Faltenbälge gesichert.
Inneneinrichtung: Abteile durch Schiebetüren vom Seitengang getrennt. Seitengang durch Pendeltür

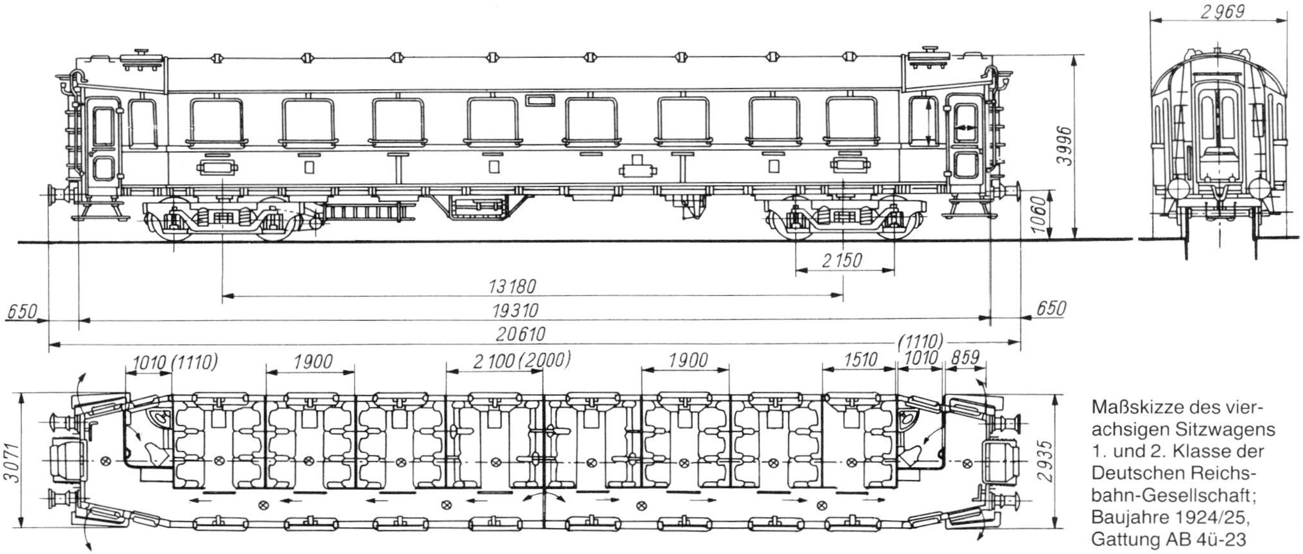

Maßskizze des vierachsigen Sitzwagens 1. und 2. Klasse der Deutschen Reichsbahn-Gesellschaft; Baujahre 1924/25, Gattung AB 4ü-23

unterteilt. Aborte nebst Waschgelegenheit, Wasser in Wasserbehältern im Dach.
Heizung: Dampfheizung; später bei einem Teil der Fahrzeuge zusätzlich elektrische Heizung eingebaut.
Lüftung: Statische Lüfter der Bauart Wendler auf dem Dach. Lüftungsklappen am oberen Rand der Seitenwandfenster entfielen.
Beleuchtung: Elektrische Beleuchtung; Akkumulator am Untergestell.

Vierachsiger Sitzwagen 1. Klasse der Deutschen Reichsbahn-Gesellschaft; Baujahr 1925, Gattung A 4ü-23
Foto: Archiv VEB Waggonbau Görlitz

A 4ü-23

(Einheitswagen)
1925

Techn. Daten Seite 254

Die Fahrzeuge dieser vierachsigen D-Zug-Wagen-Bauart waren vorrangig für die Hapag-Lloyd-Sonderzüge bestimmt. Sie waren die ersten ihrer Art, die die Deutsche Reichsbahn-Gesellschaft beschaffte. Sie galten auch als Einheitsbauart und entsprachen der Gattung A 4ü-23.
Die Serie umfaßte allerdings nur sechs Wagen, die nach der Musterblatt-Zeichnung Be 1200 entstanden. Die Waggonfabrik Görlitz lieferte diese Wagen an die Reichsbahndirektionen Altona und Hannover aus.

Konstruktive Merkmale

Untergestell

Rahmen: Aus Walzprofilen und Blechen, genietet; Halter für Einstiegtritte; Notausstiegtritte an den äußeren Langträgern.
Zugeinrichtung: Schraubenkupplung.
Stoßeinrichtung: Reibungspuffer der Bauart Uerdingen mit Ausgleicheinrichtung.
Laufwerk: Drehgestelle amerikanischer Bauart mit Gleitlagerradsätzen.
Bremse: Mehrlösige, selbsttätige Druckluftbremse mit Schnellbremswirkung; Handbremse in jedem Einstiegraum.

Wagenkasten

Rohbau: Wagenkasten auf Profilen, Dachspriegeln und Blechen genietet; außen mit Blech verkleidet, innen mit Sperrholz; Rammdach über den Einstiegräumen; Drehtüren mit geprägter Außenhaut als Einstiegtüren; doppelte Drehtüren ohne Fenster als Stirnwandtüren; herablaßbare Fenster, Haltegriffe für Notausstieg; Stirnwand-Übergänge durch Faltenbälge gesichert.
Inneneinrichtung: Sperrholzverkleidung mit Tapeten beklebt, Edelholz-Leisten; Fußboden mit Linoleum belegt; gepolsterte Sitze; Gepäck- und Schirmnetze; Seitengang durch Pendeltür unterteilt; Aborte mit Wasserspülung.
Heizung: Dampfheizung.
Lüftung: Statische Lüfter der Bauart Wendler.
Beleuchtung: Elektrische Glühlampen; Stromerzeugung mit Generator; Akkumulator am Untergestell.

A 4ü-26

(Hapag/Lloyd)

1926

Techn. Daten Seite 255

Für die Zubringerzüge zu den Überseedampfern wurden besonders großzügig gestaltete vierachsige Sitzwagen 1. Klasse beschafft. Sie waren nach der Musterblatt-Zeichnung Be 1200 (Hapag/Lloyd) gebaut.
Besonders auffällig sind die 2250 mm breiten Abteile sowie die geräumigen Toiletten mit komfortabler Waschgelegenheit. Diese Abteilbreite übertraf alle bisher dagewesenen Maße ihrer Wagenklasse. Sinngemäß galten diese Superlative auch für die Abteilfenster und die Toiletten.
Bei der äußeren Gestaltung des Wagenkastens beschritt man teilweise neue Wege. So ist beispielsweise das Dach zu den Stirnwänden hin nicht mehr eingezogen.

Konstruktive Merkmale

Untergestell

Rahmen: Vorwiegend aus Walzprofilen; genietet. Knotenbleche.
Zugeinrichtung: Durchgehend; Schraubenkupplung.
Stoßeinrichtung: Reibungspuffer mit Ausgleicheinrichtung. Abgeflachte und abgeschrägte Puffersteller.
Laufwerk: Zweiachsige Drehge-

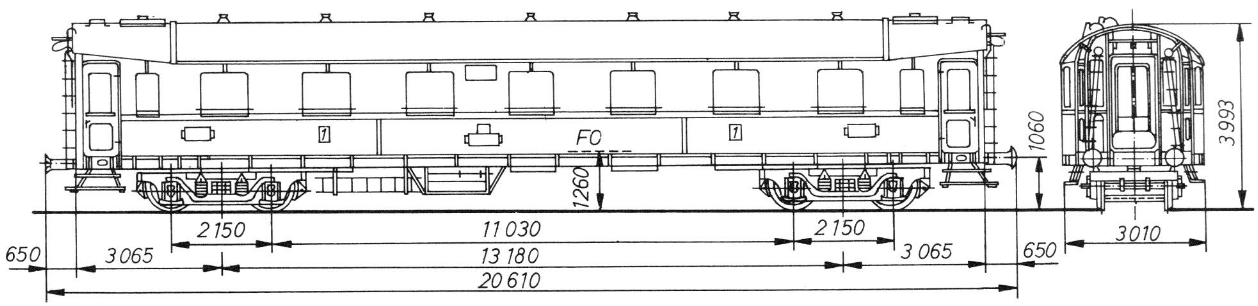

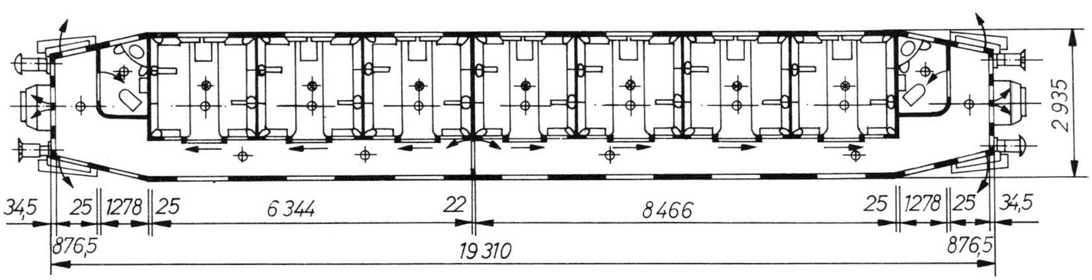

Maßskizze des vierachsigen Sitzwagens 1. Klasse der Deutschen Reichsbahn-Gesellschaft; Baujahr 1925, Gattung A 4ü-23

stelle amerikanischer Bauart mit Schwanenhalsträgern. Gleitlagerradsätze mit Scheibenrädern. Achslager der Bauart A02.
Bremse: Mehrlösige selbsttätige Einkammer-Druckluftbremse für Schnell- und Eilzüge. Handbremse.

Wagenkasten

Rohbau: Wagenkastengeripppe aus Walzprofilen, an die äußeren Langträger sowie an die Kopfstücke angenietet. Seitenwände nach den Stirnwänden hin eingezogen, Dach jedoch mit konstantem Querschnitt über gesamte Wagenkastenlänge. Insgesamt Blechverkleidung.
Inneneinrichtung: Luxuriöse Ausstattung. Großzügige Polsterung der Sitzplätze. Klappbare Wandtische. Mehrflammige Abteilbeleuchtung. Gefließter Fußboden in den Toiletten.
Heizung: Dampfheizung; elektrische Heizung verschiedentlich nachträglich eingebaut.
Lüftung: Statische Lüfter der Bauart Wendler auf dem Dach. Lüftungsklappen am oberen Rand der Abteilfenster.
Beleuchtung: Elektrische Glühlampen.

Vierachsiger Sitzwagen 1. Klasse der Deutschen Reichsbahn-Gesellschaft; Baujahre 1926/27, Gattung A 4ü-26
Foto: Sammlung S. & P. Wagner

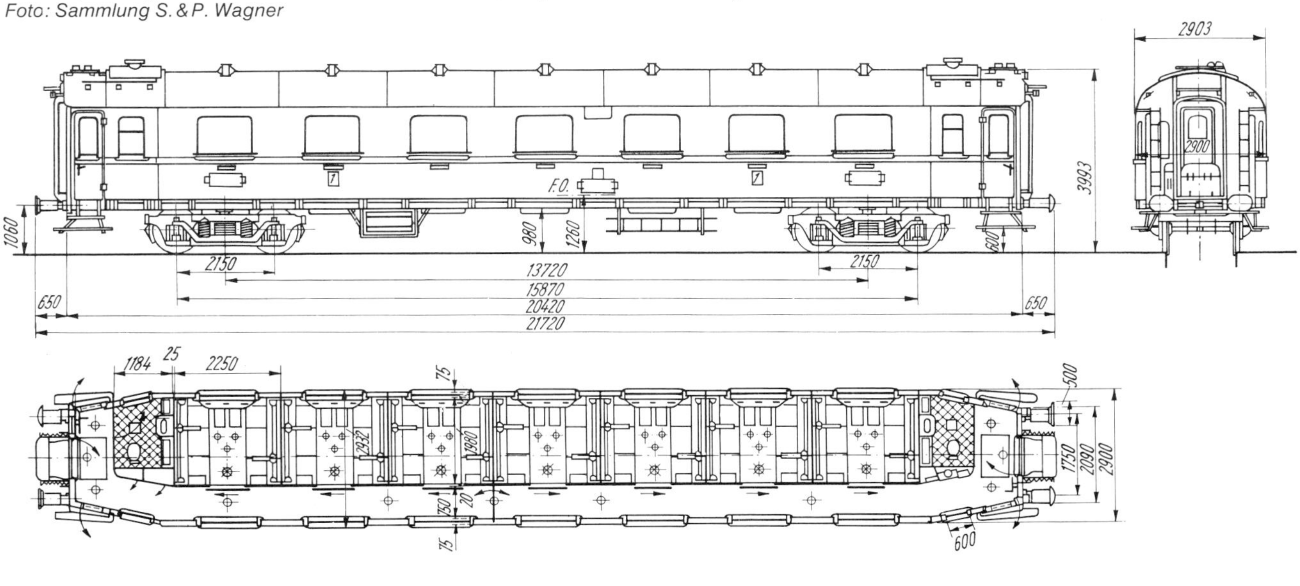

Maßskizze des vierachsigen Sitzwagens 1. Klasse der Deutschen Reichsbahn-Gesellschaft; Baujahre 1926/27, Gattung A 4ü-26

Di-24

(Einheitswagen)

1926/27

Techn. Daten Seite 255

Zweiachsiger Sitzwagen 4. Klasse der Deutschen Reichsbahn-Gesellschaft; Baujahre 1926/27, Gattung Di-24
Foto: Archiv VEB Waggonbau Görlitz

Seit dem Jahre 1927 beschaffte die Deutsche Reichsbahn-Gesellschaft zweiachsige Durchgangswagen verschiedener Wagenklassen und Kombinationen der Einheitsbauart für Nebenbahnen. Diese Wagen waren kürzer und niedriger als die übrigen zweiachsigen Durchgangswagen. Die hier beschriebene Gattung von zweiachsigen Sitzwagen 4. Klasse galt zwar als Bauart 1924, wurde aber erst mehrere Jahre später ausgeliefert. Elf dieser Wagen erhielten bereits während ihrer Fertigung die Ausrüstung als Beiwagen für Oberleitungstriebwagen zum Einsatz auf der elektrifizierten Strecke Hirschberg—Polzun (heute: Jelenia Gora—Kořenov). Im Jahre 1942 sind diese Wagen in den allgemeinen Reisezugwagenpark eingegliedert worden.

Konstruktive Merkmale

Untergestell

Rahmen: Aus Walzprofilen und Blechen genietet; vereinheitlichte Bauform; gepreßte Achshalter; Halter für Einstiege.
Zugeinrichtung: Durchgehend; Schraubenkupplung.
Stoßeinrichtung: Hülsenpuffer der Bauart Siegen.
Laufwerk: Vereinslenkachsen; Schaken zur Tragfederaufhängung; Gleitlagerradsätze mit Scheibenrädern.
Bremse: Mehrlösige selbsttätige Druckluftbremse für Personenzüge; Handbremse, Handkurbel auf einer Plattform.

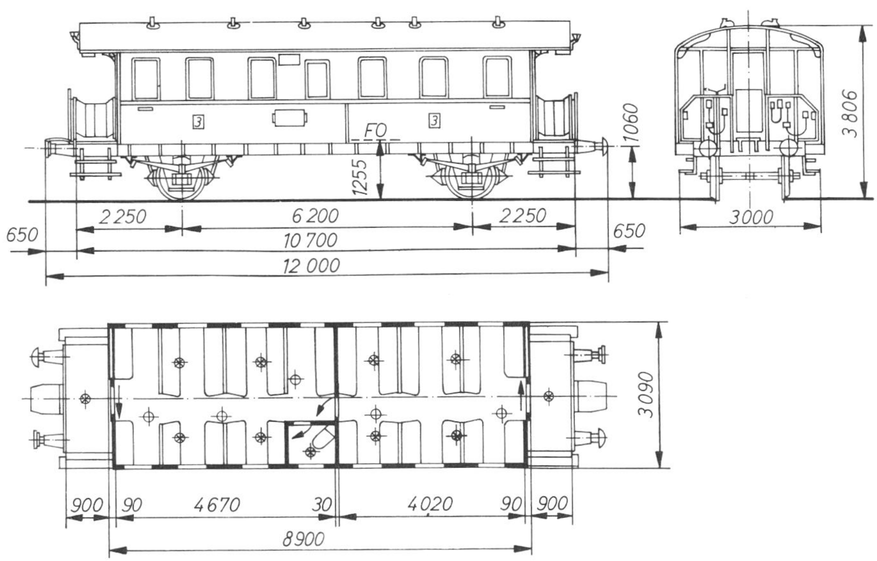

Maßskizze des zweiachsigen Sitzwagens 4. Klasse der Deutschen Reichsbahn-Gesellschaft; Baujahre 1926/27, Gattung Di-24

AB 4ü-26a

(Einheitswagen)

1927/28

Diese Fahrzeuge (Foto) zählten auch zur Bauart 1926. Sie leiteten mit einigen Hauptabmessungen, Gestaltungselementen und Hauptbaugruppen eine neue Generation von D-Zug-Wagen mit ein. Gleichzeitig sind die Wagen dieser Gattung (AB 4ü-26a) ebenfalls als eine Übergangsbauart anzusehen, besonders auf die Gestaltung der Wagenenden bezogen. Sie entsprachen der Musterzeichnung Blatt Be 1100 (5. Auflage). Zwei Waggonbau-Firmen lieferten die insgesamt 10 Fahrzeuge. Als Laufwerke erhielten sie neue Bauarten von Drehgestellen. Diese Gattung wurde später durch Fahrzeuge der Gattung AB 4ü-26 ergänzt, nachdem bei ihnen die Drehgestelle durch neuere Bauarten ersetzt worden waren. Den Grundriß zeigt die Zeichnung Seite 150.

Konstruktive Merkmale

Untergestell

Rahmen: Aus Profilen und Blechen genietet; zu den Kopfstücken hin ein-

Wagenkasten

Rohbau: Wagenkastengerippe aus Profilen, Dachspriegeln und Blechen, genietet; außen mit Blech verkleidet, innen mit Brettern; gelochte Dachstützen aus Blech; herablaßbare Fenster mit Metallrahmen; Plattform-Einstiege durch klappbare Schutzgittertüren der Bauart Dix gesichert; Stirnwand-Übergänge gesichert.
Inneneinrichtung: Wandverkleidung gestrichen; Zwischen- und Abortwände aus Holz; Fußboden mit Linoleum belegt; Sitzbänke und Gepäckablagen aus Brettern; Abort.
Heizung: Elektrisch, vom Triebfahrzeug gespeist.
Lüftung: Statische Lüfter der Bauart Wendler.
Elektrische Ausrüstung: Glühlampen, ebenfalls vom Triebfahrzeug gespeist; Verbindungsleitungen für Steuerwagen mit dem Triebfahrzeug.

Vierachsiger Sitzwagen 1. und 2. Klasse der Deutschen Reichsbahn-Gesellschaft; Baujahre 1927/28. Gattung AB 4ü-26a
Foto: Werkfoto MAN

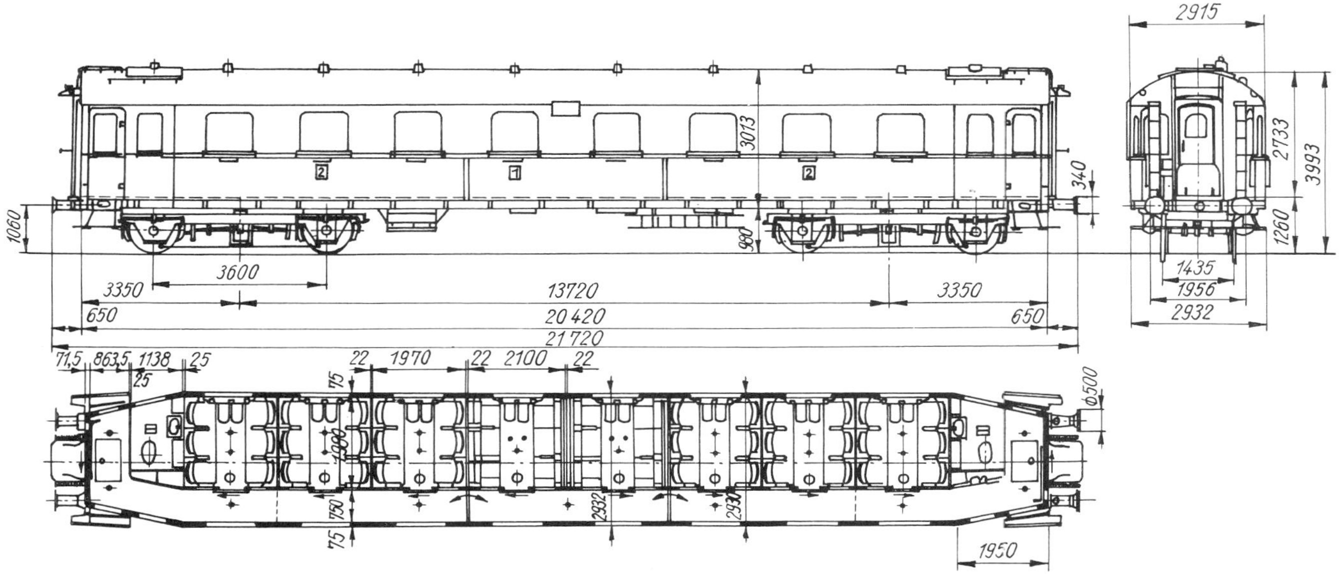

Maßskizze des Grundrisses vom vierachsigen Sitzwagen 1. und 2. Klasse der Deutschen Reichsbahn-Gesellschaft; Baujahre 1927/28, Gattung AB 4ü-26a

gezogen; Halter für Einstiegtritte und Notausstiegtritte an den äußeren Langträgern.
Zugeinrichtung: Durchgehend; Schraubenkupplungen mit Sicherheitskupplung.
Stoßeinrichtung: Hülsenpuffer der Bauart Uerdingen, nicht drehbar, mit Ausgleichseinrichtung.

Laufwerk: Drehgestelle der Bauarten Görlitz II schwer mit unterschiedlichen Federungen sowie einer Soderbauart MAN.
Bremse: Mehrlösige Druckluftbremse mit Schnellbremswirkung der Bauart Kunze-Knorr; Handbremse.

Wagenkasten

Rahmen: Wagenkastengerippe und äußere Verkleidung in genieteter Ganzstahlbauweise; Seitenwände dem Untergestell angepaßt; Tonnendach gerade durchlaufend; Rammkonstruktion.
Inneneinrichtung: Breitere Abteile 1. und 2. Klasse; Seitengang durch mehrere Pendeltüren unterteilt; Aborte mit Wasserspülung, Waschgelegenheiten.
Heizung: Dampfheizung.
Lüftung: Statische Lüfter der Bauart Wendler.
Beleuchtung: Glühlampen; Generator über Flachriemen angetrieben; Batteriekasten am Untergestell.

Di-27

(Austauschbau)

1927

Techn. Daten Seite 255

Die auch als Einheitswagen bekannt gewordenen zweiachsigen Sitzwagen 4. Klasse wurden in den Jahren nach 1927 in größeren Stückzahlen von der Deutschen Reichsbahn-Gesellschaft beschafft. Sie entstanden nach der Musterzeichnung Blatt 01.000. Obwohl ihre Hauptabmessungen den Fahrzeugen nach Blatt Bi 93 der vorangegangenen Jahre entsprachen, wiesen sie doch wesentliche konstruktive Neuheiten auf.

Die Wagen wurden über Jahre hinaus in verschiedenen Wagenklassen und ihren Kombinationen nach denselben Richtlinien gebaut. Das Foto zeigt ein Fahrzeug 4. Klasse. Die Fahrgasträume der 4. Klasse (Zeichnung) wurden so bemessen, daß sie durch Auswechseln der Sitzbänke in die 3. Klasse umgebaut werden konnten. Im kleineren der beiden Fahrgasträume entfernte man bei einigen Fahrzeugen einzelne Sitzbänke, um ohne Aufwand Traglastenabteile zu gewinnen.

Zweiachsiger Sitzwagen 4. Klasse der Deutschen Reichsbahn-Gesellschaft; Baujahre 1927/28, Gattung Di-27
Foto: Archiv VEB Waggonbau Görlitz

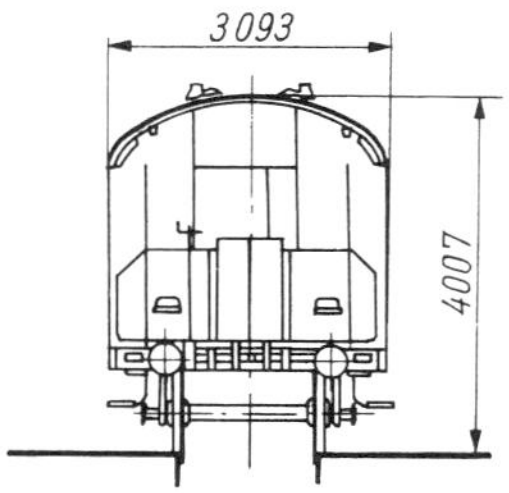

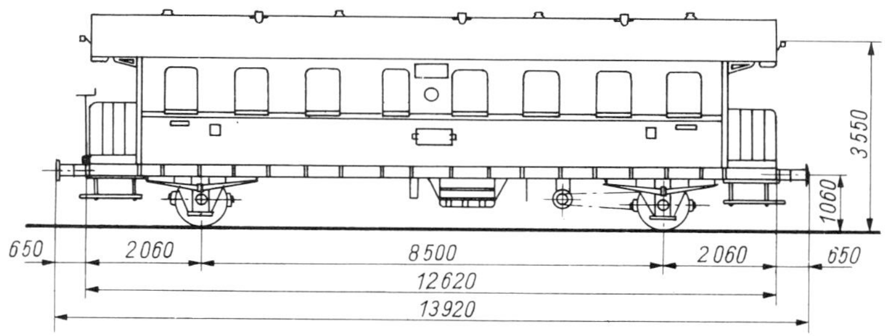

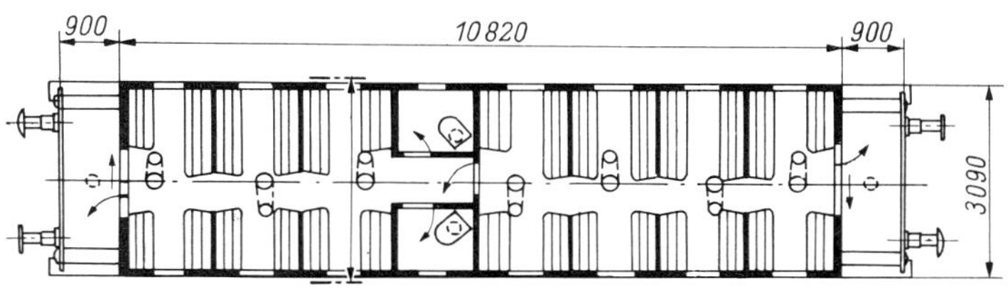

Maßskizze des zweiachsigen Sitzwagens 4. Klasse der Deutschen Reichsbahn-Gesellschaft; Baujahre 1927/28, Gattung Di-27

Konstruktive Merkmale

Untergestell

Rahmen: Aus Walzprofilen und Blechsegmenten; genietet. Äußere Langträger liegen in der Seitenwandebene. Zur Befestigung der Achshalter und Kopfstücke sind Hilfsträger vorhanden.
Zugeinrichtung: Durchgehend; Schraubenkupplung.
Stoßeinrichtung: Hülsenpuffer Bauart Uerdingen.
Laufwerk: Vereinslenkachsen. Gepreßte Achshalter. Tragfedern mit einer gestreckten Länge von 2000 mm. Gleitlagerradsätze mit Scheibenradkörpern. DWV-Achslagergehäuse.
Bremse: Mehrlösige selbsttätige Einkammer-Druckluftbremse für Personenzüge. Kurbel der Handbremse auf einer Plattform.

Wagenkasten

Rohbau: Wagenkastengerippe an Langträger angenietet. Seitenwände einschließlich Beblechung zum Tragen herangezogen. Tonnendach mit gepreßten Dachstützen. Offene Stirnwandübergänge.
Inneneinrichtung: Zwei Fahrgasträume mit Bretterbänken, durch Zwischenwand voneinander getrennt. Aborte in dem einen der Fahrgasträume.
Heizung: Dampfheizung, teilweise zusätzlich elektrische Heizung.
Lüftung: Statische Lüfter Bauart Wendler auf dem Dach.
Beleuchtung: Elektrische Glühlampen. Riemengetriebener Generator am Untergestell. Akkumulator.

D-27

(Austauschbau)

1927/28

Techn. Daten Seite 255

Diese zweiachsigen Abteilwagen der Einheitsbauart bildeten den Abschluß der Entwicklung jener Wagenbauart. Zuvor hatte man ihre Konstruktion noch nach den Grundsätzen des Austauschbaues überarbeitet. Mehrere Waggonfabriken lieferten insgesamt 200 Wagen, die der Musterblatt-Zeichnung D 01.000 entsprachen. Sie alle galten als Bauart 1927. Ab dem Jahre 1933 sollen auch Wagen dieser Bauart umgebaut worden sein.

Zweiachsiger Sitzwagen 4. Klasse der Deutschen Reichsbahn-Gesellschaft; Baujahre 1927/28, Gattung D-27
Foto: Archiv VEB Waggonbau Görlitz

Konstruktive Merkmale

Untergestell

Rahmen: Aus Walzprofilen und Blechen, genietet, genormte Bauart; gepreßte Achshalter; Halter für Laufbretter und Einstiegtritte; Haltegriffe für Rangierer.
Zugeinrichtung: Durchgehend, Schraubenkupplung.
Stoßeinrichtung: Hülsenpuffer der Einheitsbauart.
Laufwerk: Vereinslenkachsen; Schaken zur Tragfederaufhängung; Gleitlagerradsätze mit Scheibenrädern.
Bremse: Mehrlösige, selbsttätige Druckluftbremse für Personenzüge; Handbremse, Handkurbel im Kurbelkasten an einer der Stirnwände des Wagenkastens.

C 4ü-28

(Einheitswagen)

1928

Techn. Daten Seite 256

Maßskizze des zweiachsigen Sitzwagens 4. Klasse der Deutschen Reichsbahn-Gesellschaft; Baujahre 1927/28, Gattung D-27

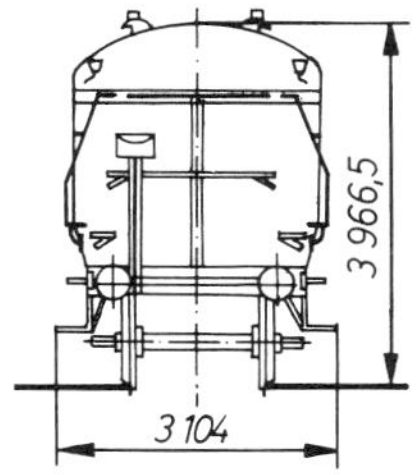

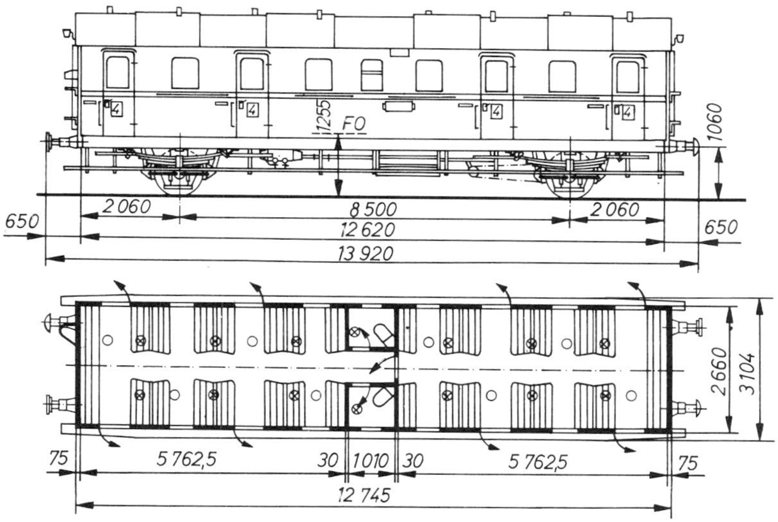

Im Jahre 1928 vollzog sich eine grundlegende Änderung in der Gestaltung der Reisezugwagen: Bisher waren die Seitenwände an den Enden zur Wagenmitte hin etwas eingezogen, so daß die Einstiegtüren und die Abort- bzw. die ersten Seitengangfenster noch in dem schrägen Seitenwandteil lagen. Nun griff man auf eine bereits praktizierte Form zurück und ordnete sämtliche Fenster zwischen den Einstiegräumen wieder in einer Front an. Das Bild zeigt die Gesamtansicht eines solchen vierachsigen Wagens, die als Einheitsbauart festgelegt wurde. Noch im Jahre 1928 beschaffte die DRG 100 Stück davon. Es wurden auch Wagen anderer Klassen gebaut. Daraus resultierte die unterschiedliche Anzahl von Abteilen und Seitenwandfenstern. Für die 3. Klasse verwendete man z. B. 800 mm breite Fenster.

Wagenkasten

Rohbau: Wagenkastengerippe aus Profilen, Dachspriegeln und Blechen, genietet; außen mit Blech verkleidet, innen mit Brettern, Scheindecke aus Sperrholz; Tonnendach; Seitenwände unterhalb der Fenster nach innen gewölbt; Drehtüren nunmehr mit glatter Außenbeblechung als Einstiegtüren; Regenrinnen über den Türen; herablaßbare Fenster mit Metallrahmen; Stirnwandtritte und Haltegriffe.
Inneneinrichtung: Holzverkleidung gestrichen; Fußboden der Fahrgasträume mit Linoleum belegt; Sitzbänke aus Brettern; Gepäckbretter; Aborte.

Heizung: Dampfheizung; Regelung an der Außenseite der Seitenwände.
Lüftung: Statische Lüfter der Bauart Wendler.
Beleuchtung: Einheits-Dynamo-Beleuchtung; Glühlampen; Generator über Flachriemen angetrieben; Akkumulator am Untergestell.

Konstruktive Merkmale

Untergestell

Rahmen: Hauptsächlich Walzprofile; genietet. Blechsegmente. Äußere

Vierachsiger Sitzwagen 3. Klasse der Deutschen Reichsbahn-Gesellschaft; Baujahr 1928, Gattung C 4ü-28
Foto: Archiv S. & P. Wagner

Maßskizze des vierachsigen Sitzwagens 3. Klasse der Deutschen Reichsbahn-Gesellschaft; Baujahr 1928, Gattung C 4ü-28

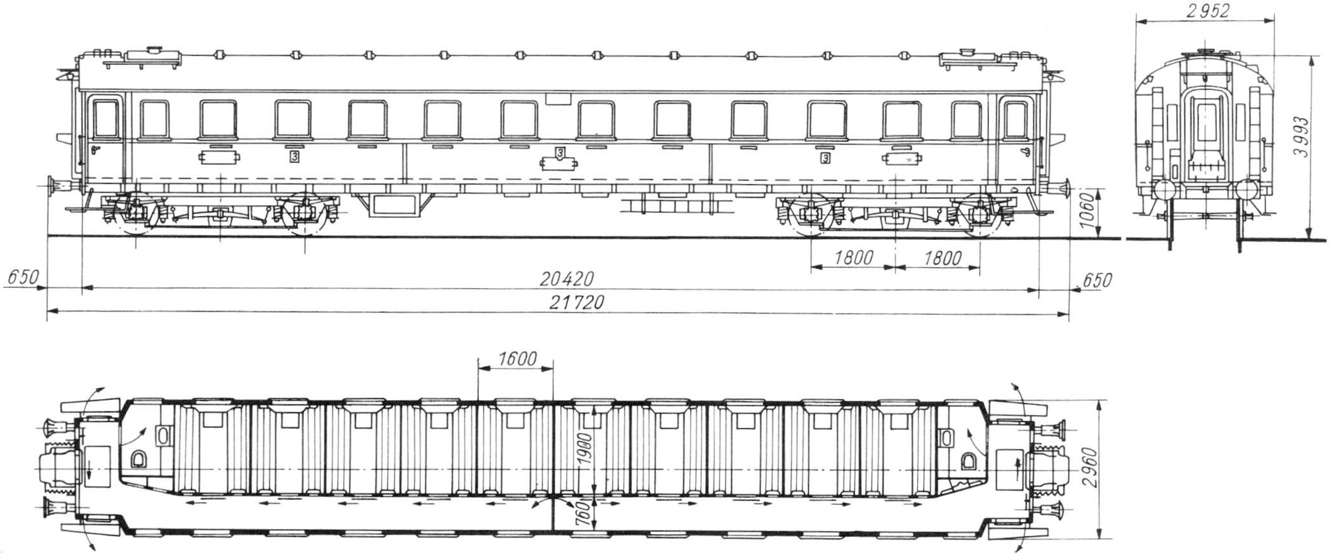

Langträger liegen in der Seitenwandebene.
Zugeinrichtung: Durchgehend; Schraubenkupplung.
Stoßeinrichtung: Hülsenpuffer mit Ausgleicheinrichtung; später durch einfache Hülsenpuffer ersetzt.
Laufwerk: Drehgestelle der Bauart Görlitz II schwer, genietete Ausführung. Gleitlagerradsätze mit Scheibenrädern. DWV-Achslager der Austauschbauart.
Bremse: Mehrlösige, selbsttätige Einkammer-Druckluftbremse mit Schnellbremswirkung; teilweise zusätzlich automatische Vakuumschnellbremse und nichtselbsttätige Druckluftbremse.

Wagenkasten

Rohbau: Wagenkastengerippe an Langträger angenietet. Träger und Gerippe liegen in einer Ebene. Seitenwände einschließlich Beblechung zum Tragen herangezogen. Tonnendach. Geschlossene Stirnwandübergänge mit Faltenbälgen.
Inneneinrichtung: Sitzbänke in den Abteilen mit Holzlatten verkleidet. Abteilbreite von 1600 mm wurde beibehalten. Aborte mit Waschgelegenheit; Wasser in Behältern im Dach.
Heizung: Dampfheizung, teilweise zusätzlich elektrische Heizung.
Lüftung: Statische Lüfter Bauart Wendler.
Beleuchtung: Elektrische Glühlampen. Riemengetriebener Generator an einem der Drehgestelle.

C 4i-28

1928

Techn. Daten Seite 256

Neben den D-Zug-Wagen entstanden die ersten vierachsigen Personenwagen 3. Klasse. Sie sollten gleichzeitig für den Eilzugdienst geeignet sein. Gegenüber den D-Zug-Wagen wiesen sie einige bemerkenswerte Unterschiede auf, die größtenteils schon beim Vergleich der Bilder deutlich werden.

Die niedrigeren Höchstgeschwindigkeiten ließen auch eine leichtere Bauart zu. Bei diesen Fahrzeugen verwendete man erstmals Drehgestelle leichter Görlitzer Bauart. Gleichfalls neu war die Gestaltung der Fahrgast- und der Einstiegräume. Diese Wagen hatten nur offene Stirnwandübergänge.

Vierachsiger Sitzwagen 3. Klasse der Deutschen Reichsbahn-Gesellschaft; Baujahr 1928, Gattung C 4i-28
Foto: Sammlung S. & P. Wagner

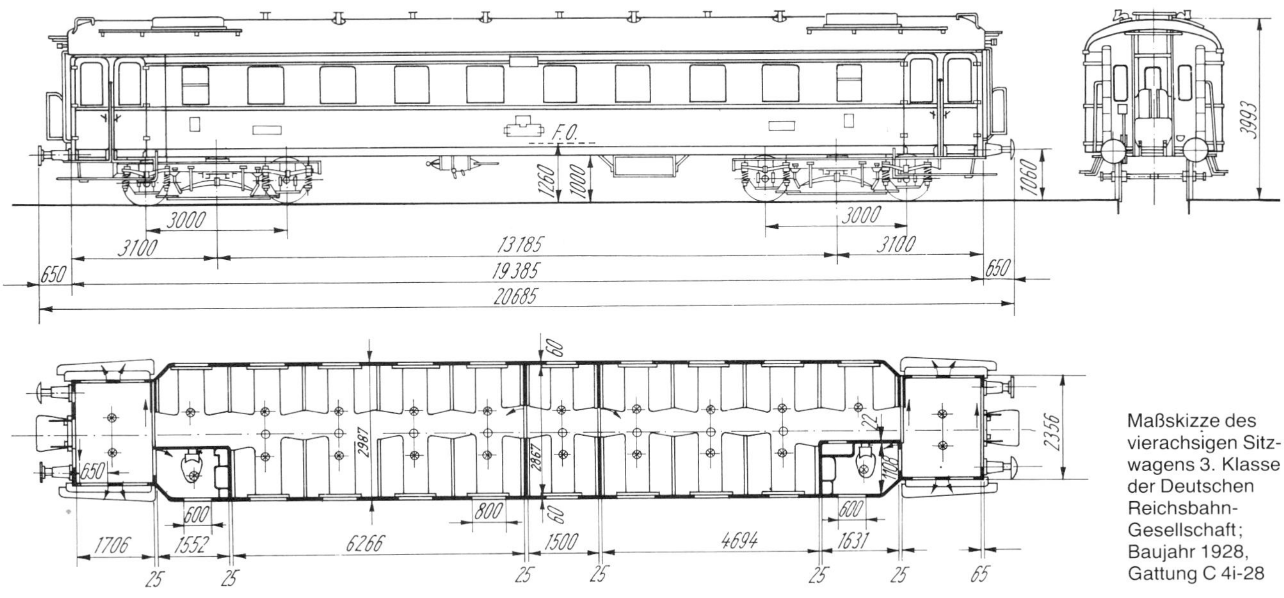

Maßskizze des vierachsigen Sitzwagens 3. Klasse der Deutschen Reichsbahn-Gesellschaft; Baujahr 1928, Gattung C 4i-28

Konstruktive Merkmale

Untergestell

Rahmen: Genormte Profile und Sonderprofile; genietet. Äußere Langträger lagen in der Seitenwandebene. Quer- und Hilfsträger.
Zugeinrichtung: Durchgehend; Schraubenkupplung.
Stoßeinrichtung: Hülsenpuffer mit gewölbten Puffertellern.
Laufwerk: Ab 1931/32 Drehgestelle der Bauart Görlitz III leicht; genietete Ausführung. Gleitlagerradsätze mit Scheibenrädern. DWV-Achslager der Austauschbauart.
Bremse: Mehrlösige, selbsttätige Einkammer-Druckluftbremse für Personenzüge. Handbremse in einem Einstiegraum.

Wagenkasten

Rohbau: Wagenkastengerippe an Langträger angenietet. Einstiegräume mit je zwei einfachen Drehtüren nebeneinander. Tonnendach nach den Stirnwänden hin abgeflacht. Laufbretter.
Inneneinrichtung: Zwei Fahrgasträume sowie ein einzelnes Abteil in der Wagenmitte. Mittelgang. Sitzbänke mit Holzlatten verkleidet. Aborte mit Waschgelegenheit von den Einstiegräumen erreichbar.
Heizung: Dampfheizung.
Lüftung: Statische Lüfter Bauart Wendler.
Beleuchtung: Elektrische Glühlampen. Riemengetriebener Generator an einem der Drehgestelle.

Bi-29

(Einheitswagen)

1929

Techn. Daten Seite 256

Dieser Wagentyp ergänzte die bereits einige Jahre vorher begonnene Reihe zweiachsiger Durchgangswagen der Einheitsbauart der verschiedenen Wagenklassen und Kombinationen. Sie unterschieden sich aber hauptsächlich durch die geschlossenen Einstiegräume von den vorangegangenen Ausführungen.
Die Deutsche Reichsbahn bestellte von dieser Bauart in zwei Fahrzeugprogrammen insgesamt 1632 Fahrzeuge, nachdem die 4. Wagenklasse abgeschafft worden war.
Die Abbildung zeigt den ursprünglichen Grundriß. Die einzelne Abteilbreite war hier gegenüber der Abteilbreite bei den gemischtklassigen Wagen mit offenen Plattformen aus dem Jahre 1928 geringfügig von 1878,5 mm auf 1870 mm verringert worden.

Konstruktive Merkmale

Untergestell

Rahmen: Aus Walzprofilen und Blechsegmenten; genietet. Äußere Langträger liegen in der Seitenwandebene. Zur Befestigung der Achshalter und Kopfstücke sind Hilfsträger vorhanden.
Zugeinrichtung: Durchgehend; Schraubenkupplung.
Stoßeinrichtung: Hülsenpuffer.

Zweiachsiger Sitzwagen 2. Klasse der Deutschen Reichsbahn-Gesellschaft; Baujahr 1929, Gattung Bi-29
Werkfoto: LHW Bautzen, Sammlung Deppmeyer

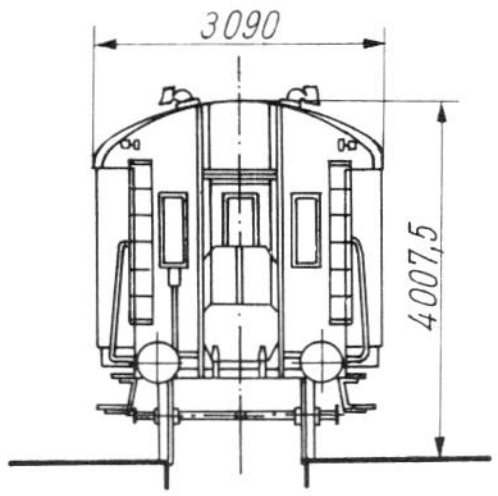

Maßskizze des zweiachsigen Sitzwagens 2. Klasse der Deutschen Reichsbahn-Gesellschaft; Baujahr 1929, Gattung Bi-29

C 4i-29

1929/30

Techn. Daten Seite 256

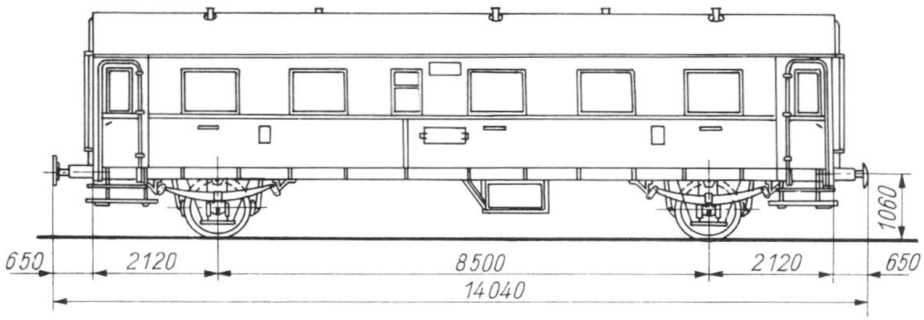

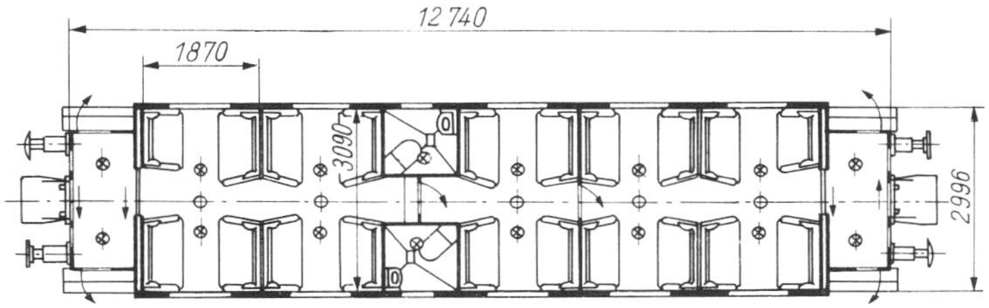

Seit dem Jahre 1928 wurden vierachsige Durchgangswagen verschiedener Wagenklassen und ihrer Kombination erprobt. Mehrere Waggonfabriken lieferten sie nacheinander oder gleichzeitig. Variiert wurden u. a. die Hauptabmessungen und die Grundrißgestaltung. Die hier vorgestellte Probebauart galt als Bauart 1929 und entsprach der Gattung C 4i-29. Von ihr entstanden zehn Fahrzeuge nach der Musterblatt-Zeichnung 743 Abb. IV. Der auffälligste Unterschied zu anderen Bauarten dieser Wagenklasse bestand darin, daß die hier beschriebenen einen Seitengang hatten. Bis auf ein Abteil (Frauenabteil) waren alle anderen zu ihm hin offen.

Konstruktive Merkmale

Untergestell

Rahmen: Aus Walzprofilen und Blechen, genietet; Halter für Einstiegtritte.
Zugeinrichtung: Durchgehend, Schraubenkupplung.
Stoßeinrichtung: Hülsenpuffer, mit Ausgleicheinrichtung.
Laufwerk: Vereinslenkachsen. Gepreßte Achshalter. Tragfedern mit einer gestreckten Länge von 2000 mm. Gleitlagerradsätze mit Scheibenradkörpern. DWV-Gleitachslager.
Bremse: Mehrlösige, selbsttätige Einkammer-Druckluftbremse für Personenzüge. Kurbel der Handbremse in einem Einstiegraum.

Wagenkasten

Rohbau: Wagenkastengerippe an Langträgern angenietet. Seitenwände zum Tragen herangezogen. Tonnendach. Geschlossene Einstiegräume. Offene Stirnwandübergänge mit Scherengittern.
Inneneinrichtung: Drei Fahrgasträume, zwei davon mit Abort. Gepolsterte Sitzbänke. Vorhänge an den Fenstern.
Heizung: Dampfheizung; teilweise zusätzlich elektrische Heizung.
Lüftung: Statische Lüfter Bauart Wendler.
Beleuchtung: Elektrische Glühlampen. Riemengetriebener Generator und Akkumulator am Untergestell.

Vierachsiger Sitzwagen 3. Klasse der Deutschen Reichsbahn-Gesellschaft; Baujahre 1929/30, Gattung C 4i-29
Foto: Archiv VEB Waggonbau Görlitz

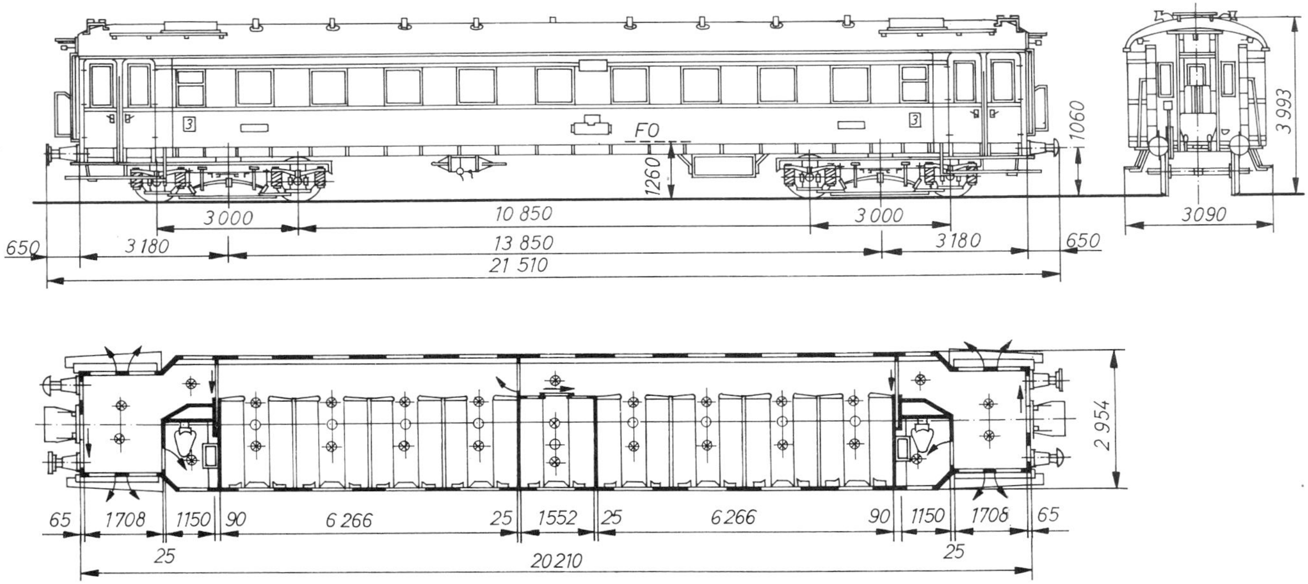

Maßskizze des vierachsigen Sitzwagens 3. Klasse der Deutschen Reichsbahn-Gesellschaft; Baujahre 1929/30, Gattung C 4i-29

Laufwerk: Drehgestelle der Bauart Görlitz III leicht mit Gleitlagerradsätzen, DWV-Achslagergehäuse.
Bremse: Mehrlösige, selbsttätige Druckluftbremse für Personenzüge; Handbremse, Handrad in einem Einstiegraum.

Wagenkasten

Rohbau: Wagenkastengerippe aus Profilen, Dachspriegeln und Blechen, genietet; eingerückte Einstiegtüren; Tonnendach; Rammkonstruktion; Außenbeblechung genietet; offene Stirnwand-Übergänge, durch Scherengitter gesichert; Leitern zum Besteigen des Daches, Tritte und Laufstege; herablaßbare Fenster mit Metallrahmen in den Fahrgasträumen.
Inneneinrichtung: Wände mit Sperrholz verkleidet, mit Eiche furniert, Leisten Eiche; Kassettendekke gestrichen; Aborte mit Wasserspülung.
Heizung: Dampfheizung.
Lüftung: Statische Lüfter der Bauart Wendler.
Beleuchtung: Einheits-Dynamo-Beleuchtung; Glühlampen; Generator über Flachriemen angetrieben; Akkumulator.

C 4i-30

(Einheitswagen)

1930–33

Techn. Daten Seite 256

Nach den ersten Probebauarten vierachsiger Durchgangswagen übernahm die Deutsche Reichsbahn-Gesellschaft diese Wagenbauart ebenfalls mit in die Gruppe der Einheitsbauarten. Gleichzeitig überarbeitete man ihre Konstruktionen nach den Gesichtspunkten des Austauschbaues. So entstanden die verschiedenen Gattungen der Bauart 1930. Die hier beschriebenen Wagen galten als Gattung C 4i-30. Sie entstanden nach der Musterblatt-Zeichnung Be 5524. Eine größere Anzahl Waggonfabriken lieferte insgesamt 1 221 Wagen. Einzelne Fahrzeuge mußten nach wenigen Jahren ausgemustert werden, andere wurden zu besonderen Zwecken verwendet.

Konstruktive Merkmale

Untergestell

Rahmen: Aus Walzprofilen und Blechen genietet; Halter für Einstiegtritte.
Zugeinrichtung: Durchgehend, Schraubenkupplung.
Stoßeinrichtung: Hülsenpuffer, mit Ausgleicheinrichtung.

Vierachsiger Sitzwagen 3. Klasse der Deutschen Reichsbahn-Gesellschaft; Baujahre 1930/33, Gattung C 4i-30
Foto: Archiv VEB Waggonbau Görlitz

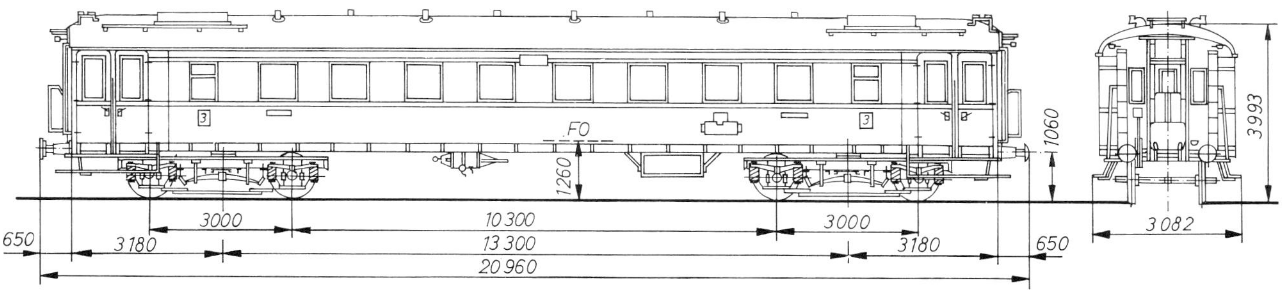

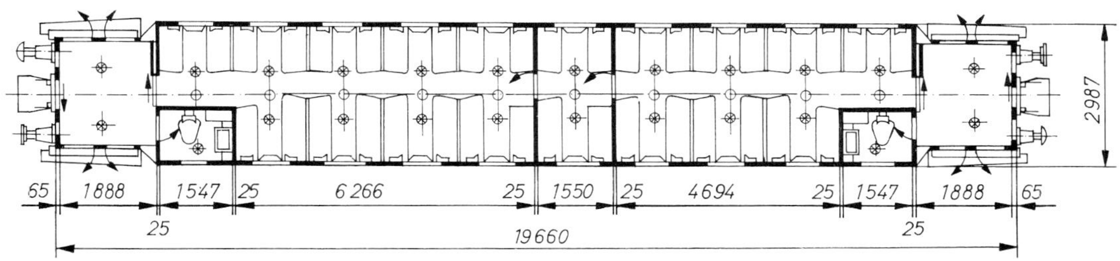

Maßskizze des vierachsigen Sitzwagens 3. Klasse der Deutschen Reichsbahn-Gesellschaft; Baujahre 1930/33, Gattung C 4i-30

Laufwerk: Drehgestelle der Bauart Görlitz III leicht mit Gleitlagerradsätzen; DWV-Achslagergehäuse.
Bremse: Mehrlösige, selbsttätige Druckluftbremse für Personenzüge; Handbremse, Handrad in einem Einstiegraum.

Wagenkasten

Rohbau: Wagenkastengerippe aus Profilen, Dachspriegeln und Blechen, genietet; eingerückte Einstiegtüren; Tonnendach; Rammkonstruktion; Außenbeblechung genietet; offene Stirnwand-Übergänge, durch Scherengitter gesichert; Leitern zum Besteigen des Daches, Tritte und Laufstege; herablaßbare Fenster mit Metallrahmen in den Fahrgasträumen.
Inneneinrichtung: Wände mit Sperrholz verkleidet, mit Eiche furniert, Leisten Eiche; Kassettendekke gestrichen; mittleres Abteil durch Zwischenwände von übrigen Fahrgasträumen abgetrennt; Lattensitze; Aborte mit Wasserspülung.
Heizung: Dampfheizung, Niederdruck-Umlaufheizung.
Lüftung: Statische Lüfter der Bauart Wendler.
Beleuchtung: Einheits-Dynamo-Beleuchtung; Glühlampen; Generator über Flachriemen angetrieben; Akkumulator.

Bi-31

(Einheitswagen)

1931

Dieser Wagentyp (Foto) gehörte zu einer neuen Generation von Nebenbahnwagen. Von den Vorläufern beibehalten wurde im wesentlichen nur der Achsabstand. Die größere Abteilbreite von 1870 mm gegenüber älteren Ausführungen bewirkte einen längeren Wagenkasten. Die Wagen galten als Gattung Bi-31. Die fünf Fahrzeuge entstanden in genieteter Stahlbauweise. Ihren Grundriß zeigt die Zeichnung.
Die RBD Dresden erhielt diese Wagen zur Betriebserprobung.

Zweiachsiger Sitzwagen 2. Klasse der Deutschen Reichsbahn-Gesellschaft; Baujahr 1931, Gattung Bi-31
Werkfoto: MAN

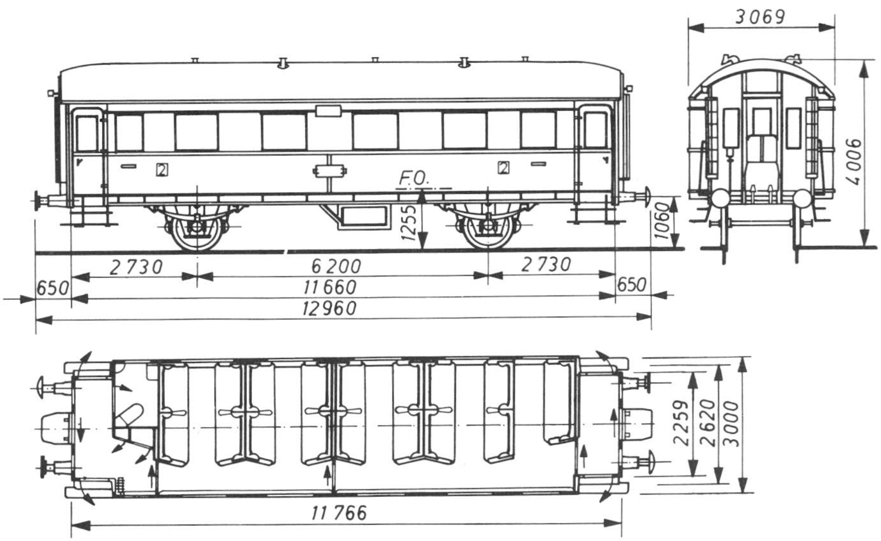

Maßskizze des Grundrisses vom zweiachsigen Sitzwagen 2. Klasse der Deutschen Reichsbahn-Gesellschaft; Baujahr 1931, Gattung Bi-31

Der erste mit der Wagennummer 29006 war in Rochlitz beheimatet. Inzwischen gelten alle als ausgemustert.

Konstruktive Merkmale

Untergestell

Rahmen: Genormte Bauform; aus Profilen und Blechen.
Zugeinrichtung: Durchgehend; anfangs Schraubenkupplungen mit Sicherheitskupplung, später gegen Bauart ohne dieselben ausgetauscht.
Stoßeinrichtung: Ursprünglich Stangenpuffer mit gewölbten und flachen Puffertellern.
Laufwerk: Vereinslenkachsen; gepreßte Achshalter; Gleitlagerradsätze mit Scheibenradkörpern.
Bremse: Mehrlösige Druckluftbremse für Personenzüge der Bauart Kunze-Knorr; Handbremse, Handrad in einem der Einstiegräume.

Wagenkasten

Rohbau: Wagenkastengerippe außen mit Blech verkleidet; Einstiegtüren eingerückt; Tonnendach an den Wagenenden abgerundet; Stirnwandübergänge mit Scherengittern.
Inneneinrichtung: Zwei Fahrgasträume mit gepolsterten Sitzbänken, durch Schiebetür voneinander getrennt; Abort mit Waschgelegenheit; Schrank für Schalttafel und Ersatzteile.
Heizung: Niederdruck-Umlauf-Dampfheizung.
Lüftung: Statische Lüfter der Bauart Wendler.
Beleuchtung: Glühlampen; Einheits-Dynamo-Beleuchtung, Generator mit Flachriemen angetrieben.

BCi-31

(Einheitswagen)

1931

Dieser gemischtklassige Wagentyp (Foto) zählte wie der Bi-Wagen von 1931 ebenfalls zu der neuen Generation von Nebenbahnwagen. Er entstand nach der Musterzeichnung BCi-01.000 und galt als Gattung BCi-31. Auch die Abteile 3. Klasse wurden bei ihm gegenüber älteren Ausführungen auf 1550 mm verbreitert. Die Fahrzeuge entstanden ebenfalls

Zweiachsiger Sitzwagen 2. und 3. Klasse der Deutschen Reichsbahn-Gesellschaft; Baujahr 1931, Gattung BCi-31
Foto: Werkfoto MAN

Maßskizze mit Grundriß vom zweiachsigen Sitzwagen 2. und 3. Klasse der Deutschen Reichsbahn-Gesellschaft; Baujahr 1931, Gattung BCi-31

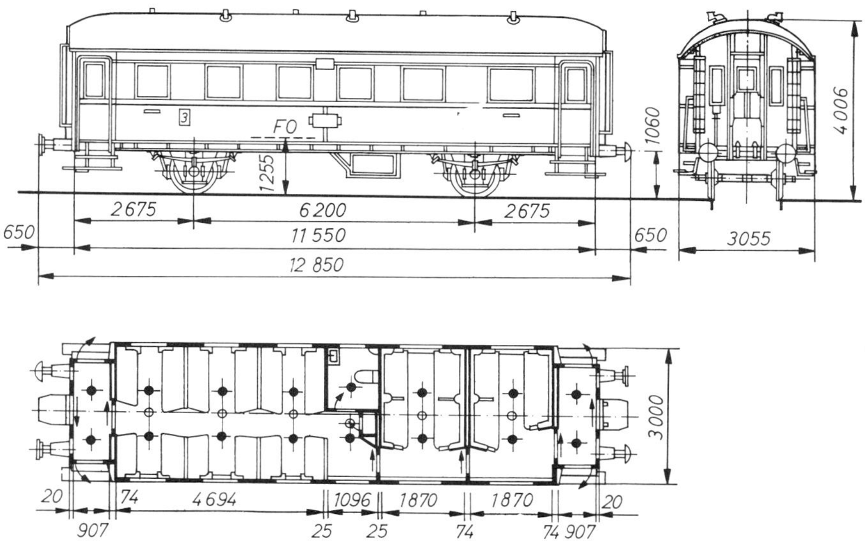

in genieteter Stahlbauweise. Ihren Grundriß zeigt die Zeichnung auf Seite 161. Zur Betriebserprobung wurden diese Wagen der RBD Dresden zugeordnet. Mindestens einer von ihnen verblieb bei der DR und wurde dort modernisiert. Inzwischen gelten diese Wagen als ausgemustert.

Konstruktive Merkmale

Untergestell

Rahmen: Genormte Bauform; aus Profilen und Blechen.
Zugeinrichtung: Durchgehend; anfangs Schraubenkupplungen mit Sicherheitskupplung, später gegen Bauart ohne dieselben ausgetauscht.
Stoßeinrichtung: Ursprünglich Stangenpuffer mit gewölbten und flachen Puffertellern, später gegen Hülsenpuffer ausgetauscht.
Laufwerk: Vereinslenkachsen; gepreßte Achshalter; Gleitlagerradsätze mit Scheibenradkörpern.
Bremse: Mehrlösige Druckluftbremse für Personenzüge der Bauart Kunze-Knorr; Handbremse, Handrad in einem der Einstiegräume.

Wagenkasten

Rohbau: Wagenkastengerippe außen mit Blech verkleidet; Einstiegtüren eingerückt; Tonnendach an den Wagenenden abgerundet; Stirnwandübergänge mit Scherengittern.
Inneneinrichtung: Zwei Abteile 2. Klasse mit gepolsterten Sitzbänken wie im Bi-31; Fahrgastraum 3. Klasse; Abort mit Waschgelegenheit in der Wagenmitte; Schränke.
Heizung: Dampfheizung als Niederdruck-Umlauf-Heizung.
Lüftung: Statische Lüfter der Bauart Wendler.
Beleuchtung: Glühlampen; Einheits-Dynamo-Beleuchtung; Generator mit Flachriemen angetrieben.

C 4i-32c

1933

Techn. Daten Seite 257

Nachdem die Serienproduktion der vierachsigen Durchgangswagen in genieteter Ausführung lief, bereitete das RZA in Zusammenarbeit mit der Waggonindustrie die ersten Entwürfe und Aufträge vor, diese Wagen als Schweißkonstruktion auszuführen. Zwei der Versuchsfahrzeuge lieferte die Firma MAN. Diese trugen die Gattungsbezeichnung C 4i-32c und waren nach der Musterblatt-Zeichnung C 4i-20081 M·A·N entstanden. Beide Fahrzeuge wurden

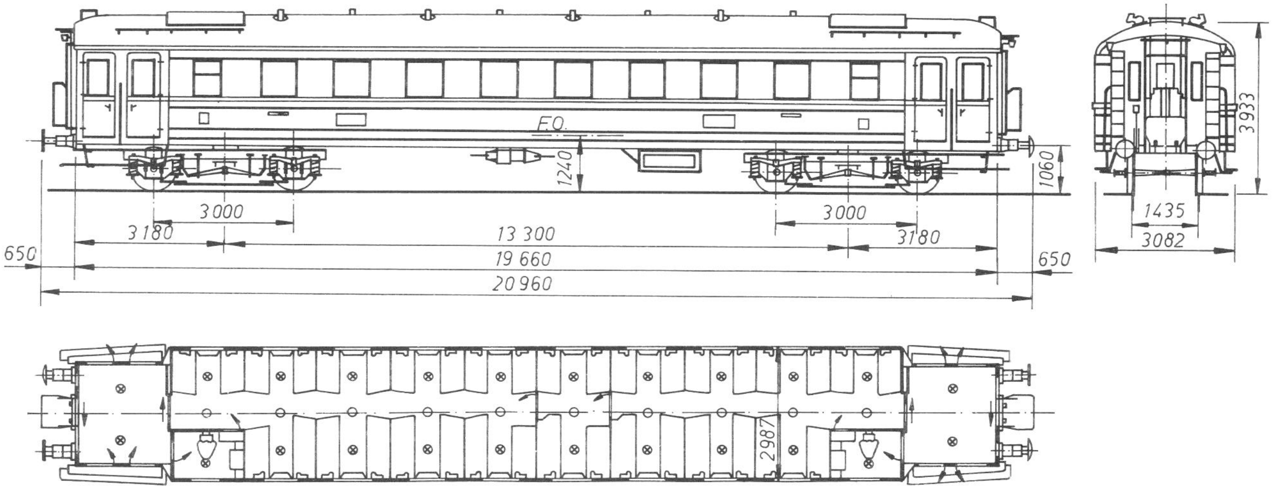

Vierachsiger Sitzwagen 3. Klasse der Deutschen Reichsbahn-Gesellschaft; Baujahr 1933, Gattung C 4i-32c (Seite 162)
Werkfoto: MAN

Maßskizze des vierachsigen Sitzwagens 3. Klasse der Deutschen Reichsbahn-Gesellschaft; Baujahr 1933, Gattung C 4i-32c

an die Rbd München ausgeliefert. Ihre Hauptabmessungen stimmten mit denen der genieteten Ausführung überein.

Konstruktive Merkmale

Untergestell

Rahmen: Aus Walzprofilen und Blechen, geschweißt; Halter für Einstiegtritte.
Zugeinrichtung: Durchgehend, Schraubenkupplung.
Stoßeinrichtung: Hülsenpuffer.
Laufwerk: Drehgestelle der Bauart Görlitz III leicht mit Gleitlagerradsätzen; DWV-Achslagergehäuse.
Bremse: Mehrlösige, selbsttätige Druckluftbremse für Personenzüge, am Wagen 73241 als KKP3-Bremse und am Wagen 73242 als geteilte KKP-Bremse; Handbremse.

Wagenkasten

Rohbau: Wagenkastengerippe aus Profilen, Dachspriegeln und Blechen, geschweißt; Einstiegstüren wiederum mit gepreßter Außenbeblechung; Tonnendach; Rammkonstruktion; mehrfach längs verstärkte Außenbeblechung, geschweißt; offene Stirnwand-Übergänge damals üblicher Ausführung; herablaßbare Fenster mit Metallrahmen in den Fahrgasträumen und Einstiegtüren.
Inneneinrichtung: Nicht wesentlich abweichend von der serienmäßigen Ausführung.
Heizung: Dampfheizung als Niederdruck-Umlaufheizung.
Lüftung: Statische Lüfter der Bauart Wendler.
Beleuchtung: Einheits-Dynamo-Beleuchtung; Glühlampen; Generator über Flachriemen angetrieben; Akkumulator.

ABC 4ü-33a

(Einheitswagen)

1934

Techn. Daten Seite 257

Vierachsiger Sitzwagen 1., 2. und 3. Klasse der Deutschen Reichsbahn-Gesellschaft; Baujahr 1934, Gattung ABC 4ü-33a
Foto: Archiv S. & P. Wagner

Bei dieser Wagengattung wurde der Übergang von der genieteten Bauweise in die geschweißte Stahlbauweise vollzogen. Die Hauptabmessungen veränderten sich nur in wenigen Fällen. Die Verlängerung der Außenhaut der Seitenwände über die äußeren Langträger wurde ein typisches Merkmal für die geschweißte Ausführung und fiel besonders ins Auge.

Die als ABC4ü-33a bekannt gewordenen vierachsigen Sitzwagen 1./2./3. Klasse erhielten gegenüber ihren genieteten Vorgängern auch leichtere Drehgestelle mit kürzerem Achsabstand. Insgesamt verringerte sich damit die Eigenmasse um 11,1 t.

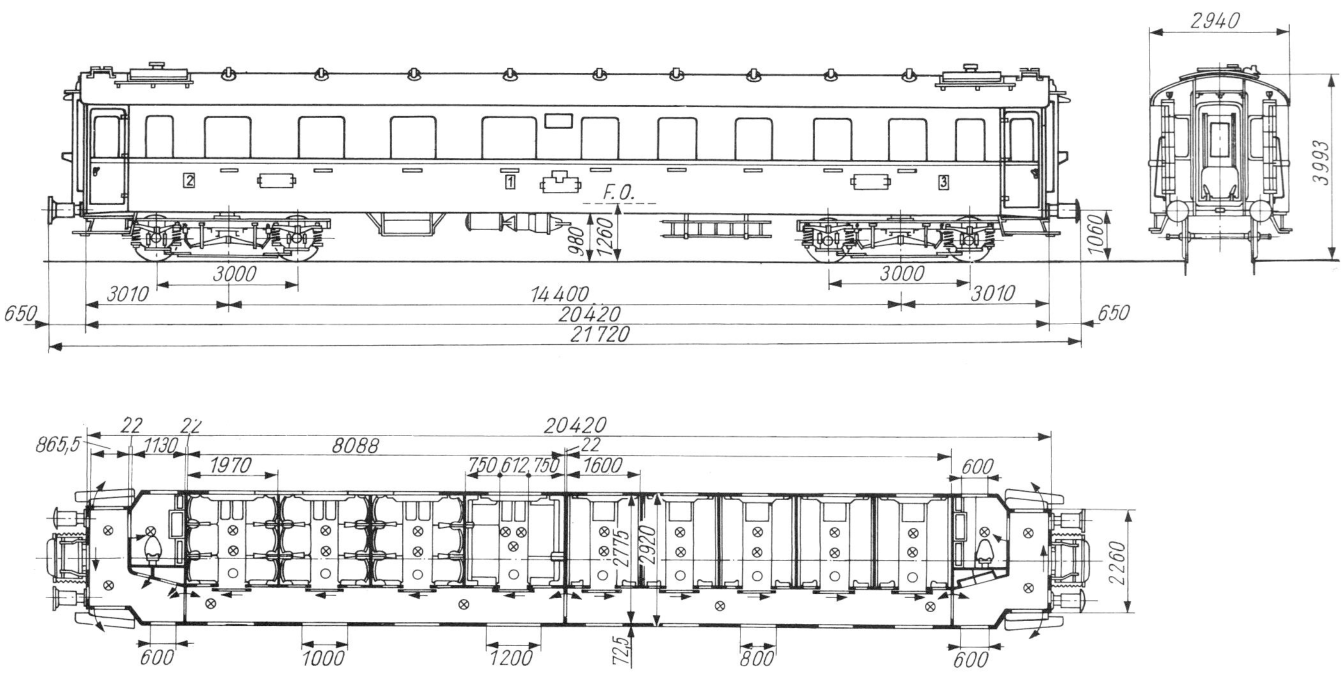

Maßskizze des vierachsigen Sitzwagens 1., 2. und 3. Klasse der Deutschen Reichsbahn-Gesellschaft; Baujahr 1934, Gattung ABC 4ü-33a

Konstruktive Merkmale

Untergestell

Rahmen: Lang- und Querträger in offener Bauweise; geschweißt.
Zugeinrichtung: Durchgehend; Schraubenkupplung.
Stoßeinrichtung: Ursprünglich Reibungspuffer mit Ausgleicheinrichtung und abgeflachten Puffertellern, später Hülsenpuffer.
Laufwerk: Drehgestelle der Bauart Görlitz III leicht mit Gleitlagerradsätzen. Gleitachslager der Austauschbauart.
Bremse: Mehrlösige, selbsttätige Einkammer-Druckluftbremse für Schnell- und Eilzüge. Handbremse, auf ein Drehgestell wirkend.

Wagenkasten

Rohbau: Wagenkastengerippe aus genormten Profilen und Sonderprofilen.
Seitenwandfelder sind zwischen den Fenstern teilweise zusätzlich verstrebt. Außenblechung vorwiegend an die Säulen und Spanten angeschweißt. Stirnwandübergänge mit Faltenbälgen.
Inneneinrichtung: Abteile aller Wagenklassen durch Schiebetüren vom Seitengang getrennt. Zusätzliche Pendeltüren zwischen Seitengang und Einstiegräumen. Wasser für Toiletten und Waschgelegenheiten in Behältern im Dach.
Heizung: Dampfheizung. Elektrische Heizleitung.
Lüftung: Statische Lüfter Bauart Wendler auf dem Dach.
Beleuchtung: Elektrische Glühlampenbeleuchtung. Riemengetriebener Generator hing an einem der Drehgestelle.

Ci-33

(Einheitswagen)

1934

Die Konstruktionen der zweiachsigen Nebenbahnwagen in genieteter Stahlbauweise wurden für die geschweißte Stahlbauweise überarbeitet. Nach einem Musterwagen entstand der Prototyp des zweiachsigen Nebenbahnwagens 3. Klasse der Einheitsbauart in geschweißter Ausführung. Er galt als Gattung Ci-33. Ähnliche Fahrzeuge lieferten die Waggonfabriken Uerdingen und Gottfried Lindner, Ammendorf (Foto). Diese Musterwagen galten als Gattungen Ci-33a und Ci-33b. Sie unterschieden sich in ihren Hauptabmessungen nur geringfügig. Sie sind jedoch Einzelfahrzeuge geblieben. Den Grundriß des Ci-33b zeigt die Zeichnung auf Seite 166. Auch dieser Wagen war anfangs in der RBD Dresden eingesetzt, Heimatbahnhof Pirna.

Konstruktive Merkmale

Untergestell

Rahmen: Aus Profilen und Blechen geschweißt.
Zugeinrichtung: Schraubenkupplungen mit Sicherheitskupplung.
Stoßeinrichtung: Stangenpuffer mit gewölbten und flachen Puffertellern.
Laufwerk: Vereinslenkachsen; gepreßte Achshalter; Gleitlagerradsätze mit Scheibenradkörpern.

Zweiachsiger Sitzwagen 3. Klasse der Deutschen Reichsbahn-Gesellschaft; Baujahr 1934, Gattung Ci-33
Foto: Werkfoto Lindner, Ammendorf

C 4ü-35

(Einheitswagen)

1935/36

Techn. Daten Seite 257

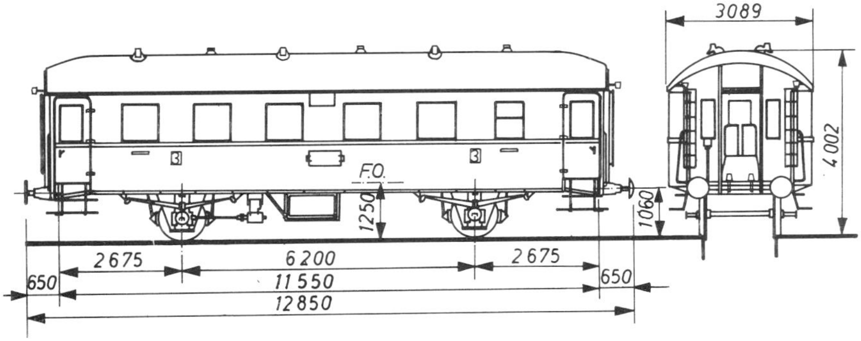

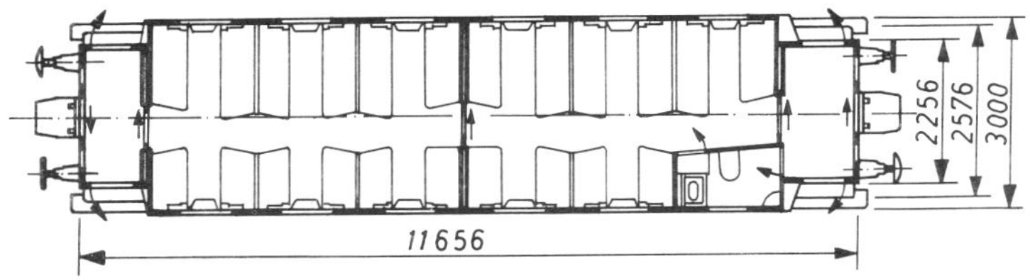

Maßskizze des Grundrisses vom zweiachsigen Sitzwagen 3. Klasse der Deutschen-Reichsbahn-Gesellschaft; Baujahr 1934, Gattungen Ci-33, Ci-33a, Ci-33b

Die D-Zug-Wagen der Einheitsbauart und Bauart 1935 unterschieden sich von ihren Vorgängern wesentlich in der äußeren Gestaltung. Die Seitenwände waren zu den eingerückten Einstiegtüren hin nicht mehr abgekantet, sondern abgerundet. Darüber hinaus führte man die Seitenwandbeblechung noch über die Stirnwände ein Stück weiter. Diese Maßnahmen verbesserten bei höheren Fahrgeschwindigkeiten die Strömungsverhältnisse an den Fahrzeugen. Die vierachsigen Wagen der Gattung C 4ü-35 wurden in mittleren Stückzahlen von mehreren Wagonfabriken gebaut. Die Abteile 3. Klasse verbreitete man von 1600 mm auf 1700 mm. Gleichzeitig verringerte man die Anzahl der Abteile auf neun. Damit ergab sich auch eine um 450 mm kürzere Länge über Puffer.

Konstruktive Merkmale

Untergestell

Rahmen: Aus Profilen und Blechen, geschweißt; Halter für Einstiegtritte.

Bremse: Mehrlösige Druckluftbremse für Personenzüge der Bauart Hildebrand-Knorr.

Wagenkasten

Rohbau: Wagenkastengerippe außen mit Blech verkleidet; Einstiegtüren eingerückt; Tonnendach an den Wagenenden abgerundet; Stirnwandübergänge mit drehbaren Übergangsschutzblechen, Stirnwandtüren als einteilige Schiebetüren.
Inneneinrichtung: Zwei Fahrgasträume 3. Klasse, für Raucher und Nichtraucher; Sitzbänke, Sitze und Rückenlehnen aus Holzleisten; Abort mit Waschgelegenheit.

Heizung: Dampfheizung als Niederdruck-Umlauf-Heizung.
Lüftung: Statische Lüfter der Bauart Wendler.
Beleuchtung: Glühlampen; Einheits-Dynamo-Beleuchtung; Generator über Kardanantrieb von einer Achsbuchse aus angetrieben.

Zugeinrichtung: Schraubenkupplung.
Stoßeinrichtung: Hülsenpuffer, mit Ausgleicheinrichtung.
Laufwerk: Drehgestelle der Bauart Görlitz III mit Gleitlagerradsätzen; DWV-Achslagergehäuse.
Bremse: Mehrlösige, selbsttätige Druckluftbremse mit Schnellbremswirkung, teilweise zusätzlich nichtselbsttätige Druckluftbremse; Handbremse.

Wagenkasten

Rohbau: Wagenkastengerippe aus Profilen, Dachspriegeln und Blechen, geschweißt; Tonnendach; Rammkonstruktion; geschlossene Stirnwand-Übergänge durch Faltenbälge gesichert; herablaßbare Fenster mit Metallrahmen; Lüftungsklappen über den großen Seitenwand-Fenstern.
Inneneinrichtung: Wände mit Holz verkleidet; sonst übliche Ausstattung jener Zeit; Aborte mit Wasserspülung.
Heizung: Dampfheizung, Niederdruck-Umlaufheizung; teilweise elektrische Heizung.
Lüftung: Statische Lüfter der Bauart Wendler.
Beleuchtung: Einheits-Dynamo-Beleuchtung; Glühlampen; Generator über Flachriemen angetrieben; Akkumulator.

Vierachsiger Sitzwagen 3. Klasse der Deutschen Reichsbahn-Gesellschaft; Baujahre 1935/36, Gattung C 4ü-35
Foto: Archiv VEB Waggonbau Görlitz

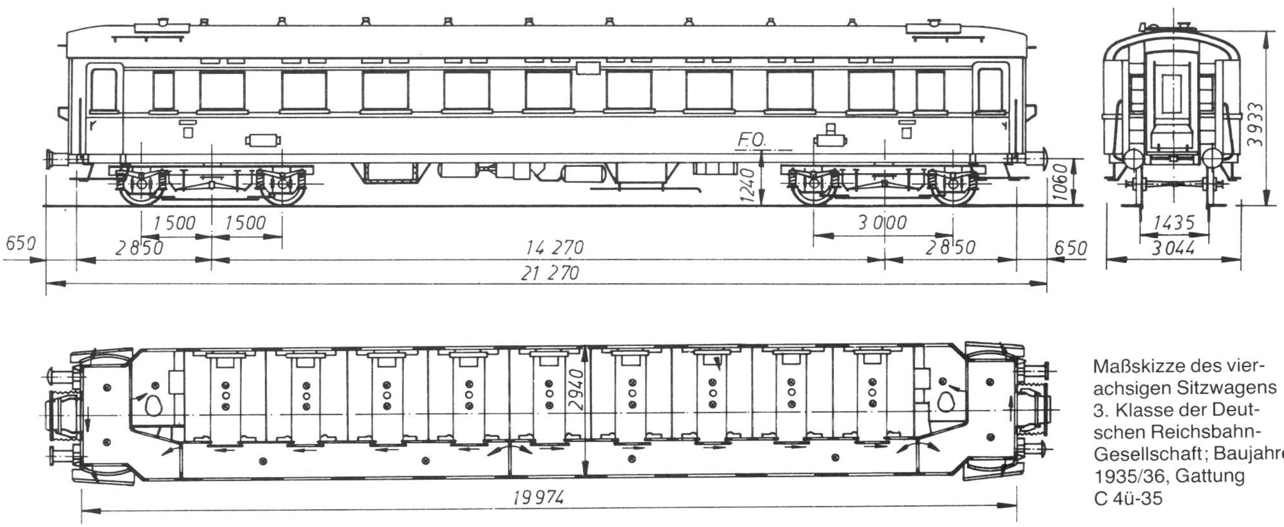

Maßskizze des vierachsigen Sitzwagens 3. Klasse der Deutschen Reichsbahn-Gesellschaft; Baujahre 1935/36, Gattung C 4ü-35

BC 4i-35a

(Heidenau-Altenberg)

1935

Techn. Daten Seite 257

Die Wagen dieser Sonderbauart verkehrten vorwiegend auf der osterzgebirgischen Strecke Heidenau—Altenberg, auf der erst im Jahre 1935 der normalspurige Betrieb aufgenommen wurde. Vorher führte eine Schmalspurbahn durch das Müglitztal. Auf Grund einer veränderten Linienführung ergab sich eine höhere durchschnittliche Neigung als auf der schmalspurigen Strecke. Deshalb waren neben leistungsstarken Lokomotiven auch besonders leichte Sitzwagen zu beschaffen. Die kurzen und leichten Mitteleinstiegwagen (Foto und Zeichnung) sind als Bauart „Heidenau-Altenberg“ bekannt geworden.

Vierachsiger Sitzwagen 2. und 3. Klasse der Deutschen Reichsbahn-Gesellschaft; Baujahr 1935, Gattung BC 4i-35a
Werkfoto: LHW, Sammlung Deppmeyer

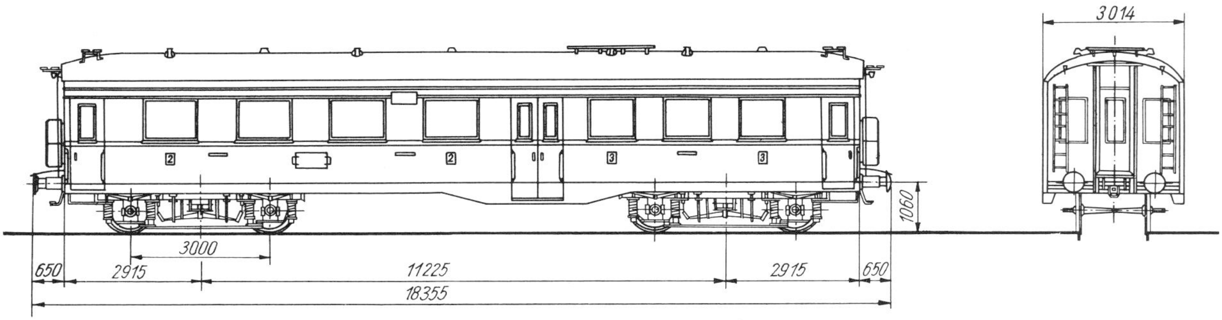

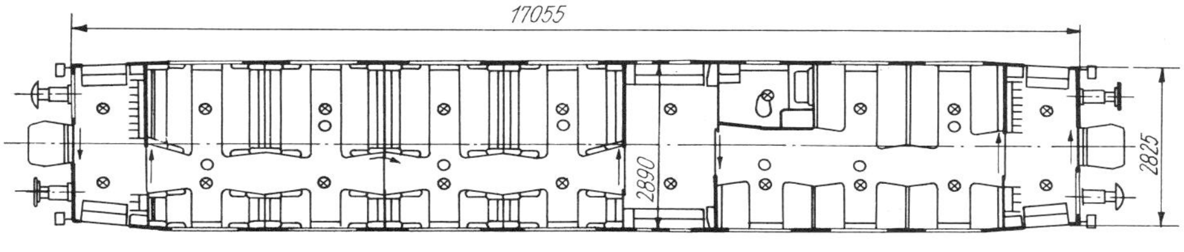

Maßskizze des vierachsigen Sitzwagens 2. und 3. Klasse der Deutschen Reichsbahn-Gesellschaft; Baujahr 1935, Gattung BC 4i-35a

C 4i-35a

(Heidenau-Altenberg)

1935

Techn. Daten Seite 257

Parallel zu den gemischtklassigen Sitzwagen der Bauart Heidenau-Altenberg für die Müglitztalbahn entstanden auch diese reinen 3.-Klasse-Wagen. Nach vier Versuchswagen folgte eine Serie von 60 Stück. Jeweils zwei Wagen 3. Klasse waren in Verbindung mit einem 2./3.-Klasse-

Konstruktive Merkmale

Untergestell

Rahmen: Genormte Profile und Sonderprofile; geschweißt. Verbindungen der Lang- und Querträger durch aufgesetzte Laschen verstärkt. Innere Langträger auf Querträger aufgeschweißt. Erhöhte Quersteifigkeit durch doppelte Diagonalstreben.
Zugeinrichtung: Schraubenkupplung.
Stoßeinrichtung: Hülsenpuffer.
Laufwerk: Drehgestelle der Bauart Görlitz IV leicht; geschweißt. Gleitlagerradsätze mit Scheibenrädern. Gleitachslager der Austauschbauart.
Bremse: Mehrlösige, selbsttätige Einkammer-Druckluftbremse für Personenzüge. Handbremse.

Wagenkasten

Rohbau: Wagenkastengerippe aus abgekanteten Profilen; im Bereich des mittleren Einstiegraums besonders verstärkt. Sämtliche äußeren Türen Schiebetüren. Einstiegtüren an den Wagenenden nicht eingerückt. Offene Stirnwandübergänge.
Inneneinrichtung: Gepolsterte Einzelsitze und Sitzbänke in der 2. Klasse. 3. Klasse mit Holzlatten verkleidet. Toilette mit Waschgelegenheit. Skihalterungen in den äußeren Einstiegräumen.
Heizung: Dampfheizung.
Lüftung: Statische Lüfter Bauart Wendler.
Beleuchtung: Elektrische Glühlampen.

Vierachsiger Sitzwagen 3. Klasse der Deutschen Reichsbahn-Gesellschaft; Baujahr 1935, Gattung C 4i-35a
Foto: Sammlung Kroschwald

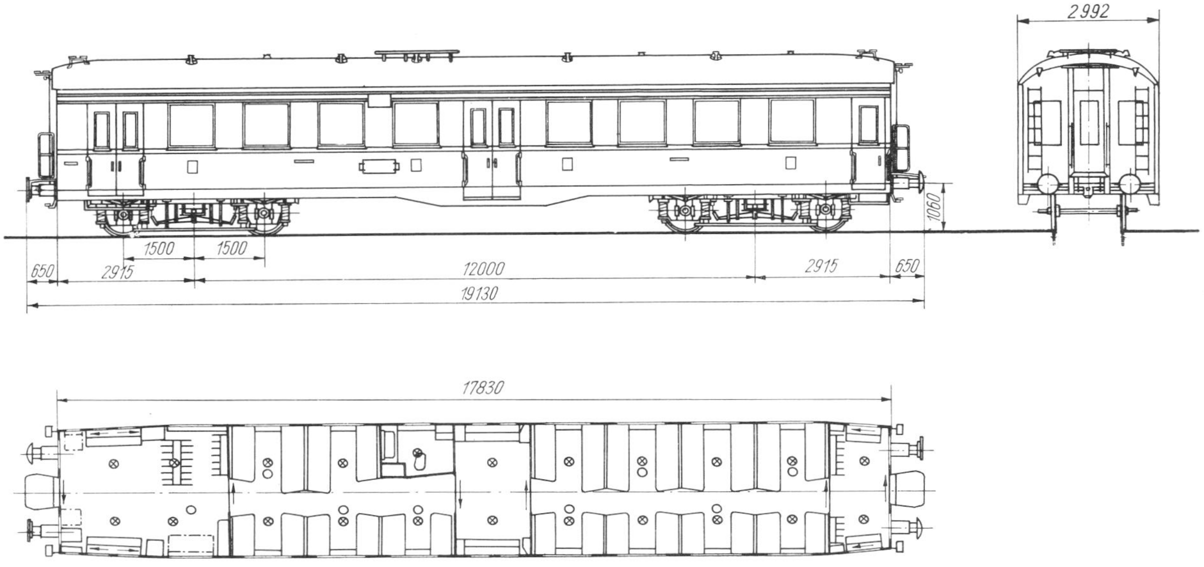

Maßskizze des vierachsigen Sitzwagens 3. Klasse der Deutschen Reichsbahn-Gesellschaft; Baujahr 1935, Gattung C 4i-35a

Wagen als kleinste Zugeinheit vorgesehen.

Beide Wagengattungen sahen sich sehr ähnlich und enthielten teilweise auch die gleichen Bauteile.

Die Fahrzeuge sollten dem starken Touristenverkehr gewachsen sein und auf der Hauptstrecke zwischen Dresden und Heidenau höhere Geschwindigkeiten fahren können. An Wochentagen waren die Wagen für den Einsatz im Berufsverkehr vorgesehen.

Konstruktive Merkmale

Untergestell

Rahmen: Genormte Profile und Sonderprofile; geschweißt. Verbindungen der Lang- und Querträger durch aufgesetzte Laschen verstärkt. Innere Langträger auf Querträger geschweißt. Erhöhte Quersteifigkeit durch doppelte Diagonalstreben.

Zugeinrichtung: Schraubenkupplungen.

Stoßeinrichtung: Hülsenpuffer.

Laufwerk: Drehgestelle der Bauart Görlitz IV leicht; geschweißt Gleitlagerradsätze mit Scheibenrädern. Gleitachslager der Austauschbauart.

Bremse: Mehrlösige, selbsttätige Einkammer-Druckluftbremse für Personenzüge. Handbremse.

Wagenkasten

Rohbau: Wagenkastengerippe aus abgekanteten Profilen; im Bereich des mittleren Einstiegraums besonders verstärkt. Sämtliche äußeren Türen Schiebetüren. Einstiegtüren an den Wagenenden nicht eingerückt. Offene Stirnwandübergänge.

Inneneinrichtung: Sitzbänke ursprünglich mit Holzlatten verkleidet. Toilette mit Waschgelegenheit. Skihalterungen in den äußeren Einstiegräumen, von denen einer vergrößert war.

Heizung: Dampfheizung.

Lüftung: Statische Lüfter Bauart Wendler.

Beleuchtung: Elektrische Glühlampen.

BC 4ü-36

(Einheitswagen)

1936/37

Techn. Daten Seite 257

Mit dieser vierachsigen Sitzwagenbauart 2./3. Klasse führte man die Entwicklung der Reisezugwagen weiter. Bestimmte konstruktive und gestalterische Elemente waren typisch für die Jahre 1935 bis 1938. Diese Wagen der Bauart 1936 entstanden nach der Musterblatt-Zeichnung Fwp 316.1. Sie entsprachen damit der Gattung BC 4ü-36 und galten ebenfalls als Einheitsbauart. Der ersten Lieferung folgten zwei weitere im Jahre 1937. Diese Fahrzeuge wurden später durch verschiedene Bahnverwaltungen modernisiert. Die ursprüngliche Gestaltung des Grundrisses geht aus der Zeichnung hervor.

Vierachsiger Sitzwagen 2. und 3. Klasse der Deutschen Reichsbahn-Gesellschaft; Baujahre 1936/37, Gattung BC 4ü-36 *Foto: Ströhle*

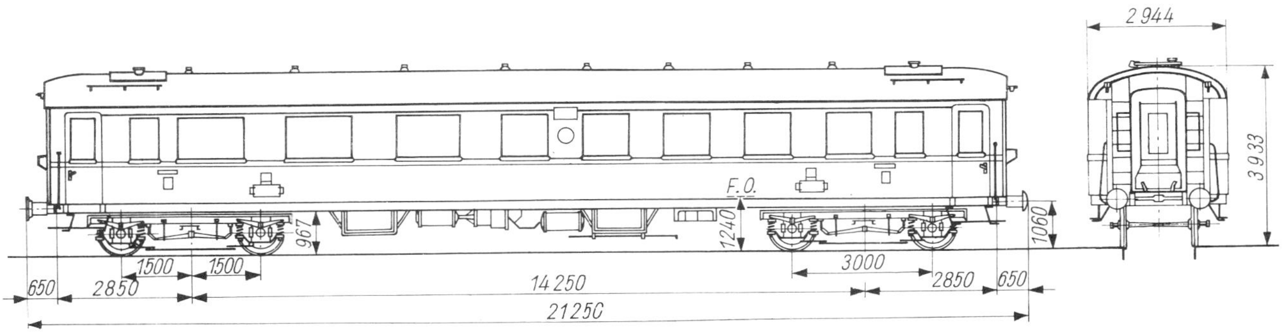

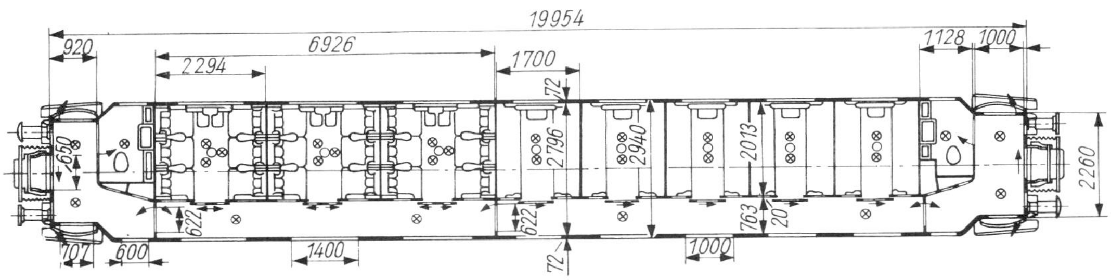

Maßskizze des vierachsigen Sitzwagens 2. und 3. Klasse der Deutschen Reichsbahn-Gesellschaft; Baujahre 1936/37, Gattung BC 4ü-36

C 4ü-36

(Einheitswagen)

1936/37

Techn. Daten Seite 257

Konstruktive Merkmale

Untergestell

Rahmen: Genormte Profile und Sonderprofile; geschweißt.
Zugeinrichtung: Schraubenkupplungen.
Stoßeinrichtung: Hülsenpuffer.
Laufwerk: Drehgestelle der Bauart Görlitz III leicht; geschweißt. Gleitlagerradsätze mit Scheibenrädern. DWV-Gleitachslager.
Bremse: Mehrlösige, selbsttätige Einkammer-Druckluftbremse mit Schnellbremswirkung. Teilweise zusätzlich Vakuumbremse. Handbremse in einem Einstiegraum angeordnet.

Wagenkasten

Rohbau: Wagenkastengerippe aus Sonderprofilen an den äußeren Langträgern angeschweißt. Die Seitenwände sind mit zum Tragen herangezogen. Geschlossene Stirnwandübergänge mit Faltenbälgen.
Inneneinrichtung: Gepolsterte Sitzbänke ursprünglich nur in der 2. Wagenklasse. In der 3. Klasse Sitzbänke mit Holzleisten verkleidet.
Heizung: Dampfheizung. Teilweise zusätzlich elektrische Heizung, auch in den Abteilen regulierbar.
Lüftung: Statische Lüfter Bauart Wendler.
Beleuchtung: Elektrische Glühlampen. Riemengetriebener Generator an einem der Drehgestelle. Akkumulator.

Diese Wagengattung entstand im Zusammenhang mit den gemischtklassigen Sitzwagen desselben Jahres. Sie galt ebenfalls als Bauart 1936. Die Fahrzeuge entstanden nach der Musterblatt-Zeichnung

Vierachsiger Sitzwagen 3. Klasse der Deutschen Reichsbahn-Gesellschaft; Baujahre 1936/37, Gattung C 4ü-36
Foto: Ströhle

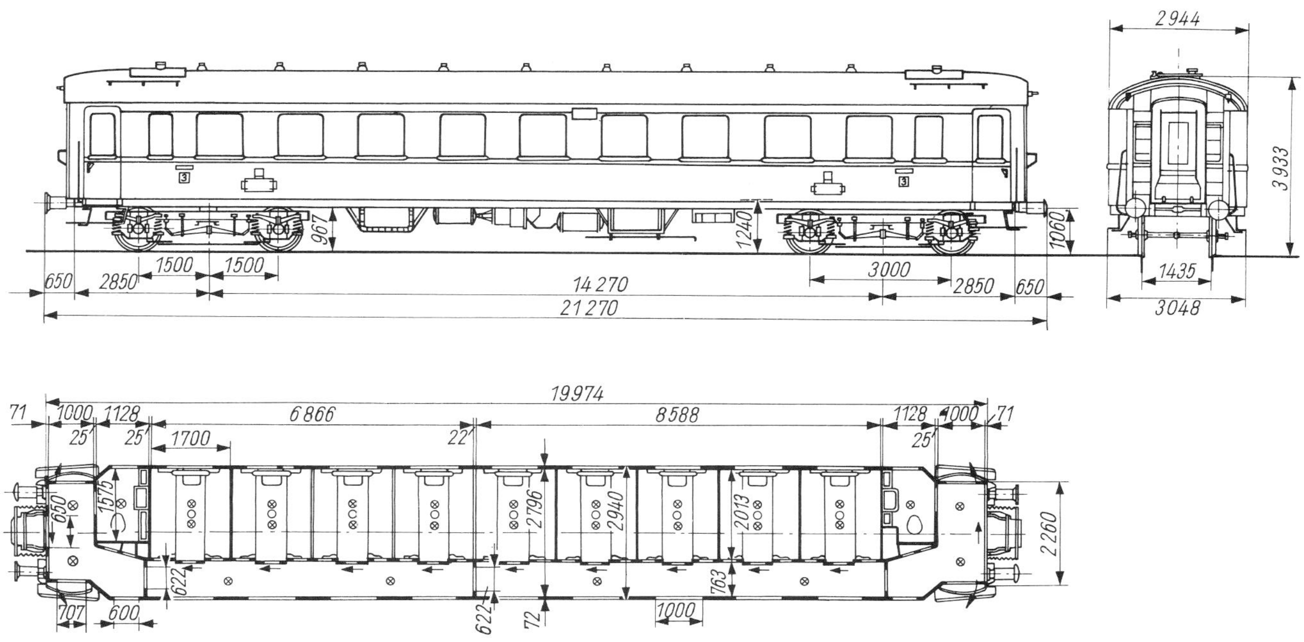

Maßskizze des vierachsigen Sitzwagens 3. Klasse der Deutschen Reichsbahn-Gesellschaft; Baujahre 1936/37, Gattung C 4ü-36

Fwp 317.1. Die vierachsigen Wagen der Gattung C 4ü-36 zählten ebenfalls zu den Einheitsbauarten. Abgesehen von der unterschiedlichen Anzahl von Abteilen und den voneinander abweichenden Seitenwandfensterbreiten charakterisierten doch einige wesentliche konstruktive und gestalterische Elemente beide Wagengattungen.

Das Foto auf Seite 172 unten zeigt einen solchen Wagen, allerdings inzwischen bei einer anderen Bahnverwaltung.

Im Jahre 1937 gab es zwei weitere Lieferungen. Die Zeichnung zeigt den ursprünglichen Grundriß vom Jahre 1936.

Konstruktive Merkmale

Untergestell

Rahmen: Genormte Profile und Sonderprofile; geschweißt.

Zugeinrichtung: Schraubenkupplung.

Stoßeinrichtung: Hülsenpuffer.

Laufwerk: Drehgestelle der Bauart Görlitz III leicht; geschweißt. Gleitlagerradsätze mit Scheibenrädern. DWV-Gleitachslager der Austauschbauart.

Bremse: Mehrlösige, selbsttätige Einkammer-Druckluftbremse mit Schnellbremsung.

Handbremse in einem Einstiegraum angeordnet.

Wagenkasten

Rohbau: Wagenkastengerippe aus Sonderprofilen an den äußeren Langträgern angeschweißt. Seitenwände zum Tragen herangezogen. Geschlossene Stirnwandübergänge mit Faltenbälgen.

Inneneinrichtung: Sitzbänke mit Holzleisten verkleidet. Toiletten mit Waschgelegenheit. Wasser in Behältern am Dach. Der Seitengang ist von den Einstiegsräumen getrennt und wird durch eine Zwischentür unterteilt.

Heizung: Dampfheizung.

Lüftung: Statische Lüfter Bauart Wendler.

Beleuchtung: Elektrische Glühlampen. Riemengetriebener Generator an einem der Drehgestelle. Akkumulator.

C 4ü-36a

(Einheitswagen)

1936

Vierachsiger Sitzwagen 3. Klasse der Deutschen Reichsbahn-Gesellschaft; Baujahr 1936, Gattung C 4ü-36a
Werkfoto: Wegmann, Sammlung Deppmeyer

Mit den Wagen dieser Bauart (Foto) wurde bezüglich der äußeren Gestalt eine neue Generation von Reisezugwagen bei der Deutschen Reichsbahn-Gesellschaft geschaffen, die windschnittige Bauform.

Besonders auffällig waren die Wagenenden verändert, aber auch die Seitenwandschürzen und die neuartigen Lüfter auf dem Dach prägten das neue Aussehen. Die sechs Wagen dieser Bauart galten als Gattung C 4ü-36a. Die Neuerungen brachten eine erhöhte Eigenmasse gegenüber den Sitzwagen der Gattung C 4ü-36 mit gleichen Hauptabmessungen. Die Zeichnung zeigt den neuen Grundriß.

Konstruktive Merkmale

Untergestell

Rahmen: Aus Profilen und Blechen geschweißt.

Zugeinrichtung: Durchgehend; Schraubenkupplung.

Stoßeinrichtung: Hülsenpuffer mit gewölbten und flachen Puffertellern sowie Ausgleichseinrichtung.

Laufwerk: Drehgestelle Görlitzer Bauart; Scheibenräder.

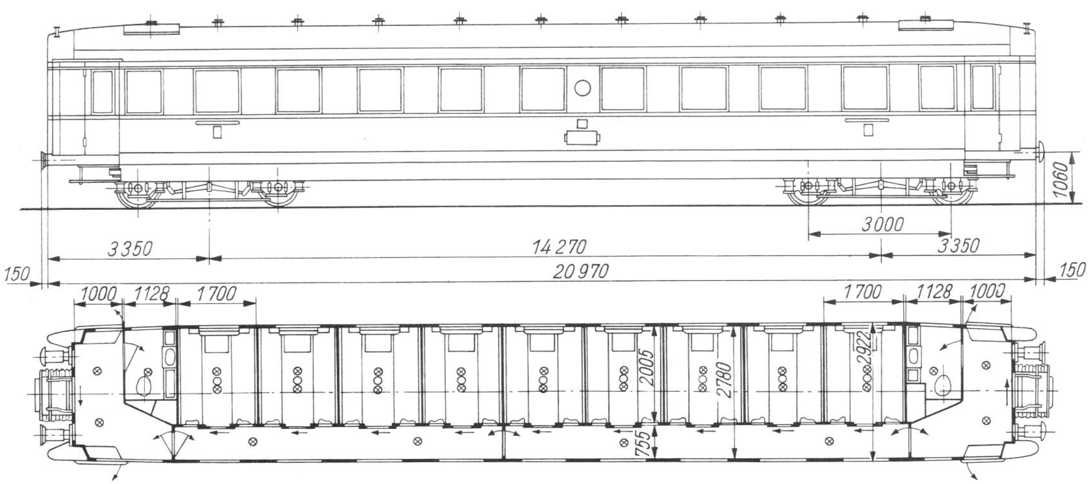

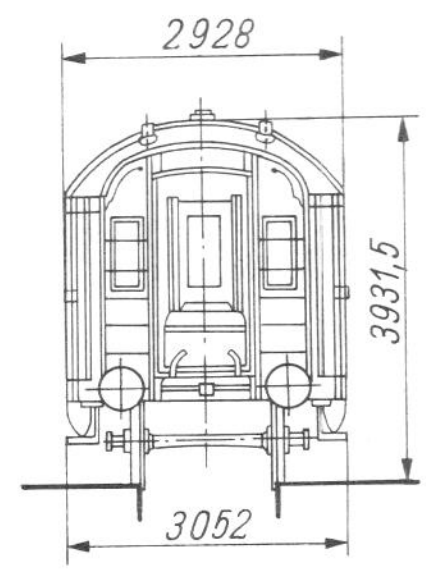

Maßskizze mit Grundriß vom vierachsigen Sitzwagen 3. Klasse der Deutschen Reichsbahn-Gesellschaft; Baujahr 1936, Gattung C 4ü-36a

C 4i-36

(Einheitswagen)

1936/37–39

Techn. Daten Seite 258

Bremse: Mehrlösige, selbsttätige Druckluftbremse mit Schnellbremswirkung der Bauart Kunze-Knorr.

Wagenkasten

Rohbau: Wagenkastengerippe außen mit Blech verkleidet; Einstiegtüren als Drehfalttüren in der Seitenwandebene; Seitenwände mit Schürzen über die Kopfstücke hinaus verlängert; Fenster mit Metallrahmen; Stirnwandübergänge mit Faltenbälgen.
Inneneinrichtung: Neun Abteile 3. Klasse; Seitengang unterteilt; zwei Aborte mit Wasserspülung und Waschgelegenheit, Wasserkästen im Dach.
Heizung: Dampfheizung.
Lüftung: Statische Lüfter.
Beleuchtung: Glühlampen.

Die Änderungen der äußeren Gestaltung der D-Zug-Wagen ab dem Jahre 1935 zur Verbesserung der Strömungsverhältnisse wendete man nunmehr auch bei den vierachsigen Durchgangswagen an. Charakteristisch dafür war die Bauart 1936 dieses Fahrzeugtyps.
Als Einheitsbauart lieferten ihn einige Waggonfabriken in mehreren Serien.
So erfolgten u. a. in den Jahren 1936, 1937 und 1938 je zwei Lieferungen

Vierachsiger Sitzwagen 3. Klasse der Deutschen Reichsbahn-Gesellschaft; Baujahre 1936/37–39, Gattung C 4i-36
Werkfoto: MAN

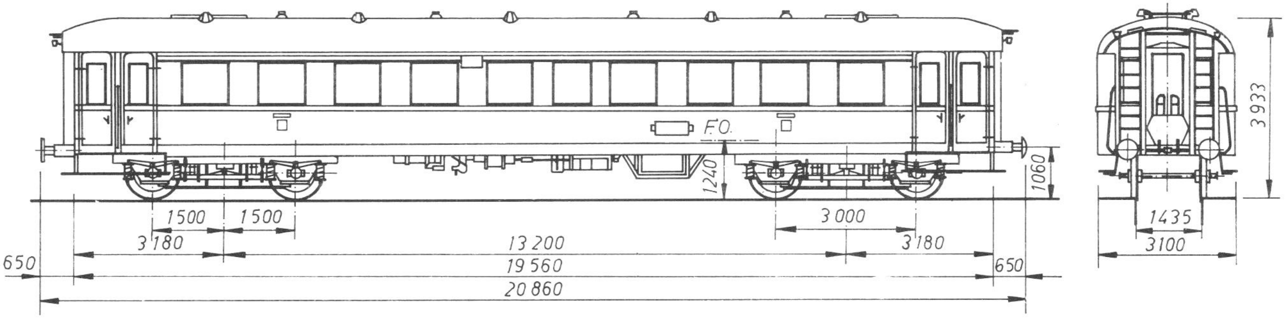

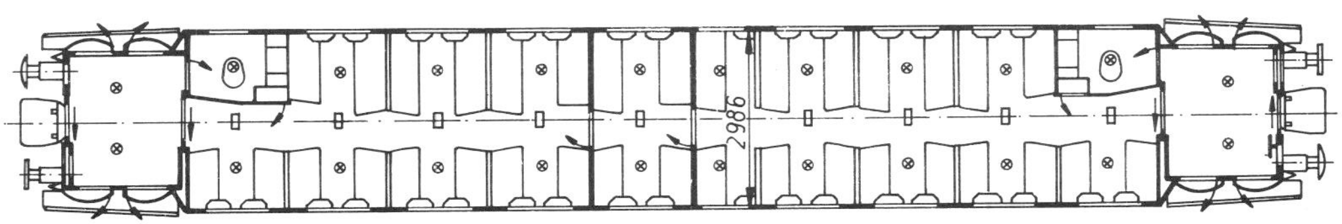

Maßskizze des vierachsigen Sitzwagens 3. Klasse der Deutschen Reichsbahn-Gesellschaft; Baujahre 1936/37–39, Gattung C 4i-36

und 1939 eine Lieferung. Die Wagen der zuletzt genannten erhielten die Direktionen Erfurt, Frankfurt, Halle, Hamburg und Königsberg (heute: Kaliningrad/UdSSR). Die Wagen entsprachen der Gattung C 4i-36.

Konstruktive Merkmale

Untergestell

Rahmen: Aus Profilen und Blechen, geschweißt; Halter für Einstiegtritte.
Zugeinrichtung: Schraubenkupplung.
Stoßeinrichtung: Hülsenpuffer mit 320 kN Endkraft, gewölbte und flache Pufferteller.
Laufwerk: Drehgestelle der Bauart Görlitz III leicht mit Gleitlagerradsätzen; DWV-Achslagergehäuse.
Bremse: Mehrlösige, selbsttätige Druckluftbremse für Personenzüge; teilweise ohne Handbremse.

Wagenkasten

Rohbau: Wagenkastengerippe aus Profilen, Dachspriegeln und Blechen, geschweißt; eingerückte Einstiegtüren; Tonnendach; Rammkonstruktion; Seitenwandbeblechung über die Stirnwände hinausgeführt, Einrückungen und Enden abgerundet; Aufstiege an den Stirnwänden; offene Stirnwand-Übergänge, durch Scherengitter gesichert; Fenster mit Metallrahmen, herablaßbar.
Inneneinrichtung: Wände mit Sperrholz verkleidet; Fußboden mit Linoleum belegt; Abteilbreite nunmehr 1600 mm; Lattensitze; Aborte mit Wasserspülung.
Heizung: Dampfheizung, Niederdruck-Umlaufheizung; teilweise zusätzlich elektrische Heizung.
Lüftung: Statische Lüfter der Bauart Wendler.
Beleuchtung: Einheits-Dynamo-Beleuchung; Glühlampen; Generator mit Flachriemen angetrieben; Akkumulator.

(A) BC 4ü-39

(Einheitswagen)

1939

Techn. Daten Seite 258

Mit der D-Zug-Wagen-Bauart C 4ü-36a begann die Ära der windschnittigen Reisezugwagen. Seitdem arbeitete man sowohl an der Verbesserung der Konstruktion als auch an der Vereinheitlichung der Baugruppen. Die windschnittige Außenform erreichte man durch gerade Seitenwände bis 150 mm an die Stoßebene der Puffer heran, durch Fen-

Vierachsiger Sitzwagen der 1., 2. und 3. Klasse der Deutschen Reichsbahn-Gesellschaft; Baujahr 1939, Gattung (A)BC 4ü-39
Werkfoto: MAN

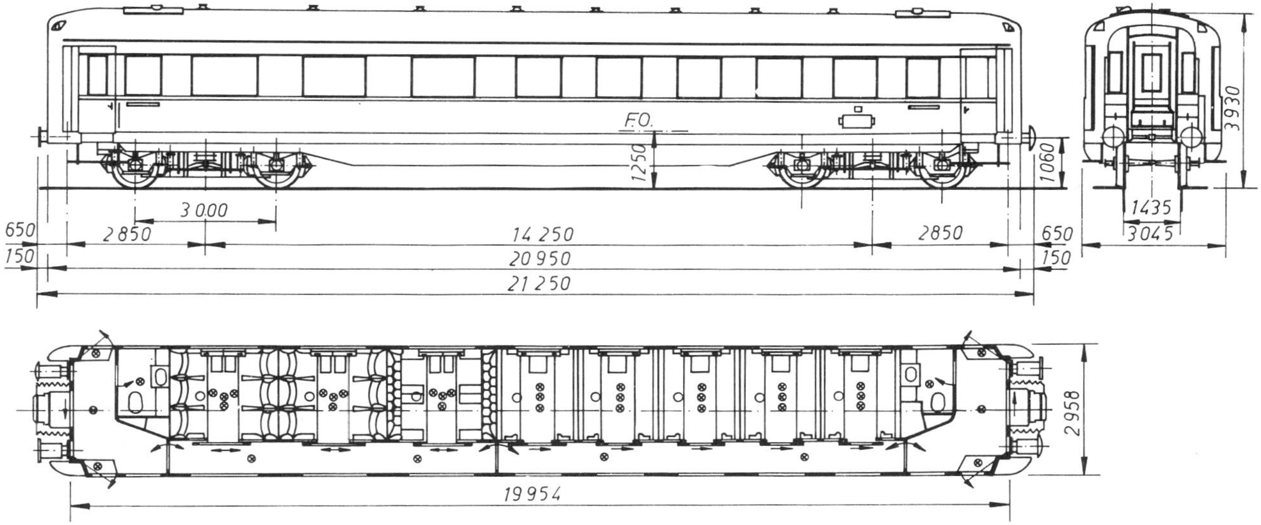

Maßskizze des vierachsigen Sitzwagens der 1., 2. und 3. Klasse der Deutschen Reichsbahn-Gesellschaft; Baujahr 1939, Gattung ABC 4ü-39

ster möglichst in der Seitenwandebene sowie durch Seitenwand-Schürzen. Von ihnen ist auch die Bezeichnung dieser Wagen als Schürzenwagen abgeleitet. Die hier beschriebene Wagenbauart konnte auch als Wagen 2./3. Klasse ausgerüstet werden. Diese Möglichkeit wurde genutzt.

Konstruktive Merkmale

Untergestell

Rahmen: Langträger aus Profilen; gepreßte Querträger; Wellblechfußboden als Ersatz für mittlere Lang-

Maßskizze des vierachsigen Sitzwagens der 2. und 3. Klasse der Deutschen Reichsbahn-Gesellschaft; Baujahr 1939, Gattung BC 4ü-39

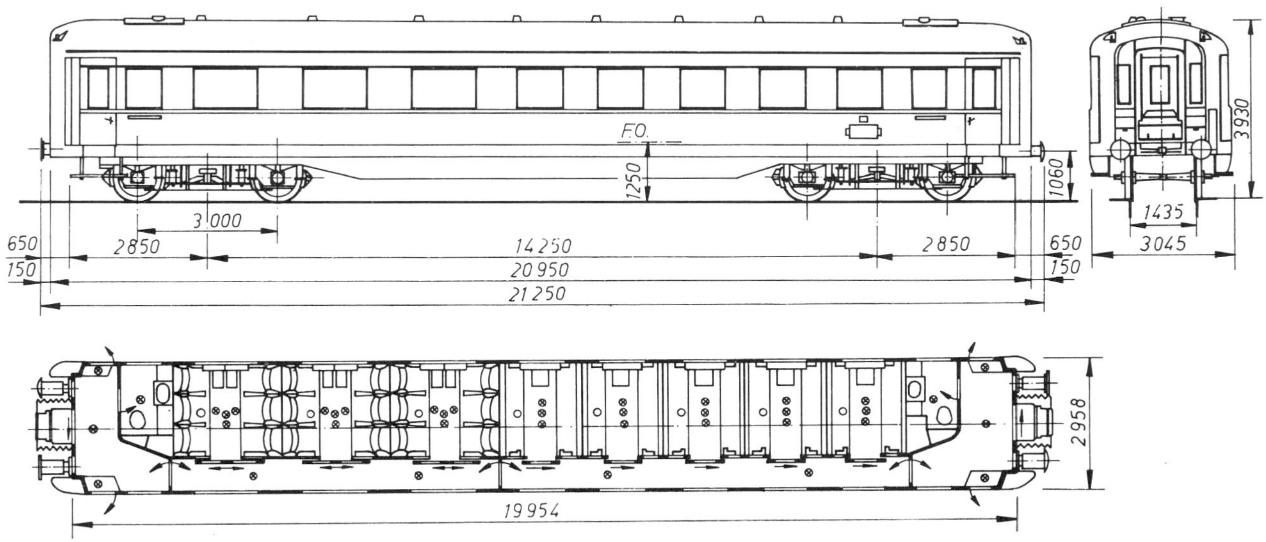

träger und Diagonalstreben; geschweißt.
Zugeinrichtung: Durchgehend; in beiden Richtungen arbeitend, Zugstange deshalb mit besonderem Zwischenbund, Schraubenkupplung.
Stoßeinrichtung: Hülsenpuffer.
Laufwerk: Drehgestelle der Bauart Görlitz III mit vierfacher Federung und Rollenlagerradsätzen.
Bremse: Mehrlösige, selbsttätige Druckluftbremse mit Schnellbremswirkung; teilweise zusätzlich nichtselbsttätige, einlösige Druckluftbremse.

Wagenkasten

Rohbau: Wagenkastengerippe aus Abkantprofilen, gepreßte Dachspriegel; Seitenwände mit Schürzen, zum Tragen herangezogen; Drehfalltüren als Einstiegtüren; Stirnwand-Übergänge mit Faltenbälgen.
Inneneinrichtung: Wände mit Sperrholz verkleidet, teilweise mit Furnier beklebt; Fußboden mit Linoleum belegt; unterschiedlich gepolsterte Sitze bzw. Lattensitzbänke; Aborte mit Wasserspülung und Waschgelegenheit.
Heizung: Dampfheizung, Niederdruck-Umlaufheizung, elektrische Heizung.
Lüftung: Statische Lüfter der Bauart Wendler.
Beleuchtung: Einheits-Dynamo-Beleuchtung; Glühlampen; Generator; Akkumulator.

C 4üp-39

1939

Techn. Daten Seite 258

Der Leichtbau schlug sich Ende der dreißiger Jahre in den Konstruktionen der Reisezugwagen besonders in der Spantenbauweise und in der windschnittigen Form nieder. Diese konstruktive Grundkonzeption übertrug man vom D-Zug-Wagen auf den Bau vierachsiger Durchgangswagen für den Eil- und Personenzugverkehr. Dazu gab es zwei Ausführungen von Versuchsfahrzeugen. Die eine dieser beiden Ausführungen entsprach dem hier im Foto und in der Zeichnung vorgestellten vierach-

Vierachsiger Sitzwagen 3. Klasse der Deutschen Reichsbahn-Gesellschaft; Baujahr 1939, Gattung C 4üp-39
Werkfoto: LHW, Sammlung Deppmeyer

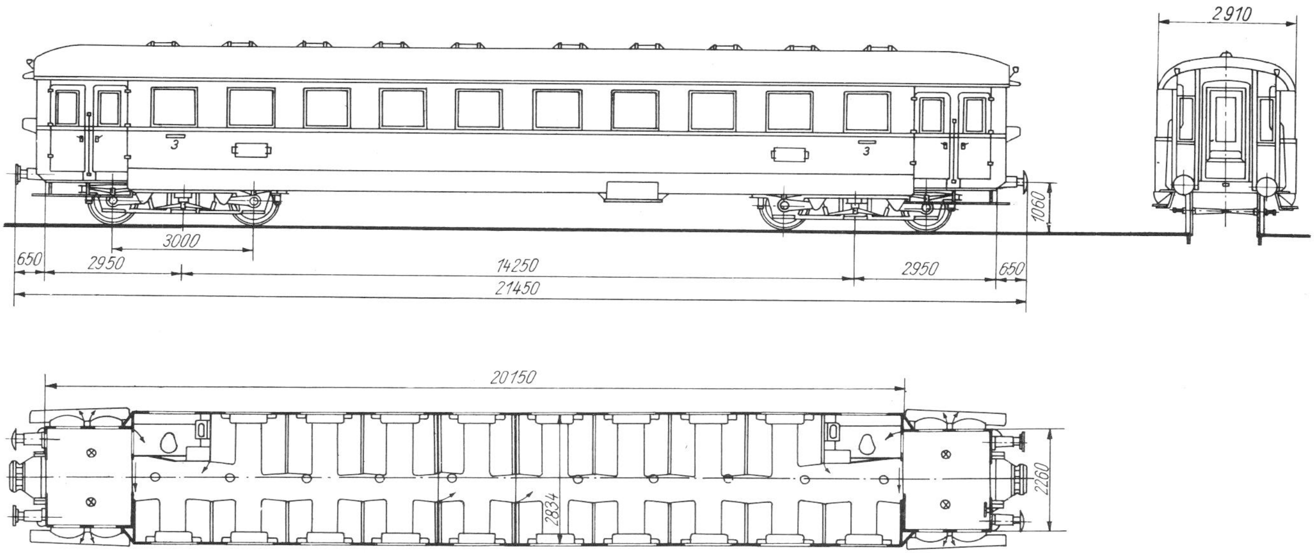

Maßskizze des vierachsigen Sitzwagens 3. Klasse der Deutschen Reichsbahn-Gesellschaft; Baujahr 1939, Gattung C 4üp-39

sigen 3.-Klasse-Wagen. Ursprünglich wurden zwei Wagen dieser Ausführungsvariante gebaut, die sich im wesentlichen nur in den Drehzapfenabständen, in den Drehgestellbauarten und in den Laufkreisdurchmessern der Radsätze unterschieden.

Konstruktive Merkmale

Untergestell

Rahmen: Geschweißt. Äußere Langträger aus gepreßtem Hutprofil, gegen die Seitenwand offen. Gepreßte Querträger. Wellblechfußboden.
Zugeinrichtung: Durchgehend, in beiden Richtungen arbeitend; Zugstange deshalb mit besonderem Zwischenbund.
Stoßeinrichtung: Hülsenpuffer.
Laufwerk: LHW-Versuchsdrehgestelle mit Achslenkern bzw. mit ölgedämpften Schraubenfedern; 1942 Austausch gegen die Sonderbauart Krimml.
Bremse: Mehrlösige, selbsttätige Einkammer-Druckluftbremse für Personenzüge. Handbremse.

Wagenkasten

Rohbau: Wagenkastengerippe aus abgekanteten Profilen. Seitenwände einschließlich Schürze zum Tragen herangezogen
Inneneinrichtung: Anzahl der Sitzplätze um fünf erhöht. Verschiedentlich Verwendung von Leichtmetall anstelle von Stahl.
Heizung: Dampfheizung.
Lüftung: Statische Lüfter Bauart Kuckuck.
Beleuchtung: Elektrische Glühlampen. Riemengetriebener Generator an einem Drehgestell.

BC 4üp-42a

1942

Wagen dieser Bauart zählten mit zu den letzten, die für die DRG entwikkelt wurden. Sie galten als Gattung BC 4üp-42a. Sie enthielten einerseits noch Stilelemente der Eilzugwagen, z. B. zwei eingerückte Drehtüren je Wagenseite im Einstiegraum zur 3. Klasse, andererseits waren sie aber in Stahlleichtbauweise ausgeführt. Ihr Wagennummernbereich umfaßte 45 Fahrzeuge. Sie entsprachen der Musterzeichnung Fwp 518.01.1. Die Gestaltung des Grundrisses sowie einige Hauptabmessungen enthält die Zeichnung. Der Serie gingen mehrere Jahre zuvor zwei Versuchsfahrzeuge mit verschiedenen Bauarten von Drehgestellen voran, die als Gattung BC 4üp-39 galten.

Konstruktive Merkmale

Untergestell

Rahmen: Geschweißt; äußere Langträger aus gepreßtem Hutprofil, gegen die Seitenwand offen; gepreßte Querträger; Wellblechfußboden.
Zugeinrichtung: Durchgehend; Schraubenkupplung.
Stoßeinrichtung: Hülsenpuffer mit gewölbten und flachen Puffertellern.
Laufwerk: Drehgestelle der Einheitsbauart „Reichsbahn“ für Leichtbau-Eilzugwagen mit Achslenkern; Einheits-Leichtradsätze mit Rollenachslagern.
Bremse: Mehrlösige, selbsttätige Druckluftbremse für Personenzüge.

Wagenkasten

Rohbau: Wagenkastengerippe aus Abkantprofilen, gepreßte Dachspriegel; Seitenwände mit Schürzen; flache Fensternischen; Stirnwandübergänge mit Faltenbälgen.
Inneneinrichtung: Sitzplätze der 2. Klasse in Abteilen mit doppelten Abteilschiebetüren zum Seitengang; Fahrgastraum 3. Klasse mit Mittelgang; Aborte mit Waschgelegenheit.
Heizung: Dampfheizung.
Lüftung: Statische Lüfter der Bauart Kuckuck.
Beleuchtung: Glühlampen; Einheits-Dynamo-Beleuchtung.

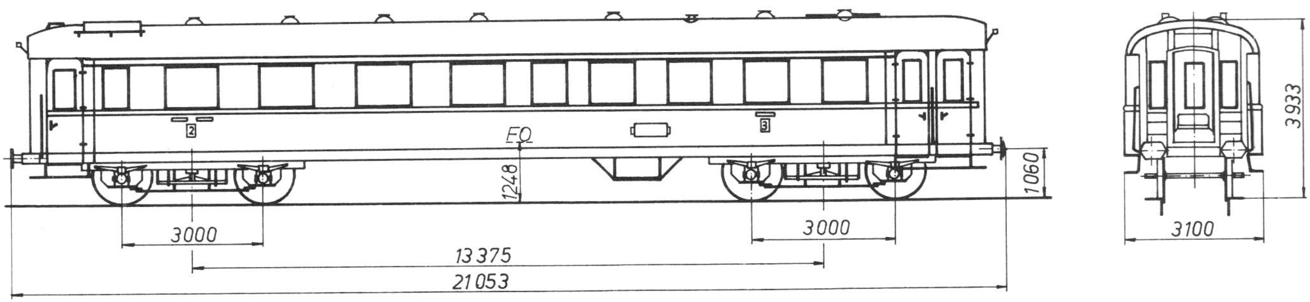

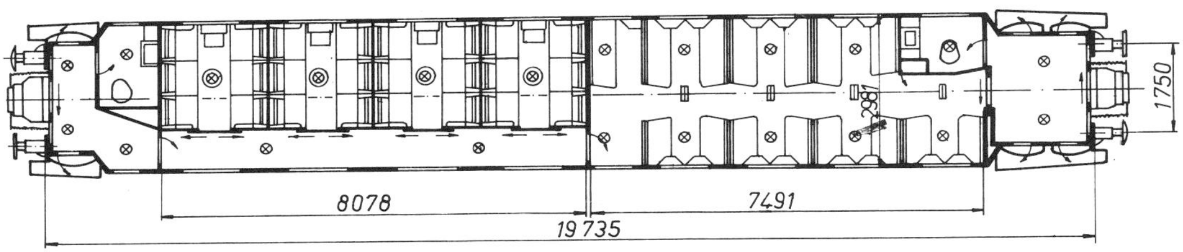

Maßskizze des vierachsigen Sitzwagens 2. und 3. Klasse der Deutschen Reichsbahn-Gesellschaft; Baujahr 1942, Gattung BC 4üp-42

MCi-43

1943–45

Zweiachsiger Sitzwagen 3. Klasse der Deutschen Reichsbahn-Gesellschaft; Baujahr 1943, Gattung MCi-43
Foto: Staeckel

Die Verluste an Reisezugwagen überschritten im zweiten Weltkrieg bei weitem die Neubaumöglichkeiten. Der Bedarf an Sitzwagen besonders für den Berufsverkehr mußte schnellstens gedeckt werden. In Abwandlung eines damals neu entwikkelten zweiachsigen gedeckten Güterwagens entstand der Typ eines Behelfspersonenwagens der Kriegsbauart. Diese Fahrzeuge galten als Gattung MCi-43. Sie wurden in großen Stückzahlen gebaut. Nach dem Ende des Krieges verblieben derartige Wagen bei mehreren europäischen Bahnverwaltungen, die sie dann ihren Bedürfnissen entsprechend in ihren Wagenpark eingliederten. Das Foto zeigt ein von der DR aufgearbeitetes Fahrzeug. Seinen Grundriß sowie einige Hauptabmessungen enthält die Zeichnung. Die DB setzte jeweils zwei Wagenkästen auf ein gemeinsames Untergestell und verwendete diese Wagen unterschiedlich.

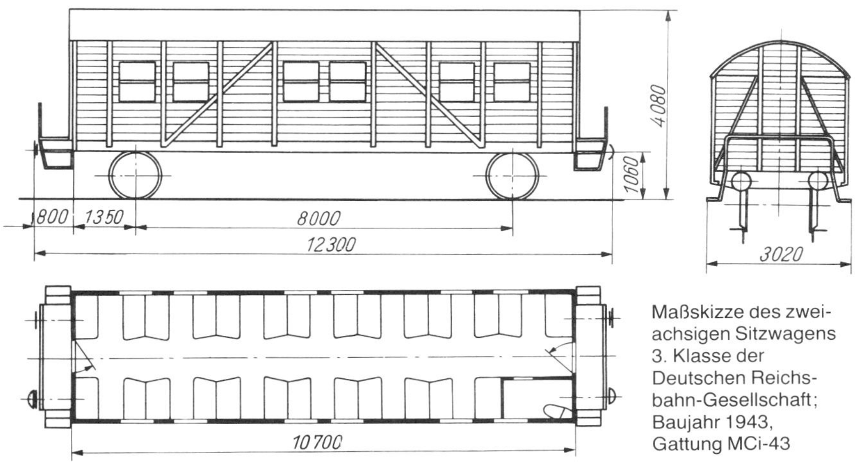

Maßskizze des zweiachsigen Sitzwagens 3. Klasse der Deutschen Reichsbahn-Gesellschaft; Baujahr 1943, Gattung MCi-43

Konstruktive Merkmale

Untergestell

Rahmen: Aus Profilen geschweißt.
Zugeinrichtung: Durchgehend; Schraubenkupplungen.
Stoßeinrichtung: Hülsenpuffer mit gewölbten und flachen Puffertellern.
Laufwerk: Aus Blech gepreßte Achshalter; Gleitlagerradsätze mit Scheibenradkörpern; Achslagergehäuse der Austauschbauart.
Bremse: Mehrlösige Druckluftbremse für Personenzüge der Bauart Hildebrand-Knorr.

Wagenkasten

Rohbau: Wagenkastengerippe innen mit Brettern verkleidet; Fenster mit Holzrahmen; Tonnendach; einfache Plattformen mit Geländer; Stirnwandtüren.
Inneneinrichtung: Einfache Holzbänke; Abort.
Heizung: Dampfheizung.
Lüftung: Lüftungsöffnungen in den Stirnwänden.
Beleuchtung: Glühlampen.

MC 4i-44

1944/45

Als Behelfsschnellzugwagen der Kriegsbauart galt dieser Wagentyp (Foto). Er wurde als Gattung MC 4i-44 bezeichnet. Seine Bauweise stammte ebenfalls aus dem Güterwagenbau. Die Plattformen an den Wagenenden waren einfachster Konstruktion. Die Wagenkästen wurden auf Untergestellen zerstörter D-Zug-Wagen aufgebaut. Ihren Grundriß und einige Hauptabmessungen enthält die Zeichnung.

Vierachsiger Sitzwagen 3. Klasse der Deutschen Reichsbahn-Gesellschaft; Baujahr 1944, Gattung MC 4i-44
Foto: RZA Berlin, Sammlung Deppmeyer

Maßskizze des vierachsigen Sitzwagens 3. Klasse der Deutschen Reichsbahn-Gesellschaft Baujahr 1944, Gattung MC 4i-44

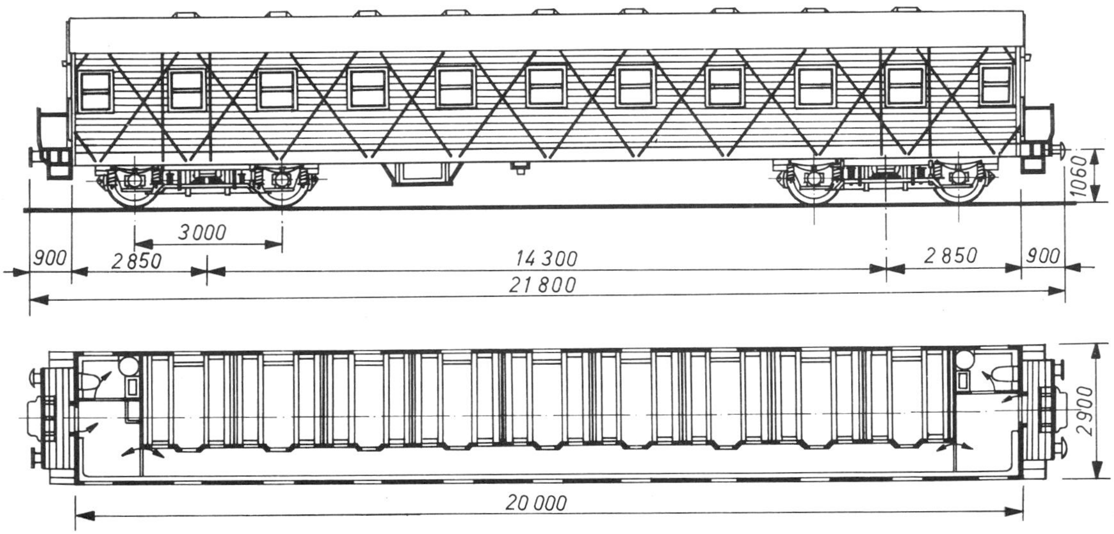

Auch diese Fahrzeuge verblieben nach dem Kriege bei mehreren europäischen Bahnverwaltungen, die sie für unterschiedliche Verwendungszwecke in ihren Wagenpark einreihten.

Konstruktive Merkmale

Untergestell

Rahmen: Konstruktion von Bauart des ursprünglichen D-Zug-Wagens abhängig, für neue Verwendung angepaßt.
Zugeinrichtung: Durchgehend; Schraubenkupplungen.
Stoßeinrichtung: Hülsenpuffer mit gewölbten und flachen Puffertellern.
Laufwerk: Drehgestelle Görlitzer Bauart, mit Gleit- und Rollenlagerradsätzen.
Bremse: Mehrlösige Druckluftbremse der Bauart Kunze-Knorr; Handbremse, Handrad auf einer Plattform.

Wagenkasten

Rohbau: Wagenkastengerippe in Rautenfachwerkbauweise aus Stahlprofilen geschweißt; innen mit Brettern verschalt; geteilte Seitenwandfenster mit Holzrahmen; Stirnwandtüren; einfache Plattformen mit Übergangsbrücken.
Inneneinrichtung: Einfache Sitz- und Liegegelegenheiten; Abort mit Wasserspülung.
Heizung: Dampfheizung.
Lüftung: Lüftungsschlitze über einigen Seitenwandfenstern.
Elektrische Ausrüstung: Glühlampen; Generator hing an einem der Drehgestelle.

BCi-„21“

1922

Als Wagen 7 beschaffte die Zschipkau-Finsterwalder Eisenbahn (ZFE) diesen Sitzwagen (Foto). Von der Grundkonzeption her entsprach er dem Einheitswagen nach Musterzeichnung Bi 500. Allerdings wichen die Bauarten der Bremse und der Heizung wesentlich von denen der DRG ab. Sie entsprachen nur dem technischen Stand der Bahn, aber nicht dem der allgemeinen Entwicklung.
Der Verbleib dieses Fahrzeugs ist bisher unbekannt geblieben. Bei der Verstaatlichung dieser Bahn kann der Wagen durch Anpassung an die Normen der DRG in deren Park eingereiht worden sein.

Zweiachsiger Sitzwagen 2. und 3. Klasse der DRG; Baujahr 1922, Gattung BCi-„21“
Foto: Archiv VEB Waggonbau Görlitz

Konstruktive Merkmale

Untergestell

Rahmen: Aus Profilen und Blechen genietet; Halter für Einstiegtritte an den Verlängerungen der Achshalterträger.
Zugeinrichtung: Durchgehend; Schraubenkupplungen mit Sicherheitskupplung.
Stoßeinrichtung: Stangenpuffer

Ci-„25“

1929

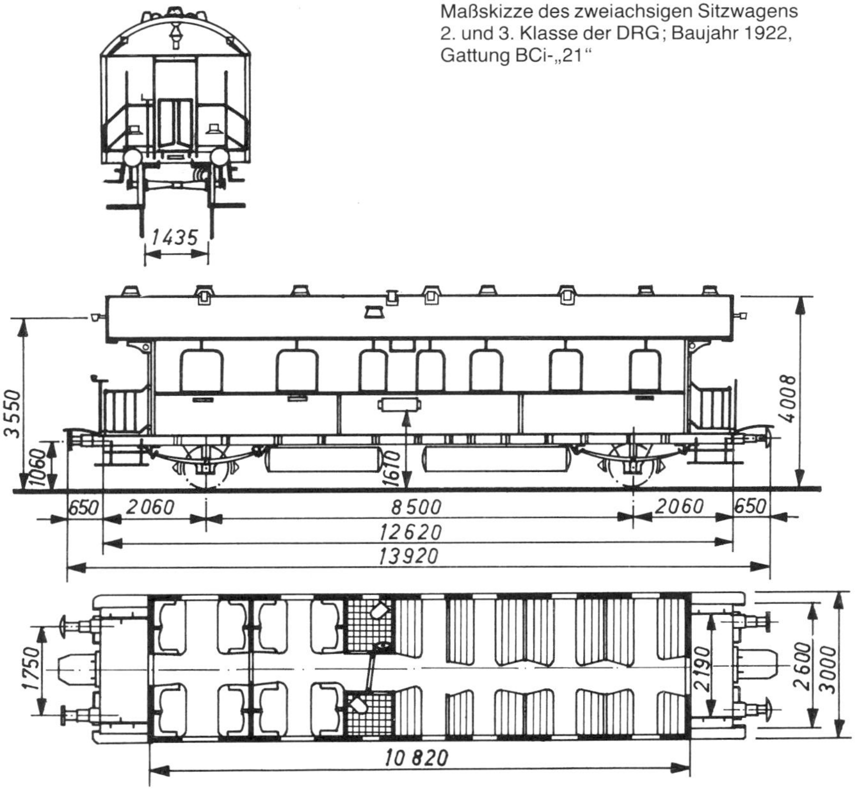

Maßskizze des zweiachsigen Sitzwagens 2. und 3. Klasse der DRG; Baujahr 1922, Gattung BCi-„21“

Die Landesverkehrsdirektion Brandenburg beschaffte für die Kleinbahn Freienwalde – Zehden die Reisezugwagen. Der Wagen 2 (Foto Seite 185) war den zweiachsigen Durchgangswagen 3. Klasse für Nebenbahnen der DRG ähnlich. Er hatte ebenfalls einen Achsabstand von 6200 mm. Einzelne Baugruppen entsprachen aber dem technischen Stand des Beschaffungsjahres, so die Puffer und die Fenster. Die Verwendung der rotierenden Lüfter auf dem Dach war typisch nur für diese Bahn.
Die Gestaltung des Grundrisses wich von der des Einheitswagens besonders in der Wagenmitte ab. Anstelle der Sitzbank gegenüber dem Abort stand der Ofen der Heizungsanlage.

Konstruktive Merkmale

Untergestell

Rahmen: Aus Profilen und Blechen genietet; Halter für Einstiegtritte an den Verlängerungen der Achshalterträger.
Zugeinrichtung: Durchgehend;

mit gewölbten und flachen Puffertellern.
Laufwerk: Vereinslenkachsen; aus Blech gepreßte Achshalter; Gleitlagerradsätze mit Scheibenradkörpern.
Bremse: Görlitzer Gewichtsbremse, Handbremse.

Wagenkasten

Rohbau: Wagenkastengerippe aus Profilen genietet, außen mit Blech verkleidet; hölzernes Dach; herablaßbare Fenster; offene Übergänge.
Inneneinrichtung: Hölzerne Innenauskleidung; gepolsterte Sitzbänke 2. Klasse, Sitzbänke mit Lattensitzen in der 3. Klasse; Abort.
Heizung: Preßkohlenheizung.
Lüftung: Statische Lüfter der Bauart Wendler auf dem Dach.
Beleuchtung: Elektrisch; Glühlampen.

Zweiachsiger Sitzwagen 3. Klasse der Kleinbahn Freienwalde-Zehden; Baujahr 1929, Gattung Ci-„25"
Foto: Archiv VEB Waggonbau Görlitz

Schraubenkupplungen mit Sicherheitskupplung.
Stoßeinrichtung: Hülsenpuffer mit gewölbten und flachen Puffertellern, teils mit Halter für Zugschlußscheibe.
Laufwerk: Vereinslenkachsen; aus Blech gepreßte Achshalter; Gleitlagerradsätze mit Scheibenradkörpern; Gleitachslager der Austauschbauart.
Bremse: Einlösige Druckluftbremse der Bauart Knorr.

Wagenkasten

Rohbau: Wagenkastengerippe außen mit Blech verkleidet, genietet; hölzernes Tonnendach mit Wasserkastendeckel; eckige Fenster; offene Übergänge.
Inneneinrichtung: Hölzerne Innenauskleidung; zwei Fahrgasträume; Abort mit Wasserspülung und Waschgelegenheit sowie Heizungsraum in der Wagenmitte.
Heizung: Warmwasserheizung.
Lüftung: Rotierende Lüfter der Bauart Flettner.
Beleuchtung: Elektrisch, Glühlampen.

BC 6s

(Doppelstock-Wendezug)

1936

Techn. Daten Seite 249

In den dreißiger Jahren sahen sich die Eisenbahnverwaltungen auf Grund der Konkurrenz des Kraftverkehrs veranlaßt, besondere Anforderungen an die Reisezugwagen für den Nahverkehr zu stellen. So mußten diese Wagen im Vergleich zum Personenkraftwagen bequemer und zweckmäßiger sein , leichte Ein- und Ausstiegmöglichkeiten bieten und hohe Geschwindigkeiten fahren können. Zugleich sollten die Fahrzeuge wirtschaftlich sein.
Der Vorort- bzw. Nahverkehr auf der Strecke Hamburg—Lübeck—Travemünde sowie die beschränkten Gleisanlagen im Hamburger Bahnhof erforderten Fahrzeuge mit möglichst großem Fassungsvermögen und kurzer Baulänge. Das bewog die Lübeck-Büchener Eisenbahn, die im Bild dargestellten Züge zu beschaffen. Es waren Steuerwagen für Wendezugbetrieb, die von einer zu diesem Zweck entwickelten Dampflokomotive gezogen bzw. geschoben wurden. Die Züge waren für Geschwindigkeiten bis 120 km/h geeignet.
Jede Doppelstockeinheit bestand aus zwei Wagenhälften, die mit den Wagenenden auf zweiachsigen Drehgestellen und in der Mitte in ei-

ner gemeinsamen Drehpfanne auf einem Jacobs-Gestell ruhten.

Konstruktive Merkmale

Untergestell

Rahmen: In der üblichen Form nicht vorhanden, Blechträgerkopfstücke.
Zugeinrichtung: Geteilt; automatische Kupplung der Bauart Scharfenberg. Gleichzeitiges Kuppeln der Brems- und Heizdampfleitungen.
Stoßeinrichtung: Hülsenpuffer mit Ringfedern.
Laufwerk: Drehgestelle der Bauart Görlitz. Rollenlager.
Bremse: Mehrlösige Druckluftbremse mit selbsttätiger Lastabbremsung. Bremsanlage in den Drehgestellen angeordnet.

Wagenkasten

Rohbau: Spantenbauweise aus korrosionsträgem Stahl St 52.
Inneneinrichtung: Steuerabteil. Gepäckraum. Fahrgasträume 2. und 3. Klasse mit gepolsterten Sitzbänken.
Heizung: Hoch- und Niederdruckdampf- sowie Luftheizung.
Lüftung: Teils über Luftheizung, teils statische Lüfter Bauart Kuckuck, durch Ventilatoren unterstützt.
Beleuchtung: Elektrische Glühlampen 48 V.

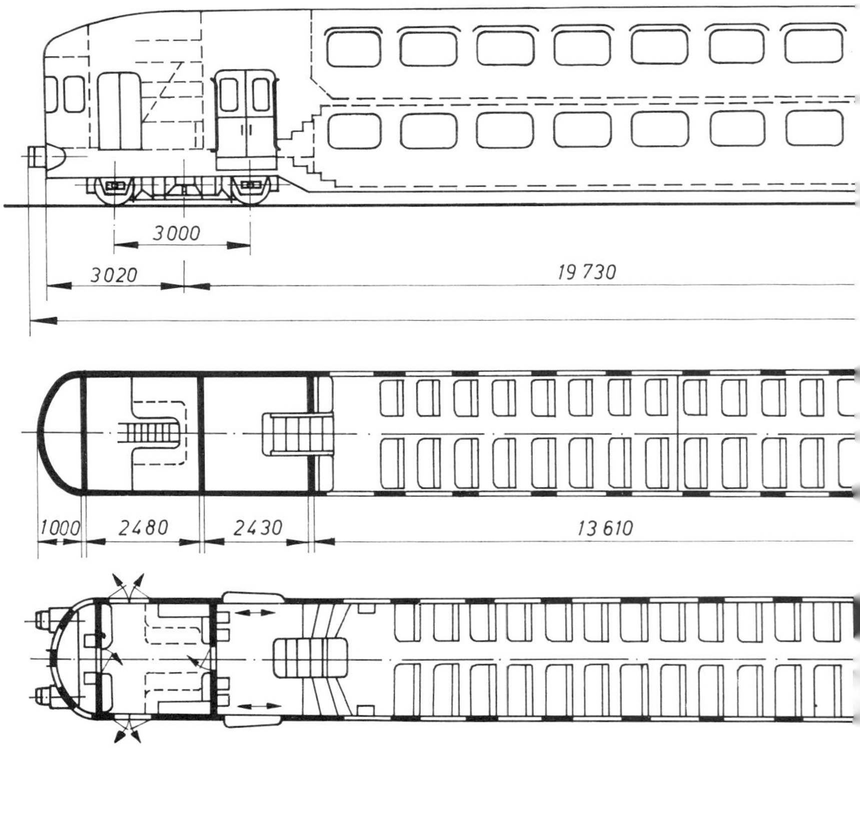

Sechsachsiger Doppelstockzug 2. und 3. Klasse der Lübeck-Büchener Eisenbahn; Baujahr 1936
Foto: Archiv VEB Waggonbau Görlitz

Maßskizze des sechsachsigen Doppelstockzugs 2. und 3. Klasse der Lübeck-Büchener Eisenbahn; Baujahr 1936

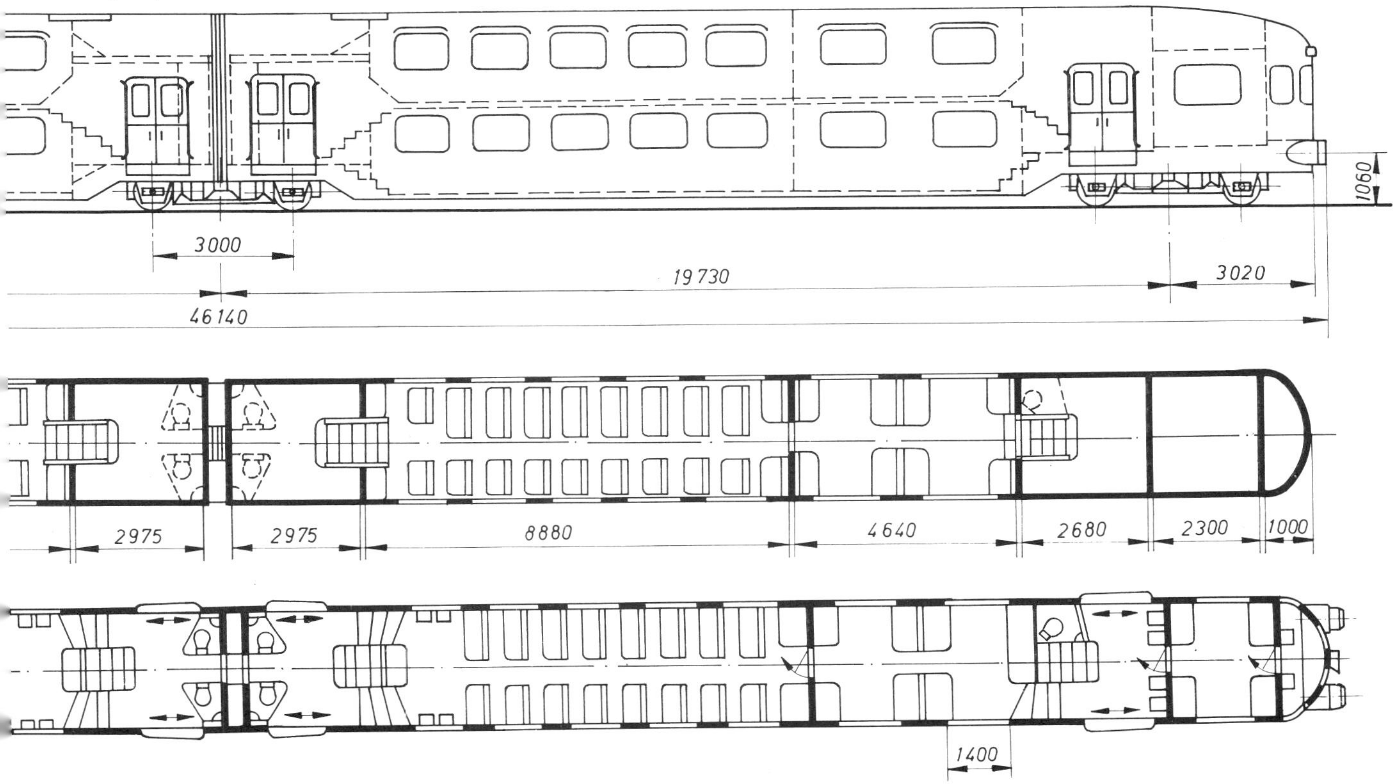

CPw 3itr Pr 07/31

1931

Techn. Daten Seite 258

Da bis Anfang der dreißiger Jahre die von den ehemaligen Länderbahnen übernommenen Sitzwagen mit Gepäckabteil ausreichten, hatte die Deutsche Reichsbahn-Gesellschaft zunächst keinen kombinierten Wagentyp entwickelt und in Betrieb genommen.
Den durch Ausmusterungen älterer Wagen entstandenen Bedarf deckte man durch Umbau von Sitzwagen. Im vorliegenden Falle war ein dreiachsiger Durchgangswagen der ehemaligen Preußischen Staatseisenbahnen aus dem Jahre 1907 herangezogen worden, der ursprünglich zwei Abteile 3. Klasse und ein Traglastenabteil hatte und somit dem Blatt Ic 7a der preußischen Musterblattsammlung entsprach.
Die Gestaltung des Grundrisses des kombinierten Sitz-/Gepäckwagens nach dem Umbau ist der Zeichnung zu entnehmen.

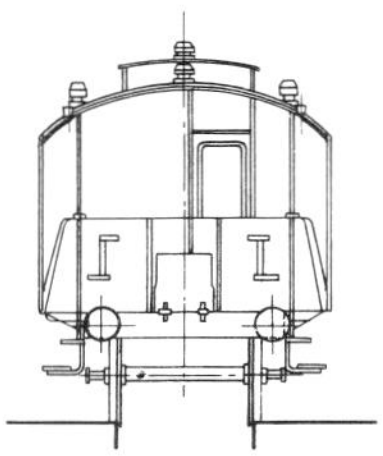

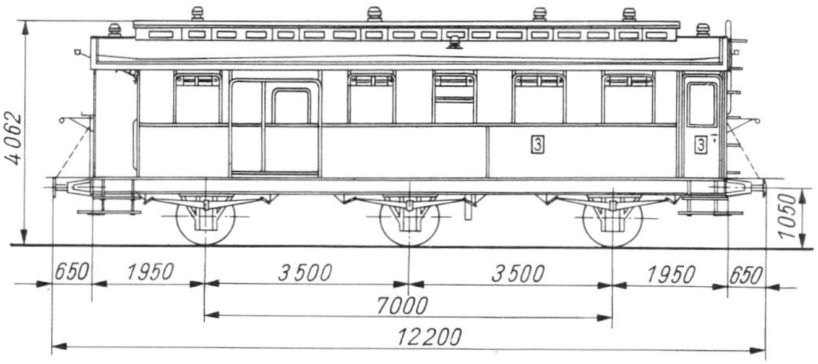

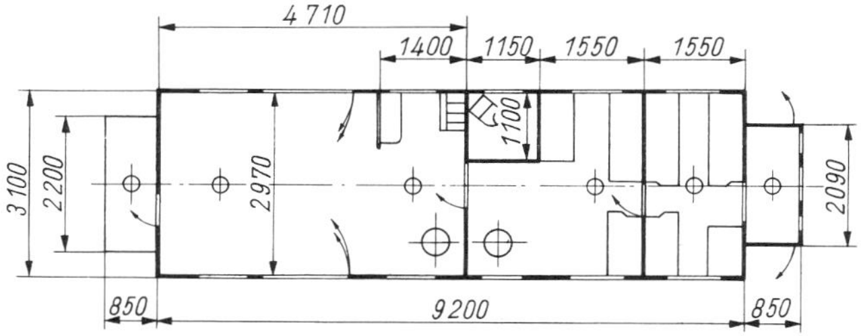

Maßskizze des dreiachsigen kombinierten Sitz-/Gepäckwagens der Deutschen Reichsbahn-Gesellschaft; Baujahr 1931, Gattung CPw 3itr Pr 07/31

Konstruktive Merkmale

Untergestell

Rahmen: Lang- und Querträger vorwiegend aus Walzprofilen; genietet. An den Langträgern Halter für die Einstiegtritte.
Zugeinrichtung: Durchgehend; Schraubenkupplung. In ursprünglicher Ausführung beibehalten.
Stoßeinrichtung: Stangenpuffer beibehalten.
Laufwerk: Vereinslenkachsen mit Gleitlagerradsätzen. Achshalter aus Flachstahl. Achslager A02
Bremse: Einlösige Druckluftbremse. Handbremse.

Wagenkasten

Rohbau: Anstelle des mittleren Fensters des Traglastenabteils auf jeder Wagenseite eine Laderaumöffnung mit Drehtür verschlossen, die die Laderaumöffnung teilweise oder völlig frei gab.
Inneneinrichtung: Anstelle der Sitze im Traglastenabteil Arbeitsplatz für Zugbegleiter. Weiterhin einen Abort und eine Sitzbank entfernt.
Heizung: In einem Abteil und im Laderaum je ein Ofen.
Lüftung: Lüftungsöffnungen im Oberlichtaufbau. Lüftungsklappen in den Seitenwandfenstern.
Beleuchtung: Gasbeleuchtung; Gasbehälter am Untergestell.

C Postid-22/30

1930

Techn. Daten Seite 258

Für Nebenbahnen und im Vorortverkehr benötigte die Deutsche Reichsbahn-Gesellschaft in kleineren Stückzahlen Reisezugwagen mit Postabteil. Ein Teil davon entstand durch Umbau, so auch der hier beschriebene zweiachsige, kombinierte Sitz-/Postwagen. Verwendet wurde ein zweiachsiger Sitzwagen 4. Klasse der Einheitsbauart aus dem Jahre 1923. Den größeren der beiden Fahrgasträume baute man 1930 zum Postraum um. Die Aufteilung des Innenraums zeigt die Skizze.

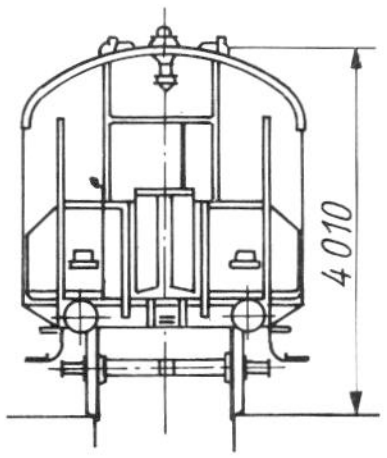

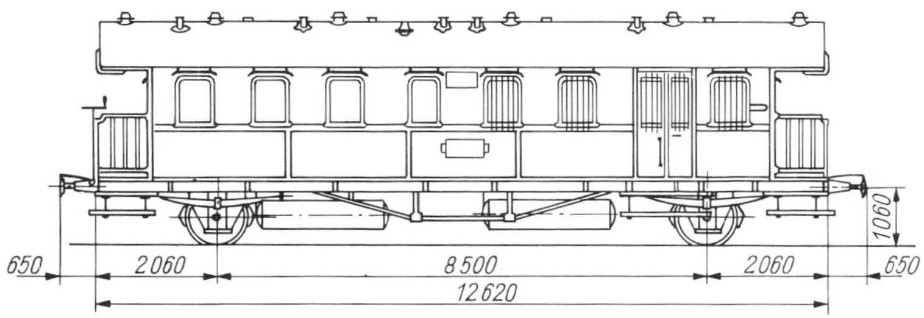

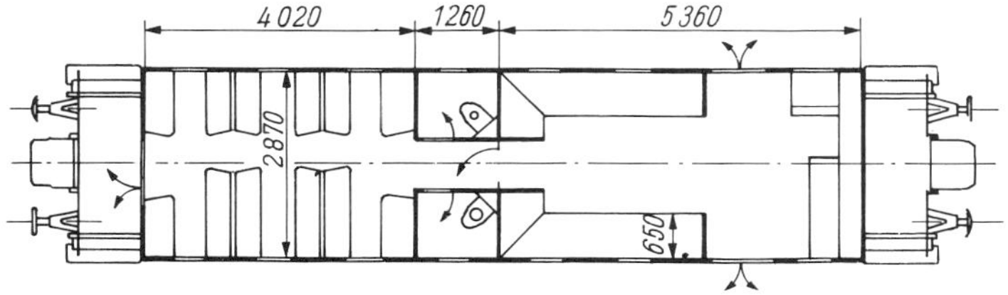

Maßskizze des zweiachsigen kombinierten Sitz-/Postwagens der Deutschen Reichsbahn-Gesellschaft; Baujahr 1930, Gattung CPostid-22/30

Konstruktive Merkmale

Untergestell

Rahmen: Lang- und Querträger aus Walzprofilen; genietet. Äußere Langträger durch ebene Sprengwerke verstärkt. Nachträglich Halter für Einstiegtritte des Postabteils angebracht.
Zugeinrichtung: Durchgehend; Schraubenkupplung.
Stoßeinrichtung: Ursprünglich Stangenpuffer mit Kegelfedern und unterschiedlich gewölbten Puffertellern.
Laufwerk: Vereinslenkachsen. Gepreßte Achshalter. DWV-Achslagergehäuse. Gestreckte Länge der Blatttragfedern 2000 mm.
Bremse: Mehrlösige Druckluftbremse für Personenzüge. Handbremse von einer der Plattformen aus bedienbar.

Wagenkasten

Rohbau: Wagenkastengerippe außen mit Blech verkleidet. Doppelflügelige Drehtüren nachträglich in Seitenwände eingebaut. Fenster des Postabteils von außen vergittert, ursprüngliche Einstiegtür entfernt. Offene Übergänge mit Scherengittern gesichert.
Inneneinrichtung: Sitzbänke des größeren Fahrgastraums durch Einrichtung des Postraums ersetzt, u. a. Staubretter, Briefkasten, Aussacktisch.
Heizung: Dampfheizung.
Lüftung: Statische Lüfter Bauart Wendler.
Beleuchtung: Gasbeleuchtung; Gasbehälter in Wagenlängsrichtung am Untergestell.

SA 4ük-28

(Rheingold)

1928

Techn. Daten Seite 259

Diese vierachsigen D-Zug-Wagen der Sonderbauart entstanden speziell für den Luxuszug „Rheingold". Bereits von der Länge über Puffer übertrafen sie alle bisher ausgeführten Bauarten der Sitzwagen. Sie entsprachen der Musterblatt-Zeichnung Be 1463.3 und trugen das Gattungszeichen SA 4ük-28. Auch die Gestaltung des Grundrisses und der Ausstattung der Fahrgasträume waren außergewöhnlich. Die Entwürfe dazu lieferten damals prominente Ateliers. Auch die elektrische Ausrüstung enthielt einige Besonderheiten, die sich aus dem internationalen Einsatz der Fahrzeuge ergaben. Eine zweite Lieferung erfolgte nicht.

Vierachsiger Sitzwagen 1. Klasse der Deutschen Reichsbahn-Gesellschaft; Baujahr 1928, Gattung SA 4ük-28, mit Küche (Rheingold)
Foto: Sammlung Kroschwald

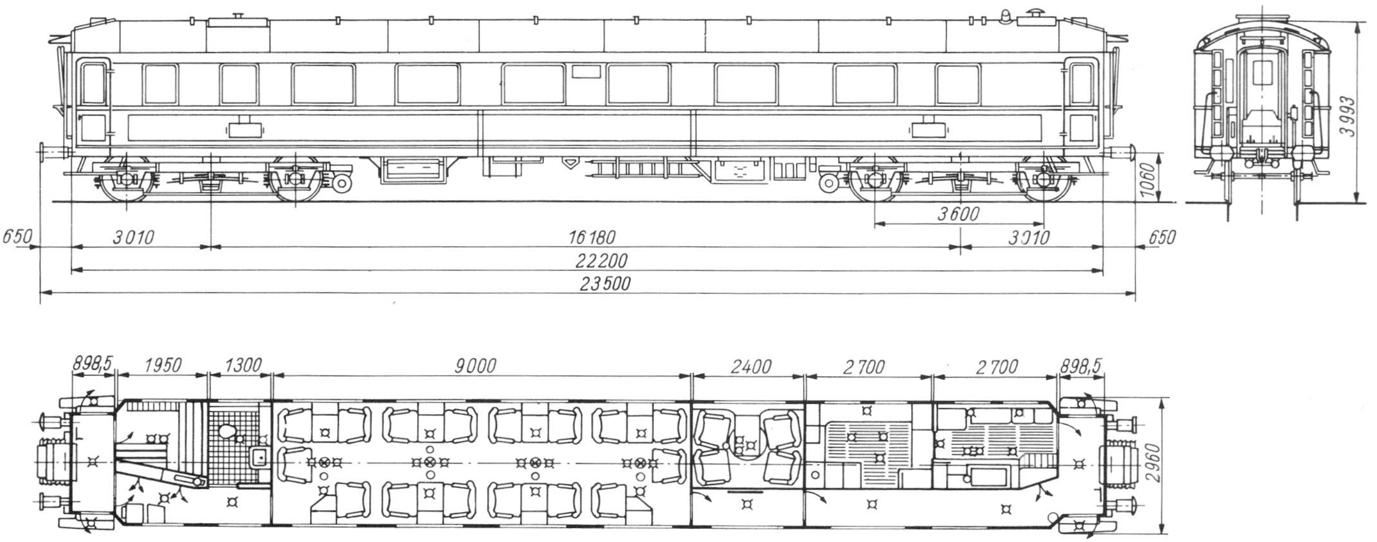

Maßskizze des vierachsigen Sitzwagens 1. Klasse der Deutschen Reichsbahn-Gesellschaft; Baujahr 1928, Gattung SA 4ük-28, mit Küche (Rheingold)

SB 4ük-28

(Rheingold)

1928

Techn. Daten Seite 259

Der Luxuszug „Rheingold" führte seit Inbetriebnahme Wagen 1. und 2. Klasse. Sie hatten gleiche Hauptabmessungen und unterschieden sich äußerlich hauptsächlich in der Fensteranordnung.

Konstruktive Merkmale

Untergestell

Rahmen: Hauptsächlich Walzprofile. Blechsegmente. Genietet.
Zugeinrichtung: Durchgehend; Schraubenkupplung.
Stoßeinrichtung: Hülsenpuffer mit Ausgleicheinrichtung. Abgeschrägte Pufferteile.
Laufwerk: Drehgestelle schwerer Görlitzer Bauart, genieteter Rahmen. Gleitlagerradsätze mit DWV-Achslagern.
Bremse: Mehrlösige, selbsttätige Einkammer-Druckluftbremse mit Schnellbremswirkung. Nichtselbsttätige Druckluftbremse.

Wagenkasten

Rohbau: Wagenkastengerippe an Langträger angenietet. Tonnendach an den Wagenenden abgeschrägt. Stirnwandübergänge durch Faltenbälge gesichert. Mittragende Seitenwände.
Inneneinrichtung: Ein Fahrgastraum und ein Abteil mit nicht befestigten Sesseln, dazwischen Tische mit Leuchten. Gepäckraufen über den Fenstern. Teilweise Küche und Anrichte. Garderobe. Toilette mit Waschgelegenheit.
Heizung: Dampfheizung und elektrische Heizung.
Lüftung: Statische Lüfter Bauart Wendler auf dem Dach, unterstützt durch elektrisch angetriebene Ventilatoren.
Beleuchtung: Elektrische Glühlampen. Riemengetriebener Generator an jedem Drehgestell.

Vierachsiger Sitzwagen 2. Klasse (Rheingold) der Deutschen Reichsbahn-Gesellschaft; Baujahr 1928, Gattung SB 4ük-28, mit Küche
Werkfoto: v. d. Zypen & Charlier, Sammlung Deppmeyer

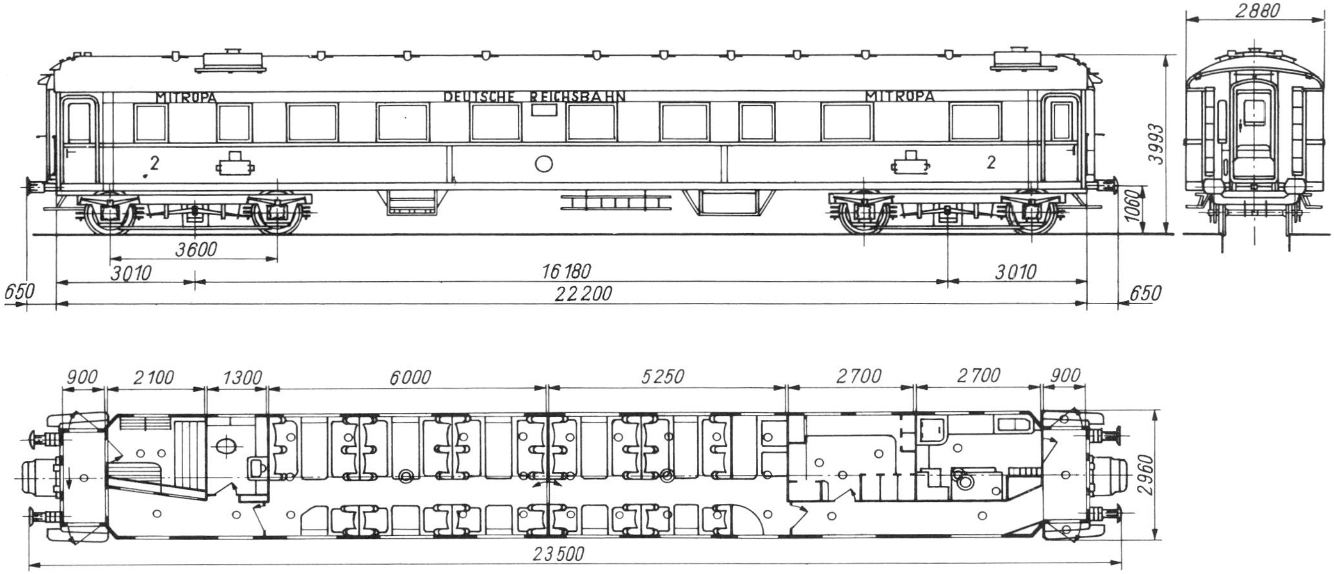

Maßskizze des vierachsigen Sitzwagens 2. Klasse (Rheingold) der Deutschen Reichsbahn-Gesellschaft; Baujahr 1928, Gattung SB 4ük-28, mit Küche

Diese vierachsigen D-Zug-Wagen der Sonderbauart entstanden ebenfalls speziell für den Luxuszug „Rheingold". Sie entsprachen der Musterblatt-Zeichnung Be 1464.3 und trugen das Gattungszeichen SB 4ük-28. Die technischen und gestalterischen Besonderheiten der Fahrzeuge galten auch für die Wagen der 2. Klasse.
Eine zweite Lieferung dieser Bauart erfolgte ebenfalls nicht.

Konstruktive Merkmale

Untergestell

Rahmen: Hauptsächlich Walzprofile. Blechsegmente. Genietet. Äußere Langträger lagen in der Seitenwandebene.
Zugeinrichtung: Durchgehend; Schraubenkupplung.
Stoßeinrichtung: Hülsenpuffer mit Ausgleicheinrichtung. Abgeschrägte Pufferteller.
Laufwerk: Drehgestelle schwerer Görlitzer Bauart, genieteter Rahmen. Gleitlagerradsätze mit DWV-Achslagern.
Bremse: Mehrlösige, selbsttätige Einkammer-Druckluftbremse mit Schnellbremswirkung. Nichtselbsttätige Druckluftbremse.

Wagenkasten

Rohbau: Wagenkastengerippe an Langträger angenietet. Tonnendach an den Wagenenden abgeschrägt. Stirnwandübergänge durch Faltenbälge gesichert. Mittragende Seitenwände.
Inneneinrichtung: Zwei Fahrgasträume mit festen Sesseln und Sitzbänken, dazwischen Tische mit Leuchten. Gepäckraufen entlang der Seitenwände über den Fenstern. Teilweise Küche und Anrichte. Garderobe. Toilette mit Waschgelegenheit.
Heizung: Dampfheizung und elektrische Heizung.
Lüftung: Statische Lüfter Bauart Wendler auf dem Dach, unterstützt durch elektrisch angetriebene Ventilatoren.
Beleuchtung: Elektrische Glühlampen. Riemengetriebener Generator an jedem Drehgestell.

SPw 4ü-28

(Rheingold)

1928

Techn. Daten Seite 259

Für den Luxuszug „Rheingold" wurde ein besonderer vierachsiger Gepäckwagentyp geschaffen.
Obwohl einige seiner Hauptabmessungen der Einheitsbauart der D-Zug-Gepäckwagen jener Zeit entsprachen, war doch eine Reihe von Veränderungen auf den spezifischen Verwendungszweck abgestimmt.

Die ebenfalls veränderte Raumaufteilung beeinflußte maßgeblich die Gestaltung der Seitenwände. Der Wagenkasten mußte etwas schmaler als beim Einheitswagen gehalten werden, da die Rheingold-Wagen zusätzlich auch der schweizerischen Fahrzeugbegrenzungslinie mit geringeren Breitenmaßen entsprechen mußten.

Vierachsiger Gepäckwagen der Deutschen Reichsbahn-Gesellschaft; Baujahr 1928, Gattung SPw 4ü-28 (Rheingold)
Foto: Archiv VEB Waggonbau Görlitz

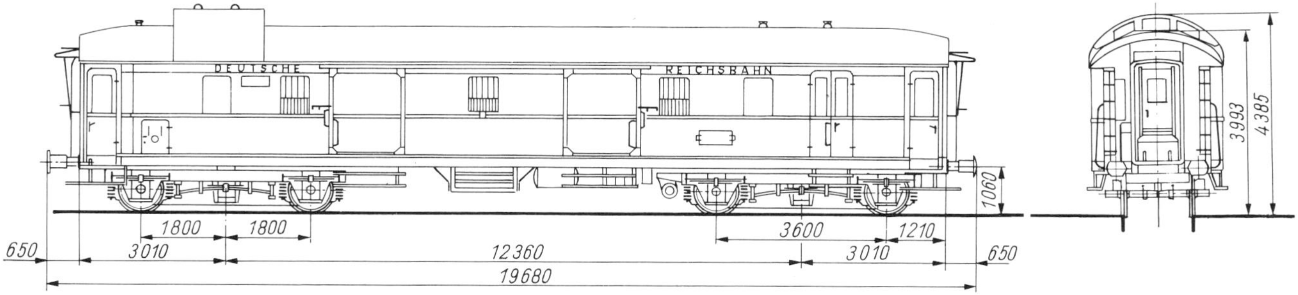

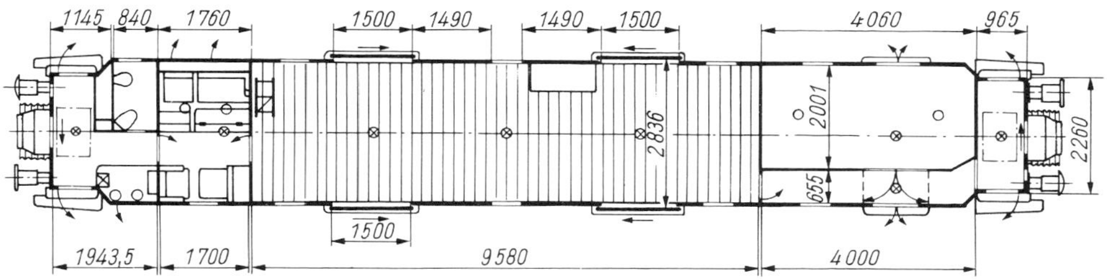

Maßskizze des vierachsigen Gepäckwagens der Deutschen Reichsbahn-Gesellschaft; Baujahr 1928, Gattung SPw 4ü-28 (Rheingold)

Konstruktive Merkmale

Untergestell

Rahmen: Genietet. Lang- und Querträger aus Walzprofilen, Verbindungen durch Knotenbleche verstärkt.
Zugeinrichtung: Durchgehend; Schraubenkupplung.
Stoßeinrichtung: Reibungspuffer mit Ausgleicheinrichtung.
Laufwerk: Drehgestelle der Bauart Görlitz II schwer.
Bremse: Mehrlösige Druckluftbremse mit Schnellbremswirkung für D-Züge. Henrybremse. Handbremse.

Wagenkasten

Rohbau: Allgemeine Ausführung vom Einheitswagen übernommen, jedoch Tonnendach an den Wagenenden abgeschrägt. Wagenkastengerippe aus Profilen, genietet. Außen mit Blech verkleidet. Stirnwandübergänge durch Faltenbälge gesichert.
Inneneinrichtung: Im Einstiegraum am Handbremsende ein Abort, ein Kleiderschrank, ein Hundeabteil (nur von außen zugänglich). Dienstabteil mit klappbarem Schreibtisch für den Zugführer. Im Laderaum Werkzeugkiste und Gestell für Heizkupplungen. Verschließ- und plombierbarer Laderaum für Zoll- und Postgut; daneben Seitengang angeordnet.
Weiterer Einstiegraum am Nichthandbremsende.
Heizung: Dampfheizung und elektrische Heizung.
Lüftung: Statische Lüfter auf dem Dachaufbau des Dienstabteils sowie auf dem Dachabschnitt des Zollabteils.
Beleuchtung: Elektrische Glühlampen.

B 4ü Bay 29

(Karwendel-Expreß)

1930

Techn. Daten Seite 259

Diese vierachsigen Sonder-D-Zug-Wagen 2. Klasse wurden in D-Zügen auf bayerischen Gebirgsstrekken eingesetzt. Aus ihnen und Wagen 3. Klasse bildete man den „Karwendel-Expreß“, der auf der Mittenwaldbahn zwischen München und Mittenwald verkehrte.
Trotz der Ganzstahlbauweise blieben diese Fahrzeuge eine Sonderbauart. Die Dienstvorschriften jener

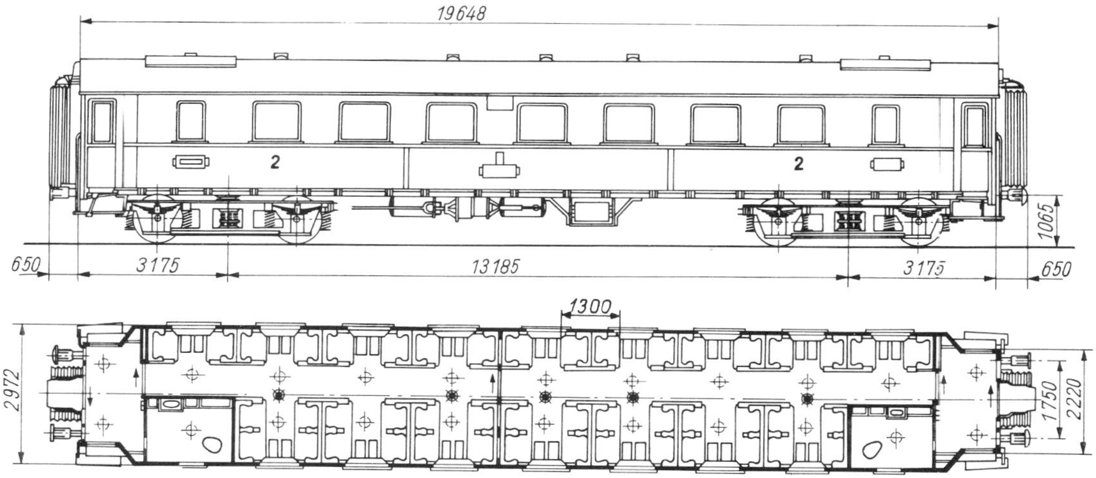

Maßskizze des vierachsigen S tzwagens 2. Klasse der Deutschen Reichsbahn-Gesellschaft; Baujahr 1930, Gattung B 4ü Bay 29 (Karwendel-Expreß)

Zeit sahen für die Wagen 2. Klasse ursprünglich nur fünf Wagennummern und für die Wagen 3. Klasse nur drei vor. Die Sonderstellung im Wagenpark kam auch durch den dunkelblauen Außenanstrich mit goldenen Zierstreifen zum Ausdruck.

Konstruktive Merkmale

Untergestell

Rahmen: Lang- und Querträger aus Walzprofilen; genietet.
Zugeinrichtung: Durchgehend; Schraubenkupplung.
Stoßeinrichtung: Hülsenpuffer mit Ausgleicheinrichtung. Unterschiedlich gewölbte Pufferteller.

Vierachsiger Sitzwagen 2. Klasse der Deutschen Reichsbahn-Gesellschaft; Baujahr 1930, Gattung B 4ü Bay 29 (Karwendel-Expreß) (Seite 194)
Werkfoto: MAN

Laufwerk: Drehgestelle bayerischer Bauart für Karwendelwagen. Rahmen aus Walzprofilen; genietet. Gleitlagerradsätze mit DWV-Achslagergehäusen.
Bremse: Mehrlösige, selbsttätige Einkammer-Druckluftbremse mit Schnellbremswirkung. Handbremse im Einstiegraum.

Wagenkasten

Rohbau: Wagenkastengerippe aus Walzprofilen; genietet. Einstiegräume als Rammkonstruktionen. Profile mit geringeren Querschnitten als derzeit übliche Ausführung, da Fahrzeuge für niedrigere Reisegeschwindigkeiten vorgesehen. Stirnwandübergänge durch Faltenbälge gesichert. Fenster mit Kniehebelausgleich waren in jeder beliebigen Stellung im Gleichgewicht.
Inneneinrichtung: Sitzplatzanordnung als Aussichtswagen. Zwei unterschiedlich große Fahrgasträume mit je einer Toilette. Edelhölzer für innere Verkleidung. Gepolsterte Sitzplätze und -bänke. Wasserbehälter im Dach für Toiletten und Waschgelegenheiten.
Heizung: Dampfheizung und elektrische Heizung.
Lüftung: Luftkanal im Dach, verbunden mit statischen Lüftern.
Beleuchtung: Elektrische Glühlampen.

C 4ü Bay 29

1930

Zu den vierachsigen Sonder-D-Zug-Wagen 2. Klasse der Karwendel-Bauart passend entwickelte das Zentral-Maschinenamt bei der Gruppenverwaltung Bayern gemeinsam mit der Waggonindustrie auch einen Wagentyp 3. Klasse (Foto). Er galt als Gattung C 4ü Bay 29. Ursprünglich wies die einschlägige Dienstvorschrift nur drei Fahrzeuge aus, ein später erschienenes Berichtigungsblatt dagegen sieben. Um von allen Sitzplätzen eine möglichst gute Aussicht zu erreichen, erhielten die Fahrgasträume Mittelgang. Aus der Zeichnung sind die Gestaltung des Grundrisses und Hauptabmessungen zu entnehmen. Die Fahrzeuge sind ausgemustert.

Vierachsiger Sitzwagen 3. Klasse der Deutschen Reichsbahn-Gesellschaft; Baujahr 1930, Gattung C 4ü Bay 29 (Karwendel-Expreß)
Werkfoto: MAN

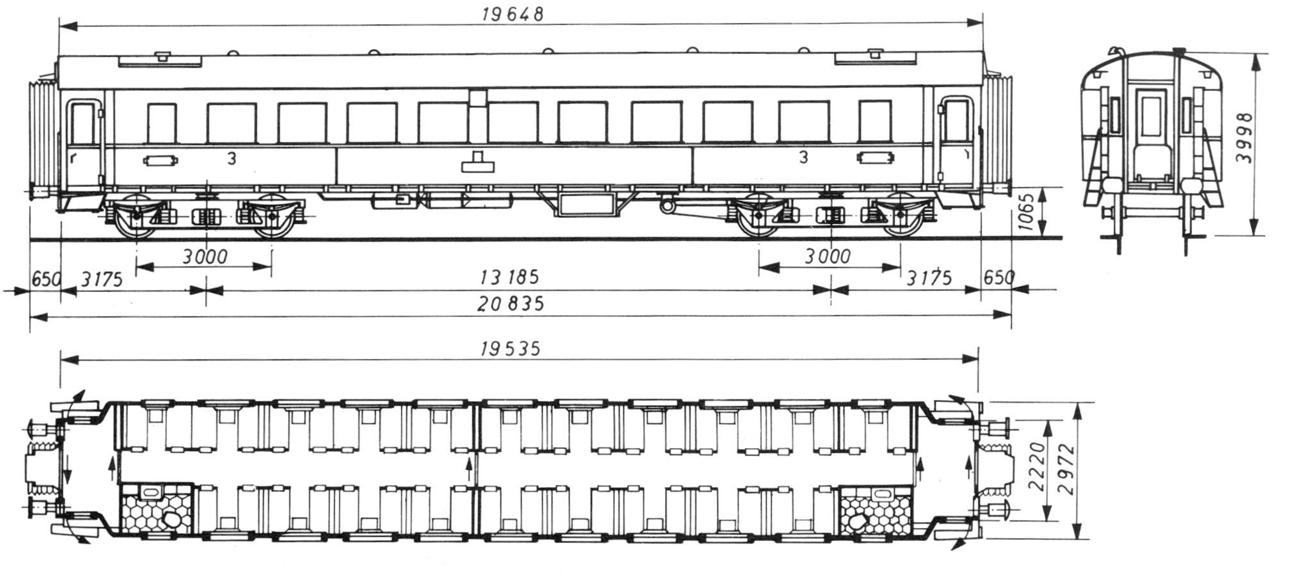

Maßskizze des vierachsigen Sitzwagens 3. Klasse der Deutschen Reichsbahn-Gesellschaft; Baujahr 1930, Gattung C 4ü Bay 29 (Karwendel-Expreß)

Pw 4ük-32

1932

Konstruktive Merkmale

Untergestell

Rahmen: Lang- und Querträger aus Walzprofilen; genietet.
Zugeinrichtung: Durchgehend; Schraubenkupplungen.
Stoßeinrichtung: Hülsenpuffer der Bauart Uerdingen mit gewölbten und flachen Puffertellern sowie Ausgleicheinrichtung.
Laufwerk: Drehgestelle bayerischer Bauart für Karwendelwagen; Rahmen aus Walzprofilen und Blechen genietet; DWV-Achslagergehäuse für Gleitlagerradsätze.
Bremse: Mehrlösige Druckluftbremse der Bauart Kunze-Knorr mit Schnellbremswirkung; Handbremse im Einstiegraum.

Wagenkasten

Rohbau: Wagenkastengerippe aus Walzprofilen mit geringeren Querschnitten als derzeit üblich; Einstiegräume als Rammkonstruktion; eingerückte Einstiegtüren; Tonnendach. Stirnwandübergänge mit Faltenbälgen gesichert.
Inneneinrichtung: Wände mit Sperrholz verkleidet, oberhalb der Fensterleiste mit Teakholz furniert; Innendecke weiß gestrichen; Sitzbänke aus Lattensitzen; zwei Fahrgasträume; Aborte mit Wasserspülung; Waschgelegenheiten.
Heizung: Dampfheizung und elektrische Heizung.
Lüftung: Statische Lüfter der Bauart Wendler.
Beleuchtung: Glühlampen; Einheits-Dynamo-Beleuchtung.

Auf der Grundlage des vierachsigen Gepäckwagens der Einheitsbauart für Personenzüge der Gattung Pw 4i-31 entstand eine kleine Serie von fünf Fahrzeugen für den Karwendelexpreß. Dieser Wagentyp galt als Gattung Pw 4ük-32. Beide Fahrzeuge unterschieden sich hauptsächlich durch die äußere Farbgebung, die Sicherung der Stirnwandübergänge sowie die vom Laderaum abgetrennte kleine Küche mit ihren zusätzlichen Fenstern und Dachaufbauten. Die Karwendelwagen entsprachen der Zeichnung 30485 A.d. Köln-Deutz und entstanden in genie-

Maßskizze des vierachsigen Gepäckwagens der Deutschen Reichsbahn-Gesellschaft; Baujahr 1932, Gattung Pw 4ük-32 (Karwendel-Expreß)

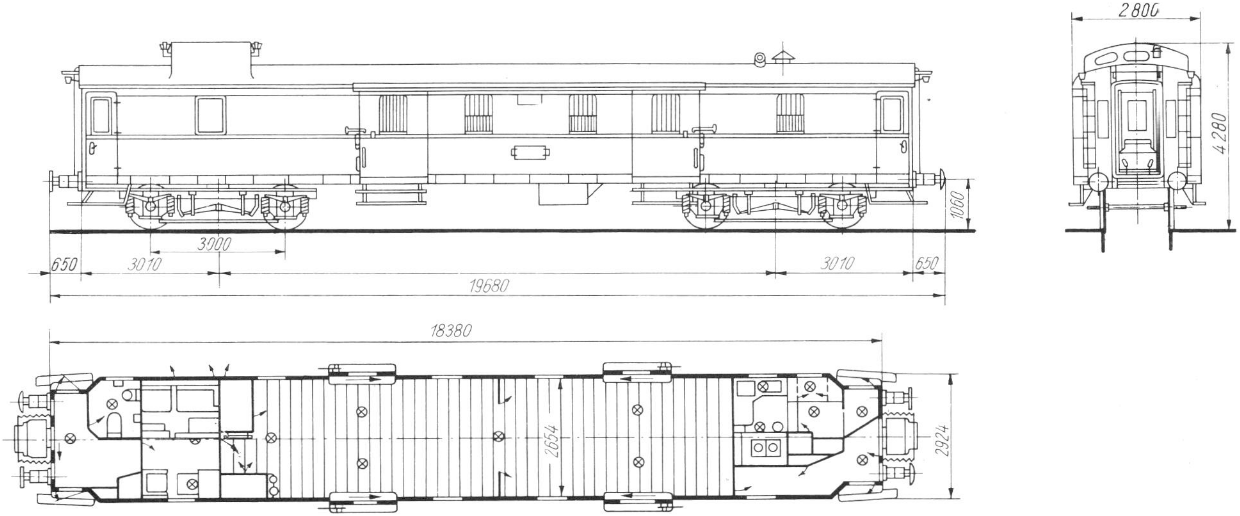

teter Ganzstahlbauweise. Einige Hauptabmessungen sowie die Gestaltung des Grundrisses enthält die Zeichnung.

Konstruktive Merkmale

Untergestell

Rahmen: Aus Walzprofilen und Blechen genietet; an beiden Enden eingerückt; Einstiegtritte unter den Einstieg- und den Laderaumtüren.
Zugeinrichtung: Durchgehend; Schraubenkupplungen.
Stoßeinrichtung: Hülsenpuffer mit gewölbten und flachen Puffertellern.
Laufwerk: Drehgestelle der Bauart Görlitz III leicht; Gleitlagerradsätze mit Scheibenradkörpern.
Bremse: Mehrlösige Druckluftbremse mit Schnellbremswirkung der Bauart Kunze-Knorr; Handbremse.

Wagenkasten

Rohbau: Stählernes Kastengerippe außen mit Blech verkleidet; genietet; Dachaufbau über dem Dienstraum; einfache Drehtüren als Einstiegtüren; Schiebetüren als Laderaumtüren; Stirnwandübergänge mit Faltenbälgen gesichert.
Inneneinrichtung: Einstiegraum mit Abort und Schränken wie Pw 4i-31; verkürzter Laderaum mit Schränken; Küche mit Kohleherd, Spüle, Schränken und Anrichte; Seitengang und einseitiger Einstiegraum im Bereich der Küche.
Heizung: Dampfheizung.
Lüftung: Statische Lüfter der Bauart Grove an den Stirnseiten des Dachaufbaues; Dunstabzug auf dem Dach über der Küche.
Beleuchtung: Glühlampen; Einheits-Dynamo-Beleuchtung.

SWRPwPost 4ü-35

(Henschel-Wegmann-Zug)

1935

Techn. Daten Seite 259

Dieser vierachsige Sonder-Speise-, Gepäck- und Postwagen gehörte zu dem ersten Stromliniendampfzug der DRG. Mit diesem „Henschel-Wegmann-Zug“ sollte nachgewiesen werden, daß auch mit leichten Dampfzügen ähnliche Beförderungsleistungen wie mit den dieselelektrischen Schnelltriebwagen jener Zeit erreicht werden konnten. Die Anregungen kamen von der Lokomotivfabrik Henschel & Sohn sowie von der Waggonfabrik Wegmann & Co. Für eine Fahrgeschwindigkeit von 160 km/h ausgelegt, erreichte er bei Vorführungen und Versuchsfahrten 187 km/h.
Die einzelnen Wagen waren nicht freizügig verwendbar; deshalb werden sie in diesem Buch trotz ihrer unterschiedlichen Gattung hier zusammenhängend beschrieben.

Konstruktive Merkmale

Untergestell

Rahmen: Leichtbauprofile. Wellblechfußboden. Geschweißt.
Zugeinrichtung: Automatische Kupplung Bauart Scharfenberg am Wagenende zum Triebfahrzeug hin. Gleichzeitig wurden die Bremsluftleitung, die Luftleitung zur Betätigung der klappbaren Einstiegtritte, die Lichtleitung, die Dampfleitung sowie elektrische Steuer- und Überwachungsleitungen gekuppelt.
Stoßeinrichtung: Verkleidete Hülsenpuffer am Zugende; Dämpfungspuffer sowie weitere Dämpfungseinrichtungen.
Laufwerk: Drehgestelle der Bauart Görlitz III leicht; seitlich verkleidet, Rollenlagerradsätze.
Bremse: Druckluft-, Scheiben- sowie Magnetschienenbremse.

Wagenkasten

Rohbau: Leichtbauweise. Windschnittig. Schürzen. Geschweißt.
Inneneinrichtung: Postraum am Wagenende. Gepäckraum. Einstiegraum mit Toilette. Küche, Anrichte. Speiseraum.
Heizung: Luftheizung; Dampf als Wärmequelle.
Lüftung: Druckbelüftungsanlage, mit Heizung gekoppelt.
Beleuchtung: Elektrische Glühlampen.

Vierachsiger kombinierter Speise-/Gepäck-/Postwagen der Deutschen Reichsbahn-Gesellschaft (Henschel-Wegmann-Zug); Baujahr 1935, Gattung SWRPwPost 4ü-35
Foto: transpress-Archiv

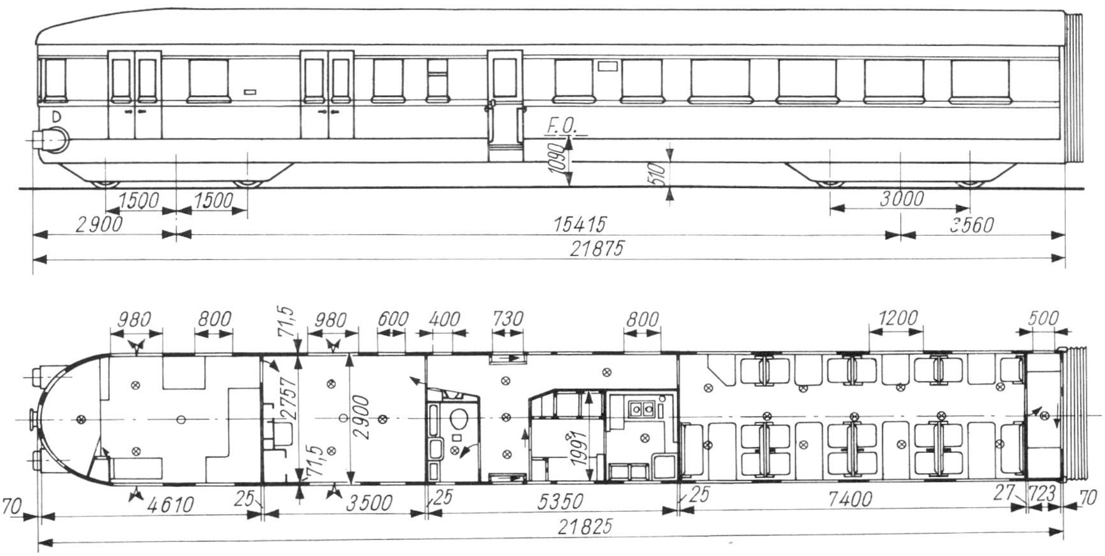

Maßskizze des vierachsigen kombinierten Speise-/Gepäck-/Postwagens der Deutschen Reichsbahn-Gesellschaft (Henschel-Wegmann-Zug); Baujahr 1935, Gattung SWRPwPost 4ü-35

SBC 4ü-35

(Henschel-Wegmann-Zug/Mittelwagen)

1935

Techn. Daten Seite 259

Die zwei von dieser Bauart beschafften vierachsigen Sonder-Sitzwagen 2./3. Klasse liefen als Mittelwagen im Henschel-Wegmann-Zug. Im Rohbau und der technischen Ausrüstung entsprachen sie den Endwagen. Sie konnten einzeln aus dem Zugverband gelöst werden.

Der Wagenzug einschließlich Lokomotive war auf der Ausstellung „100 Jahre Deutsche Eisenbahn“ in Nürnberg ausgestellt. Vom Mai 1936 ab verkehrte er planmäßig zwischen Berlin und Dresden täglich zweimal, wobei seine Durchschnittsgeschwindigkeit 112,9 km/h betrug. Später gelangte dieser Zug zur Deutschen Bundesbahn. Von ihr wurde er modernisiert und als „Blauer Enzian“ eingesetzt. Inzwischen ist er aber aus dem Verkehr gezogen.

Konstruktive Merkmale

Untergestell

Rahmen: Leichtbauprofile. Wellblechfußboden. Geschweißt.
Zugeinrichtung: Kurzkupplungen.
Stoßeinrichtung: Dämpfungspuffer sowie weitere Dämpfungseinrichtungen an den Stirnwänden.
Laufwerk: Drehgestelle der Bauart Görlitz III leicht, seitlich verkleidet. Rollenlagerradsätze.
Bremse: Druckluft-, Scheiben- sowie Magnetschienenbremse. Für jede Zange der Scheibenbremse ein Doppelbremszylinder. Bremsdruckregler.

Wagenkasten

Rohbau: Leichtbauweise. Windschnittig. Schürzen. Geschweißt.

Vierachsiger Sitzwagen 2. und 3. Klasse der Deutschen Reichsbahn-Gesellschaft (Henschel-Wegmann-Zug/Mittelwagen); Baujahr 1935, Gattung SBC 4ü-35
Foto: Sammlung Deppmeyer

Maßskizze des vierachsigen Sitzwagens 2. und 3. Klasse der Deutschen Reichsbahn-Gesellschaft (Henschel-Wegmann-Zug/Mittelwagen); Baujahr 1935, Gattung SBC 4ü-35

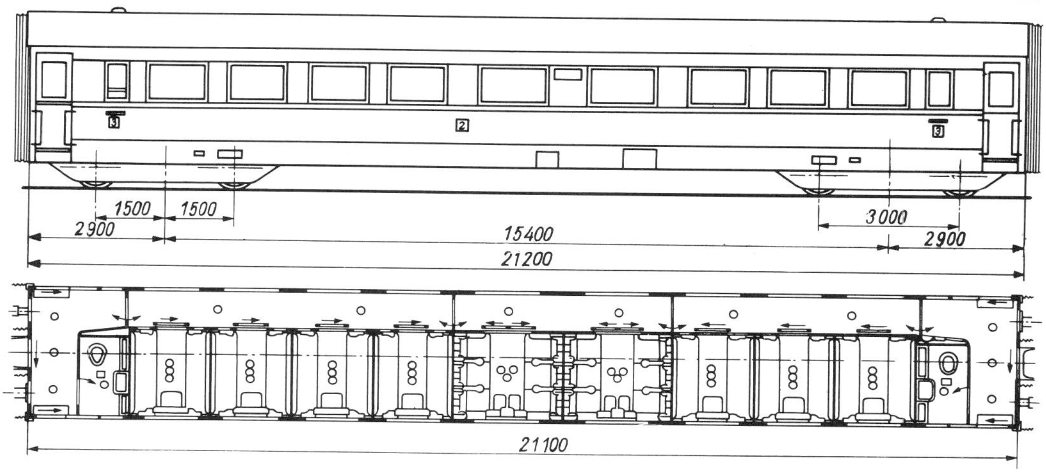

Inneneinrichtung: Abteile 2. Klasse in der Wagenmitte angeordnet. Doppelte Abteilschiebetüren. Abteile 3. Klasse ebenfalls gepolstert. Sonstige Ausrüstungsteile entsprachen den neuesten D-Zug-Wagen jener Zeit. Toiletten mit Waschgelegenheit. Wasserbehälter im Dach.

Heizung: Luftheizung, Dampf als Wärmequelle. Erwärmte Luft durch Kanäle über dem Fußboden in die Abteile.

Lüftung: Druckbelüftungsanlage mit Heizung gekoppelt. Frischluft durch Kanäle in Wänden und Dach in die Abteile.

Beleuchtung: Elektrische Glühlampen.

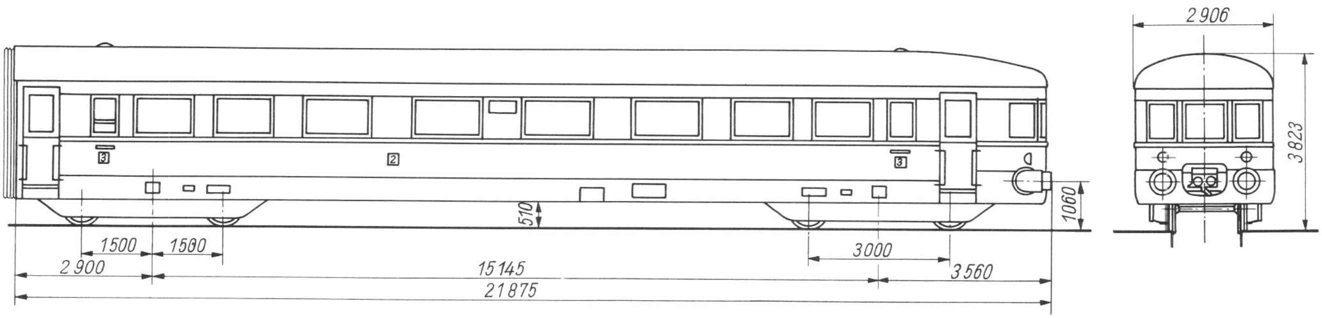

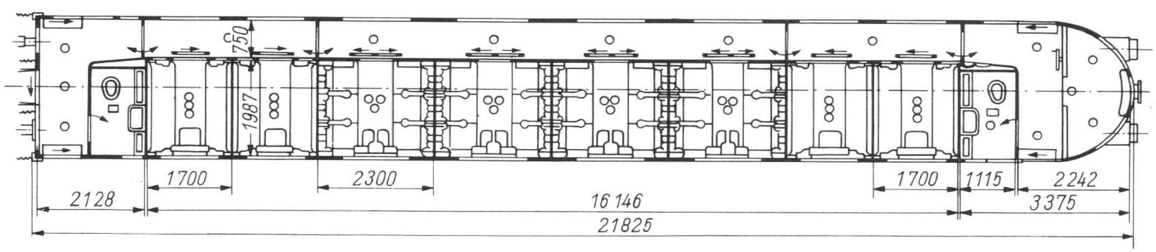

Maßskizze des vierachsigen Sitzwagens 2. und 3. Klasse der Deutschen Reichsbahn-Gesellschaft (Henschel-Wegmann-Zug/Endwagen); Baujahr 1935, Gattung SBC 4ü-35

SBC 4ü-35

(Henschel-Wegmann-Zug/Endwagen)

1935

Techn. Daten Seite 259

Dieser vierachsige Sonder-Sitzwagen 2./3. Klasse gehörte als Endwagen zum Henschel-Wegmann-Zug. Als Endwagen hatte er nur einen Stirnwandübergang sowie ein stromlinienförmig ausgebildetes Wagenende, das als Aussichtsraum eingerichtet war. Daraus ist zu entnehmen, daß die übrige Innenausstattung den als Sitzwagen ausgeführten Mittelwagen entsprach.

Konstruktive Merkmale

Untergestell

Rahmen: Leichtbauprofile. Wellblechfußboden. Geschweißt.
Zugeinrichtung: Automatische Kupplung Bauart Scharfenberg am abgerundeten Wagenende. Gleichzeitig wurden Brems-, Versorgungs-, Steuer- und Überwachungsleitungen mit gekuppelt. Am anderen Wagenende Kurzkupplung.
Stoßeinrichtung: Verkleidete Hülsenpuffer am Zugende, Dämpfungspuffer sowie weitere Dämpfungseinrichtungen an der Stirnwand über dem inneren Faltenbalg.
Laufwerk: Drehgestelle Bauart Görlitz III leicht, seitlich verkleidet. Rollenlagerradsätze.
Bremse: Druckluft-, Scheiben- sowie Magnetschienenbremse. Für jede Zange der Scheibenbremse ein Doppelbremszylinder. Bremsdruckregler. Handbremse.

Wagenkasten

Rohbau: Leichtbauweise. Windschnittig. Schürzen. Geschweißt.
Inneneinrichtung: Doppelte Anzahl von Abteilen 2. Klasse gegenüber den Mittelwagen, ebenfalls in der Wagenmitte angeordnet. Abteile 3. Klasse gepolstert. Aussichtsraum am abgerundeten Wagenende mit vier Stühlen. Toiletten mit Waschgelegenheit. Wasserbehälter im Dach.
Heizung: Luftheizung, Dampf als Wärmequelle. Erwärmte Luft durch Kanäle über dem Fußboden in die Abteile.
Lüftung: Druckbelüftungsanlage mit Heizung gekoppelt. Frischluft durch Kanäle in Wänden und Dach in die Abteile.
Beleuchtung: Elektrische Glühlampen.

Pw 3i Wü 20

1920

Techn. Daten Seite 260

Dreiachsiger Gepäckwagen der Deutschen Reichsbahn-Gesellschaft; Baujahr 1920, Gattung Pw 3i Wü 20
Foto: Sammlung Kroschwald

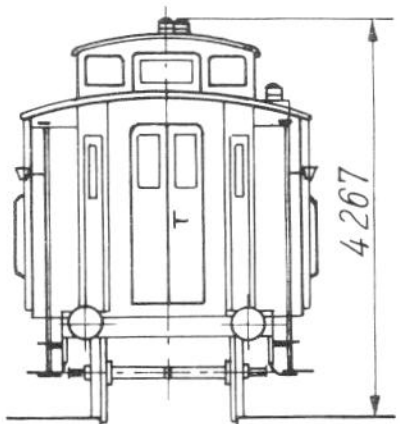

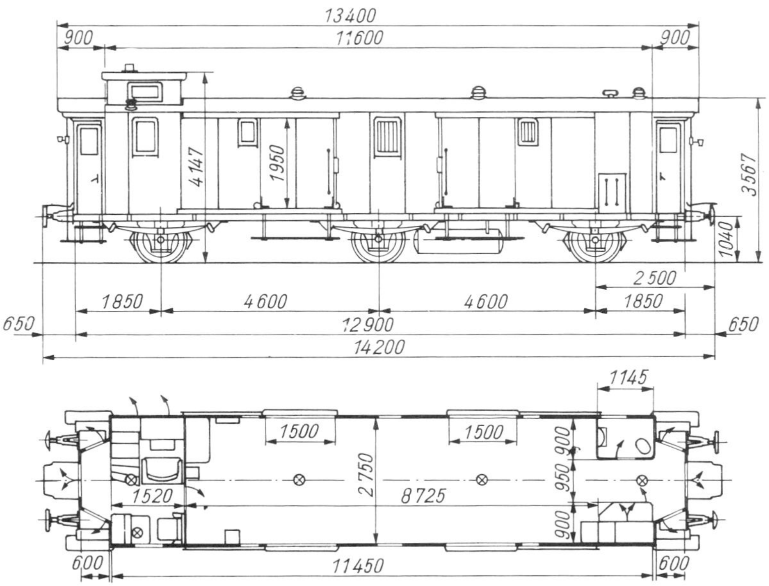

Maßskizze des dreiachsigen Gepäckwagens der Deutschen Reichsbahn-Gesellschaft; Baujahr 1920, Gattung Pw 3i Wü 20

Zu den längsten zwei- und dreiachsigen Gepäckwagen deutscher Bahnverwaltungen ist das hier vorgestellte Fahrzeug zu zählen. Zwar noch von der Württembergischen Staatseisenbahn entwickelt, stand der hier vorgestellte dreiachsige Gepäckwagen von Anfang an im Dienst der DRG. Einige Exemplare übernahm auch die Deutsche Reichsbahn und paßte sie dem derzeitigen technischen Stand weitestgehend an. Der Vorläufer dieser Bauart war 700 mm kürzer und hatte offene Plattformen.

Konstruktive Merkmale

Untergestell

Rahmen: Lang- und Querträger aus Stahlprofilen; genietet.
Zugeinrichtung: Durchgehend; Schraubenkupplung.
Stoßeinrichtung: Ursprünglich Stangenpuffer, später Hülsenpuffer

mit unterschiedlich gewölbten Puffertellern.
Laufwerk: Gepreßte Achshalter. Vereinslenkachsen mit Gleitlagerradsätzen. Scheibenräder. Gestreckte Länge der Blatttragfedern 2006 mm. Neun bzw. zwölf Federblätter je Tragfeder.
Bremse: Ursprünglich einlösige Druckluftbremse mit Schnellbremswirkung, später ebenfalls einlösige Druckluftbremse, jedoch ohne Schnellbremswirkung, z. B. Westinghouse-Bremse. Handbremse.

Wagenkasten

Rohbau: Stählernes Kastengerippe, genietet. Außen mit Blech verkleidet. Deckleisten auf den Stößen der Blechbahnen.
Inneneinrichtung: Kastengerippe innen mit Holz verkleidet. Sicherung der Stirnwandübergänge durch doppelflügelige Drehtüren. Arbeitsplatz des Fahrladeschaffners in Fußbodenhöhe. Hochgelegener Zugführersitz. Zwei Hundeabteile. Abort am entgegengesetzten Wagenende vom Dienstabteil.
Heizung: Dampfheizung.
Lüftung: Besondere Lüfter für Dachaufbau und Abort.
Beleuchtung: Ursprünglich Gasbeleuchtung mit Gasbehälter am Untergestell. Später auch elektrische Beleuchtung mit riemengetriebenem Generator und Akkumulator.

Pw 4ü-23

(Einheitswagen)
1923

Techn. Daten Seite 260

Diese erste Serie vierachsiger Gepäckwagen entstand nach der Zeichnung 996 Görlitz. Die Fahrzeuge waren in stählerner Bauart ausgeführt. Eines von ihnen, der Wagen „Hannover 05859" (später: 105103), wurde im Jahre 1924 auf der „Eisenbahntechnischen Ausstellung" in Seddin gezeigt.

Konstruktive Merkmale

Untergestell

Rahmen: Aus Walzprofilen und Blechen genietet; an den Wagenenden eingezogen; Einstiegtritte unter den Einstieg- und Laderaumtüren sowie unter den Signalmittel- und Laternenfächern.
Zugeinrichtung: Durchgehend; Schraubenkupplung.
Stoßeinrichtung: Hülsenpuffer (Reibungspuffer) der Bauart Uerdingen mit Ausgleichseinrichtung.
Laufwerk: Drehgestelle der preußischen Regelbauart, später auch der Bauart Görlitz II schwer.
Bremse: Mehrlösige Druckluftbremse der Bauart Kunze-Knorr mit Schnellbremswirkung (Kksbr); Handbremse.

Wagenkasten

Rohbau: Stählernes Kastengerippe; Außenbeblechung angenietet; Dachaufbau über dem Dienstraum; Einstiegtüren aus gepreßtem Blech; doppelte Drehtüren als Stirnwandtüren; Stirnwandübergänge durch Faltenbälge gesichert; im Laderaum feste Fenster mit Schutzgittern, im Dienstraum Fallfenster.
Inneneinrichtung: Innere Verkleidung der Wände und Decken mit Brettern aus Kiefernholz; Einstiegraum mit Kleiderschrank; im Abort neben Leibstuhl ein klappbares Waschbecken und Wasserkanne; Dienstraum mit Packmeister- und erhöhtem Zugführersitz, beide klappbar und gepolstert; im Laderaum ein Gestell für Heizkupplungen, Fahrradhalter sowie ein Brett für Rettungswerkzeuge, Leiter.
Heizung: Dampfheizung.
Lüftung: Statische Lüfter der Bauart Grove auf dem Dachaufbau über dem Dienstabteil.
Beleuchtung: Gasbeleuchtung mit 5 Lampen; 1 Gasbehälter am Untergestell.

Vierachsiger Gepäckwagen der Deutschen Reichsbahn-Gesellschaft; Baujahr 1923, Gattung Pw 4ü-23
Foto: Archiv VEB Waggonbau Görlitz

Maßskizze des vierachsigen Gepäckwagens der Deutschen Reichsbahn-Gesellschaft; Baujahr 1923, Gattung Pw 4ü-23

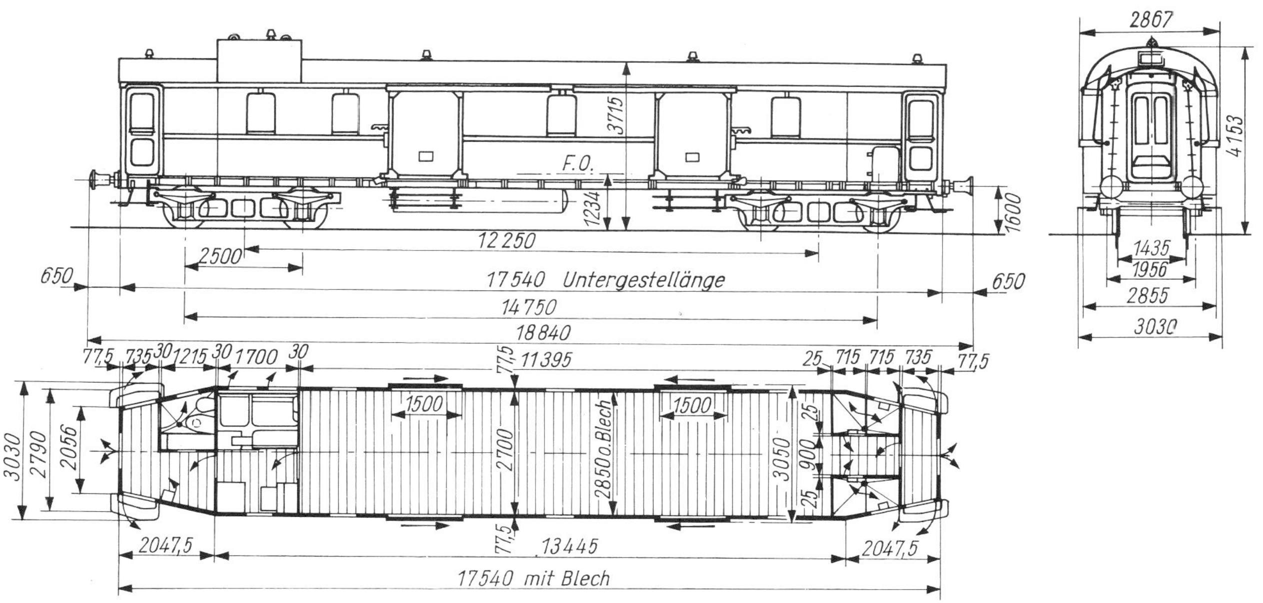

Pwi-23

1923

Techn. Daten Seite 260

Zweiachsiger Gepäckwagen der Deutschen Reichsbahn-Gesellschaft; Baujahr 1923, Gattung Pwi-23
Foto: Sammlung Kroschwald

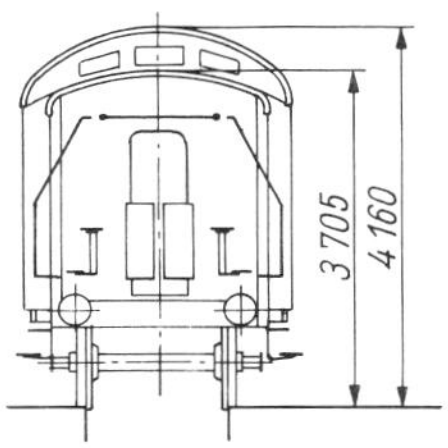

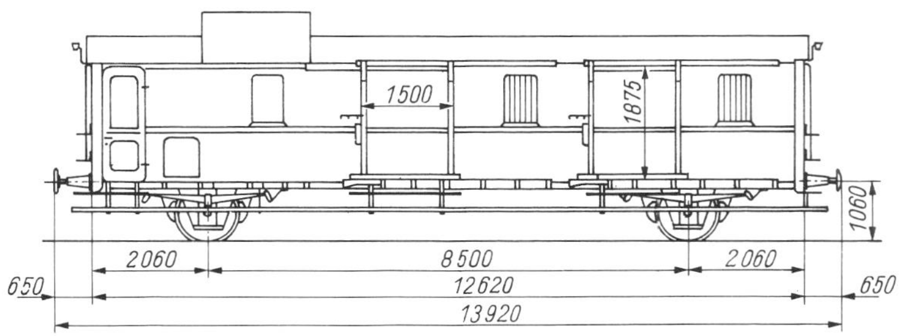

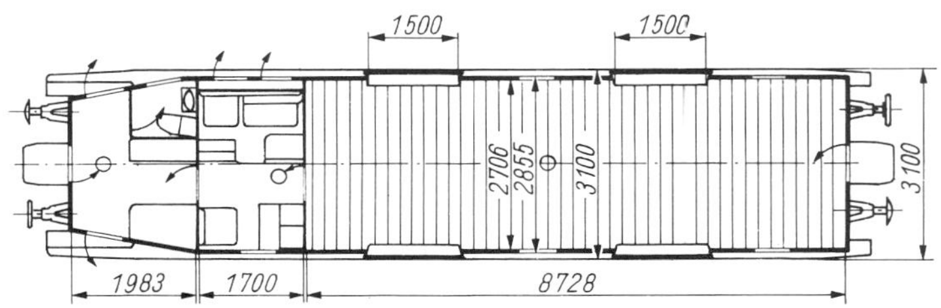

Maßskizze des zweiachsigen Gepäckwagens der Deutschen Reichsbahn-Gesellschaft; Baujahr 1923, Gattung Pwi-23

Das Foto zeigt die Gesamtansicht einer Ausführung des zweiachsigen Gepäckwagens für Personenzüge der Einheitsbauart. Er sollte mit dazu beitragen, die Typenvielfalt der von den ehemaligen Länderbahnen übernommenen Fahrzeuge nach und nach zu verringern und zu ersetzen. Mit dieser Maßnahme strebte man die Wirtschaftlichkeit der Erhaltung sowie der Unterhaltung und darüber hinaus des gesamten Unternehmens an.
Im Musterblatt Bl 200 wurden die Ansichten und Hauptmaße festgelegt. Obwohl die äußere Gestaltung des Einstiegraumes den vorangegangenen Fahrzeugtypen angeglichen wurde, wies doch der Grundriß einige wesentliche Veränderungen gegenüber den letzten Entwicklungen der Länderbahnen auf.

Konstruktive Merkmale

Untergestell

Rahmen: Aus Stahlprofilen und Blechen genietet. Durchgehende Laufbretter, später durch geteilte Einstiegbretter ersetzt.

Zugeinrichtung: Durchgehend; Schraubenkupplung.
Stoßeinrichtung: Anfangs Stangenpuffer, später Hülsenpuffer mit unterschiedlich gewölbten Puffertellern.
Laufwerk: Gepreßte Achshalter. Vereinslenkachsen mit Gleitlagerradsätzen. Scheibenräder. DWV-Achslagerbuchsen.
Bremse: Druckluftbremsen verschiedener Bauarten.

Wagenkasten

Rohbau: Stählernes Kastengerippe, genietet. Außen mit Blech verkleidet, innen mit Brettern verschalt. Gepreßte Außenhaut der Einstiegtüren. Offene Stirnwandübergänge.
Inneneinrichtung: Abort und Hundeabteil im Einstiegraum. Hauptabmessungen des Dienstabteils wie bei vierachsigem Gepäckwagen der Einheitsbauart aus dem Jahre 1923.
Heizung: Dampfheizung, teils auch elektrische Heizung.
Lüftung: Keine besonderen Einrichtungen.
Beleuchtung: Anfangs Gasbeleuchtung; Gasbehälter längs zum Wagen am Untergestell. Keine Lampe im Abort. Später elektrische Beleuchtung mit Lampe im Abort.

Pwi-28

1928

Techn. Daten Seite 260

Gepäckwagen der Einheitsbauart wurden seit 1923 gebaut und beschafft. Obwohl die Hauptabmessungen seit dieser Zeit beibehalten wurden, hatten sich doch das Äußere und einige technische Einzelheiten verändert. Die Konstruktion war besonders auf den Austauschbau hin überarbeitet und weiter standardisiert worden.
Der hier beschriebene zweiachsige Wagentyp und der vierachsige D-Zug-Gepäckwagen desselben Beschaffungsjahrs wurden einheitlich gestaltet.
Für die erste Lieferung im Jahre 1928 war für 40 Fahrzeuge ein Wagennummernbereich reserviert, im Jahre 1929 für 370 Fahrzeuge und im Jahre 1930 für 150 Fahrzeuge.

Konstruktive Merkmale

Untergestell

Rahmen: Genietet. Lang- und Querträger aus Walzprofilen. Verbindungen durch Knotenbleche verstärkt. Halter für Laufbretter.
Zugeinrichtung: Durchgehend; Schraubenkupplung.
Stoßeinrichtung: Hülsenpuffer.

Zweiachsiger Gepäckwagen der Deutschen Reichsbahn-Gesellschaft; Baujahr 1928, Gattung Pwi-28
Foto: Sammlung Kroschwald

Laufwerk: Vereinslenkachsen. Gleitlagerradsätze mit Scheibenrädern. DWV-Achslagergehäuse. Achtlagige Blattfedern mit einer gestreckten Länge von 2100 mm.
Bremse: Mehrlösige Druckluftbremse für Personenzüge.

Wagenkasten

Rohbau: Wagenkastengerippe aus Profilen, genietet. Außen mit Blech verkleidet und innen mit Holz verschalt. Offene Stirnwandübergänge mit drehbaren Übergangsschutzblechen und Scherengittern. Haltegriffe an Seiten- und Stirnwänden.
Inneneinrichtung: Einstiegraum am Handbremsende mit Abort, Hundeabteil und Schrank; Einrichtung abweichend von vierachsiger Einheitsbauart. Ausführung des Dienstabteils wurde wie bei vierachsiger Bauart beibehalten. Laderaum u.a. mit Gerüst für Heizkupplungen ausgestattet.
Heizung: Dampfheizung; einige Fahrzeuge zusätzlich elektrische Heizung.
Lüftung: Bei den Lieferungen von 1928 und 1929 statische Lüfter auf dem Dach des Dachaufbaus, später an den Stirnwänden des Dachaufbaus.
Beleuchtung: Elektrisch; Generator am Untergestell, über Flachriemen angetrieben.

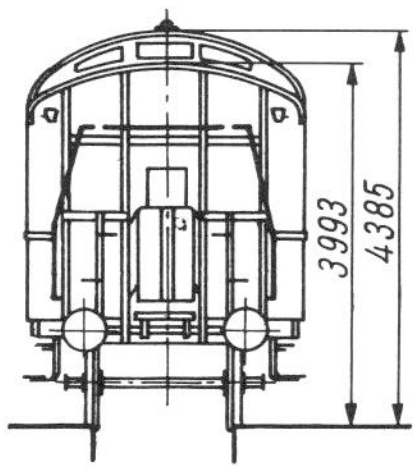

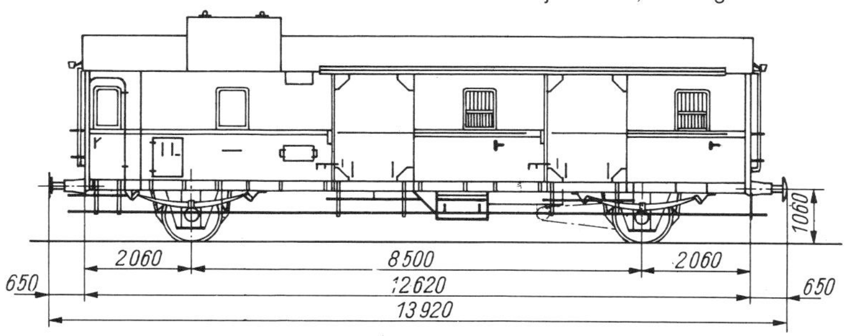

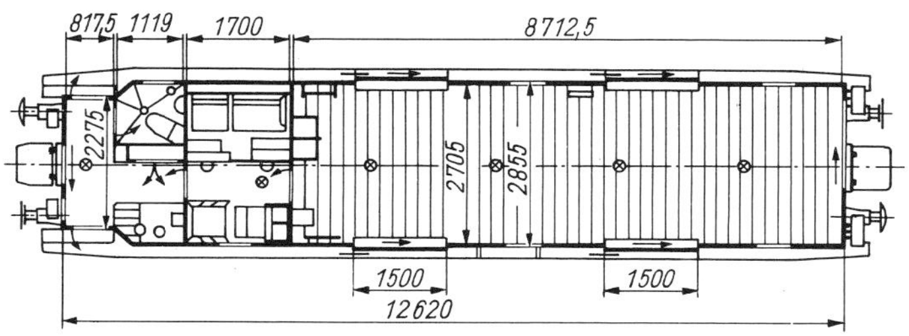

Maßskizze des zweiachsigen Gepäckwagens der Deutschen Reichsbahn-Gesellschaft; Baujahr 1928, Gattung Pwi-28

Pw 4ü-28

1928

Techn. Daten Seite 260

Nach der kleinen Serie von vierachsigen D-Zug-Gepäckwagen der Einheitsbauart aus dem Jahre 1923 entstand eine vielfach veränderte und verbesserte Konstruktion. Sie wurden in enger Verbindung mit dem zweiachsigen Personenzug-Gepäckwagen der Einheitsbauart entwickelt. Die Gemeinsamkeiten betrafen besonders die einzelnen Räume im Grundriß sowie einige Abmessungen und Ausstattungsteile. Die erste Serie umfaßte 60 Fahrzeuge. In acht der 1929 gelieferten 130 Wagen wurde im Laderaum eine kleine Küche eingebaut. Eine weitere Serie wurde 1930 aufgelegt. Bei diesen Wagen ordnete man die Lüfter am Dachaufbau anders an.
Der Grundriß zeigt die erste Serie ohne Küche und ohne zusätzliche Beleuchtungskörper.

Konstruktive Merkmale

Untergestell

Rahmen: Genietet. Lang- und Querträger aus Walzprofilen, Verbindungen durch Knotenbleche verstärkt.

Vierachsiger Gepäckwagen der Deutschen Reichsbahn-Gesellschaft; Baujahr 1928, Gattung Pw 4ü-28
Foto: Sammlung Kroschwald

Maßskizze des vierachsigen Gepäckwagens der Deutschen Reichsbahn-Gesellschaft; Baujahr 1928, Gattung Pw 4ü-28

Zugeinrichtung: Durchgehend; Schraubenkupplung.
Stoßeinrichtung: Reibungspuffer mit Ausgleicheinrichtung.
Laufwerk: Drehgestelle der Bauart Görlitz II schwer.
Bremse: Mehrlösige Druckluftbremse mit Schnellbremswirkung für D-Züge. Handbremse.

Wagenkasten

Rohbau: Neuartige Gestaltung der Seitenwände und des Dachs an den Wagenenden. Wagenkastengerippe aus Profilen, genietet. Aufhängung und Führung der Schiebetüren von den gedeckten Güterwagen übernommen; oben Dowald-Rollen, unten einfache Türführung; neuer Feststeller.
Inneneinrichtung: Neben üblicher Ausstattung eine Einrichtung zum Warmhalten von Speisen und Getränken.
Vergrößerte Hundeabteile. Schrank für Wertsachen eingebaut. Gerüst für Heizkupplungen im Laderaum vorgesehen.
Heizung: Ursprünglich nur Dampfheizung.
Lüftung: Statische Lüfter Bauart Grove auf dem Dachaufbau des Dienstabteils.
Beleuchtung: Elektrische Glühlampen.

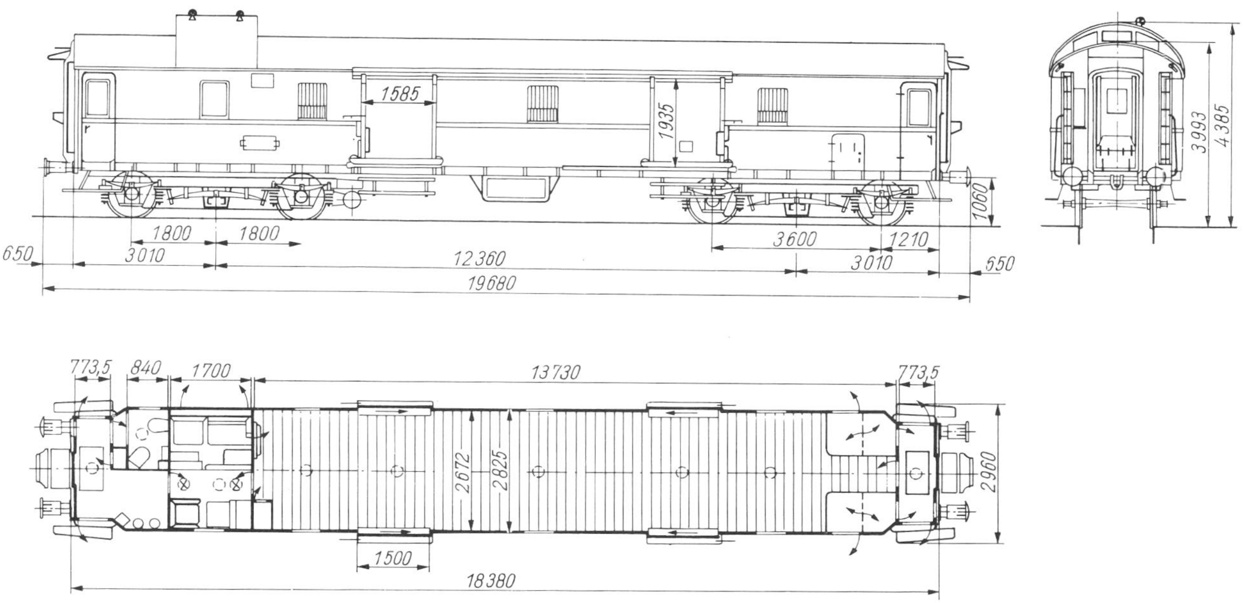

Pw 4ü-28a

(Fährwagen)

1928

Techn. Daten Seite 261

Für den Fährbetrieb entstand der im Foto dargestellte vierachsige Gepäckwagen. Seine Grundkonzeption entsprach der des vierachsigen D-Zug-Gepäckwagens der Einheitsbauart jener Zeit. Dem Verwendungszweck im Fährverkehr entsprechend war der Wagen mit zusätzlichen Einrichtungen versehen, z.B. Zurrösen an den Langträgern und Scheuerleisten auf dem Dach.

Die ursprünglich als Pw 4ü-28a und als Pw 4ü-29a bezeichneten Fahrzeuge entstanden nach Zeichnung e 25097 Werdau.

Im Merkbuch für die Fahrzeuge der Reichsbahn, IV. Wagen (Regelspur), Ausgabe 1933, waren diese Wagen nicht aufgeführt, und auch über ihren Verbleib ist wenig bekannt geblieben.

Vierachsiger Gepäckwagen der Deutschen Reichsbahn-Gesellschaft; Baujahr 1929, Gattung Pw 4ü-28a (Fährwagen)
Foto: Archiv S.&P. Wagner

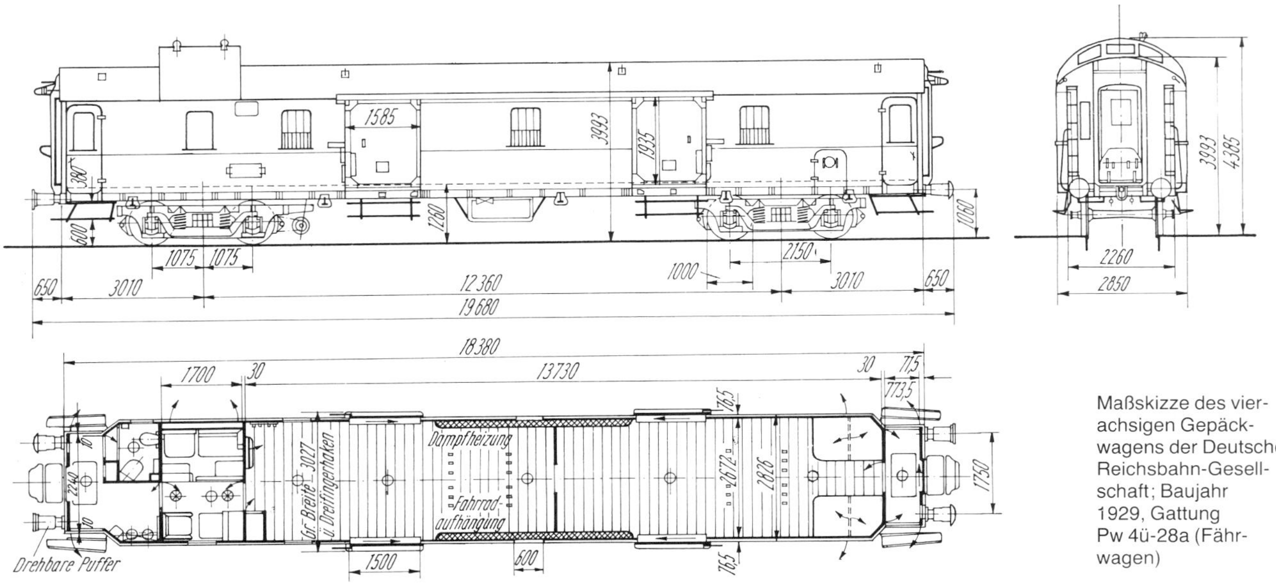

Maßskizze des vierachsigen Gepäckwagens der Deutschen Reichsbahn-Gesellschaft; Baujahr 1929, Gattung Pw 4ü-28a (Fährwagen)

Konstruktive Merkmale

Untergestell

Rahmen: Genietet. Lang- und Querträger aus Walzprofilen, Verbindungen durch Knotenbleche verstärkt.
Zugeinrichtung: Durchgehend; Schraubenkupplung.
Stoßeinrichtung: Reibungspuffer mit Ausgleicheinrichtung.
Laufwerk: Schwanenhalsdrehgestell (amerikanische Bauart). Gleitlagerradsätze. Am Drehgestell des Handbremsendes Kragträger zum Aufhängen der riemengetriebenen Lichtmaschine.
Bremse: Mehrlösige Druckluftbremse mit Schnellbremswirkung für D-Züge; einfache Vakuumbremse. Handbremse.

Wagenkasten

Rohbau: Wagenkastengerippe aus Profilen, genietet. Außen mit Blech verkleidet und innen mit Holz verschalt. Stirnwandübergänge mit Faltenbälgen gesichert. Außenlaufende Schiebetüren als Laderaumtüren. Dachaufbau für erhöhten Zugführersitz.
Inneneinrichtung: Einstiegraum am Handbremsende mit Toilette, Schrank und Einrichtung zum Wärmen von Speisen und Getränken. Im unterteilten Laderaum u. a. Fahrradaufhängung.
Heizung: Dampfheizung; Heizkörper auch im Laderaum.
Lüftung: Statische Lüfter Bauart Grove auf dem Dachaufbau des Dienstabteils.
Beleuchtung: Elektrische Glühlampen.

Pwi-29a

1929

Dieser Wagentyp (Foto) war vorrangig für den Einsatz auf der schlesischen Gebirgsstrecke Hirschberg – Polaun (heute: Jelenía Góra – Kořenov) bestimmt. Er wurde auf dem Untergestell eines zweiachsigen Zellenwagens aufgebaut. Seine Hauptabmessungen paßten somit zu denen der zweiachsigen Nebenbahnwagen der Einheitsbauart jener Zeit. Im Merkbuch für die Fahrzeuge der Reichsbahn, einer Dienstvorschrift, waren die sieben Wagen nicht ausgewiesen. Sie galten als Gattung Pwi-29a. Zeitweise waren einige Fahrzeuge als Beiwagen EB 99.01–05 im Triebwagenpark eingereiht. Zwei von ihnen kehrten in den Reisezugwagenpark zurück. Mindestens ein Fahrzeug war zuletzt bei der DB im Einsatz. Die Gestaltung des Grundrisses sowie einige Hauptabmessungen enthält die Zeichnung.

Konstruktive Merkmale

Untergestell

Rahmen: Aus Walzprofilen und Blechen genietet; an einem Ende eingerückt; Einstiegtritte unter der Plattform und unter den Laderaumtüren.
Zugeinrichtung: Durchgehend; Schraubenkupplungen.
Stoßeinrichtung: Hülsenpuffer Bauart Siegen mit gewölbten und flachen Puffertellern.

Zweiachsiger Gepäckwagen der Deutschen Bundesbahn; Baujahr 1929, vormals Gattung Pwi-29a
Foto: J. Claus

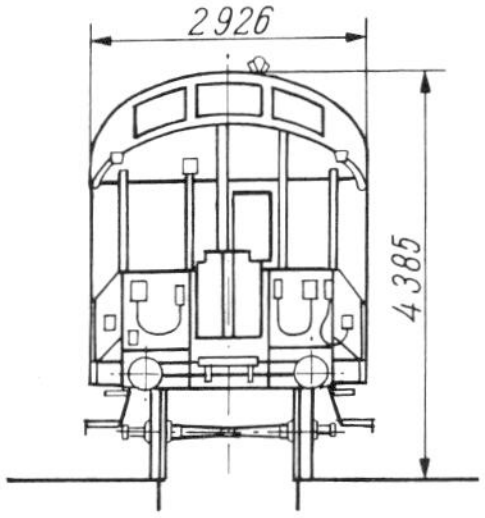

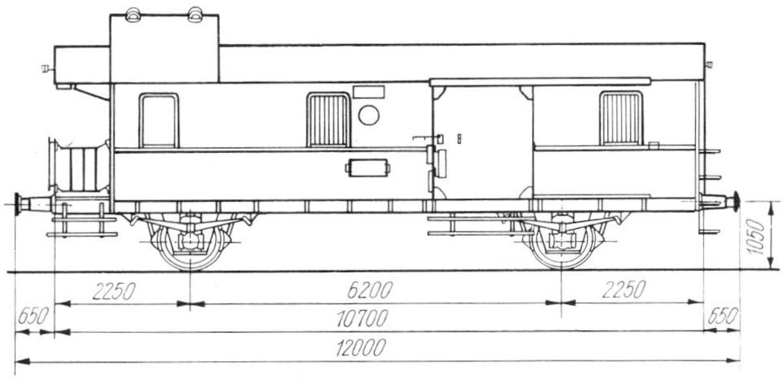

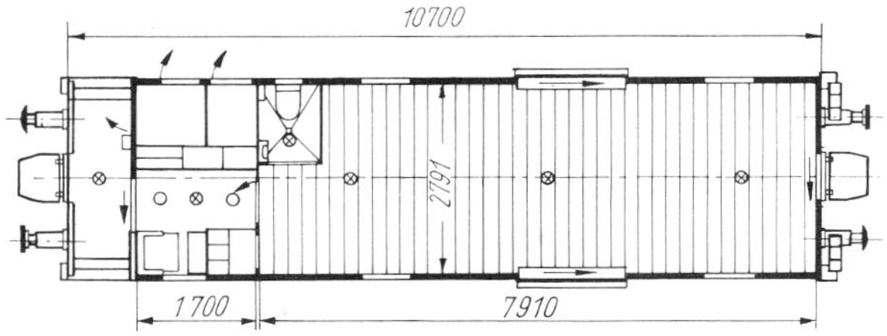

Maßskizze des zweiachsigen Gepäckwagens der Deutschen Reichsbahn-Gesellschaft; Baujahr 1929, Gattung Pwi-29a

Laufwerk: Gepreßte Achshalter; Gleitlagerradsätze mit Scheibenradkörpern; DWV-Achslagergehäuse.
Bremse: Mehrlösige Druckluftbremse für Personenzüge der Bauart Kunze-Knorr; Handbremse.

Wagenkasten

Rohbau: Stählernes Kastengerippe, außen mit Blech verkleidet; genietet; Dachaufbau über dem Dienstraum; Schiebetüren als Laderaumtüren; offene Stirnwandübergänge; Plattform mit klappbaren Schutzgittern.

Inneneinrichtung: Dienstraum mit Packmeister- und erhöhtem Zugführersitz; Laderaum mit Abort und Geräteschrank; Hundeabteil und Laternenfach.
Heizung: Elektrisch; Versorgung vom Triebwagen aus.
Lüftung: Statische Lüfter der Bauart Grove auf Dachaufbau.
Beleuchtung: Glühlampen.

Pwi-31a

1931

Techn. Daten Seite 261

Angelehnt an den vierachsigen Einheits-D-Zug-Gepäckwagen der Austauschbauart entstand der im Bild gezeigte zweiachsige Gepäckwagen. Als Pwi-31a reihte man ihn in zwei Nummernbereiche ein. Einige Wagen übernahm später auch die Deutsche Reichsbahn.
Wenn auch der Einstiegraum einige Veränderungen gegenüber der vierachsigen Ausführung erfuhr, so ist doch die Wiederverwendung einiger Baugruppen (z. B. Oberlichtaufbau, Dienstraum) unverkennbar. Außer der Gesamtlänge verkürzte man besonders den Achsstand um 1300 mm.

Konstruktive Merkmale

Untergestell

Rahmen: Genietet. Lang- und Querträger aus Stahlprofilen.
Keine durchgehenden Laufbretter mehr.
Zugeinrichtung: Durchgehend; Schraubenkupplung.
Stoßeinrichtung: Ursprünglich Stangenpuffer bisher umstritten,

Zweiachsiger Gepäckwagen der Deutschen Reichsbahn-Gesellschaft; Baujahr 1931, Gattung Pwi-31a
Foto: Sammlung Kroschwald

Maßskizze des zweiachsigen Gepäckwagens der Deutschen Reichsbahn-Gesellschaft; Baujahr 1931, Gattung Pwi-31a

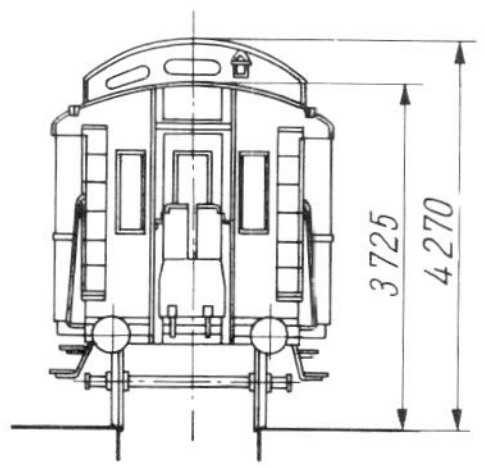

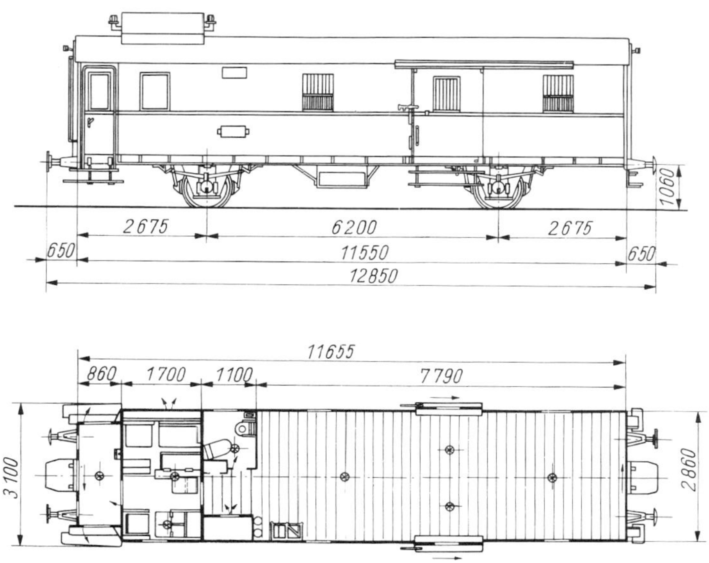

später Hülsenpuffer mit unterschiedlich gewölbten Puffertellern.
Laufwerk: Vereinslenkachsen. Gleitlagerradsätze. DWV-Achslagergehäuse. Gepreßte Achshalter. Scheibenräder.
Bremse: Mehrlösige Druckluftbremse. Handbremse.

Wagenkasten

Rohbau: Stählernes Kastengerippe, genietet. Außen mit Blech verkleidet. Offene Stirnwandübergänge. Nur noch eine Laderaumtür auf jeder Seite. Innen mit Holz verschalt.
Inneneinrichtung: Dienstraum grenzte direkt an Einstiegraum. Einrichtung des Dienstraumes von vierachsiger Ausführung übernommen. Abort und Schrank im Laderaum. Hundeabteil und Lampenschrank unter dem hochgelegenen Zugführersitz.
Heizung: Niederdruckdampfheizung.
Lüftung: Statische Lüfter für Dachaufbauten und Abort.
Beleuchtung: Elektrische Beleuchtung. Riemengetriebener Generator und Akkumulator am Untergestell.

Pw 4i-32

1932

Techn. Daten Seite 261

Vierachsiger Gepäckwagen der Deutschen Reichsbahn-Gesellschaft; Baujahr 1932, Gattung Pw 4i-32
Foto: Sammlung Kroschwald

Dieser vierachsige Gepäckwagentyp stellte eine neue Generation von Gepäckwagen dar, die aus den vorangegangenen Entwicklungen hervorging. Die Länge über Puffer wurde um 1280 mm vergrößert. Erstmals liefen die Schiebetüren des Laderaums in Seitenwandtaschen. Die Laderaumöffnungen verbreiterte man von 1500 mm auf 1720 mm. Beibehalten wurde der im Jahre 1931 erstmals angewendete schmalere Dachaufbau und die damit verbundenen Veränderungen des Dienstabteils.
Auch die Deutsche Reichsbahn übernahm einige dieser Wagen und

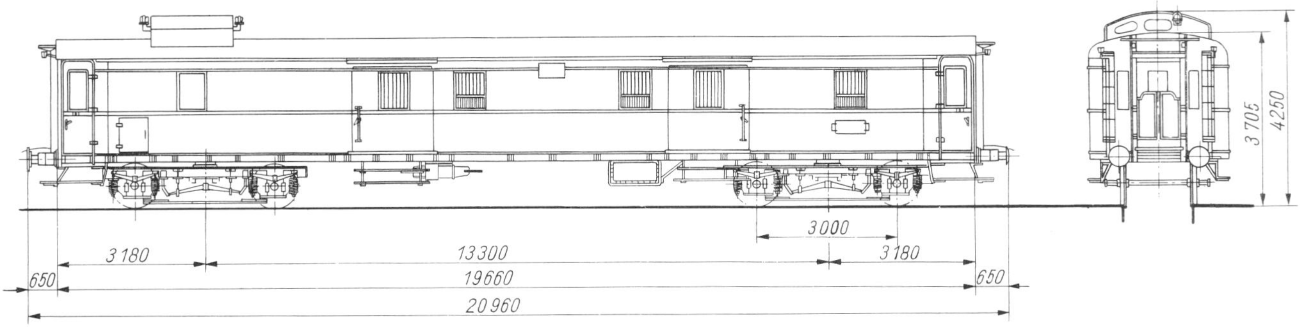

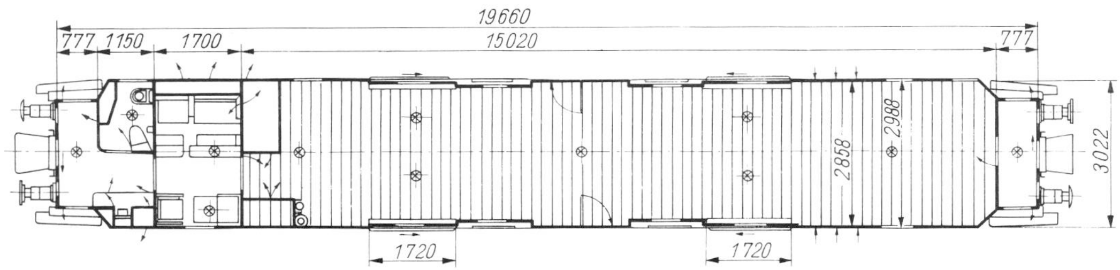

Maßskizze des vierachsigen Gepäckwagens der Deutschen Reichsbahn-Gesellschaft; Baujahr 1932, Gattung Pw 4i-32

veränderte einige Details. So entfernte sie teilweise den Dachaufbau und ordnete den darunter liegenden Zugführersitz tiefer an.

Konstruktive Merkmale

Untergestell

Rahmen: Genietet. Lang- und Querträger aus Walzprofilen.
Zugeinrichtung: Durchgehend; Schraubenkupplung.
Stoßeinrichtung: Hülsenpuffer.
Laufwerk: Drehgestelle der Bauart Görlitz III leicht mit dreifacher Federung. Drehgestellrahmen auf Profilen und Blechen genietet. Gleitlagerradsätze. DWV-Achslager.
Bremse: Mehrlösige Druckluftbremse für Personenzüge.

Wagenkasten

Rohbau: Wagenkastengeripppe aus Profilen, genietet. Außen mit Blech verkleidet und innen mit Holz verschalt. Ursprünglich offene Stirnwandübergänge mit drehbaren Übergangsschutzblechen, später teilweise durch Faltenbälge ersetzt.
Inneneinrichtung: Veränderungen im Einstiegraum am Handbremsende gegenüber vorangegangener Ausführung; desgleichen im Abort. Bewegliche Stauwände im Laderaum. Gerüste für Heizkupplungen nicht mehr vorhanden.
Heizung: Ursprünglich nur Dampfheizung; teilweise elektrische Heizung nachträglich eingebaut.
Lüftung: Statische Lüfter an den Stirnwänden des Dachaufbaus.
Beleuchtung: Elektrische Glühlampen.

Pwi-32

1932

Seit dem Jahre 1931 wurden zweiachsige Gepäckwagen der Einheitsbauart für Nebenbahnen in genieteter Ganzstahlbauweise beschafft. Bestrebungen, diesen Wagentyp nunmehr auch in geschweißter Ganzstahlbauweise auszuführen, kamen in einem Musterwagen zum Ausdruck. Er galt als Gattung Pwi-32. Er entstand nach der Zeichnung H7/66d Gastell. Seine hauptsächlichsten Längenmaße entsprachen denen der bisherigen Reisezugwagen der Einheitsbauart für Nebenbahnen. Im Gegensatz zu seinen genieteten Vorgängern erhielt er an bei-

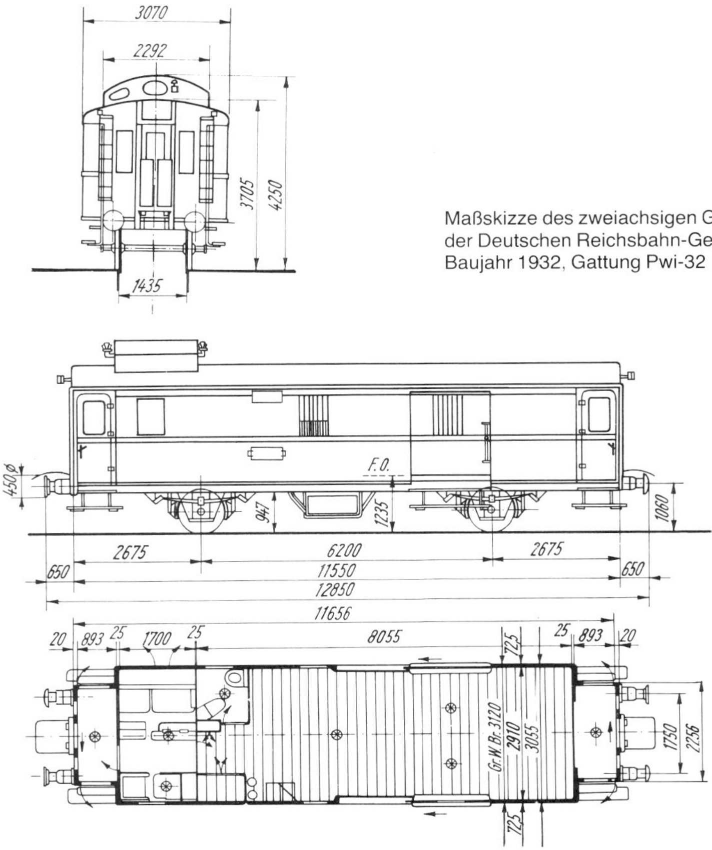

Maßskizze des zweiachsigen Gepäckwagens der Deutschen Reichsbahn-Gesellschaft; Baujahr 1932, Gattung Pwi-32

den Wagenenden einen Einstiegraum. Neben bewährten Baugruppen aus dem Austauschbau waren auch neu gestaltete vorhanden, z. B. die innen laufenden Laderaumtüren. Die Gestaltung des Grundrisses sowie einige Hauptabmessungen enthält die Zeichnung.

Konstruktive Merkmale

Untergestell

Rahmen: Aus Profilen und Blechen geschweißt; Einstiegtritte unter den Einstieg- und den Laderaumtüren.
Zugeinrichtung: Durchgehend; Schraubenkupplungen.
Stoßeinrichtung: Hülsenpuffer mit gewölbten und flachen Puffertellern.
Laufwerk: Gepreßte Achshalter; Gleitlagerradsätze mit Scheibenradkörpern; DWV-Achslagergehäuse.
Bremse: Mehrlösige Druckluftbremse für Personenzüge der Bauart Kunze-Knorr; Handbremse.

Wagenkasten

Rohbau: Stählernes Kastengerippe außen mit Blech verkleidet; geschweißt; Dachaufbau über dem Dienstraum; in Seitenwandtaschen laufende Schiebetüren als Laderaumtüren; offene Stirnwandübergänge mit Scherengittern.
Inneneinrichtung: Einstiegraum am HBrE, Dienstraum, Abort und Schränke wie Pwi-31.
Heizung: Dampfheizung.
Lüftung: Statische Lüfter der Bauart Grove an den Stirnseiten des Dachaufbaues.
Beleuchtung: Glühlampen; Einheits-Dynamo-Beleuchtung.

Pw 4i-33

1933

Die letzte Serie vierachsiger Gepäckwagen für Personenzüge in genieteter Ganzstahlbauweise war Ausgangspunkt für den vierachsigen Gepäckwagentyp in geschweißter Ganzstahlbauweise für Personenzüge (Foto siehe Seite 217). Er entstand nach Zeichnung 32271 Aa Köln-Deutz und galt als Gattung Pw 4i-33. Die geschweißte Ausführung brachte gegenüber der genieteten eine Verringerung der Eigenmasse von etwa 1,8t. Dem ersten Musterwagen folgte ein zweiter. Danach wurden weitere 11 Fahrzeuge gebaut. Diese unterschieden sich von den Musterwagen in der Anordnung der Lüfter am Dachaufbau. Letztere erhielten nur seitliche Lüftungsschlitze.
Die Zeichnung auf Seite 217 zeigt die Gestaltung des Grundrisses sowie einige Hauptabmessungen des ersten Fahrzeugs mit der ursprünglichen Wagennummer 112 377.

Konstruktive Merkmale

Untergestell

Rahmen: Aus Profilen und Blechen geschweißt; an den Wagenenden eingerückt; Einstiegtritte unter den Einstieg- und Laderaumtüren.
Inneneinrichtung: Durchgehend; Schraubenkupplungen.
Stoßeinrichtung: Hülsenpuffer mit gewölbten und flachen Puffertellern.
Laufwerk: Drehgestelle der Bauart Görlitz III leicht;
Bremse: Mehrlösige Druckluftbremse für Personenzüge der Bauart Kunze-Knorr; Handbremse.

Wagenkasten

Rohbau: Stählernes Kastengerippe außen mit Blech verkleidet; geschweißt; Dachaufbau über dem Dienstraum; in Seitenwandtaschen laufende Schiebetüren als Laderaumtüren; offene Stirnwandübergänge.
Inneneinrichtung: Einstiegraum mit Abort und Schränken, Dienstraum und Schränke im Laderaum vom Pw 4i-32 übernommen; Abort und angrenzende Schränke neu gestaltet.
Heizung: Dampfheizung.
Lüftung: Statische Lüfter der Bauart Grove an den Stirnseiten des Dachaufbaues bzw. Lüftungsschlitze seitlich an ihm.
Beleuchtung: Glühlampen; Einheits-Dynamo-Beleuchtung.

Vierachsiger Gepäckwagen der Deutschen Reichsbahn-Gesellschaft; Baujahr 1933, Gattung Pw 4i-33
Foto: Deppmeyer

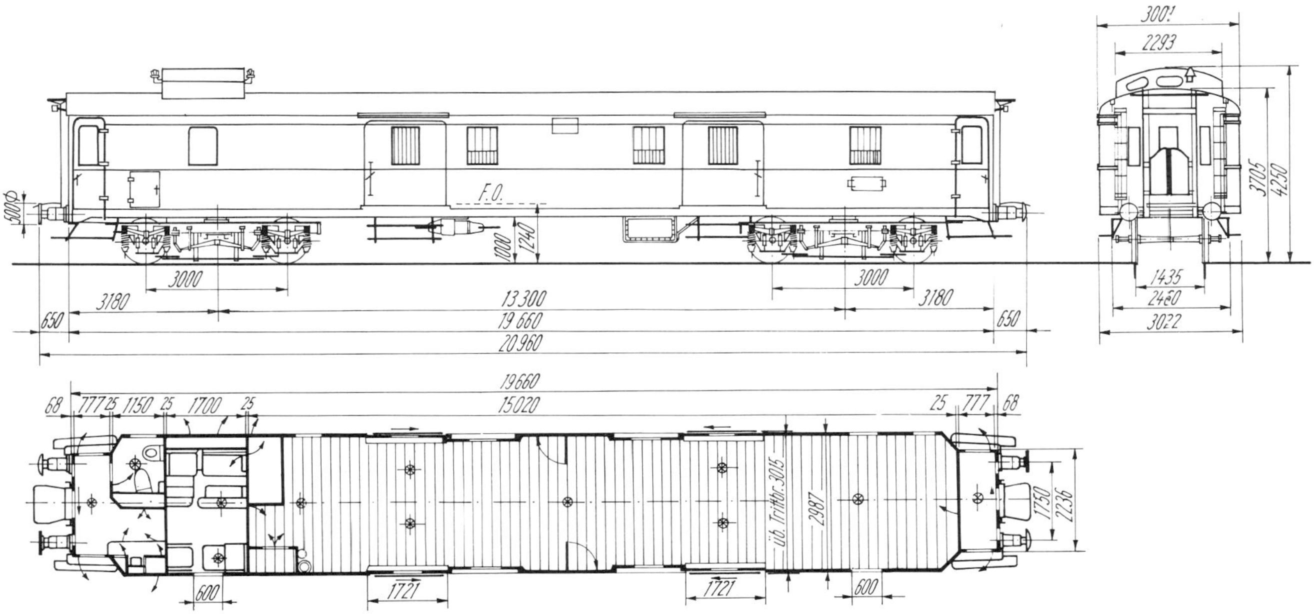

Maßskizze des vierachsigen Gepäckwagens der Deutschen Reichsbahn-Gesellschaft; Baujahr 1933, Gattung Pw 4i-33

Pw 4ü-36

1936

Techn. Daten Seite 261

Vierachsiger Gepäckwagen der Deutschen Reichsbahn-Gesellschaft; Baujahr 1936, Gattung Pw 4ü-36
Foto: Sammlung Kroschwald

Dieser vierachsige Gepäckwagentyp stellte wiederum eine neue Generation von Gepäckwagen dar. Sie war für den Einsatz im Schnellzugdienst bestimmt. Neben einer vergrößerten Länge über Puffer war gesteigerter Wert auf eine strömungstechnisch günstige äußere Gestaltung gelegt worden. Aus diesem Grunde verlängerte man erstmals bei dieser Wagengattung die Seitenwände über die Stirnwände hinaus. Auch die Fenster und Türen waren möglichst in die Ebene der Seitenwände verlegt worden, um die Bildung von Luftwirbeln so gering wie möglich zu halten.

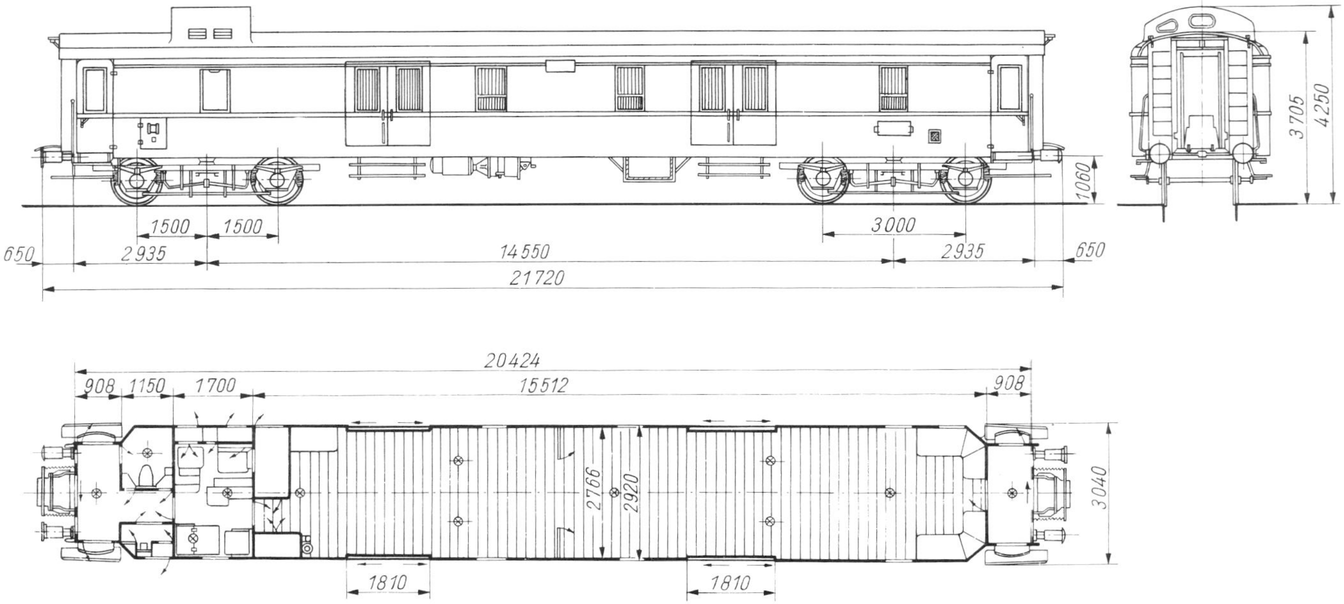

Maßskizze des vierachsigen Gepäckwagens der Deutschen Reichsbahn-Gesellschaft; Baujahr 1936, Gattung Pw 4ü-36

Die Deutsche Reichsbahn übernahm einige dieser Fahrzeuge und paßte sie ihren betriebs- und unterhaltungswirtschaftlichen Gegebenheiten an.

Konstruktive Merkmale

Untergestell

Rahmen: Geschweißt. Lang- und Querträger aus Walz- und Abkantprofilen.
Zugeinrichtung: Durchgehend; Schraubenkupplung.
Stoßeinrichtung: Hülsenpuffer mit Ausgleicheinrichtung.
Laufwerk: Drehgestelle der Bauart Görlitz III leicht mit dreifacher Federung; geschweißt. Einfache Wiegenfederung.
Bremse: Mehrlösige Druckluftbremse für Schnellzüge.

Wagenkasten

Rohbau: Wagenkastengerippe aus Abkantprofilen geschweißt. Seitenwandbeblechung überdeckt. Langträger. Erstmals doppelte Schiebetüren im Laderaum. Geschlossene Stirnwandübergänge mit Faltenbälgen gesichert, bei einigen Fahrzeugen durch Gummiwülste ersetzt. Gestaltung des Dachaufbaus wurde beibehalten.
Inneneinrichtung: Breitere Einstiege. Umgestaltung des Aborts und der angrenzenden Schränke. Veränderte Anordnung des Packmeisterplatzes (heute: Arbeitsplatz des Fahrladeschaffners). Abstellbretter am Nichthandbremsende.
Heizung: Dampfheizung; teilweise auch elektrische Heizung.
Lüftung: Lüftungsschlitze seitlich am Dachaufbau.
Beleuchtung: Elektrische Glühlampen.

Pw 4ü-37

1937

Techn. Daten Seite 261

Dieser vierachsige Gepäckwagentyp war der letzte, den die DRG in größeren Stückzahlen beschaffte. Er setzte die im Jahre 1935 begonnene Entwicklungsrichtung fort. Während

Vierachsiger Gepäckwagen der Deutschen Reichsbahn-Gesellschaft; Baujahr 1937, Gattung Pw 4ü-37
Foto: Sammlung Kroschwald

die Hauptabmessungen beibehalten wurden, veränderte sich die äußere Form des Dachaufbaus wesentlich. Eine Gruppe von 10 Wagen erhielt im Laderaum zusätzlich ein zusammenlegbares Gitter, das bei Bedarf zu einem Zollabteil aufgestellt werden konnte. Diese Einrichtung wurde später entfernt. Sie ist in der Skizze eingezeichnet.
Entfernt wurden auch nach und nach die Dachaufbauten bei den Fahrzeugen, die die Deutsche Reichsbahn übernahm.

Konstruktive Merkmale

Untergestell

Rahmen: Geschweißt. Lang- und Querträger aus Walz- und Abkantprofilen.
Zugeinrichtung: Durchgehend; Schraubenkupplung.
Stoßeinrichtung: Hülsenpuffer mit Ausgleicheinrichtung.
Laufwerk: Drehgestelle der Bauart Görlitz III leicht mit dreifacher Federung; geschweißt. Gleitlagerradsätze. DWV-Achslagergehäuse.
Bremse: Mehrlösige Druckluftbremse für Schnellzüge.

Wagenkasten

Rohbau: Wagenkastengerippe aus Abkantprofilen geschweißt. Seitenwandbeblechung überdeckt Langträger und ragt über die Stirnwände hinaus. Geschlossene Stirnwandübergänge mit Faltenbälgen gesichert, bei einigen Fahrzeugen später durch Gummiwülste ersetzt. Neue, windschnittige Form des Dachaufbaus.
Inneneinrichtung: Gegenüber der Ausführung von 1935 keine prinzipiellen Veränderungen. Umbau des Dienstabteils durch Deutsche Reichsbahn mit Entfernung des Dachaufbaus.
Heizung: Dampfheizung; teilweise elektrische Heizung.
Lüftung: Lüftungsschlitze seitlich am Dachaufbau.
Beleuchtung: Elektrische Glühlampen. Generator am Drehgestell des Handbremsendes.

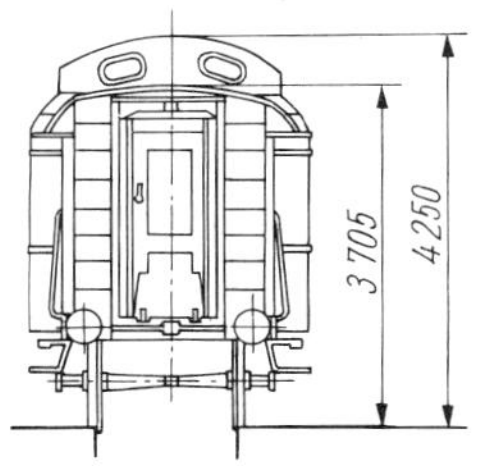

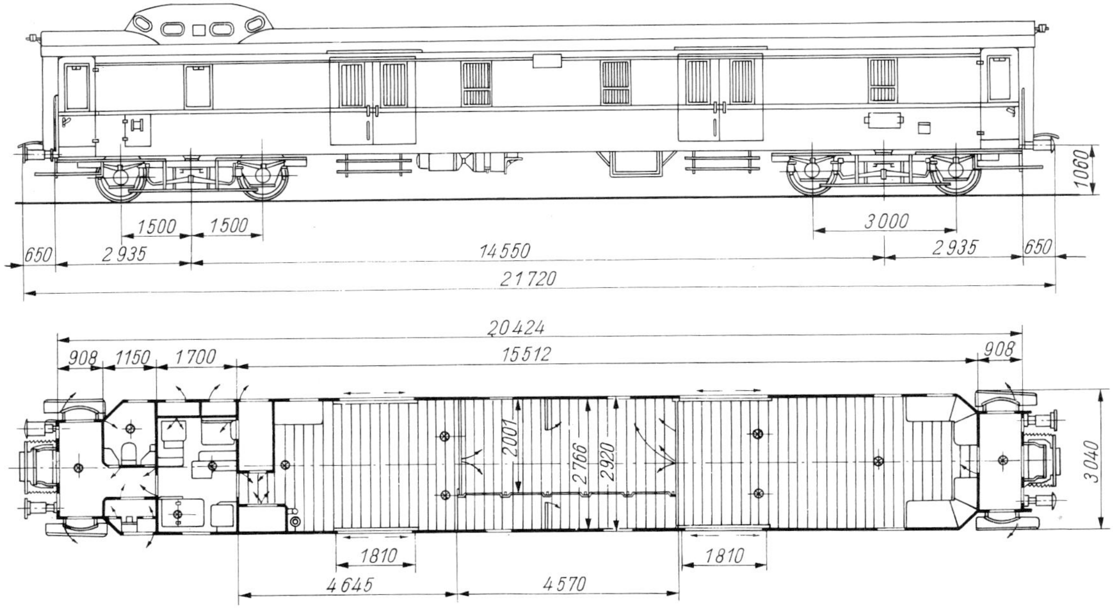

Maßskizze des vierachsigen Gepäckwagens der Deutschen Reichsbahn-Gesellschaft; Baujahr 1937, Gattung Pw 4ü-37

Pw 4ü-38

1938

Aus der Gestaltung der Sitzwagen in windschnittiger Form erwuchs die Forderung, dieselbe auch für Gepäckwagen anzuwenden. Es entstand ein Musterwagen (Foto).
Die meisten Hauptabmessungen wurden von vorangegangenen Ausführungen übernommen. Der Musterwagen galt als Gattung Pw 4ü-38. Es soll noch ein zweites Fahrzeug gebaut worden sein. Die Serienfertigung lief nicht mehr an. Die Zeichnung auf Seite 222 oben enthält die Gestaltung des Grundrisses sowie einige Hauptabmessungen.
Eines dieser Fahrzeuge baute die DB um. Es lief dort unter der Wagennummer 105 885. Die Gestaltung seines Grundrisses enthält die Zeichnung auf Seite 262 unten.

Vierachsiger Gepäckwagen der Deutschen Reichsbahn-Gesellschaft; Baujahr 1938, Gattung Pw 4ü-38
Werkfoto: WUMAG, Sammlung Deppmeyer

Konstruktive Merkmale

Untergestell

Rahmen: Aus Profilen und Blechen geschweißt; Einstiegtritte unter den Einstieg- und den Laderaumtüren.
Zugeinrichtung: Durchgehend; Schraubenkupplungen.
Stoßeinrichtung: Hülsenpuffer mit gewölbten und flachen Puffertellern.
Laufwerk: Drehgestelle der Einheitsbauart „Reichsbahn"; Radsätze mit Scheibenradkörpern.
Bremse: Mehrlösige Druckluftbremse mit Schnellbremswirkung der Bauart Kunze-Knorr; Handbremse, Handrad im Dienstraum.

Wagenkasten

Rohbau: Wagenkastengerippe außen mit Blech verkleidet; Einstiegtüren als Drehfalttüren in der Seitenwandebene; Seitenwände mit Schürzen über die Kopfstücke hinaus verlängert; doppelte Schiebetüren als Laderaumtüren in Seitenwandtaschen laufend; Dachaufbau über dem Dienstraum; Stirnwandübergänge mit Schiebetüren, durch Faltenbälge gesichert.
Inneneinrichtung: Einstiegraum mit Abort und Hundeabteil neu gestaltet; Dienstraum- und Laderaumausstattung im allgemeinen beibehalten.
Heizung: Dampfheizung.
Lüftung: Lüftungsschlitze an den Seiten des Dachaufbaues und über dem Seitenwandfenster des Dienstraumes.
Beleuchtung: Glühlampen.

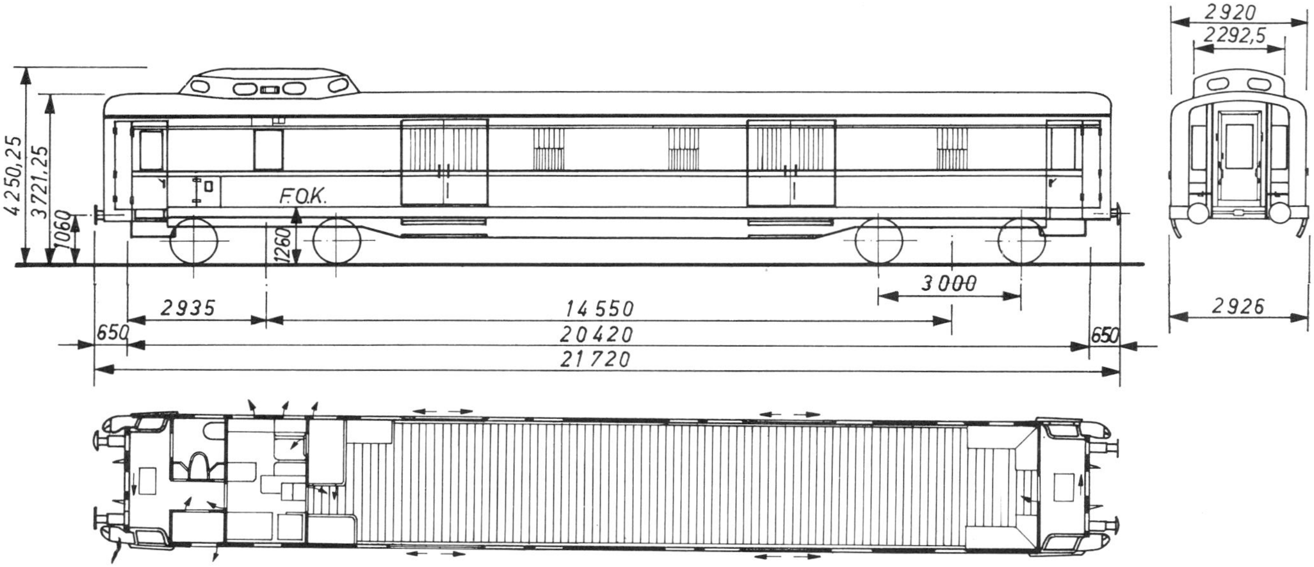

Maßskizze des vierachsigen Gepäckwagens der Deutschen Reichsbahn-Gesellschaft; Baujahr 1938, Gattung Pw 4ü-38

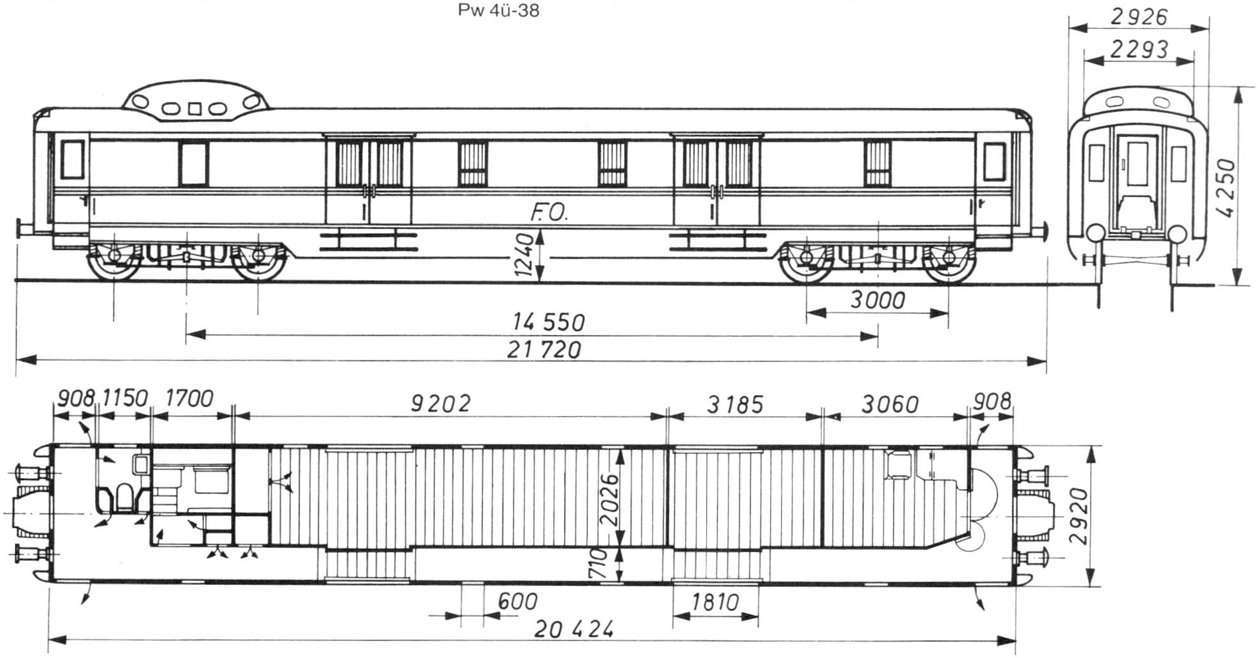

Maßskizze und Grundriß vom umgebauten vierachsigen Gepäckwagen der Deutschen Bundesbahn; Baujahr 1938, ehemals Gattung Pw 4ü-38

PwCi-„29“

1929

In die Konstruktion dieses Fahrzeugs (Foto) flossen sowohl Wagenbautraditionen der Klein- und Nebenbahnen als auch Vereinheitlichungsbestrebungen der DRG ein. Darüber hinaus sind Eigenheiten der Kleinbahn Freienwalde – Zehden erkennbar. Zu den Traditionen ist die Güterwagenbauart des Wagenkastens zu zählen, wie sie in gleicher oder ähnlicher Weise bei Wagen dieser Gattung für Privatbahnen jener Zeit angewendet wurde. Andererseits sind die Grundkonzeption und einzelne Baugruppen den zweiachsigen Durchgangswagen der Einheitsbauart entlehnt. Der Achsabstand wurde noch um 100 mm vergrößert. Typisch für Wagen dieser Bahn waren die rotierenden Lüfter auf dem Dach.

Zweiachsiger Gepäckwagen mit Sitzabteil 3. Klasse der Kleinbahn Freienwalde – Zehden; Baujahr 1929, Gattung PwCi-„29“
Foto: Archiv VEB Waggonbau Görlitz

Konstruktive Merkmale

Untergestell

Rahmen: Aus Profilen und Blechen genietet; Halter für Laufbretter und Einstiegtritte an den Langträgern; Sprengwerk.
Zugeinrichtung: Durchgehend; Schraubenkupplungen mit Sicherheitskupplung.
Stoßeinrichtung: Hülsenpuffer mit gewölbten und flachen Puffertellern, teils mit Halter für Zugschlußscheibe.
Laufwerk: Vereinslenkachsen; aus Blech gepreßte Achshalter; Gleitlagerradsätze mit Scheibenradkörpern; Gleitachslager der Austauschbauart.
Bremse: Einlösige Druckluftbremse der Bauart Knorr; Handbremse, Kurbel auf einer Plattform.

Wagenkasten

Rohbau: Wagenkastengerippe mit Brettern verkleidet; Tonnendach; Stirnwandtüren und offene Übergänge; Schiebetüren als Laderaumtüren; teils herablaßbare Fenster.
Inneneinrichtung: Laderaum mit Arbeitsplatz für Fahrladeschaffner; Heizungsraum; Abort bisher nicht bestätigt; Sitzabteil am Nichthandbremsende.
Heizung: Warmwasserheizung, Heizkörper auch im Laderaum.
Lüftung: Rotierende Lüfter der Bauart Flettner.
Beleuchtung: Elektrisch, Glühlampen.

PwPost 4ü-28

1928/29

Techn. Daten Seite 261

Mit dieser Gattung eines vierachsigen kombinierten Gepäck-/Postwagens nahm die Deutsche Reichsbahn-Gesellschaft derartige Fahrzeuge für D-Züge in Betrieb. Sie erklärte sie zur Einheitsbauart. Obwohl die kombinierten Gepäck- und Postwagen 2790 mm länger waren als die Reisezug-Gepäckwagen der Einheitsbauart jener Zeit, so stimmten sie doch in einigen Hauptmaßen und Anordnungen von Baugruppen überein. Die hier beschriebenen Wagen wurden allerdings nur in zwei kleinen Serien beschafft, die sich im wesentlichen darin unterschieden, daß bei den Fahrzeugen des Baujahrs 1929 die Seitenwandbeblechung die äußeren Langträger verdeckte (Bild), während bei den Fahrzeugen des Baujahrs 1928 die Anschlüsse der Seitenwandgerippe an die äußeren Langträger noch sichtbar waren (Zeichnung auf Seite 225).

Konstruktive Merkmale

Untergestell

Rahmen: Genietet. Äußere Langträger mit U-förmigem Querschnitt. Weiterhin Walzprofile und Bleche.

Zugeinrichtung: Mit Schraubenkupplung verbunden.
Stoßeinrichtung: Reibungspuffer mit Ausgleich.
Laufwerk: Drehgestelle der Bauart Görlitz II schwer. Gleitachslager der Austauschbauart.
Bremse: Mehrlösige Druckluftbremse für Schnellzüge.

Wagenkasten

Rohbau: Genietet. Kastengerippe aus Stahlprofilen, außen mit Blech verkleidet. Äußere Form den D-Zugwagen angepaßt. Postabteil mit Oberlichtaufbau und Kellerraum.
Übergangseinrichtung; mit Faltenbalg.

Vierachsiger kombinierter Gepäck-/Postwagen der Deutschen Reichsbahn-Gesellschaft; Baujahre 1928/29, Gattung Pw Post 4ü-28
Foto: Archiv S. & P. Wagner

Inneneinrichtung: Innere Verkleidung hauptsächlich Holz. Ausrüstung des Dienstraums des Zugführers und Fahrladeschaffners sowie deren Abort wie im Einheits-Gepäckwagen. Postabteil zur Bearbeitung von Postsendungen eingerichtet. Hundeabteile. Lampenfächer.
Heizung: Dampfheizung; zusätzlich Ofen für Postabteil.
Lüftung: Lüftungsschlitze seitlich am Dachaufbau.
Beleuchtung: Elektrisch; Generator an einem Drehgestell, mit Flachriemen angetrieben.

PwPosti-34

(Einheitswagen)

1934

Für geringere Gepäck- und Postaufkommen auf Nebenbahnen entstand dieser Wagentyp (Foto auf Seite 226) auf dem bereits mehrfach verwendeten Untergestell. Nach zwei Musterwagen, die als Gattung PwPosti-31 galten, lieferte die Waggonbauindustrie weitere 50 Fahrzeuge. Diese entsprachen jedoch der Gattung PwPosti-34. Bei der Konstruktion hatte man die Belange des Austauschbaues berücksichtigt.

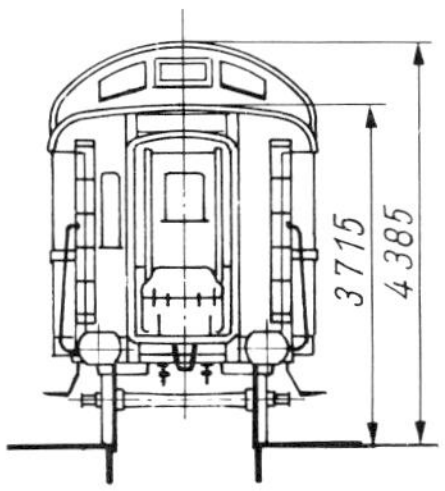

Maßskizze des vierachsigen kombinierten Gepäck-/Postwagens der Deutschen Reichsbahn-Gesellschaft; Baujahre 1928/29, Gattung PwPost 4ü-28

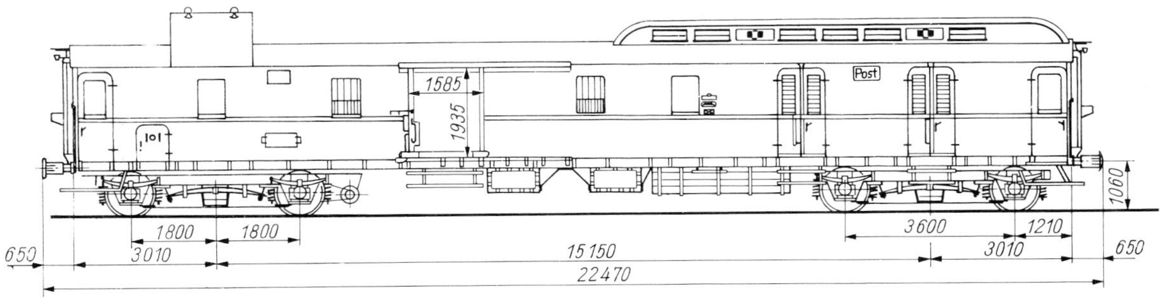

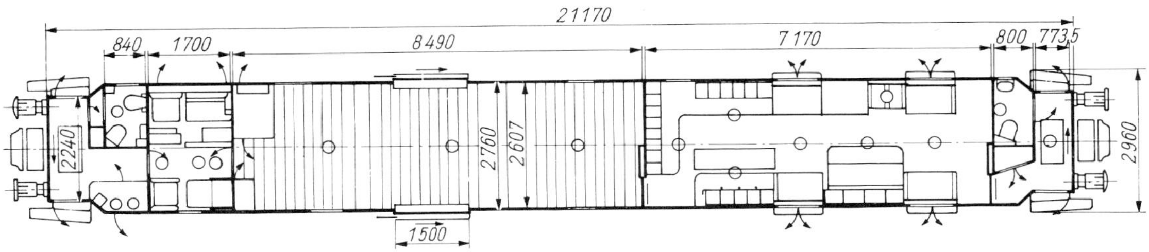

Somit zählte dieser Wagentyp mit zu den Einheitswagen. Er trug wie die Bahnpostwagen jener Zeit noch einen Oberlichtaufbau. Die Gestaltung des Grundrisses sowie einige Hauptabmessungen enthält die Zeichnung.
Sowohl die DB als auch die DR übernahmen derartige Fahrzeuge. Die DR baute mindestens eines von ihnen in einen reinen Gepäckwagen um. Die Wagen sind inzwischen ausgemustert.

Zweiachsiger kombinierter Gepäck-/Postwagen der Deutschen Reichsbahn-Gesellschaft; Baujahr 1934, Gattung PwPosti-34, als D2i 871 der Deutschen Bundesbahn
Foto: Deppmeyer

Konstruktive Merkmale

Untergestell

Rahmen: Aus Profilen und Blechen genietet; an einem Ende eingerückt; Halter für Einstiegtritte und Laufbretter.
Zugeinrichtung: Durchgehend; Schraubenkupplungen.
Stoßeinrichtung: Hülsenpuffer Bauart Siegen mit gewölbten und flachen Puffertellern.
Laufwerk: Gepreßte Achshalter; Gleitlagerradsätze mit Scheibenradkörpern; DWV-Achslagergehäuse.
Bremse: Mehrlösige Druckluftbremse für Personenzüge der Bauart Kunze-Knorr; Handbremse.

Wagenkasten

Rohbau: Stählernes Kastengerippe außen mit Blech verkleidet; genietet; Dach mit Oberlichtaufbau; Schiebetüren als Laderaumtüren für Gepäckraum, für Postraum doppelte Drehtüren; offener Stirnwandübergang nur am Dienstraum.
Inneneinrichtung: Dienstraum für Zugbegleitpersonal am HBrE; Gepäckraum mit Schränken, Staubrettern und Hundeabteil; Postraum mit Briefverteilfächern und Staubrettern; Abort von Gepäck- und Postraum erreichbar.
Heizung: Dampfheizung; zusätzlich Ofen.
Lüftung: Statische Lüfter der Bauart Wendler seitlich am Oberlichtaufbau.
Beleuchtung: Glühlampen.

Maßskizze des zweiachsigen kombinierten Gepäck-/Postwagens der Deutschen Reichsbahn-Gesellschaft; Baujahr 1934, Gattung PwPosti-34

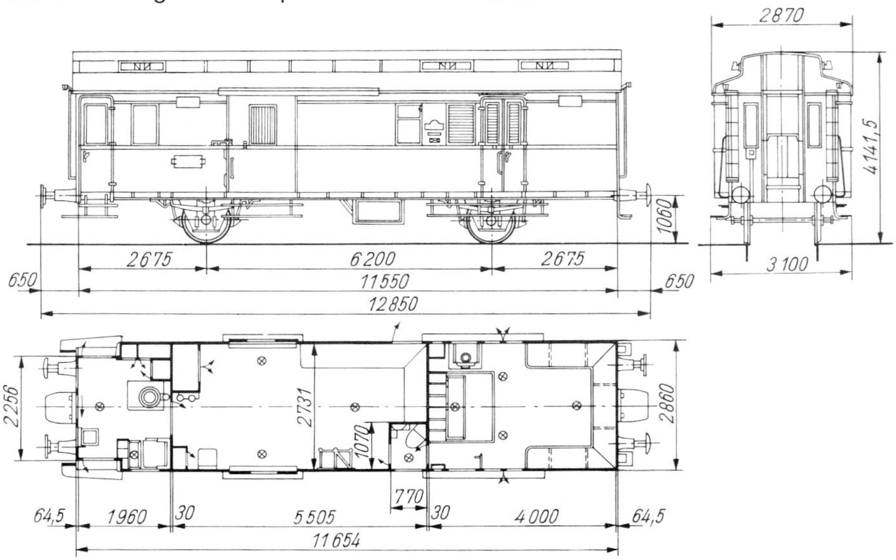

PwPost 4ü-34

1935

Techn. Daten Seite 261

Dieser vierachsige kombinierte Gepäck-/Postwagen wurde im Rahmen einer kleinen Serie als letzter Neubau solcher Wagen beschafft. Die Gesamtkonzeption des Typs unterschied sich von den Vorgängern hauptsächlich dadurch, daß das Postabteil auf dem Dach keinen Oberlichtaufbau mehr trug. Außerdem waren die hier beschriebenen Fahrzeuge 750 mm länger als die modernsten D-Zug-Gepäckwagen jener Zeit. Verschiedene Baugruppen der Einheits-Gepäckwagen vorangegangener Jahre wurden zur Gestaltung herangezogen.
Bei der Deutschen Reichsbahn ist ein derartiges Fahrzeug noch in Betrieb. Allerdings wurde das Postabteil entfernt. Der Grundriß Seite 228 zeigt die ursprüngliche Form.

Konstruktive Merkmale

Untergestell

Rahmen: Geschweißt. Äußere Langträger mit U-förmigem Querschnitt, aus Winkelprofilen mit Stahlblechen in bestimmten Abständen zusammengefügt. Kastenförmige Hauptquerträger.
Zugeinrichtung: Mit Schraubenkupplung verbunden.
Stoßeinrichtung: Ursprünglich Reibungspuffer mit Ausgleich. Fahrzeug der DR auf Hülsenpuffer umgebaut.
Laufwerk: Drehgestelle der Bauart Görlitz III schwer. Gleitlager der Austauschbauart.
Bremse: Mehrlösige Druckluftbremse für Schnellzüge.

Vierachsiger kombinierter Gepäck-/Postwagen der Deutschen Reichsbahn, Baujahr 1935, vormals Gattung PwPost 4ü-34
Foto: Kirsch

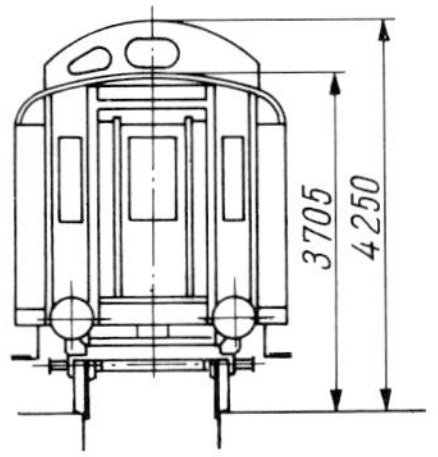

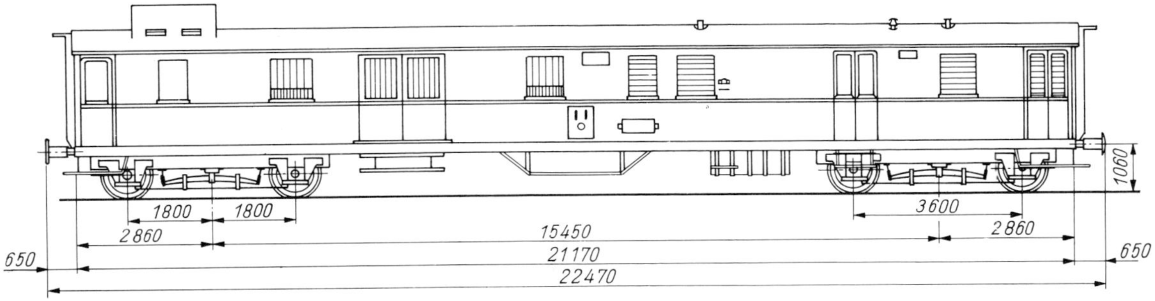

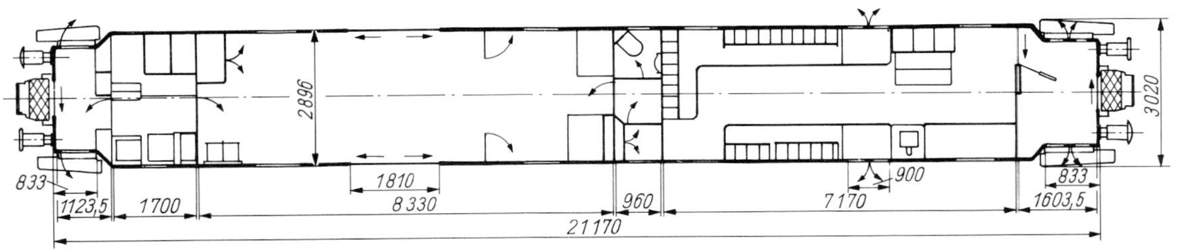

Maßskizze des vierachsigen kombinierten Gepäck-/Postwagens der Deutschen Reichsbahn-Gesellschaft; Baujahr 1935, Gattung PwPost 4ü-34

Wagenkasten

Rohbau: Aus Stahlprofilen, außen mit 2,5 mm dickem Blech verkleidet. Geschweißt. Form den D-Zug-Wagen angepaßt.
Übergangseinrichtung: Faltenbalg. Bei DR-Fahrzeug durch Gummiwülste ersetzt.
Inneneinrichtung: Innere Verkleidung teils Holz teils Blech. Aussacktisch im Postabteil teilweise klappbar. Stauwände im Gepäckraum. Schrank für Wertsendungen. Wasser in Wasserkannen, klappbares Waschbecken. Lampenfach. Hundeabteil.
Heizung: Dampfheizung, auch im Hundeabteil. Postabteil durch Ofen bei abgestelltem Wagen beheizbar.
Lüftung: Kiemenlüfter am Dachaufbau. Wendler-Lüfter.
Beleuchtung: Einheits-Maschinenbeleuchtung. Notbeleuchtung für Postabteil mit zusätzlichen Akkumulatoren.

PwPosti-34a

1935

Ursprünglich sollte dieser Wagentyp die noch in genieteter Ganzstahlbauweise ausgeführten Fahrzeuge derselben Gattung ablösen. Die wesentlichsten Längenmaße blieben erhalten, und die äußere Gestaltung entsprach der der neuesten zweiachsigen Sitzwagen für Nebenbahnen jener Zeit. Die Waggonbauindustrie lieferte zwei Musterwagen. Sie galten als Gattung PwPosti-34a. Eine Serienfertigung hat es jedoch nicht gegeben. Die Gestaltung des Grundrisses sowie einige Hauptabmessungen enthält die Zeichnung.
Den ersten Wagen übernahm die DB. Er war zuletzt dem Direktionsbezirk Hamburg zugeordnet, wo er auch ausgemustert wurde. Auch der zweite Wagen ist inzwischen ausgemustert.

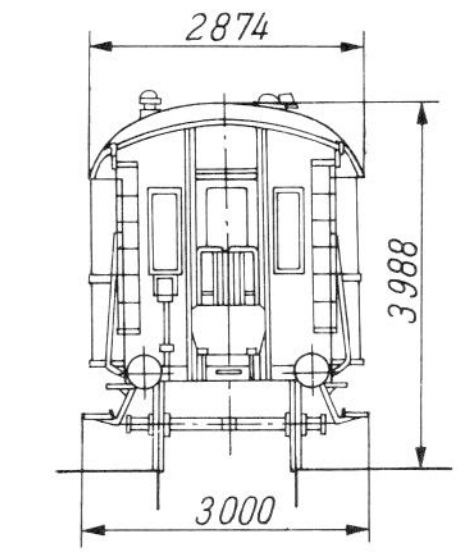

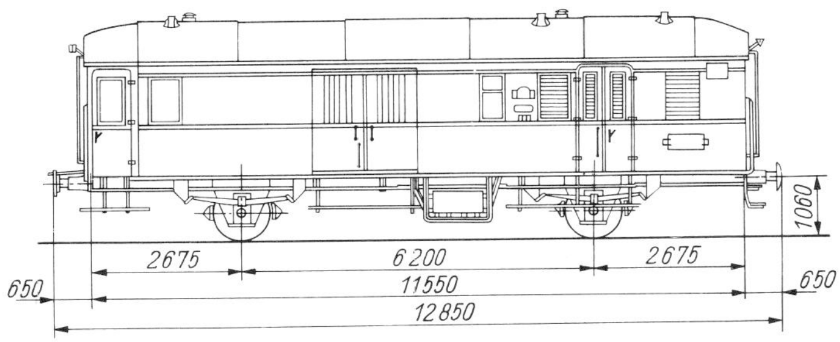

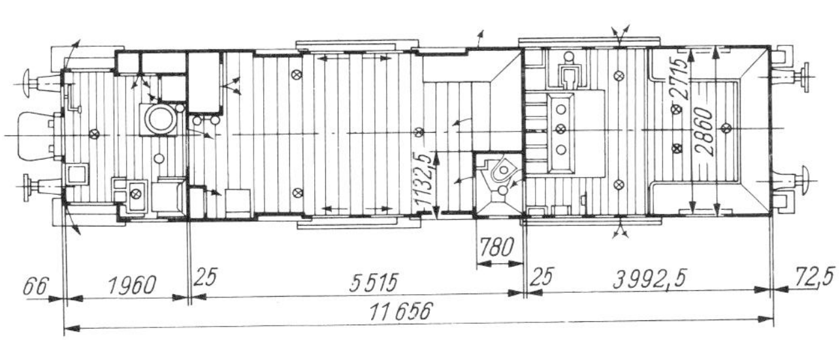

Maßskizze des zweiachsigen kombinierten Gepäck-/Postwagens der Deutschen Reichsbahn-Gesellschaft; Baujahr 1935, Gattung PwPosti-34a

Konstruktive Merkmale

Untergestell

Rahmen: Aus Profilen und Blechen geschweißt; gegenüber genieteter Konstruktion einige wesentliche Änderungen.
Zugeinrichtung: Durchgehend; Schraubenkupplungen.
Stoßeinrichtung: Hülsenpuffer mit gewölbten und flachen Puffertellern.
Laufwerk: Vereinslenkachsen; gepreßte Achshalter; Gleitlagerradsätze mit Scheibenradkörpern; DWV-Achslager.
Bremse: Mehrlösige Druckluftbremse für Personenzüge der Bauart Hildebrand-Knorr, Handbremse.

Wagenkasten

Rohbau: Wagenkastengeripppe außen mit Blech verkleidet; Einstiegtüren eingerückt; Tonnendach an den Wagenenden abgerundet; in Seitenwandtaschen laufende doppelte Schiebetüren als Laderaumtüren für Gepäckraum, für Postraum doppelte Drehtüren; offener Stirnwandübergang nur am Dienstraum angeordnet.
Inneneinrichtung: Dienstraum für Zugbegleitpersonal am Handbremsende; Gepäckraum mit Schränken, Staubrettern und Hundeabteil; Postraum mit Briefverteilfächern und Staubrettern; Abort von Gepäck- und Postraum aus erreichbar.
Heizung: Dampfheizung; zusätzlich Ofenheizung.
Lüftung: Statische Lüfter der Bauart Wendler.
Beleuchtung: Glühlampen, Anzahl im Postraum gegenüber PwPosti-34 erhöht.

Post-cl/10,8

(Butterwagen)

1927

Techn. Daten Seite 262

Mitte der zwanziger Jahre wurden größere Mengen Butter in Paketen von Schleswig-Holstein aus versandt. Dazu beschaffte die Deutsche Reichspost geeignete Fahrzeuge, die zuerst von der ehemaligen Oberpostdirektion Kiel, später auch von der Oberpostdirektion Hamburg eingesetzt wurden. Im Jahre 1930 hatte sich die Anzahl dieser Spezial-Bahnpostwagen bereits auf 33 erhöht.

Sie verkehrten in besonderen Umläufen. Die Wagen wurden 12 Stunden vor der Abfahrt das erste Mal mit Eis beschickt und nach 6 Stunden nochmals. Dann betrug die Temperatur im Laderaum etwa 10°C. Während der 24stündigen Fahrt von Flensburg nach Leipzig stieg sie beispielsweise um 1,1 bis 1,5 Grad Celsius an. Da diese Bahnpostwagen an 100 bis 120 Tagen eines Jahres auf diese Weise für die Beförderung des speziellen Ladegutes vorbereitet werden mußten, wurde geprüft, ob die Eiskühlung nicht durch Solekühlung zu ersetzen sei.

Bei den noch bei der Deutschen Post verbliebenen Wagen dieser Art wurden die Kühleinrichtung entfernt und in den Seitenwänden und Laderaumtüren Fenster eingesetzt.

Zweiachsiger Bahnpostwagen der Deutschen Reichspost; Baujahr 1927, Gattung Post-cl/10,8 (Butterwagen)
Foto: Sammlung S.&P. Wagner

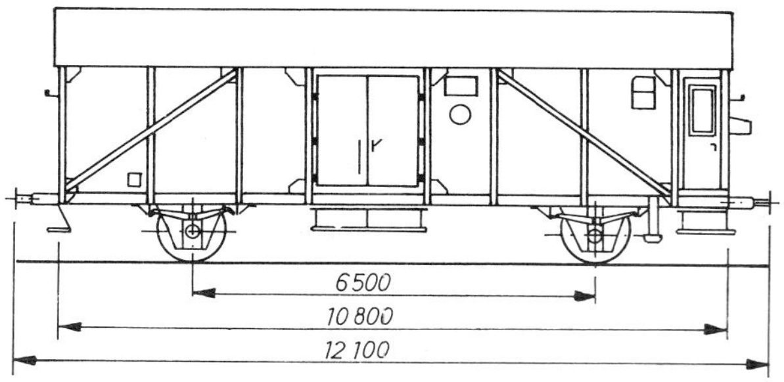

Maßskizze des zweiachsigen Bahnpostwagens der Deutschen Reichspost; Baujahr 1927, Gattung Post-cl/10,8 (Butterwagen)

Konstruktive Merkmale

Untergestell

Rahmen: Genietete Stahlträgerkonstruktion.
Zugeinrichtung: Durchgehend.
Stoßeinrichtung: Hülsenpuffer.
Laufwerk: Blechachshalter. Tragfederaufhängung durch Federlaschen. DWV-Gleitachslager.
Bremse: Mehrlösige Druckluftbremse für Personenzüge.

Wagenkasten

Rohbau: Kastengerippe aus Walzprofilen genietet. Doppelwandige Holzverschalung; Zwischenräume mit Isoliermasse gefüllt. Doppelflügelige Drehtüren als Laderaumtüren.
Inneneinrichtung: Im Laderaum Regale für die Unterbringung der Butterpakete. Begleiterabteil außerhalb des Laderaums.
Heizung: Ofen- und Dampfheizung.
Lüftung: Nicht vorhanden.
Beleuchtung: Elektrisch.

Post 4ü-b/20

1928–34

Veränderte technische Forderungen seitens der DRG sowie erhöhter Bedarf an Transportraum für Postgut bewogen die Deutsche Reichspost, einen entsprechenden Wagentyp zu beschaffen (Foto). Die in genieteter Ganzstahlbauweise gefertigten Fahrzeuge erhielten einen Wagenkasten mit einer Länge von etwa 20m. Mit unterschiedlich großem Briefraum ausgestattet, entsprachen sie den Postgattungen a/20, bI/20 und bII/20. Dementsprechend unterschieden sich die Wagen äußerlich durch eine teilweise voneinander abweichende Anordnung einzelner Seitenwandfenster. Die Gestaltung des Grundrisses der Wagen der Gattungen bI und bII sowie einige Hauptabmessungen enthält die Zeichnung auf Seite 232. Die Deutsche Post der DDR übernahm später einen Teil dieses Wagenparks.

Konstruktive Merkmale

Untergestell

Rahmen: Aus Profilen und Blechen genietet; Halter für Einstiegtritte.

Zugeinrichtung: Durchgehend; Schraubenkupplungen.

Stoßeinrichtung: Hülsenpuffer mit gewölbten und flachen Puffertellern sowie Ausgleichseinrichtung.

Laufwerk: Drehgestelle der Bauart Görlitz II schwer; Gleitlagerradsätze mit Scheibenradkörpern.

Bremse: Mehrlösige Druckluftbremse mit Schnellbremswirkung der Bauart Kunze-Knorr; Handbremse.

Wagenkasten

Rohbau: Stählernes Wagenkastengerippe außen mit Blech verkleidet; Einstiegtüren an den Wagenenden

Vierachsiger Bahnpostwagen der Deutschen Reichspost; Baujahre 1928–34, Gattung Post 4ü-b/20
Foto: Kirsch

eingerückt; Türen zur Be- und Entladung doppelflügelige Drehtüren; Dach mit Oberlichtaufbau; Stirnwandübergänge mit Faltenbälgen.
Inneneinrichtung: Einstiegraum mit Schränken und Abort; Leibstuhl mit Wasserspülung; Waschgelegenheit; Briefraum mit Sortiertischen, Briefverteilfächern, Beutelspannen; Laderaum mit Staubrettern; Kellergeschosse; kleiner Laderaum.
Heizung: Dampfheizung, zusätzlich Ofenheizung.
Lüftung: Statische Lüfter der Bauart Wendler seitlich am Oberlichtaufbau.
Beleuchtung: Glühlampen.

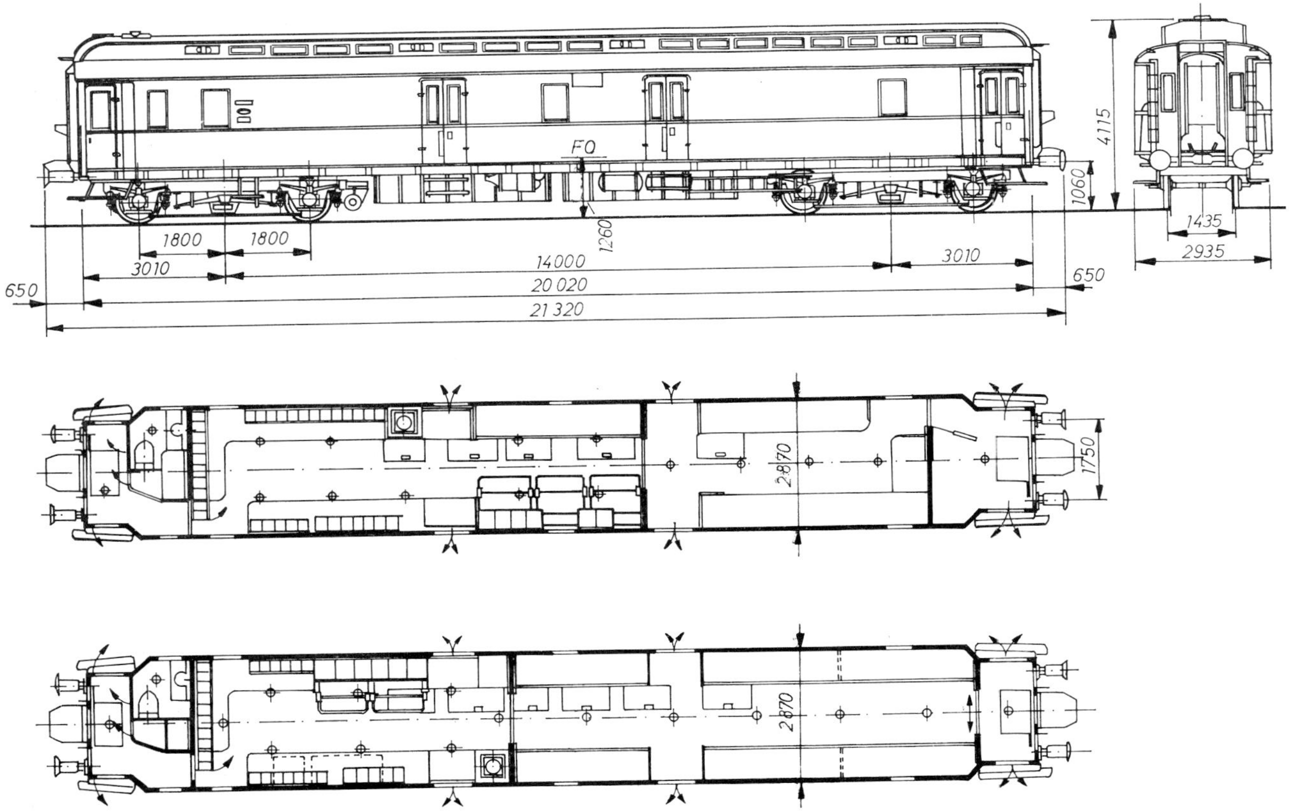

Maßskizze des vierachsigen Bahnpostwagens der Deutschen Reichspost; Baujahre 1928–34, Gattung Post 4ü-b/20

Post-cl/10,8

(Butterwagen)

1930

Die Gruppenverwaltung Bayern der DRG beschaffte zur Nutzung durch die Deutsche Reichspost zehn Postkühlwagen für den Buttertransport. Zwei Waggonbaufirmen lieferten je fünf Fahrzeuge. Die Wagen der Firma MAN (Foto) trugen die Wagennummern 14675 bis 14679. Sie galten als Gattung Post-cl/10,8. Wenn sie auch in den Hauptabmessungen und der prinzipiellen Gestaltung mit den im Jahre 1927 beschafften Fahrzeugen übereinstimmten, so wichen sie doch in Einzelheiten voneinander ab. Einige Hauptabmessungen sowie die Aufteilung des Grundrisses zeigt die Zeichnung. Das Herstellerwerk lieferte den Wagen mit der Wagennummer 14679 an die Direktion Augsburg.

Zweiachsiger Bahnpostwagen der Deutschen Reichspost; Baujahr 1930, Gattung Post-cl/10,8 (Butterwagen für Bayern)
Werkfoto: MAN

Maßskizze des zweiachsigen Bahnpostwagens der Deutschen Reichspost; Baujahr 1930, Gattung Post-cl/10,8 (Butterwagen für Bayern)

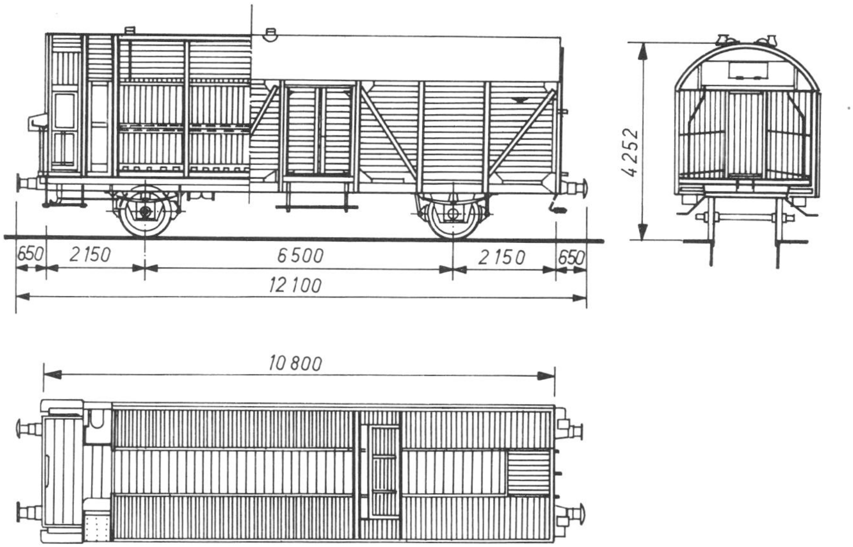

Konstruktive Merkmale

Untergestell

Rahmen: Aus Profilen und Blechen genietet; Halter für Einstiegtritte an den Langträgern.
Zugeinrichtung: Durchgehend; Schraubenkupplungen.

Stoßeinrichtung: Hülsenpuffer mit gewölbten und flachen Puffertellern.
Laufwerk: Aus Blech gepreßte Achshalter; Gleitlagerradsätze mit Scheibenradkörpern; DWV-Gleitachslager.
Bremse: Mehrlösige Druckluftbremse für Güterzüge; Handbremse, Handkurbel im Begleiterraum.

Wagenkasten

Rohbau: Wagenkastengerippe aus Walzprofilen und Knotenblechen genietet; innen mit Brettern verkleidet; doppelflügelige Drehtüren als Laderaumtüren; Laderaum mit Alfol isoliert; Tonnendach; eingerückte Einstiegtüren, einfache Drehtüren.
Inneneinrichtung: Im Laderaum Regale für die Unterbringung der Butterpakete; Begleiterraum mit Abort.
Heizung: Ofen- und Dampfheizung.
Lüftung: Nicht vorhanden.
Beleuchtung: Glühlampen.

Post 4ü-bl/ 20,4

1935

Techn. Daten Seite 262

Auf der Ausstellung anläßlich des 100jährigen Bestehens des deutschen Eisenbahnwesens wurde dieser vierachsige Bahnpostwagen der Öffentlichkeit vorgestellt. Als bisher längster seiner Art paßte man die äußere Gestalt den damaligen D-Zug-Wagen der Einheitsbauart an. Damit entfiel bei diesen Wagen der Oberlichtaufbau.

Konstruktive Merkmale

Untergestell

Rahmen: Geschweißt aus Langträgern U 22.
Vorbauträger mit Kopfstück. Haupt- und Zwischenträger.
Zugeinrichtung: Verstärkte durchgehende Ausführung.
Stoßeinrichtung: Hülsenpuffer; anstelle des Pufferausgleichs ein Vorhub.
Laufwerk: Geschweißte Drehgestelle Bauart Görlitz III schwer.
Bremse: Mehrlösige Druckluftbremse für Schnellzüge. Handbremse mit Gelenkkettenantrieb.

Wagenkasten

Rohbau: Seitenwandbeblechung an die Seitenwandrundungen angeschweißt. Durch kräftige Stirnwandeck- und -türsäulen entstanden rammfeste Einstiegräume. Einflügelige Drehtüren als Einstiegtüren; Laderaumtüren doppelflügelig. Gewölbte Glasscheiben in den Seitenvouten des Tonnendachs.
Inneneinrichtung: Fußboden mit braunem Linoleum ausgelegt. Innenanstrich elfenbein. Verteilertisch, durchlöcherter Aussacktisch mit Staubabsaugung durch zwei Sauglüfter, deren Ausblaseöffnungen mit Saughauben versehen waren.
Heizung: Für Dampfheizung raumsparende Konvektoren anstelle von Heizschlangen. Elektrische Heizung für 1000 und 1500 V. Kohleofen mit Wärmeplatte.
Lüftung: Doppelte Sauger Bauart Wendler an der Wagendecke.
Beleuchtung: Elektrische Einheits-Maschinenbeleuchtung mit Akkumulator. Beleuchtung der Innenräume durch Mikroluxlampen mit Tiefstrahler.

Vierachsiger Bahnpostwagen der Deutschen Reichspost; Baujahr 1935, Gattung Post 4ü-bl/20,4
Werkfoto: MAN

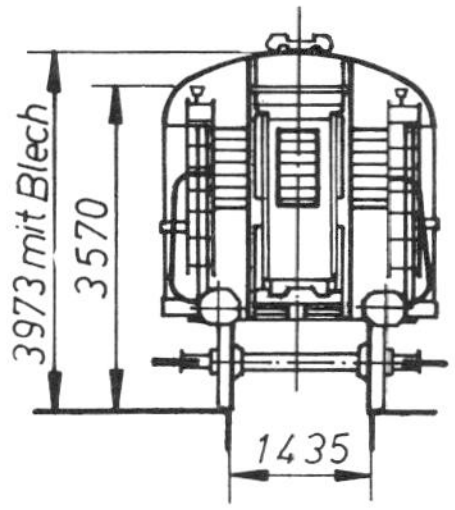

Maßskizze des vierachsigen Bahnpostwagens der Deutschen Reichspost; Baujahr 1935, Gattung Post 4ü-bl/20,4

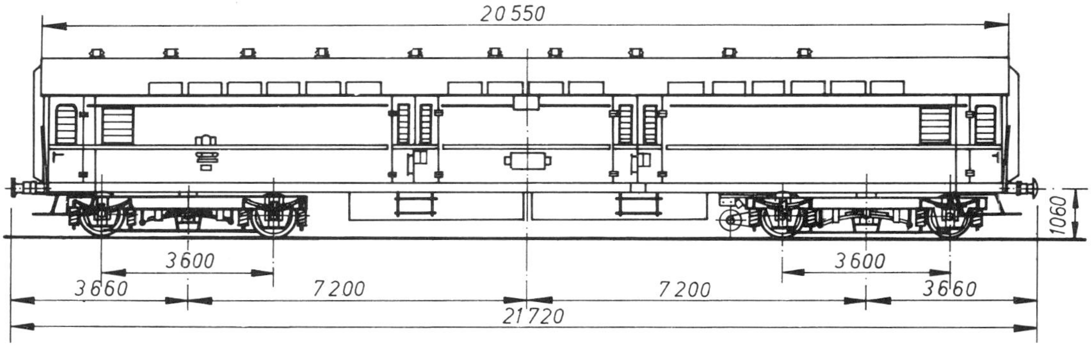

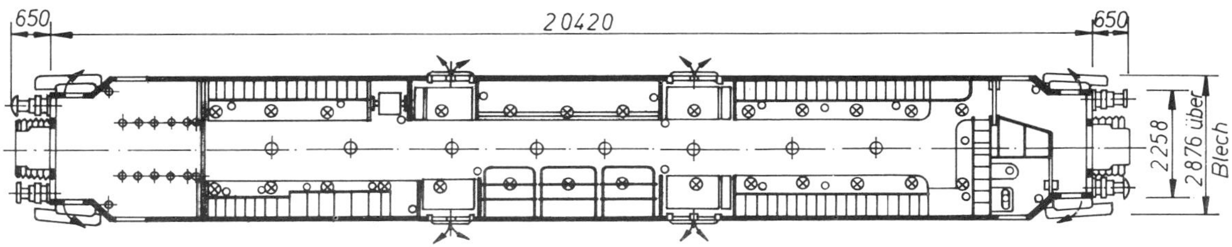

Post4ü-/21,6

1936

Techn. Daten Seite 261

Vierachsiger Bahnpostwagen, Gattung Post 4ü-/21,6, Baujahr 1936, hier als Bahnpostwagen der Deutschen Post
Foto: Sammlung alba

Die ehemaligen deutschen Postverwaltungen bemühten sich ständig, ihre Bahnpostwagen den Erfordernissen des Postbetriebs anzupassen. Darüber hinaus mußten die Fahrzeuge auch den neuesten Erkenntnissen des Waggonbaus entsprechen, damit sie in die schnellsten Züge jener Zeit eingereiht werden konnten. Deshalb ging man bei diesen Wagen im Serienbau erstmalig von der genieteten Bauweise zur vollständig geschweißten Ausführung über. Das brachte trotz Verlängerung des Wagenkastens von 20000 auf 21600 mm die Verringerung der Eigenmasse von 2700 kg bis 3900 kg je nach Innenausstattung und Verwendungszweck. Bis zum Jahre 1943 wurde dieser vierachsige Wagentyp in drei verschiedenen Ausführungen geliefert, die sich hauptsächlich in der Innenausstattung unterschieden. Das Bild zeigt u.a. den Grundriß einer Ausführung a (vorwiegend für Briefpostbeförderung).

Konstruktive Merkmale

Untergestell

Rahmen: Lang- und Querträger aus Stahlprofilen. In der Grundkonzeption den Sitzwagen jener Zeit angepaßt.
Zugeinrichtung: Durchgehend; Schraubenkupplung.
Stoßeinrichtung: Hülsenpuffer mit Ausgleicheinrichtung; abgeflachte Pufferteller unterschiedlicher Wölbung.
Laufwerk: Drehgestelle der Bauart

Görlitz III schwer mit zusätzlich verstärkter bzw. vierter Federung.
Bremse: Mehrlösige Druckluftbremse mit Schnellbremswirkung.

Wagenkasten

Rohbau: Unterschiedliche Anordnung der Laderaumtüren. Seitenwand- und Dachfenster. Stirnwandübergänge mit Faltenbalg.
Inneneinrichtung: Abhängig vom Verwendungszweck. Fußboden mit Filzunterlage gepolstert. Zeitungskasten. Einstiegräume von Arbeits- und Laderäumen durch Wände getrennt.
Heizung: Neben Dampf- und elektrischer Heizung auch verkleidete Koksöfen. Senkrecht stehende Heizradiatoren.
Lüftung: Sauglüfter oberhalb der Seitenwandfenster.
Beleuchtung: Elektrisch; Glühlampen in Kugelleuchten.

Maßskizze des vierachsigen Bahnpostwagens der Deutschen Reichspost; Baujahr 1936, Gattung Post 4ü-/21,6

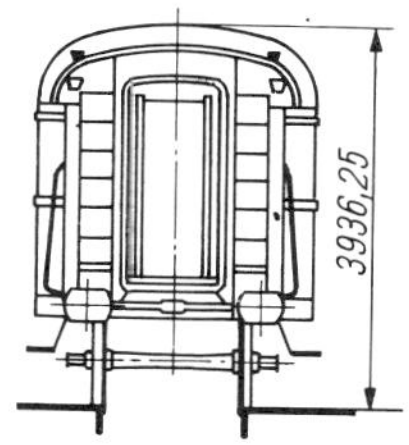

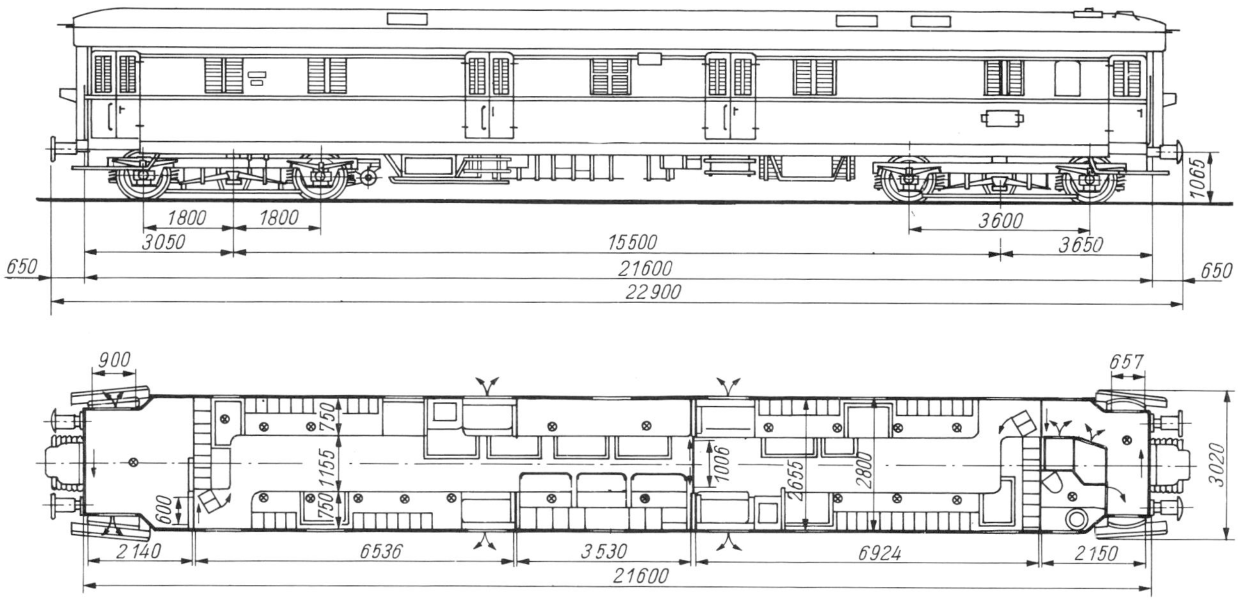

Post 4ü-a/ 21,6

(windschnittig)

1941–44

Vierachsiger Bahnpostwagen der Deutschen Reichspost; Baujahre 1941/44, Gattung Post 4ü-/21,6
Werkfoto: MAN

Dieser Wagentyp (Foto) für die Deutsche Reichspost entstand in Anlehnung an die damals neuesten Ausführungen der Sitzwagen. Wesentliche Längenmaße übernahm man von vorangegangenen Bauarten. Die in windschnittiger Bauform ausgeführten Fahrzeuge entstanden in den Postgattungen a und b. Dementsprechend unterschieden sich die Wagen äußerlich durch eine teilweise voneinander abweichende Anordnung einzelner Seitenwandfenster und Ladetüren. Eine Gestaltungsvariante des Grundrisses sowie einige Hauptabmessungen enthält die Zeichnung auf Seite 239.
Auf Grund von Materialschwierigkeiten, die durch den zweiten Weltkrieg entstanden, lieferte die Waggonbauindustrie auch Fahrzeuge ohne Windleitbleche und Stirnwandübergänge.

Konstruktive Merkmale

Untergestell

Rahmen: Geschweißt; äußere Langträger aus gepreßtem Hutprofil, gegen die Seitenwand offen; gepreßte Querträger; Wellblechfußboden.
Zugeinrichtung: Durchgehend; Schraubenkupplung.
Stoßeinrichtung: Hülsenpuffer, nicht drehbar; gewölbte und flache Pufferteller abgeflacht und abgeschrägt.

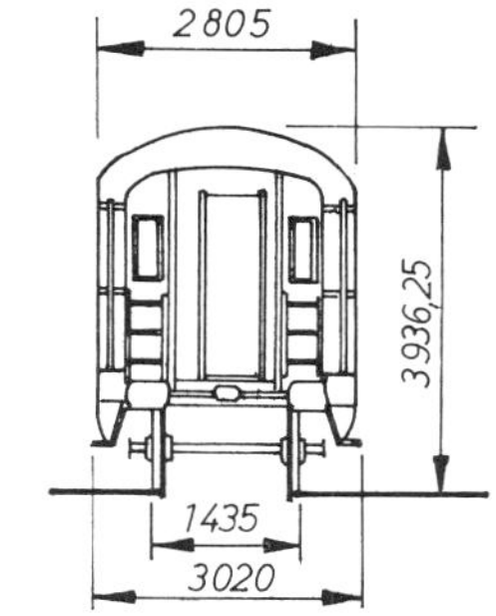

Maßskizze des vierachsigen Bahnpostwagens der Deutschen Reichspost; Baujahre 1941/44, Gattung Post 4ü-a/21,6

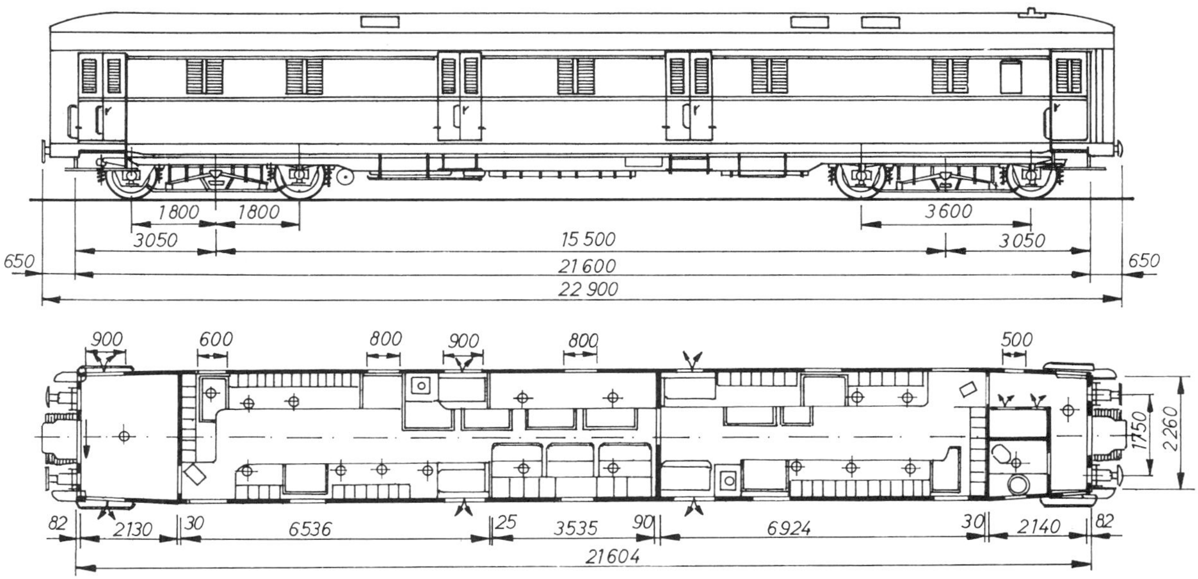

Laufwerk: Drehgestelle der Bauart Görlitz mit tiefliegendem Rahmen; Rollenlagerradsätze.

Bremse: Mehrlösige Druckluftbremse mit Schnellbremswirkung der Bauart Kunze-Knorr; Handbremse.

Wagenkasten

Rohbau: Wagenkastengerippe aus Abkantprofilen, gepreßte Dachspriegel; Seitenwände mit Schürzen; flache Fensternischen; doppelflügelige Ladetüren; teilweise Oberlichtfenster in der Dachwölbung; Stirnwandübergänge mit Faltenbälgen.

Inneneinrichtung: Abhängig von Postgattung; wesentliche Baugruppen von früheren Bauarten übernommen.

Heizung: Dampf- und Ofenheizung.

Lüftung: Lüftungsöffnungen in den Seitenwänden über den Fenstern.

Beleuchtung: Glühlampen; Generator hing an einem der Drehgestelle.

Literaturverzeichnis

[43] Albrecht, W.: Die neuen D-Zug-Bahnpostwagen der Deutschen Reichspost, Baujahr 1936. In: Archiv für Post und Telegraphie, (1937), H. 8, S. 20

[44] Die neuzeitliche Entwicklung im deutschen Waggonbau. In: Der Waggon- und Lokomotivbau, 12 (1929), H. 5, S. 65

[45] Bahnpostwagen mit Kühleinrichtung der Deutschen Reichspost. In: Archiv für Post und Telegraphie (1930), S. 253

[46] Dähnick, E.: Personenwagen. In: Organ für die Fortschritte des Eisenbahnwesens, 90 (1935), H. 15/16, S. 286

[47] Dähnick, E.: Entwicklung der deutschen Eisenbahnwagen. In: Glasers Annalen, 119 (1936), H. 3, S. 25–32; H. 4, S. 37–42; H. 6, S. 61–69, H. 7, S. 87–95

[48] Deppmeyer, J.: Die Einheits-Personen- und Gepäckwagen der Deutschen Reichsbahn; Bauarten 1921–1931 –Regelspur– Stuttgart: Franckhsche Verlagshandlung 1982

[49] Deppmeyer, J.; Ernst, F.: Schürzenwagen; die Schnellzugwagen windschnittiger Bauart der Deutschen Bundesbahn, (2): Speise-, Schlaf- und Postwagen. In: Eisenbahn-Magazin, 13 (1975), H. 1, S. 12–14

[50] Deutsche Reichsbahn-(Gesellschaft):
Merkbuch für die Fahrzeuge der Reichsbahn; IV. Wagen (Regelspur), Ausgabe 1933

[51] Deutsche Reichsbahn-(Gesellschaft):
Merkbuch für die Fahrzeuge der Reichsbahn, 4. Wagen (Regelspur), Ausgabe 1928

[52] Fromm, G.: Die Personenwagen der Müglitztalbahn. In: Der Modelleisenbahner, 11 (1962), H. 6, S. 155

[53] Fromm, G.: Die Fahrzeuge der ehemaligen Oldenburgischen Staatseisenbahn. In: Der Modelleisenbahner, 13 (1964), H. 9, S. 269–277

[54] Gottwaldt, A. B.: Die Lübeck-Büchener Eisenbahn 1. Aufl. Düsseldorf: Alba-Verlag 1975

[55] Gottwaldt, A. B.: Der Rheingold-Expreß. Stuttgart: Motorbuch-Verlag 1977

[56] Gottwaldt, A.B.: Die Baureihe 61 und der Henschel-Wegmann-Zug. Stuttgart: Franckhsche Verlagshandlung 1979

[57] Heise, G.: Der erste Stromlinien-Dampfzug der Deutschen Reichsbahn. In: Glasers Annalen, 92 (1937), Nr. 1447, S. 109–111

[58] Homberger: Die Finanzen der Deutschen Reichsbahngesellschaft. In: Jahrbuch für Eisenbahnwesen Jg. 1925/26, S. 1–15

[59] Kirsch, K.; Schönfeld, W.: Schienenfahrzeuge im Dienst der Post; Entwicklung der Bahnpostwagen in mehr als 125 Jahren. In: Eisenbahn-Jahrbuch 1974, S. 130 bis 139. Berlin: transpress VEB Verlag für Verkehrswesen 1974

[60] Kittel: Vorortwagen, Bauart der ehemaligen Württembergischen Staatseisenbahnen. In: Organ für die Fortschritte des Eisenbahnwesens, 79 (1924), H. 11, S. 252...

[61] Köhler, K.: Kein besonderer Postwagen nötig. In: Der Modelleisenbahner, 8 (1959), H. 5, S. 129

[62] Köhler, K.: Von der Eisenbahn in Sachsen. In: Der Modelleisenbahner, 11 (1962), H. 9, S. 237 bis 241

[63] Krauth, G.: Roco-Postwagen tatsächlich ehemaliger Butterwagen. In: Eisenbahn-Magazin, 18 (1980), H. 4, S. 72

[64] Leicher: Einbettabteil-Schlafwagen der MITROPA. In: Organ für die Fortschritte des Eisenbahnwesens, 96 (1941), H. 23, S. 365

[65] Maey, H.: Die Personen-, Post- und Packwagen der Deutschen Reichsbahn und der MITROPA im Bild. Leipzig: Verkehrswissenschaftliche Lehrmittelgesellschaft Reinhold Rudolph 1930

[66] MAN: Informationen über vierachsige C 4i-Wagen

[67] Paul, G.: Kommen Sie mit ins Isergebirge. In: Der Modelleisenbahner, 31 (1982), H. 7, S. 7–10

[68] Philipp: Rationalisierung in der Waggonindustrie. In: Glas. Ann., Band 106 (1930), H. 3, Nr. 1263, S. 29–32

[69] Sauter, A.: Deutsche Eisenbahnen – Typenskizzen und Schnitte –; Lokomotiven und Wagen der Königlich Sächsischen Staatseisenbahnen. Stuttgart: Franckhsche Verlagshandlung

[70] Speer: Die Personenwagen auf der Eisenbahntechnischen Ausstellung in Seddin. In: Organ für die Fortschritte des Eisenbahnwesens, 80 (1925), H. 2, S. 19–33

[71] Stöckl, F.: Eisenbahn in Deutschland, vom „Adler“ zum „TEE“. Heidelberg: Bohmann-Verlag 1969

[72] Die Tätigkeit im Waggonbau im Jahre 1929. In: Der Waggon- und Lokomotiven, 13 (1930), H. 2, S. 17

[73] v. Waldstätten: Sechsachsiger Doppeldecksteuerwagen „Lübeck“. In: Organ für die Fortschritte des Eisenbahnwesens, 91 (1936), H. 9, S. 181–

[74] Zschech, R.: Triebwagen-Archiv. Berlin: transpress VEB Verlag für Verkehrswesen 1979

Verzeichnis der Abkürzungen

Bahnverwaltungen, Betreiber und Institutionen

AKB	Altona-Kieler Eisenbahn
Bad	Großherzoglich Badische Staatseisenbahn (G. Bad. St. Eb.)
Bay	Königlich Bayerische Staatseisenbahn (K. Bayr. Sts. B.)
DB	Deutsche Bundesbahn (von 1945 an)
DR	Deutsche Reichsbahn (von 1945 an)
DRG	Deutsche Reichsbahn-Gesellschaft (1920 bis 1945)
DESG	Deutsche Eisenbahn-Speisewagen-Gesellschaft
EZA	Eisenbahn-Zentralamt
KED	Königliche Eisenbahn-Direction
KPEV	Königlich Preußische Eisenbahn-Verwaltung
LBE	Lübeck-Büchener Eisenbahn
LDE	Leipzig-Dresdner Eisenbahn
Lud	Ludwigsbahn
MITROPA	Mitteleuropäische Schlaf- und Speisewagen-Gesellschaft (1920 bis 1945)
Mitropa	Schlaf- und Speisewagengesellschaft der DDR (von 1945 an)
Meck	Großherzoglich Mecklenburgische Friedrich-Franz-Eisenbahn
MWB	Main-Weser-Bahn
NME	Niederschlesisch-Märkische Eisenbahn
Old	Großherzoglich Oldenburgische Staatseisenbahn
OSShD	Organisation der Eisenbahnverwaltungen der Sozialistischen Länder
PPW	Vorschriften über die gegenseitige Benutzung von Wagen im internationalen Personen- und Güterverkehr
Pr	Königlich Preußische und Großherzoglich Hessische Staatseisenbahn (K. P. u. G. H. St. E.)
RBD/Rbd	Reichsbahndirektion
RIC	Übereinkommen über die gegenseitige Benutzung der Personen- und Gepäckwagen im internationalen Verkehr
RP	Reichspost
Sa	Königlich Sächsische Staatseisenbahn
TE	Technische Einheit
TV	Technische Vereinbarung
TZA	Technisches Zentral-Amt
UIC	Internationale Eisenbahnorganisation
VDEV	Verein Deutscher Eisenbahn-Verwaltungen
Wü	Königlich Württembergische Staatseisenbahn

Hersteller

ANF	Ateliers de Construktion du NORD de la FRANCE
Bautzen	– Busch – Waggon- und Maschinenfabrik AG vorm. Busch, Bautzen und Hamburg – VEB Waggonbau Bautzen
Berlin	Berliner AG für Fabrikation von Eisenbahnbedarf
Breslau	– Breslauer Aktien-Gesellschaft für Eisenbahn-Wagenbau in Breslau – Waggonfabrik Gebr. Hofmann & Co
Comp	Wagenbauanstalt der Leipzig-Dresdner Eisenbahn-Compagnie Leipzig
Credé	Gebrüder Credé & Co Niederzwehnen bei Kassel
CuU	Christoph und Unmack AG
Dessau	Dessauer Waggonfabrik AG
Deutz	van der Zypen&Charlier (vergl. Zypen)
DWM	Deutsche Waggon- und Maschinenfabriken GmbH, Berlin
eigen	eigene Werkstatt der Bahnverwaltung oder des Betreibers
Ess	Maschinenfabrik Esslingen
Fuchs	H. Fuchs, Waggonfabrik AG, Heidelberg
Görlitz	VEB Waggonbau Görlitz – Waggonfabrik Görlitz – WUMAG
Gotha	– Bothmann, Gotha

	– Gothaer Waggonfabrik – Raw Gotha
Graaff	J. Graaff, Elze
Halb	Raw Halberstadt
Hansa	Hansa-Waggonbau GmbH, Bremen
Her	Waggonbau Herbrandt, Köln-Ehrenfeld
Jugos	„Janek Gredeli" Zagreb
Klöckner	Klöckner-Humboldt-Deutz AG, Köln-Deutz
Killing	Killing & Sohn, Hagen in Westfalen
Klett	Klett & Co, Nürnberg; später MAN
LH	Linke-Hofmann-Busch, Bautzen
LHB	Linke-Hofmann-Busch AG
Leipzig	Raw „Einheit" Leipzig-Engelsdorf
MAN	Maschinenfabrik Augsburg-Nürnberg
O & K	Orenstein & Koppel
Rath	Jos. Rathgeber, München
Reifert	Cl. Reifert, Bockenheim
Union	Waggonbau Union, Berlin
versch	verschiedene Hersteller
Weg	Wegmann & Co, Kassel
WMD	Waggon- und Maschinenbau GmbH, Donauwörth
Werdau	Linke-Hofmann-Busch, Werk Werdau
West	Westwaggon, Köln-Deutz, Mainz-Mombach
Wismar	Waggonfabrik Wismar
Zypen	van der Zypen & Charlier (vergl. Deutz)

Beleuchtungen

Kerze	Kerzenbeleuchtung
Öl	Ölbeleuchtung
Petro	Petroleumbeleuchtung
Gas	Gasbeleuchtung
El	Elektrische Beleuchtung

Bremsen

H	Handbremse
Kksbr	Kunze-Knorr-Bremse S (Schnellbremse für D- und Eilzüge)
Kkpbr	Kunze-Knorr-Bremse P (für Personenzüge)
Hikpbr	Hildebrand-Knorr-Bremse (für Personenzüge)
Ksbr	Knorr-Schnellbremse (Einkammerbremse mit Schnellbremswirkung)
Kbr	Knorr-Bremse (ohne Schnellbremswirkung)
Wbr	Westinghouse-Bremse (ohne Schnellbremswirkung)
Wsbr	Westinghouse-Schnellbremse (Einkammerbremse mit Schnellbremswirkung)
Avsbr	Automatische Vakuumschnellbremse
Hnbr	Henry-Bremse (nichtselbsttätige Westinghouse-Bremse)
Uvsbr	Umschalt-Vakuumbremse
Gwbr	Gewichtsbremse
Hbbr	Heberlein-Bremse
KE-GPR	Selbsttätige Einkammerdruckluftbremse Bauart Knorr mit Einheitswirkung für Schnellzüge, mit Umstellvorrichtung GPR
KE-GP	wie vor, für Personenzüge
KE-GP-A	wie vor, zusätzlich mit selbsttätiger Lastabbremsung
Cbr	Carpenter-Bremse
Evbr	Einfache Vakuumbremse, Hardy-Bremse
Köbr	Körting-Bremse Smith-Bremse
Sbr	Schleifer-Bremse
Ssbr	Schleifer-Schnellbremse

Heizungen

Shz	Sandheizung
Ohz	Ofenheizung
Phz	Preßkohleheizung
Dhz	Dampfheizung (allgemein)
Hhz	Hochdruckdampfheizung
Nhz	Niederdruckdampfheizung
Nhhz	Vereinigte Nieder- und Hochdruckdampfheizung
Nuhz	Niederdruckumlaufheizung
Whz	Warmwasserheizung
Whzö	wie vor, mit Ölfeuerung
Elhz	Elektrische Heizung
Oelhz	Ölheizung
Lhz	Luftheizung
Flhz	Flüssigkeitsheizung
Vhz	Verbundheizung
Klima	Klimaanlage

Indienststellung/Ausmusterung

Jahr	das jeweils erste Jahr der Indienststellung oder Ausmusterung
+	nicht bekannter Zeitpunkt der Ausmusterung
( )	umstrittene oder überholte Angabe

Tabellen

Gattungszeichen (ursprüngl.)	–					
	–					
	–					
Bezeichnung des Betreibers	–	Lud	Lud	Lud	Lud	LDE
Ergänzende Angaben	–					
Achszahl	–	2	2	2	2	2
Betriebsnummer vor 1923	–	6	8	2	9	
nach 1923	–	–	–	–	–	–
nach 1930	–	–	–	–	–	–
Hersteller	–					Comp
Spurweite	mm	1435	1435	1435	1435	1435
Dienstmasse	t	2,0	2,0	2,0	1,5	
Masse je Meter	t/m	0,47	0,44	0,44	0,33	
Masse je Sitzplatz	kg	124	83,3	83,3	62,5	
Lademasse	t	–	–	–	–	–
LüP bzw. LüK	mm	4260	4600	4600	4600	5300
Länge des Wagenkastens	mm	3360	4200	3960	3600	4140
Breite des Wagenkastens	mm	2200	2200	2200	2200	
Höhe über SO	mm	2360	2360	2360	2360	2720
Höhe der FOK	mm	960	960	960	960	
Pufferstand	mm	690	690	690	690	990
Gesamtachsstand	mm	1432	1432	1432	1432	2464
Drehzapfenabstand	mm	–	–	–	–	
Drehgestellachsstand	mm	–	–	–	–	
Laufkreisdurchmesser	mm	854	854	854	854	915
Anzahl der Abteile	–	2	3	3	3	3
Sitz-/Liegeplätze 1. Klasse	–	16	24	–	–	–
2. Klasse	–	–	–	24	–	24
3. Klasse	–	–	–	–	24	–
Sitzplätze 4. Klasse	–	–	–	–	–	–
Klappsitze/Stehplätze	–	–	–	–	–	1
Plätze insgesamt	–	16	24	24	24	25
Sitzplatzteilung 1. Klasse	–	4 + 0	4 + 0	–	–	–
2. Klasse	–	–	–	4 + 0	–	4 + 0
3. Klasse	–	–	–	–	4 + 0	–
Anzahl der Aborte	–	–	–	–	–	–
Anzahl der Waschräume	–	–	–	–	–	–
Anzahl der Dienstträume	–	–	–	–	–	–
Küche	–	–	–	–	–	–
Bremse	–	–	–	H	H	–
Heizung	–	–	–	–	–	Shz
Beleuchtung	–	–	–	–	–	(K)
Indienststellung	–	1835	1835	1835	1835	1837
Ausmusterung	–	1842	1842	1842	1842	

				A	A	A
LDE	LDE	NME	MWE	Wü	Wü	Wü
2	2	3	3	4	2	3
					120, 121	901-912
–	–	–	–	–	–	–
–	–	–	–	–	–	–
Comp	Comp		Reifert	Ess	Ess	Görlitz
1435	1435	1435	1435	1435	1435	1435
				14,5		
				1,025		
				278		
–	–	–	–	–	–	–
6223	6025	10058	8737	14200	8900	14220
4902	4755	8839	7518	11300	6000	11400
		2489	2515	2850	2870	2900
2720	2667	3099	3251	3520	3510	3640
1194			1219	1200	1200	1220
990	990	990	990			1040
2664	2438	6172	4496	8905	4000	8500
–	–	–	–	7680	–	–
–	–	–	–	1225	–	–
915	915	915	915			
1	3	42/2	3	2	2	3
–	18	6	28	12	8	6
–	–	32	–	40	12	32
36	–	–	–	–	–	–
–	–	–	–	–	–	–
–	1	–	–	–	–	–
36	19	38	28	52	20	38
–	3 + 0	3 + 0	4 + 0	2 + 2	2 + 1; 2 + 0	3 + 0
–	–	4 + 0	2 + 0	2 + 2	2 + 2	2 + 2
längs	–	–	–	–	–	–
–	–	–	–	–	–	1
–	–	–	–	–	–	1
–	–	–	–	–	–	–
–	–	–	–	–	–	–
–	–	–	–	H	H	H, Wsbr
–	Shz	(Shz)	(Shz)	(O)	O	Dhz
–	(K)		Öl	K	(K)	Gas
1837	1838	1843	1849	1845	1862	1891
+	+	+	+	+	+	+

Gattungszeichen (ursprüngl.)	-			B	C	B
	-					
	-					
Bezeichnung des Betreibers	-	AKB	Pr	Pr	Pr	Pr
Ergänzende Angaben	-					
Achszahl	-	2	2	2	2	4
Betriebsnummer vor 1923	-	1 950-1 955		4 301	4 501	01 464
nach 1923	-	-	-	-	-	-
nach 1930	-	-	-	-	-	-
Hersteller	-	Berlin	Berlin			Zypen
Spurweite	mm	1435	1435	1435	1435	1435
Dienstmasse	t	11,1	15,76			38,0
Masse je Meter	t/m	1,246	1,29			2,08
Masse je Sitzplatz	kg	135,4	213			679
Lademasse	t	-	-	-	-	-
LüP bzw. LüK	mm	8900	12220	9700	9700	18300
Länge des Wagenkastens	mm	7693	8720	8400	8400	17000
Breite des Wagenkastens	mm	2540	2560			2990
Höhe über SO	mm	4390	4600	3520	3520	4170
Höhe der FOK	mm	850		770	700	1255
Pufferstand	mm	950	1040			1050
Gesamtachsstand	mm	4553	4870			14500
Drehzapfenabstand	mm	-	-	-	-	12000
Drehgestellachsstand	mm	-	-	-	-	2500
Laufkreisdurchmesser	mm	900		850	850	
Anzahl der Abteile	-	5/4	5/1	4	5	7
Sitz-/Liegeplätze 1. Klasse	-	-	-	-	-	-
2. Klasse	-	-	16	40	-	56
3. Klasse	-	50/32	58	-	50	-
Sitzplätze 4. Klasse	-	-	-	-	-	-
Klappsitze/Stehplätze	-	-	-	-	-	-
Plätze insgesamt	-	82	74	40	50	56
Sitzplatzteilung 1. Klasse	-	-	-	-	-	-
2. Klasse	-	-	4 + 0	5 + 0	-	2 + 2
3. Klasse	-	5 + 0; 2 + 2	5 + 0; längs	-	5 + 0	-
Anzahl der Aborte	-	-	-	-	-	1
Anzahl der Waschräume	-	-	-	-	-	1
Anzahl der Diensträume	-	-	-	-	-	-
Küche	-	-	-	-	-	-
Bremse	-			Evbr	Evbr	Wsbr; H
Heizung	-		P	Lhz	Lhz	Dhz
Beleuchtung	-	(K)	(K)	Gas	Gas	Gas
Indienststellung	-	1868	1873	1882	1882	1892
Ausmusterung	-	1897 - 1901	(1912)	+	+	+

(A)B	BC 4	BCi	ABC 6ü	C 4itr	C 3	C 3/C 3
Pr	Pr	Pr	Pr	Pr	Pr	Pr
3	4	2	6	4	3	3/3
54	821	1 245	01 828-01 862		3 538	3 953/3 954
-	-	-	-	79 818-79 834	-	-
-	-	-	-	-	-	-
Görlitz	Görlitz	Killing	Görlitz		Görlitz	Görlitz
1435	1435	1435	1435	1435	1435	1435
25,0	33,3	17,1	47,7	19,3	19,3	18,3
	1,795	1,526	2,45	1,56	1,53	1,67
	489	489	1037	568	387	366
-	-	-	-	-	-	-
13660	18550	11200	19460	12400	12640	10945
12370	16850	9050	18170	10000	10940	10445
3000	2600	3100	2970	3198	2650	2700
4060	3977	4062	4060	4142	4240	3662
1270	1287	1287	1270		1287	1287
1050	1050	1050	1050	1055	1050	1050
8500	14750	6500	16600	9100	7500	6500
-	12250	-	13000	7100	-	-
-	2500	-	3600	2000	-	-
	1000	1000	1000	1000	1000	1000
3 1/2	9	4	7	2	6	6
-	-	-	4	-	-	-
27	20	16	18	-	-	-
-	48	19	24	34	50	50
-	-	-	-	-	-	-
-	-	-	-	-	-	-
27	68	35	46	34	50	50
-	-	-	2 + 0	-	-	-
3 + 0	versch	4 + 0	3 + 0	-	-	-
-	versch	5 + 0; 3 + 2	4 + 0		4 + 0	4 + 0
1	3	1	2	2	2	-
-	-	-	-	-	-	-
-	-	-	1	-	-	-
-	-	-	-	-	-	-
Wsbr; H	Ksbr; H; Wsbr	Wsbr; H	Ksbr; H; Wsbr		Kbr; H	Ksbr; H
Dhz	Dhz; Elhz	Phz; Dhz	Dhz; Elhz	Dhz	Dhz	Dhz
Gas	Gas	Gas	El	Gas	Gas	Gas
1894	1905	1905	1907	1907	1911	1914
+	+	+	+	+	+	+

Gattungszeichen (ursprüngl.)	-	Cigd	C	B 4	AB 4ü	C
	-					
	-					
Bezeichnung des Betreibers	-	Sä	Sä	Sä	Sä	Sä
Ergänzende Angaben	-					
Achszahl	-	2	2	4	4	2
Betriebsnummer vor 1923	-	050 381	47 328	704	89-99	3 497-3 500
nach 1923	-	-	-	-	-	-
nach 1930	-	-	-	-	-	-
Hersteller	-	eigen		Görlitz	Görlitz	Bautzen
Spurweite	mm	1435	1435	1435	1435	1435
Dienstmasse	t	9,84	12,0	27,5	40,8	14,0
Masse je Meter	t/m	0,982	1,23	1,72	2,085	1,36
Masse je Sitzplatz	kg	246	300	656	1133	350
Lademasse	t	-	-	-	-	-
LüP bzw. LüK	mm	10010	9725	16010	19540	10300
Länge des Wagenkastens	mm	7250	7995	14280	18250	9360
Breite des Wagenkastens	mm	2800	2615	2615	2965	3080
Höhe über SO	mm	3465	3521	3830	3975	3860
Höhe der FOK	mm		1195		1285	960
Pufferstand	mm	1065	1065	1065	1065	1065
Gesamtachsstand	mm	4500	5500	12000	15300	4500
Drehzapfenabstand	mm	-	-	9500	12800	-
Drehgestellachsstand	mm	-	-	2500	2500	-
Laufkreisdurchmesser	mm	1000	1000		1000	1000
Anzahl der Abteile	-	6	5	6	7	1
Sitz-/Liegeplätze 1. Klasse	-	-	-	-	12	-
2. Klasse	-	-	-	42	24	-
3. Klasse	-	-	40	-	-	40
Sitzplätze 4. Klasse	-	40	-	-	-	-
Klappsitze/Stehplätze	-	-	-	-	-	-
Plätze insgesamt	-	40	40	42	36	40
Sitzplatzteilung 1. Klasse	-	-	-	-	2 + 0	-
2. Klasse	-	-	-	versch	3 + 0	-
3. Klasse	-	-	versch	-	-	2 + 3
Anzahl der Aborte	-	-	2	6	2	1
Anzahl der Waschräume	-	-	-	-	-	-
Anzahl der Diensträume	-	-	-	-	-	-
Küche	-	-	-	-	-	-
Bremse	-	Wbr; H	Wsbr; H	Wsbr; H	Wsbr; H	Wbr; H; Wsbr
Heizung	-	-	Dhz	Dhz	Dhz	Dhz
Beleuchtung	-	Gas	Gas	Gas	El	Gas
Indienststellung	-	1894	1895	1897	1907	1912
Ausmusterung	-	+	+	+	+	+

BC 4ü	C 4	AB 4ü	C	C 3i	BC 6s	PwCitr	C Post 3
Sä	Sä	Sä	Sä	Bay	LBE	Pr	Pr
4	4	4	2	3	6	2	3
1 045-1 047			64 628-71 923	–	–	–	
–			–	–	–	–	
–			–	94 514-97 567	30 001-30 008	99 357-99 366	
Werdau; Görlitz	Bautzen	Bautzen	Bautzen	versch	LHW; Görlitz		
1435	1435	1435	1435	1435	1435	1435	1435
	34,7	37,9/39,8	16,8	etwa 20	71	12,0	
	1,89	1,90/1,99	1,32	1,47	1,54	1,17	
	469	971/1021	336	233	236	1091	
–	–	–	–	–	–	5,7	
20610	18370	19980	12770	13650	46140	10250	11300
20400	16670	18690	10840	10350	2 x 22575	8200	9600
2860	2615	2945	2615	3050	2774	2600	2600
3975	4135	3975	3830	3950	4320	3665	4125
			1285	1298	270/	1247	1257
1065	1065	1065	1065	1060	1060	1050	1040
16750	13150	15550	6500	9250	42430	6000	6500
14600	11000	13400	–	–	2 x 19730	–	–
2150	2150	2150	–	–	3000	–	–
1000			1000	1000	900	1000	
9	9	6 1/2	6	2	7	1	3
8	–	15	–	–	–	–	–
12	–	24	–	–	39	–	–
24	74	–	50	66	244	11	26
–	–	–	–	–	–	–	–
–	–	–	–	20	18	–	–
44	74	39	50	86	301	11	26
2 + 0	–	3 + 0	–	–	–	–	–
3 + 0	–	3 + 0	–	–	2 + 2	–	–
4 + 0	4 + 0	–	4 + 0	2 + 2	2 + 3	0 + 6	versch
2	2	2	1	1	5	1	2
–	–	–	–	–	–	–	–
1	–	–	–	–	3	1	1
–	–	–	–	–	–	–	–
	Wsbr; H	Wsbr; H; Uvsbr	Wsbr; H	Wsbr; H	Hikpbr; H	Ksbr; Wsbr	Wbr; H
Whz; Dhz	Nuhz	Dhz	Dhz	Dhz; Elhz	Lhz; Dhz	Ohz	Dhz; Ohz
El	Gas	El	Gas	Gas	El	Gas	Gas
1914	1914	1916	1916	1916-1921	1936	1895	1898
–	+	+	+	+	1978	+	

Gattungszeichen (ursprüngl.)	-	GGw	Pw 4i	Pw 3i	Pwi	Pw 4ü
	-					
	-					
Bezeichnung des Betreibers	-	LDE	Wü	Pr	Pr	Pr
Ergänzende Angaben	-					
Achszahl	-	4	4	3	2	4
Betriebsnummer vor 1923	-		1			049-; 050-
nach 1923	-	-	-	91 501-92 199	91 501-92 199	-
nach 1930	-	-	-	115 978-116 131	115 897-116 349	-
Hersteller	-	eigen	Ess	versch	Görlitz	
Spurweite	mm	1435	1435	1435	1435	1435
Dienstmasse	t		14,9	14,2	12,8	32,9
Masse je Meter	t/m		1,00	1,25	1,24	1,77
Masse je Sitzplatz	kg	-	-	-	-	-
Lademasse	t				4,0	10,0
LüP bzw. LüK	mm	10960	14900	11300	10300	18590
Länge des Wagenkastens	mm	9855	12000	9300	8300	17300
Breite des Wagenkastens	mm		2845	2600	2600	2850
Höhe über SO	mm	3213	3520	4125	4125	4155
Höhe der FOK	mm	1296	1235	1257	1267	1270
Pufferstand	mm	1180		1050	1050	1050
Gesamtachsstand	mm	6147	9750	7000	6000	14500
Drehzapfenabstand	mm	4915	8400	-	-	12000
Drehgestellachsstand	mm	1232	1350	-	-	2500
Laufkreisdurchmesser	mm			1000	1000	1000
Anzahl der Abteile	-	-	-	-	-	-
Sitz-/Liegeplätze 1. Klasse	-	-	-	-	-	-
2. Klasse	-	-	-	-	-	-
3. Klasse	-	-	-	-	-	-
Sitzplätze 4. Klasse	-	-	-	-	-	-
Klappsitze/Stehplätze	-	-	-	-	-	-
Plätze insgesamt	-	-	-	-	-	-
Sitzplatzteilung 1. Klasse	-	-	-	-	-	-
2. Klasse	-	-	-	-	-	-
3. Klasse	-	-	-	-	-	-
Anzahl der Aborte	-	-	1	1	1	1
Anzahl der Waschräume	-	-	-	-	-	-
Anzahl der Dienstäume	-	-	1	1	1	1
Küche	-	-	-	-	-	-
Bremse	-		H	Wsbr	Wsbr; Kkpbr	Wsbr; Ksbr; Wpbr; Kksbr
Heizung	-			Ohz	Dhz	Dhz; Elhz
Beleuchtung	-			Gas	Gas	Gas; El
Indienststellung	-	1840	1858	1891	1891	1902
Ausmusterung	-	+	+	+	+	+

Pw 4	Pw 4ü	Pw 3	Pw	Pw 4ü		
Pr	Pr	Pr	Sä	Sä	LDE	AKB
4	4	3	2	4	4	3
–	–	–	–	–	–	–
108 603-108 949	107 568-107 877	110 566-111 882	110 387-111 001	107 931-107 942	–	–
versch	Görlitz			Bautzen	Comp	LDE
1435	1435	1435	1435	1435	1435	1435
31,7	31,7	16,6	14,2	30,0		
1,71	1,71	1,29	1,08	1,63		
–	–	–	–	–	–	–
10,0	10,0	6,0	7,5	10,0	0,6	
18590	18590	12900	13100	18590	14478	10820
17300	17290	11600	11800	17293	12741	9093
2850	2850	2700	2480	2855		
4155	4155	4135	4005	4150	3316	2998
1270	1270	1267	1280	1285	1229	1067
1050	1050	1050	1060	1065	1186	965
14500	14500	7500	8000	14500	9442	6096
12000	12000	–	–	12000	6962	–
2500	2500	–	–	2500	2480	–
1000	1000	1000	1000	1000		
–	–	–	–	–	–	–
–	–	–	–	–	–	–
–	–	–	–	–	–	–
–	–	–	–	–	–	–
–	–	–	–	–	–	–
–	–	–	–	–	–	–
–	–	–	–	–	–	–
–	–	–	–	–	–	–
–	–	–	–	–	–	–
–	–	–	–	–	–	–
1	1	1	1	1	–	–
–	–	–	–	–	–	–
1	1	1	1	1	–	–
–	–	–	–	–	–	–
Ksbr; Wsbr	Kksbr; Wsbr; Ksbr	Kkpbr; Wsbr; Ksbr	Wsbr	Wsbr		
Dhz	Dhz; Elhz	Dhz; Elhz	Dhz	Dhz		
Gas	Gas	Gas	Gas	Gas		
1904	1910	1911	1910	1918	1843	1843
				1967	+	+

Gattungszeichen (ursprüngl.)	-		Pw Post 4i	Pw Post 4ü	Pw Post i	
	-					
	-					
Bezeichnung des Betreibers	-	Old	Pr	Pr	Pr	Pr
Ergänzende Angaben	-					
Achszahl	-	2	4	4	2	2
Betriebsnummer vor 1923	-	481	4 992-4 993	05 342...		
nach 1923	-	-	-			-
nach 1930	-	-	-		103 001-104 990	-
Hersteller	-	eigen	Zypen	Görlitz	versch	
Spurweite	mm	1435	1435	1435	1435	1435
Dienstmasse	t			30,1	14,3	
Masse je Meter	t/m			1,47	1,21	
Masse je Sitzplatz	kg	-	-	-	-	-
Lademasse	t			6,0	3,2	4,0
LüP bzw. LüK	mm	9790	11900	20500	11850	
Länge des Wagenkastens	mm	7000	10000	19200	10550	5282
Breite des Wagenkastens	mm	3120	2900	2813	2700	2641
Höhe über SO	mm	3390	4075	4050	3685	
Höhe der FOK	mm		1240	1270	1267	
Pufferstand	mm	1040	1055	1050	1050	
Gesamtachsstand	mm	4270	8600	16800	6500	
Drehzapfenabstand	mm	-	6600	14300	-	-
Drehgestellachsstand	mm	-	2000	2500	-	-
Laufkreisdurchmesser	mm			1000	1000	
Anzahl der Begleiter- bzw. Briefräume	-	-	-	-	-	1
Anzahl der Laderäume	-	-	-	-	-	2
Länge der Briefräume	-	-	-	-	-	
Briefverteilfächer	-	-	-	-	-	
Beutelspannen	-	-	-	-	-	
Rollbehälterstellplätze	-	-	-	-	-	
Anzahl der Aborte	-	-	-	1	1	-
Anzahl der Waschräume	-	-	-	-	-	-
Anzahl der Diensträume	-	2	3	5	3	-
Küche	-	-	-	-	-	-
Bremse	-	Hbbr		Wsbr; H	Ksbr; H; Wsbr	-
Heizung	-	Ohz	Ohz	Dhz; Ohz	Dhz; Ohz	-
Beleuchtung	-			Gas	Gas	Öl
Indienststellung	-	1886	1895	1907	1911	1842
Ausmusterung	-	+	+			+

		Post	Post aa	Post 4	Post 4ü
Pr	Pr	Wü			
3	4	2	2	4	4
	1213-1218	121-137	3041-3044	2544...	2735...
-	1213-1218		3041-3044	2544...	2735...
-	1213-1218		3041-3044	2544...	2735...
	Zypen	Ess	Her	versch	versch
1435	1435	1435	1435	1435	1435
11,0	26,3		12,1	34,1	45,0
	1,92		1,2	1,82	2,46
-	-	-	-	-	-
			10,5	8,0	8,0
	13700	11220	10100	18700	18290
9570	12000	9700	8500	17000	17000
3030	2800	2800	2800	2800	2950
	4057	4600	4255	4133	4098
			1222	1305	1270
	1040		1050	1050	1050
	10500	7200	4500	14500	14500
-	8000	-	-	12000	12000
-	2500	-	-	2500	2500
			1000	1000	1000
1	1	1	-	1	1
1	-	1	1		
92					
			-	2	
			13	21	
1	1	1	-	1	1
-	-	-	-	-	-
-	-		-	-	-
-	-	-	-	-	-
-	Cbr; H	H	Ksbr; H	Wbr; H	Kksbr; H
Ohz	Ohz	Ohz	Ohz	Dhz; Ohz	Ohz
Öl	Gas	Gas; El	El	El	El
1866	1891	1898/1899	ca. 1913	1908/1913	1909
+	vor 1967 umgebaut	+		bis 1969	bis 1969

Gattungszeichen (ursprüngl.)	–	C/C (B/C)	D	AB 4ü	Di	BC
	–					
	–					
Bezeichnung des Betreibers	–	DRG	DRG	DRG	DRG	DRG
Ergänzende Angaben	–	„Wü"	Einh	Einh	Einh	Einh
Achszahl	–	2/2	2	4	2	2
Betriebsnummer vor 1923	–	10 001-10 330	43 012-45 406	07 175-07 228		
nach 1923	–					
nach 1930	–					
Hersteller	–	Ess	versch	versch	Görlitz	Görlitz
Spurweite	mm	1435	1435	1435	1435	1435
Dienstmasse	t	17,1 + 17,0	17,7	43	17,6	20,4
Masse je Meter	t/m	1,34	1,27	2,08	1,26	1,47
Masse je Sitzplatz	kg	341	268	1049	267	408
Lademasse	t	–	–	–	–	–
LüP bzw. LüK	mm	25400	13920	20610	13920	13920
Länge des Wagenkastens	mm	11900	12620	19310	10820	12620
Breite des Wagenkastens	mm	3040	2660	2935	3000	2640
Höhe über SO	mm	3865	4011	3996	4011	3968
Höhe der FOK	mm	1255	1297	1260	1255	1255
Pufferstand	mm	1040	1060	1060	1060	1060
Gesamtachsstand	mm	20040	8500	15330	8500	8500
Drehzapfenabstand	mm	–	–	13180	–	–
Drehgestellachsstand	mm	–	–	2150	–	–
Laufkreisdurchmesser	mm	1000	1000			
Anzahl der Abteile	–	4 + 4	2	7 1/2	2	2/4 1/2
Sitz-/Liegeplätze 1. Klasse	–	–	–	8	–	–
2. Klasse	–	–	–	33	–	13
3. Klasse	–	49 + 51	66	–	–	37
Sitzplätze 4. Klasse	–	–	–	–	66	–
Klappsitze/Stehplätze	–	–	–	–		
Plätze insgesamt	–	100	66	41	66	50
Sitzplatzteilung 1. Klasse	–	–	–	2 + 0	–	–
2. Klasse	–	–	–	3 + 0	–	3 + 0
3. Klasse	–	3 + 2	2 + 2	–	–	4 + 0
Anzahl der Aborte	–	1	2	2	2	2
Anzahl der Waschräume	–	–	–	–	–	–
Anzahl der Diensträume	–	–	–	–	–	–
Küche	–	–	–	–	–	–
Bremse	–	Kkpbr; Wsbr	Kkpbr; H	Kksbr; H; Evbr	Kkpbr; H	Kkpbr; H
Heizung	–	Dhz; Elhz	Dhz; Elhz	Dhz; Elhz	Dhz	Dhz
Beleuchtung	–	Gas	Gas	El	Gas	Gas
Indienststellung	–	1920	1921	1922	1922	1922/1923
Ausmusterung	–				+	+

C 4ü	CD 4i	A 4ü	A 4ü	Diel	D	D
	DRG		DRG		DRG	
Einh	„Pr"	Einh	Hapag/Lloyd	Einh	Einh/Aust	Einh/Aust
4	4	4	4	2	2	2
16 029-16 078	79 980-79 988	11 001-11 006	11 007-11 026	2 926-2 945		81 6..
					82 802-83 241	45 620-45 819
Görlitz	Zypen	Görlitz	versch	Görlitz	versch	versch
1435	1435	1435	1435	1435	1435	1435
41,3/44,5	22,1	42,4	44,6	16,2	17,7	19,5
2,00/2,16	1,7	2,06	2,06	1,35	1,27	1,40
543/586	409	1010	1593	289	268	295
-	-	-	-	-	-	-
20610	13000	20610	21720	12000	13920	13920
19310	10000	19310	20420	8900	10820	12745
2935	3100	2935	2900	3090	3090	2660
3993	3998	3993	3993	3806	4007	ca. 3966
1260	1232	1260	1260	1255	1256	1255
1060	1055	1060	1060	1060	1060	1060
15330	9100	15330	15870	6200	8500	8500
13180	7100	13180	13720	-	-	-
2150	2000	2150	2150	-	-	-
	1000				1000	
9 1/2	2	7	7	2	2	8
-	-	42	28	-	-	-
-	-	-	-	-	-	-
76	27	-	-	-	66	-
-	27	-	-	56	-	66
-	-	-	-	-	-	-
76	54	42	28	56	66	66
-	-	3 + 0	2 + 0	-	-	-
-	3 + 2; 2 + 0	-	-	-	-	-
4 + 0	3 + 2; 2 + 0	-	-	-	3 + 2	-
2	1	2	2	1	2	2
-	-	-	-	-	-	-
-	-	-	-	-	-	-
-	-	-	-	-	-	-
Kksbr; H; Hnbr	Kkpbr; H	Kksbr; H	Kksbr; H	Kkpbr; H	Kkpbr; H	Kkpbr; H
Dhz	Dhz	Dhz	Dhz	Ehz	Dhz	Dhz
El	Gas	El	El	El	El	El
1923/1924	1924	1925	1926	1926/1927	1927	1927/1928
+	1968	+		+		+

Gattungszeichen (ursprüngl.)	–	C 4ü	C 4i	Bi	C 4i	C 4i
	–					
	–					
Bezeichnung des Betreibers	–	DRG	DRG	DRG	DRG	DRG
Ergänzende Angaben	–	Einh	Einh	Einh		Einh/Aust
Achszahl	–	4	4	2	4	4
Betriebsnummer vor 1923	–				–	–
nach 1923	–				32 50.	32 50.
nach 1930	–	16 192-16 261	72 004-72 006	27 061-28 692	72 0..-	72 0..-
Hersteller	–	versch	West	versch	versch	versch
Spurweite	mm	1435	1435	1435	1435	1435
Dienstmasse	t	44,0	34,37	20,5	37,3	36,1
Masse je Meter	t/m	2,03	1,66	1,46	1,73	1,72
Masse je Sitzplatz	kg	550	399	353	518	430
Lademasse	t	–	–	–	–	–
LüP bzw. LüK	mm	21720	20685	14040	21510	20960
Länge des Wagenkastens	mm	20420	19385	12740	20210	19660
Breite des Wagenkastens	mm	2920	2987	3090	2954	2987
Höhe über SO	mm	3993	3993	4007,5	3993	3993
Höhe der FOK	mm	1260	1260	1255	1260	1260
Pufferstand	mm	1060	1060	1060	1060	1060
Gesamtachsstand	mm	18000	16185	8500	16850	16300
Drehzapfenabstand	mm	14400	13185	–	13850	13300
Drehgestellachsstand	mm	3600	3000	–	3000	3000
Laufkreisdurchmesser	mm	1000	1000	1000		
Anzahl der Abteile	–	10	3	5	9	10
Sitz-/Liegeplätze 1. Klasse	–	–	–	–	–	–
2. Klasse	–	–	–	38	–	–
3. Klasse	–	80	86	–	72	84
Sitzplätze 4. Klasse	–	–	–	–	–	–
Klappsitze/Stehplätze	–	–	–	20	–	–
Plätze insgesamt	–	80	86	58	72	84
Sitzplatzteilung 1. Klasse	–	–	–	–	–	–
2. Klasse	–	–	–	–	–	–
3. Klasse	–	0 + 4	3 + 2; 2 + 0	2 + 2	4 + 0	3 + 2
Anzahl der Aborte	–	2	2	2	2	2
Anzahl der Waschräume	–	–	–	–	–	–
Anzahl der Diensträume	–	–	–	–	–	–
Küche	–	–	–	–	–	–
Bremse	–	Kksbr; Avbr; H	Kkpbr; H	Kkpbr; H	Kkpbr; H	Kkpbr; H
Heizung	–	Dhz; Elhz	Dhz	Dhz; Elhz	Dhz	Dhz
Beleuchtung	–	El	El	El	El	El
Indienststellung	–	1928	1928	1929/1930	1929/1930	1930-1933
Ausmusterung	–				+	+

ABC 4ü	C 4i	C 4ü	BC 4i	C 4i	BC 4ü	C 4ü
DRG	DRG		DRG	DRG	DRG	DRG
		Einh	Sonder	Sonder	Einh	Einh
4	4	4	4	4	4	4
	–	–				
	–	–				
14 149-14 152	73 241/242	16 5..-16 6..	33 540-33 571	73 413-73 526	15 556-15 588	16 096-17 139
Uerd	MAN	versch	Breslau	Breslau	Bautzen,	versch
					Beuchelt	
1435	1435	1435	1435	1435	1435	1435
39,8	32,7	39,6/38,5	26,0	25,0	39,2/40,4	39,2
1,84	1,56	1,86/1,81	1,42	1,31	1,84/1,9	1,84
642	389	550/535	464	368	675/695	543
–	–	–	–	–	–	–
21720	20960	21270	18355	19130	21250	21270
20420	19660	19974	17055	17830	19954	19974
2950	2987	2940	3014	2992	2940	2940
3993	3933	3933	3894	3894	3933	3933
1260	1240		1200	1200	1240	1240
1060	1060	1060	1060	1060	1060	1060
17400	16300	17270	14225	15000	17250	17270
14400	13300	14270	11225	12000	14250	14270
3000	3000	3000	3000	3000	3000	3000
1000			1000	1000	1000	1000
9	10	9	3	2	8	9
4	–	–	–	–	–	–
18	–	–	32	–	18	–
40	84	72	24	64	40	72
–	–	–	–	–	–	–
–	–	–	–	4	–	–
62	84	72	56	68	58	72
2 + 0	–	–	–	–	–	–
3 + 0	–	–	1 + 3	–	3 + 0	–
4 + 0	3 + 2	4 + 0	2 + 3	2 + 3	4 + 0	4 + 0
2	2	2	1	1	2	2
–	–	–	–	–	–	–
–	–	–	–	–	–	–
–	–	–	–	–	–	–
Kksbr; H	Kkpbr; Ḥ; Kkp 3	Kksbr; H; Hnbr	Hikpbr; H	Hikpbr; H	Kksbr; H	Kksbr; H
Dhz	Nuhz	Dhz; Elhz	Dhz	Dhz	Dhz; Elhz	Dhz; Elhz
El	El	El	El	El	El	El
1934	1933	1935/1936	1935	1935	1936/1937	1936/1937
	+	+	1968	1968	+ teilweise	+ teilweise

Gattungszeichen (ursprüngl.)	–	C 4i	(A)BC 4ü	C 4üp	CPw 3itr	C Post id
	–					
	–					
Bezeichnung des Betreibers	–			DRG	DRG	DRG
Ergänzende Angaben	–	Einh	Einh	Versuch		
Achszahl	–	4	4	4	3	2
Betriebsnummer vor 1923	–	–	–			
nach 1923	–	–	–			
nach 1930	–	73 4..-73 8..	(214 0..) 215 5..	74 447-74 448	93 008-93 559	99 501-99 505
Hersteller	–	versch	Deutz	LHW	Umbau	Umbau
Spurweite	mm	1435	1435	1435	1435	1435
Dienstmasse	t	34,5	40,0/39,8	24 (25,5)	17,1	17,0
Masse je Meter	t/m	1,65	1,88/1,87	1,125 (1,19)	1,4	
Masse je Sitzplatz	kg	437	714/686	287 (304)	–	
Lademasse	t	–	–	–	5,7	
LüP bzw. LüK	mm	20860	21250	21450	12200	13920
Länge des Wagenkastens	mm	19560	20950	20150	10900	10820
Breite des Wagenkastens	mm	2986	2958	2940	3100	3000
Höhe über SO	mm	3933	3930	3900	4062	4010
Höhe der FOK	mm	1240	1250	1255	1287	1227
Pufferstand	mm	1060	1060	1060	1050	1060
Gesamtachsstand	mm	16200	17250	17250	7000	8500
Drehzapfenabstand	mm	13200	14250	14350	–	–
Drehgestellachsstand	mm	3000	3000	2150	–	–
Laufkreisdurchmesser	mm			950	1000	1000
Anzahl der Abteile	–	9 1/2	8	8 2/2	2	3
Sitz-/Liegeplätze 1. Klasse	–	–	(4)	–	–	–
2. Klasse	–	–	(12) 18	–	–	–
3. Klasse	–	79	40	84	17	28
Sitzplätze 4. Klasse	–	–	–	–	–	–
Klappsitze/Stehplätze	–	–	–	–	–	–
Plätze insgesamt	–	79	(56) 58	84	17	28
Sitzplatzteilung 1. Klasse	–	–	2 + 0	–	–	–
2. Klasse	–	–	3 + 0	–	–	–
3. Klasse	–	3 + 2	4 + 0	3 + 2	2 + 3	3 + 2
Anzahl der Aborte	–	2	2	2	1	2
Anzahl der Waschräume	–	–	–	–	–	–
Anzahl der Diensträume	–	–	–	–	1	1
Küche	–	–	–	–	–	–
Bremse	–	Kkpbr; (H)	Hiksbr; H	Hikpbr; H	Ksbr; Wsbr	Kkpbr; H
Heizung	–	Dhz; Elhz	Dhz	Dhz	Dhz; Ohz	Dhz
Beleuchtung	–	El	El	El	Gas	Gas
Indienststellung	–	1936-1939	1939	1939	1931	1930
Ausmusterung	–	+	+		+	

SA 4ük	SB 4ük	SPw 4ü	B 4ü	SWRPw Post 4ü	SBC 4ü	SBC 4ü
DRG Sonder	DRG Sonder	DRG Sonder	DRG Sonder	DRG Sonder	DRG Sonder	DRG Sonder
4	4	4	4	4	4	4
10 501-10 507	10 701-10 711	105 001-105 003	15 016-15 020	10 401	10 402-10 403	10 404
versch	versch	Wumag	MAN	Weg	Weg	Weg
1435	1435	1435	1435	1435	1435	1435
56,0	55,0	41,2	43,0	37,56	34,40	34,76
2,38	2,34	2,09	2,06	1,69	1,60	1,57
2800	1774	-	935	1633	506	620
-	-	10,0	-		-	-
23500	23500	19680	20835	22175	21560	22195
22200	22200	18380	19535	21825	21100	21825
2866	2866	2836	2972	2900	2900	2900
3993	3993	4385	3998	3823	3823	3823
1260	1260	1260	1260	1090	1090	1090
1060	1060	1060	1065	1060	1060	1060
19780	19780	15960	16185	18415	18400	18415
16180	16180	12360	13185	15415	15400	15415
3600	3600	3600	3000	3000	3000	3000
1000	1000	1000				
2	2	-	2	-	9	9
20	-	-	-	-	-	-
-	29	-	46	-	12	24
-	-	-	-	-	56	32
-	-	-	-	-	-	-
-	2	-	-	-	-	-
20	31	-	46	23	68	56
1 + 1; 2 + 0	-	-	-	-	-	-
-	2 + 1; 2 + 0	-	2 + 1	-	3 + 0	3 + 0
-	-	-	-	-	4 + 0	4 + 0
1	1	1	2	1	2	2
-	-	-	-	-	-	-
1	1	1	-	2	-	-
1	1	-	-	1	-	-
Kksbr; H	Kksbr; H	Kksbr; H	Kksbr; H	Scheiben- und Magnetschienenbremse		
Dhz; Elhz	Dhz; Elhz	Dhz; Elhz	Dhz; Elhz	Lhz	Lhz	Lhz
El	El	El	El	El	El	El
1928	1928	1928	1930	1935	1935	1935

Gattungszeichen (ursprüngl.)	–	Pw 3i	PPü	Pwi	Pw 4ü	Pwi
	–					
	–					
Bezeichnung des Betreibers	–	DRG		DRG	DRG	DRG
Ergänzende Angaben	–	„Wü"	Einh	Einh	Einh	Einh
Achszahl	–	3	4	2	4	2
Betriebsnummer vor 1923	–					
nach 1923	–		05 86.			
nach 1930	–	16 143-16 179	105 101-105 110	114 001-114 289	105 111-105 160	114 330-114 369
Hersteller	–	Fuchs, ME	Görlitz	versch	Werdau	Dessau
Spurweite	mm	1435	1435	1435	1435	1435
Dienstmasse	t	19,0	33,1	18,0	39,0	19,0
Masse je Meter	t/m	1,34	1,76	1,29	1,98	1,43
Masse je Sitzplatz	kg	–	–	–	–	–
Lademasse	t	7,0	10,0	6,0	9,5	7,0
LüP bzw. LüK	mm	14200	18840	13920	19680	13920
Länge des Wagenkastens	mm	12900	17540	12620	18380	12620
Breite des Wagenkastens	mm	2900	2850	2855	2825	2855
Höhe über SO	mm	4267	4153	4160	4385	4385
Höhe der FOK	mm	1247	1234	1235	1260	1235
Pufferstand	mm	1040	1060	1060	1060	1060
Gesamtachsstand	mm	9200	14750	8500	15960	8500
Drehzapfenabstand	mm	–	12250	–	12360	–
Drehgestellachsstand	mm	–	2500	–	3600	–
Laufkreisdurchmesser	mm	1000		1000	1000	1000
Anzahl der Abteile	–	–	–	–	–	–
Sitz-/Liegeplätze 1. Klasse	–	–	–	–	–	–
2. Klasse	–	–	–	–	–	–
3. Klasse	–	–	–	–	–	–
Sitzplätze 4. Klasse	–	–	–	–	–	–
Klappsitze/Stehplätze	–	–	–	–	–	–
Plätze insgesamt	–	–	–	–	–	–
Sitzplatzteilung 1. Klasse	–	–	–	–	–	–
2. Klasse	–	–	–	–	–	–
3. Klasse	–	–	–	–	–	–
Anzahl der Aborte	–	1	1	1	1	1
Anzahl der Waschräume	–	–	–	–	–	–
Anzahl der Dienstträume	–	1	1	1	1	1
Küche	–	–	–	–	–	–
Bremse	–	Wsbr	–	Wsbr;Kkpr	Ksbr	Kkpbr; H
Heizung	–	Dhz	Dhz	Dhz; Elhz	Dhz; Elhz	Dhz
Beleuchtung	–	Gas	Gas	El	El	El
Indienststellung	–	1920	1923	1923	1928	1928
Ausmusterung	–		+			

Pw 4ü	Pwi	Pw 4ik	Pw 4ü	Pw 4ü	Pw Post 4ü	Pw Post 4ü
DRG	DRG Ein	DRG	DRG Einh	DRG Einh	DRG Einh	DRG Ein
4	2	4	4	4	4	4
105 137-105 145	117 508-117 810	112 306-112 376	105 537-105 556	105 617-105 872	100 001-100 020	100 021-100 030
LHB (Werdau)	versch	VWW	LHB	versch	Werdau	C.u.U.
1435	1435	1435	1435	1435	1435	1435
38,6	17,0	31,5	33,2	33,3	44,5	36,6
	1,32	1,50	1,53	1,53	1,98	1,63
–	–	–	–	–	–	–
10,0	7,0	10,0	10,0	10,0	9,5	7,6
19680	12850	20960	21720	21720	22470	22470
18380	11655	19660	20424	20424	21170	21170
2825	2863	2988	2920	2920	2760	2896
4385	4270	4250	4250	4250	4385	4250
1260	1235	1240	1240	1240	1260	1240
1060	1060	1060	1060	1060	1060	1060
14510	6200	16300	17550	17550	18750	19050
12360	–	13300	14550	14550	15150	15450
2150	–	3000	3000	3000	3600	3600
1000	1000	1000	1000	1000	1000	1000
–	–	–	–	–	–	–
–	–	–	–	–	–	–
–	–	–	–	–	–	–
–	–	–	–	–	–	–
–	–	–	–	–	–	–
–	–	–	–	–	–	–
–	–	–	–	–	–	–
–	–	–	–	–	–	–
–	–	–	–	–	–	–
–	–	–	–	–	–	–
1	1	1	1	1	2	1
–	–	–	–	–	–	–
1	1	1	1	1	2	2
–	–	–	–	–	–	–
Kkbr; Evbr	Hikpbr; H	Kkpbr; H	Kksbr	Kksbr	Kksbr; H	Kksbr
Dhz	Dhz	Dhz; Elhz	Dhz; Elhz	Dhz; Elhz	Dhz; Ohz	Dhz; Ohz
El	El	El	El	El	El	El
1929	1931	1932	1936	1937	1928/1929	1935

Gattungszeichen (ursprüngl.)	-	Post	Post 4ü	Post 4ü
	-			
	-			
Bezeichnung des Betreibers	-			
Ergänzende Angaben	-			
Achszahl	-	2	4	4
Betriebsnummer vor 1923	-			
nach 1923	-	3974	-	-
nach 1930	-		14 701	4 588-4 666
Hersteller	-	Wismar	MAN	versch
Spurweite	mm	1435	1435	1435
Dienstmasse	t	16,1	39,7	42,3
Masse je Meter	t/m	1,33	1,82	1,85
Masse je Sitzplatz	kg	-	-	-
Lademasse	t	11,3	17,0	20,0
LüP bzw. LüK	mm	12100	21720	22900
Länge des Wagenkastens	mm	10800	20420	21600
Breite des Wagenkastens	mm	2950	2876	2800
Höhe über SO	mm	4250	3973	3936
Höhe der FOK	mm	1305		1245
Pufferstand	mm	1060	1060	1065
Gesamtachsstand	mm	6500	18000	19100
Drehzapfenabstand	mm	-	14400	15500
Drehgestellachsstand	mm	-	3600	3600
Laufkreisdurchmesser	mm	1000	1000	1000
Anzahl der Begleiter- bzw. Briefräume	-	-		
Anzahl der Laderäume	-	1		
Länge der Briefräume	mm	-		
Briefverteilfächer	-	-		
Beutelspannen	-	-		
Rollbehälterstellplätze	-	-		
Anzahl der Aborte	-	1	1	1
Anzahl der Waschräume	-			
Anzahl der Diensträume	-	1	-	1
Küche	-	-	-	-
Bremse	-	Kbr; H	Kksbr; H	Kksbr; H
Heizung	-	Dhz	Dhz; Elhz; Ohz	Dhz; Elhz; Ohz
Beleuchtung	-	El	El	El
Indienststellung	-	1927	1933	1936
Ausmusterung	-	teilweise umgebaut		

Eine Auswahl aus unserem weiteren Buchprogramm:

F. Blennemann
U-Bahnen und Stadtbahnen in Deutschland
92 S., gebunden DM 28,—

P. Bley
Berliner S-Bahn
144 S., Paperback DM 18,—

H. Bürnheim
Straßenbahn rund um den Langen Ludwig
112 S., Paperback DM 14,80

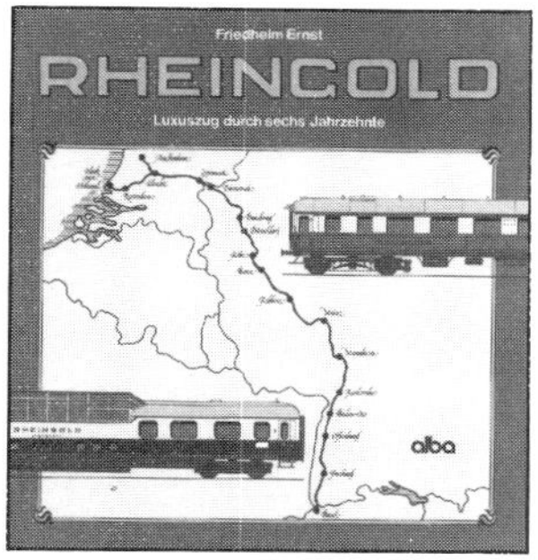

F. Ernst
Rheingold – Neubearbeitung
168 S., gebunden DM 42,—

F. P. Flury
Dampflokomotiven und ihre Bauteile
144 S., gebunden DM 38,—

A. B. Gottwaldt
Berliner Fernbahnhöfe
144 S., Paperback DM 18,—

A. B. Gottwaldt
Berliner Verkehr
120 S., Paperback DM 18,—

D. Guhl
Schnellverkehr in Ballungsräumen
112 S., Paperback DM 18,—

D. Guhl
Zugmeldung
80 S., Paperback DM 18,—

Hartmann, Reichardt, Waltking
Autobusse im Linienverkehr
132 S., gebunden DM 44,—

Kieper, Preuß
Schmalspur zwischen Ostsee und Erzgebirge
424 S., gebunden DM 42,—

H. Kobschätzky
Streckenatlas der deutschen Eisenbahnen

Band 1: 1835–1892
Band 2: 1893–1935
je 126 S., geb. je DM 32,—

O. Krettek
Rolien · Schweben · Gleiten
180 S., gebunden DM 38,—

Krettek, Herberholz
Straßenbahnen im Aachener Dreiländereck
164 S., Paperback DM 22,—

Preuß/Preuß
Schmalspurbahnen in Sachsen
192 S., gebunden DM 36,—

H. D. Reichardt
Eisenbahn auf Briefmarken
132 S., Paperback DM 18,—

H. W. Rogl
Abseits der großen Strecken
192 S., gebunden DM 38,—

A. Sappel
Einmal Königsplatz und zurück
96 S., Paperback DM 14,80

Schreck, Meyer, Strumpf
S-Bahnen in Deutschland
132 S., gebunden DM 34,—

W. Sölch
Jules Verne's Express
192 S., gebunden DM 38,—

W. Sölch
Orient-Express
176 S., gebunden DM 38,—

H. Wasil
Münchner Tram
144 S., Paperback DM 18,—

Weigelt, Götz, Weiß
Stadtverkehr der Zukunft
148 S., Paperback DM 28,—

Weisbrod, Brozeit
Die Lokomotiven der BR 44
272 S., gebunden DM 36,—

3010 8
7 32,00